暨南大学文化遗产创意产业研究院
"一带一路"文化遗产合作与交流（2018—2020）国际研讨会

文明的回响

陈平 主编

The Echo of Civilization

华夏出版社
HUAXIA PUBLISHING HOUSE

图书在版编目（CIP）数据

文明的回响／陈平主编．－－北京：华夏出版社有限公司，2022.6

ISBN 978－7－5222－0238－9

Ⅰ．①文… Ⅱ．陈… Ⅲ．①文化遗产－中国－文集 Ⅳ．①K203－53

中国版本图书馆 CIP 数据核字（2021）第 267560 号

文明的回响

主　　编	陈　平
整　　理	胡曦幻　暨南大学文化遗产创意产业研究院
责任编辑	霍本科
责任印制	刘　洋
封面设计	殷丽云
内文设计	陈　敏
出版发行	华夏出版社有限公司
经　　销	新华书店
印　　装	三河市万龙印装有限公司
版　　次	2022 年 6 月北京第 1 版　2022 年 6 月北京第 1 次印刷
开　　本	787×1092　1/16 开本
印　　张	26.25
字　　数	450 千字
定　　价	128.00 元

华夏出版社有限公司　　社址：北京市东直门外香河园北里 4 号　邮编：100028
　　　　　　　　　　　　网址：www.hxph.com.cn　电话：010－64663331（转）
　　　　　　　　　　　　投稿邮箱：hbk801@163.com　互动交流：010－64672903
若发现本版图书有印装质量问题，请与我社营销中心联系调换。

目录

序言：文明的回响

第一章　金兰之交

　　金兰之交　始于心诚　2

　　聚焦文化遗产　共商合作交流　5

　　从珐琅到景泰蓝：中西方文明交融的见证　11

第二章　文明互鉴

　　文明的回响　20

　　纽带与桥梁　24

　　友谊与互鉴　26

　　共同的家园　28

　　守望与传承　30

　　互联网＋非遗　传播无国界　32

　　创新与发展　36

　　圆桌讨论一：文化遗产的保护与创新　40

　　圆桌讨论二：文化遗产的国际合作交流　54

第三章　民心相通

　　借势"一带一路"发展助力　重现丽江茶马古道昔日繁荣　73

　　发挥国际智库合作联盟作用　经营良好国际市场环境　77

　　做大文旅融合发展格局　再现昔日茶马古镇繁华　80

　　激发非遗保护情怀　发掘丽江生活美学　82

　　全球手工艺保护丽江宣言　84

第四章　传承创新

　　传统与现代的融合　94

　　在行走中感受历史的气息　100

　　借助现代化设计语言　做好传统手工艺创新　104

目录

传统藤编技艺的改良与创新　107

时空之美　109

中国传统书画如何走向世界　112

守望家园　留住美好　114

第五章　探索发展

青年是未来的世界主人　126

借力华人华侨文化资源优势　打造江门城市文化品牌　128

创新人文交流方式　彰显中华文化独特魅力　130

做好文化遗产保护　助力"一带一路"民心相通　132

协同推进大湾区创意产业和手工艺发展　134

积极发挥侨乡优势　推动粤港澳大湾区文化圈建设　136

擦亮"百年侨校"的金字招牌　积极传播中华优秀传统文化　138

建立国际民间艺术大数据平台　为文化交流互鉴添砖加瓦　140

借助侨乡文化资源优势　培养侨乡文化研究人才　142

让亚洲文明之光更加璀璨　145

艺术创造　文化国家　153

数字文化时代的来临：挑战与机会　156

粤港澳大湾区城市品牌发展：进展与展望　160

城市文化创新：香港案例　162

论未来传统工艺的发展方向与望月家史　168

关于日本工艺制作的新型文化继承与经济活动

　　——以从消费者到爱顾者为中心　185

文化遗产的力量：世界艺术节研究过程及国际民间艺术研究　193

大湾区视野下澳门文化特质及其教育　205

中葡历史文化与时装设计的交融　208

艺术保税库与创意产业发展——以粤港澳大湾区为主要分析对象　210

论坛嘉宾访谈录　212

国际民间艺术组织（IOV）主席阿里·阿卜杜拉·哈利法贺信　226

第六章　交流分享

专家论坛实录　234

第七章　他山之石

意大利艺术、手工艺和人文传统的保护与可持续发展　256

拉脱维亚的民间艺术保护经验　259

克罗地亚的文化遗产　268

波斯尼亚和黑塞哥维那民族博物馆与黑塞哥维那土著民居建设　272

波兰少数民族文化现状　275

联合国教科文组织《保护非物质文化遗产公约》及参与社区或其代表执行公约问题
　　以及保加利亚国家非物质文化遗产与社区清单　280

佛兰德斯非物质文化遗产保护机构——佛兰芒民俗艺术研究所　286

爱尔兰舞蹈和音乐的历史与保护　289

合作、国际公约以及全球灾害与挑战——从西欧的视角看待非物质文化遗产、
　　政策和联合国教科文组织的相关工具　297

文化事业（产业）的发展　311

美国西南部的印第安传统文化：在瞬息万变、充满挑战的世界中雅基族、
　　阿帕奇族和霍皮族的持续性　321

埃及手工艺：艺术与遗产　328

近代以来的汉字危机与文化传承　330

中国园林花窗的寓意和审美　342

"一带一路"倡议背景下丝绸之路东端乡村遗产的保护和传承　358

碧山工销社：行动与思考　369

导演如何保持剧种特色，让中国戏曲艺术吸引世界观众　377

传承与发展——铸就缂丝生存的基础及动力　386

编后记

序言 文明的回响

陈 平

国际民间艺术组织全球副主席
暨南大学文化遗产创意产业研究院院长、教授

"文明的回响"是我最想看的两个重要展览的主题。

2019年4月，在青海省的一个活动中，我遇到了阿富汗驻华大使馆时任商务参赞穆斯塔法·贾姆尔先生，他邀请我出席在清华大学博物馆举办的"器服物佩好无疆——东西文明交汇的阿富汗国家宝藏"的开幕式，但由于彼时事务缠身而错失良机。在贾姆尔先生发来的新闻报道中，我看到了许多令人无比惊艳的文物，如网友所说："感觉被2000年前的黄金工艺品'闪瞎了眼睛'。"

我把那些图片下载到手机上，每次遇到文物爱好者或学生时必给人看。

于我而言，错失了这场展览，仿佛错失了与一段历史和文明接触的机会，错失了与万千故事对话的机会，错失了聆听一段荡气回肠的文物旅行的故事，以及诸多心酸与唏嘘。遗憾之下，我的期待更深了。

人类创造了丰富的物质文明，包括宏伟的建筑遗产。但是，无论这些文明曾经是怎样的强大而恢宏，在自然灾害和战争面前，它们仍然显得十分脆弱，有时候脆弱得令人绝望。

公元79年8月24日（古罗马清楚地记着这座古城被毁灭的时间，而气势磅礴的阿房宫的消失，却不知哪天哪月，如同一场梦幻，无声无息地消失在关中的土地上），维苏威火山突然爆发，厚约5.6米的火山灰毫不留情地将庞贝从地球上抹掉了。庞贝城内巨大的斗兽场、恢宏的大剧院、神奇的太阳神庙、新奇的蒸气浴室、灵验的巫师堂和众多商铺、娱乐场馆，也许还有阳光下自由行走的群众、孩童们，就这样瞬间化为历史的灰烬。再见庞贝古城，只能等到考古工作者一寸一寸地探索与挖掘。

大自然的残忍与狂暴，毁灭了人类与城池。

再说回阿富汗。巴米扬佛教遗迹（Buddhist Remains at Bamiyan）深藏于阿富汗中部巴米扬城北面的峡谷中。这是阿富汗最珍贵的文化遗迹，深受西方艺术与印度艺术的影响。佛教美术曾经在此繁荣兴盛了长达几个世纪，故而此地被誉为"众神之谷"。

序言：文明的回响

巴米扬佛教洞窟遗址与位于中国甘肃敦煌城东南 25 公里的鸣沙山东麓崖壁上的敦煌石窟、位于古印度马哈拉施特拉邦境内的阿旃陀石窟（Ajanta Caves）并称为世界三大最珍贵的佛教艺术遗产地。其中，巴米扬大佛曾经是世界第三高的大佛。

从公元 2 世纪到公元 9 世纪，巴米扬曾经是中亚著名的商业中心与佛教中心，也因此留下了极为丰富的历史文物和文化遗产。据记载，中国晋代高僧法显（公元 400 年左右）和汉传佛教唯识宗创始人、唐代著名法师玄奘（632 年）以及唐朝时朝鲜半岛新罗国僧侣慧超（727 年）曾到此访问修行。

但是，2001 年 2 月 27 日，一条令全世界震惊的消息从阿富汗传出，执政的塔利班最高领袖奥马尔下令摧毁全国所有佛像，包括世界闻名的拥有一千多年历史的世界最高石雕立式佛像——巴米扬大佛。世界为之震惊，从联合国到欧盟，从印度等国到其他地区的各种组织，都紧急呼吁停止这一疯狂行为；联合国文化遗产保护组织也给塔利班发出紧急照会，请求塔利班保护好喀布尔博物馆里的数十尊价值连城的佛像和已经被联合国教科文组织整体列为世界濒危文化遗产的巴米扬佛像窟。

同日，联合国教科文组织发表紧急声明，敦促所有阿富汗人和相关机构"不要销毁这些历史文化遗产"。美国国务卿和联合国秘书长安南也谴责奥马尔的毁佛法令。安南呼吁塔利班不要施行这项法令，因为它们是人类的共同遗产。

面对国际社会的震惊和请求，塔利班不为所动，并且以保护伊斯兰教纯洁性为由，叫嚣"炸毁佛像是伊斯兰教的光荣"。2001 年 3 月 12 日，在火箭炮和炸药声中，巴米扬的两尊立佛轰然倒塌。几日之内，喀布尔博物馆所藏的 6000 座佛像也一毁殆尽。

联合国教科文组织时任总干事松浦晃一郎痛心疾首地说："当我看到阿富汗珍贵的文化遗产被捣毁的报道时，任何言语都无法表达我内心的震惊和爱莫能助的感受。"

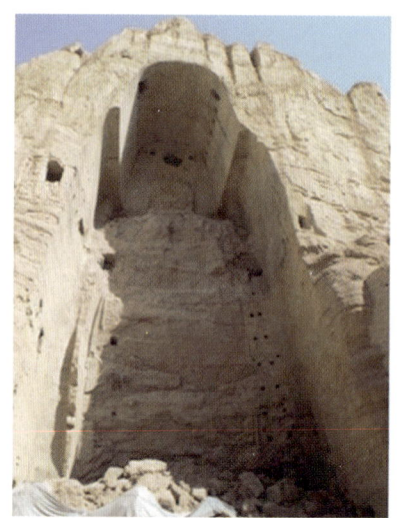

巴米扬大佛 1966 年被摧毁前及 2002 年被摧毁后的对照图片

这些愚昧与疯狂的人们，毁灭了人类创造的文明的遗存。

对于这种令人痛心疾首的毁坏、掠夺文物古迹的恶性事件，我们每个中国人都能感同身受。因为世界文明史上另一起罕见的暴行，离我们现今的时代并不久远。

被法国作家维克多·雨果称赞为"理想与艺术的典范"、世界建筑界称为"一切造园艺术的典范"的圆明园，其规模之气势磅礴，景致与格局之宏伟壮观，营造技艺之精湛完美，建筑景群设计之合理唯美，文化收藏之丰厚广博，民族文化内涵之丰富，审美情趣之独特而高贵等等，无不被世界建筑史所称道。据清朝史料，当时圆明园内仅陈列和库存的欧洲各式大小钟表就多达 441 件。

1860 年 10 月 6 日，英法联军攻占北京，3500 名英法等国的强盗们冲入圆明园，无耻而疯狂地洗劫了这座绝美的中国皇家园林，随后纵火焚烧，大火三日不灭，附近的清漪园、静明园、静宜园、畅春园及海淀镇均被烧成一片废墟，安佑宫中近 300 名太监、宫女、工匠葬身火海。

圆明园遗址

据资料记载，被掠夺的文物数量粗略统计有 150 万件，上至中国先秦时期的青铜礼器，下至唐、宋、元、明、清历代的名人书画和各种奇珍异宝。这座历经雍正、乾隆、嘉庆、道光、咸丰五位皇帝 150 多年的经营，集中了大批物力，役使了无数能工巧匠，倾注了千百万劳动人民的血汗，精心营造而成的伟大园林从此成为中国人民心中之痛，对它的劫掠破坏成为人类文明史上又一宗不可磨灭、不可饶恕的罪恶行径。

每当我在海外行走，在各种藏品丰富的博物馆参观，在各国各种古董店徜徉的时候，每每望见那些不同寻常的、精美的、来自中国的文物，心中总会升腾起一种隐隐的痛以及一份难以名状的情绪。我的心，无比不甘。

文明，只分先后，没有大小。文明，不能是一种强大对一种软弱的欺凌，更不能是一个民族对另一个民族的蹂躏。文明的守护者，首先应该唤起人们心中的善良与光明，将文明的火种传递下去，而不是将其毁灭。

文明的回响

公羊，蒂拉丘地 4 号墓出土，公元 25—50 年，金质，5.2cm×4.0cm

神祇雕像，恒河女神

因此，当知道了曾经拥有超过 10 万件馆藏文物的阿富汗博物馆，由于多年战争的洗劫，大量文物、艺术品被劫掠、毁坏甚至消失的时候，我们无限同情。也因此，文章开头，与我失之交臂的那场阿富汗珍宝展中的 230 余件（套）作品能在中国展出，本身就是一段令人荡气回肠的故事。具体内容我就不再详细叙述，且引用国内媒体的报道："它彰显了中国文物界的同仁们对于落难中的邻国文物的欣赏、帮助还有大度、厚道的情怀，更是中国文物界对于饱经战火的阿富汗伸出的友谊之手，以一国之力，挽救他国珍贵文物的中国好故事。"这也体现出中华民族的宽容、善良与厚道的待客之道，各美其美、美人之美的包容心态，从不伤及邻国、从不侵略其他民族的和平精神。

在漫长的人类发展史上，在不断的融合、包容、交汇与互鉴中，文明不断成长

序言：文明的回响

壮大。中华文明以其为世界文明所做出的贡献，成为人类文明史上重要的一部分。

中华文明灿烂辉煌、绵延不断，形成了独特而多样的与众不同的传统文化，具有民族多样性、文化多元化、共荣共生且包容性极强的文化特征。这种生存力极其强大的文化特征，在各个阶段的历史上都起到了促进生产力、发展经济的巨大作用。

传统手工艺是融于民族文化和民间生活的造物形式，是人类文化多样性的重要表现，它不仅反映着古人在长期劳动实践中积累的智慧成果以及与大自然相辅相生的创造和应用，同时也与民族生生不息的文明进步紧密相连。但伴随着社会变迁和科技发展，人们的生活方式、审美观念都发生了巨大转变，大量实用的传统手工艺面临传承困境。作为优秀传统文化的代表，传统手工艺的现代转化是承上启下、造福后代的时代任务，同时也是捍卫延续与传承民族文化独立性的重要内容。保护与传

伊莲娜·博科娃女士出席暨南大学文化遗产创意产业研究院成立一周年纪念活动

承传统手工技艺有利于人类社会的可持续发展，其现代转化不仅要让技艺能够"活"在当下，融入人们的生产生活，同时应进一步展开跨界合作和再生设计，借助新的传媒形式让其不断焕发出新的活力并"火"在当下，成为体现民族价值、凝聚民族精神的载体。中华文化绵延五千年而历久弥新，优秀传统文化的创造性转化、创新性发展是彰显中国精神和中国价值的时代重任。

习近平总书记多次在讲话中说：不忘历史才能开辟未来，善于继承才能善于创新。历史给我们提供了很多可以创新的内容。刚才我讲到传承的重要性，传承需要整个社会一起去努力，创新可能也需要一群人去努力，人类社会的发展是需要与时俱进的。我们传承的不仅仅是文化、思想，还有改善和提升我们思考的方式。

在文明的回响中，在博大而浩瀚的中华文化遗产面前，我们愿意与世界不同的文明交流、沟通、学习、分享，与我们的同行们共同寻找人类祖先创造的伟大而珍贵的文化遗产，从中汲取力量与灵感，寻找经典与精华，思考它们的真谛与渊源，滋养我们的自信心，增长我们的力量与气魄，寻找我们未来的方向，铸造更加完美而强大的文明。

是为序。

2021 年 8 月 19 日

序言：文明的回响

2018年12月9日，暨南大学党委书记林如鹏为联合国教科文组织前任总干事伊莲娜·博科娃女士颁发名誉教授聘书

伊莲娜·博科娃女士与陈平教授

金兰 童趣 图/陈平

第一章 金兰之交

"一带一路"文化遗产合作与交流（2017）国际高峰论坛

北京饭店国际会展中心

2017 年 8 月

文明的回响

国际高峰论坛
**金兰之交
始于心诚**

古琴演奏《高山柳树》侯葆

第一章 金兰之交

2013年中国国家主席习近平提出共建"一带一路"的伟大倡议，并得到国际社会的高度关注和沿线各国的积极响应。

共建"一带一路"以政策沟通、设施联通、贸易畅通、资金融通、民心相通为主要内容，而文化遗产领域的合作与交流，恰好是落实民心相通的重要行动。不同文化之间的相互欣赏、理解与尊重，是人类能够凝聚与成长的基础。而"一带一路"沿线丰富的文化遗产，为各国的文化交融与互信奠定了坚实的基础。坚持"一带一路"共商、共建、共享的原则，通过对文化遗产的保护，传承古丝绸之路互利共赢的精神，是沿线各国共同的责任和义务。

中国是入选联合国教科文组织《世界遗产名录》与《人类口头遗产和非物质遗产代表作》最多的国家。蕴藏在中华大地上丰富多彩的文化遗产是中华文明的重要标志，也是世界人民的共同财富，它们不仅蕴含着中华民族特有的精神价值、思维方式，还体现着民族的生命力和创造力。这些优秀的文化遗产以多样化的历史、文化、艺术、社会等多重价值成为中国故事国际传播的又一主要媒介：历史悠久的物质文化遗产向国际友人展现了中国独有的文化气质与高度发展的文明程度，而多样丰富的非物质文化遗产又向国际传递了中国精美的民俗民艺与美好的精神气质，推动中国与世界各国产生互通交流的对话回响。

暨南大学文化遗产创意产业研究院自2017年建院以来，以"用好文化遗产，讲好中国故事"为宗旨，充分利用自身资源优势，积极搭建国际文化交流的高端学术平台，致力于中华文化遗产的国际推广与传播、合作与交流，并在各界帮助支持下，成功策划举办了四届"'一带一路'文化遗产合作与交流国际高峰论坛"（现更名为国际研讨会）。

研讨会采用学术理论研讨加实践经验分享、地方政府官员与部门城市管理者互动、传统手工艺人与当代设计师相互赋能的生动灵活形式；参会者从大专院校学者、行业领域专家、传统手艺从业者、当代设计师、国际组织代表、政府管理者、地方官员等不同层面与不同领域的人士，体现出跨界、跨领域交流的多样化；论坛主题聚焦文化遗产：既有文化遗产的保护经验分享、传统手工艺的创新发展与创意设计、文化遗产与地方旅游业的相互赋能、文化遗产与世界各国的交流与合作、文化遗产

十个国家的博物馆永久性收藏了中国工艺美术大师米振雄的景泰蓝作品"四海同心"

与乡村振兴、文化遗产与数字化保护与应用，又有新媒体、多媒体跨平台合作对文化遗产的推广与传播等专题研讨，新颖生动，社会影响深远。

研究院积极与地方政府合作协同创新，每届研讨会同时举办国际手工艺博览会，为手工艺人提供国际交流的机会，为地方引进国际资源并搭建文化走出去的平台；加强中外城市互动，带动地方文化旅游与手工艺的发展。从景泰蓝艺术的推广（2017）到丽江（2018）、江门（2019）的城市文旅形象推广，研讨会都带来了良好的社会效益。

首届"一带一路文化遗产合作交流 (2017) 国际高峰论坛"由中国海外交流协会和国际民间艺术组织 (IOV) 作为支持单位、中国工艺美术学会和暨南大学主办、暨南大学文化遗产创意产业研究院承办，于 2017 年 8 月 21 日在北京成功举行，来自十个国家的学者、专家、文化官员、民间手工艺大师分享了各自的研究成果与传承经验。

论坛积极促成了埃及文明与创意博物馆、俄罗斯波列诺夫国家手工艺博物馆、保加利亚国家历史博物馆等十个国家的民俗或艺术博物馆永久性收藏中国工艺美术大师米振雄创作的景泰蓝作品"四海同心"，这也是传统手工艺作品首次同时被不同国家博物馆收藏，以跨越中西方的珐琅艺术为内容，以精湛的传统手工艺技艺为载体，完美诠释了中西文明互鉴的意义。

第一章 金兰之交

谭天星
时任国务院侨务办公室副主任

刘曙光
国家文物局原副局长
中国博物馆协会理事长

陶小年
时任中国轻工业联合会副会长
中国工艺美术学会第四届理事长

林如鹏
暨南大学党委书记

李国强
国务院发展研究中心
公共管理与人力资源研究所
原副所长、研究员、博士生导师

皮埃尔·弗朗西斯科·傅马利
意大利米兰昂布罗休美术馆图书馆副馆长

阿赫麦德·约瑟夫
埃及手工艺学会原主席
开罗大学教授

陈平
国际民间艺术组织全球副主席
暨南大学文化遗产创意产业研究院院长、教授

聚焦文化遗产 共商合作交流

文明的回响

手工艺传承人在论坛上交流展示自己的技艺

第一章 金兰之交

学者们身穿民族服装出席论坛开幕式

文明的回响

各国专家学者交流探讨"一带一路"文化遗产的保护与传承

8

第一章 金兰之交

各国专家学者积极搭建"一带一路"文化遗产合作交流平台,推动各国文化遗产的相互借鉴、合作共赢

文明的回响

国际民间艺术组织主席阿里·哈利法与副主席陈平教授向巴林副总理
穆罕默德·本·穆巴拉克·阿勒哈利法介绍景泰蓝作品

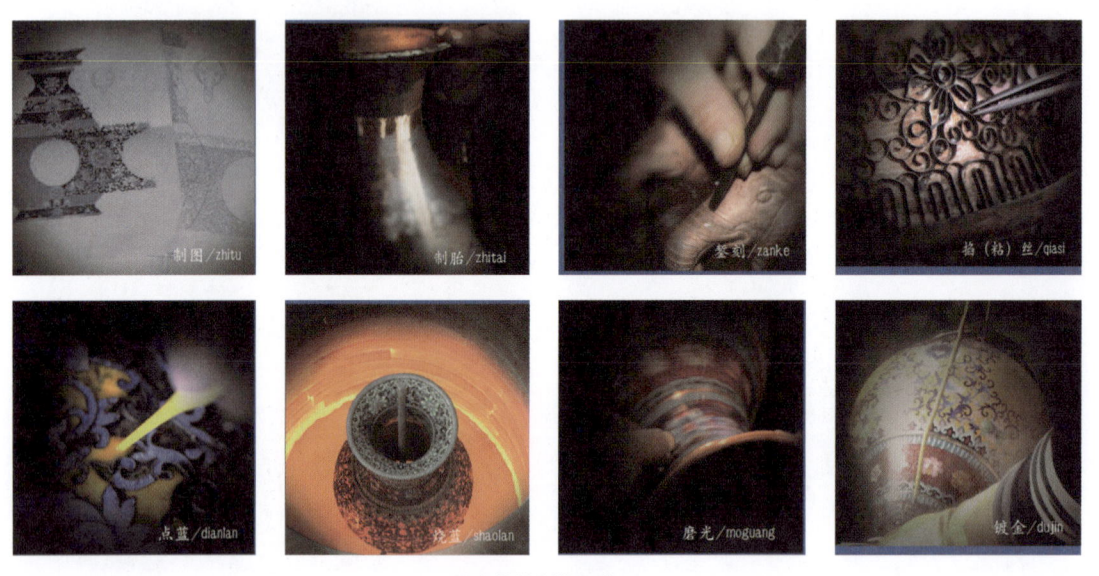

制图/zhitu　　制胎/zhitai　　錾刻/zanke　　掐（粘）丝/qiasi

点蓝/dianlan　　烧蓝/shaolan　　磨光/moguang　　镀金/dujin

景泰蓝的制作工艺

从珐琅到景泰蓝：
中西方文明交融的见证

珐琅器最早诞生于希腊，希腊普鲁斯岛出土的公元前 12 世纪的六枚迈锡尼戒指和双鹰权杖首，被公认为最原始的掐丝珐琅。在 12 世纪的宋代，东西商贸兴起，掐丝珐琅器由阿拉伯地区直接或间接传入中国。

而珐琅技艺的传入，据史料记载，是因 13 世纪下半叶，元蒙军队横跨欧亚大陆远征，俘虏了大批工匠输往后方，专为蒙古贵族制作奢华用器，随着人的迁徙与文化技艺的频繁交流，烧造华丽的金属胎珐琅制品的阿拉伯工匠，带着烧造技术和主要原料来到中国。自此，掐丝珐琅的制作技艺最终正式传入中国。

元代宫廷时期，虽掐丝珐琅器烧造技术尚未成熟，但中国工匠在学习、掌握后，创造出了具有本土民族风格的作品。至明景泰年间，掐丝珐琅发展得以兴盛，皇家内廷特设"御用监"专事珐琅制作，技艺得到长足进步，获"景泰御前珐琅"美誉，"景泰蓝"这一称谓也由此而来。

及至清乾隆时期，掐丝珐琅工艺达到巅峰，皇家造办"珐琅作"承造的景泰蓝御用品类之广，前所未有：从仿古器到异形器，从陈设到实用，从日常器用到宗教仪典，从小件文房到高大佛塔，无所不有，蔚为大观，其成就迄今仍难以超越。历数元明清三朝的皇家艺术，唯独景泰蓝一直为历代皇室所器重，其尊贵程度与象征意义远超瓷器及金银器，被奉为御用之首、镇殿之宝。

清末国力衰微，景泰蓝制作涣散不支，工匠们逐渐流落宫外，这门皇家技艺才得以在民间流传，但日渐式微。

景泰蓝　夔龙罐
林徽因（中国著名建筑学家）、莫宗江（清华大学建筑工程系教授）

如意尊　铜胎掐丝珐琅
钱美华（中国工艺美术大师）

鸟杯　铜胎掐丝珐琅
张同禄（中国工艺美术大师）

景泰六福　景泰蓝
米振雄（中国工艺美术大师）

　　1951年，林徽因与梁思成在清华大学营建系成立了抢救景泰蓝的工艺美术小组，并于1952年10月，为亚洲及太平洋区域和平会议献上了"中国第一份国礼"。此后，经过金世权、钱美华等一代景泰蓝人的努力，濒临消失的景泰蓝重获新生。1956年，北京市珐琅厂成立，专事传承景泰蓝技艺及完成国家各项任务。改革开放之后，随着国力强盛、社会繁荣，景泰蓝艺术呈现出前所未有的发展。2006年，景泰蓝正式成为国家级非物质文化遗产。

　　自2013年起，景泰蓝连续多年被国家领导人选作国礼，在重大外交场合与国事交流中，作为中国文化的"外交使者"，成为大国外交的有力见证。从到访元首国礼到 APEC 国际峰会国礼，从出访国礼到联合国国礼，这道最具丝绸之路象征的"中国蓝"，从此在世界舞台上绽放华彩。

景泰蓝从新中国成立之初的濒临灭绝，到如今盛世中国的繁荣鼎盛，离不开几代景泰蓝人矢志不渝的传承和耕耘。但由于景泰蓝技艺的复杂性、独特性与稀缺性，对从艺者考验极高，若未有"择一事，终一生"的坚韧与勤恳，实难有所建树，所以自建国以来，景泰蓝领域仅评选出八位国家级大师，每一位大师的作品，都代表了当代景泰蓝技艺的最高水平，也代表着国家非遗技艺的发展成就，堪称传世新经典。

2021 年 11 月，暨南大学四海艺术空间举办"海晏河清——大国工匠中国景泰蓝工艺大展"，汇聚了当代最顶级的景泰蓝作品

只有了解，才会热爱：近距离接触精美的手工艺作品，感受传统文化之美

当代大师景泰蓝作品，植根于传统技艺，却能超越传统。从造型到图案，从色彩到装饰，大师们以精湛的艺术表现力，充分展现了当今时代风貌，体现了大国工匠精神，书写出当代珐琅艺术的新篇章。

国家强盛、和平与繁荣的当下，人民对民族文化的自信，对生活品质的追求，对于传统文化与技艺如何更多地融入现代生活方式，提出了新的期待与要求。

景泰蓝以其辉煌胜金、富丽如锦的艺术魅力，超凡的可塑性，丰富的艺术表现力，极大地拓展了其在艺术创新上的可能性。正是基于这种可能性，让景泰蓝在新一代艺术家与设计师的手中，焕发出更加丰富的创造力，引领东方美学发展的新境界。以器载道，以手传心，只有让传统技艺回归生活，才是最好的传承；只有植根于生活的传统和艺术，才会促进文化的再生与复兴。

文明的回响

典藏中国
中国非遗手工艺首次被十国博物馆永久馆藏

埃及文明与创意博物馆

埃及文明与创意博物馆是埃及开罗赫利奥波利斯的大型儿童博物馆和文化中心，它由赫利奥波利斯协会为埃及的所有儿童而建造，由埃及、英国和美国的专家设计，由世界各地的博物馆专家为博物馆提供各项支持，2012 年 5 月荣获英国博物馆与遗产国际奖。

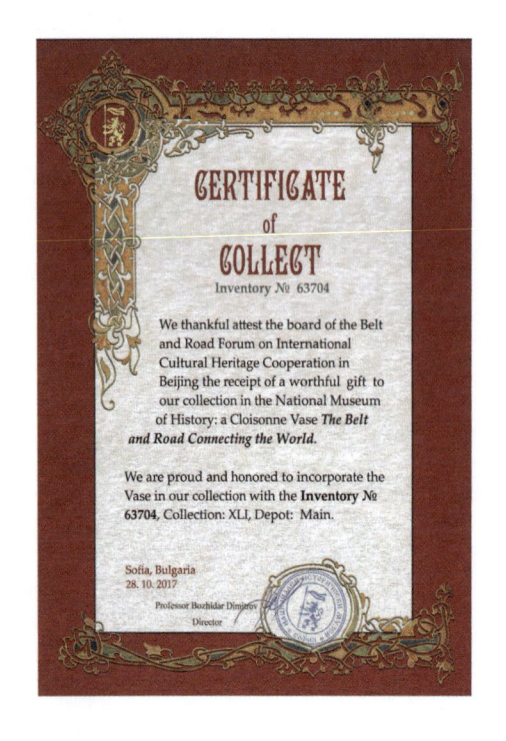

典藏中国
中国非遗手工艺首次被十国博物馆永久馆藏

保加利亚国家历史博物馆

保加利亚国家历史博物馆位于保加利亚首都索菲亚，是该国最大的博物馆。该馆藏有约 65 万件历史文物，包括保加利亚史前文物、古色雷斯人纪念碑、马其顿与希腊文物、保加利亚的罗马帝国与东罗马时期文物、保加利亚王国文物以及保加利亚历史文物等，藏品年代远至七千年前。其典藏的人类学与历史学的相关档案数量为巴尔干岛之最。

第一章 金兰之交

典藏中国
中国非遗手工艺首次被十国博物馆永久馆藏

俄罗斯
波列诺夫国家手工艺博物馆

俄罗斯波列诺夫国家手工艺博物馆原为俄罗斯大艺术家波列诺夫的故居博罗克庄园，后被指定为俄罗斯国家美术馆，是波列诺夫国家纪念历史、艺术和自然博物馆－保护区的一部分，是俄罗斯大型博物馆保护区之一，收藏有波列诺夫大量的艺术精品和民间手工艺品，较为全面地展示了俄罗斯的艺术和手工艺发展历程。

典藏中国
中国非遗手工艺首次被十国博物馆永久馆藏

德国尤利西历史博物馆

德国尤利西历史博物馆专注于城市历史和文献的研究，辖有尤利西城市档案馆。它以历史文献、报纸、照片以及地图为基础，记载了翔实生动的城市发展历史，为广大文化学者、历史爱好者提供了丰富的城市历史研究素材。

文明的回响

典藏中国
中国非遗手工艺首次被十国博物馆永久馆藏

典藏中国
中国非遗手工艺首次被十国博物馆永久馆藏

拉脱维亚
人类学露天博物馆

　　拉脱维亚人类学露天博物馆位于拉脱维亚首都里加市郊的尤格拉（Jugla）湖畔，是世界上最大、最古老的露天博物馆之一。它展示了从拉脱维亚全国四大历史文化区域 [维泽梅（Vidzeme）、库泽梅（Kurzeme）、拉特加莱（Latgale） 和泽姆加莱（Zemgale）] 搜集并迁移来的118 幢包括教堂、农仓、民居等木结构建筑，逾 15 万件收藏，逼真地还原了历史同时期拉脱维亚人的生活景象。拉脱维亚代代相传的手工艺品、匠人们掌握的传统技艺，被该馆完整地保存下来。

柬埔寨国家博物馆

　　柬埔寨国家博物馆位于柬埔寨首都金边，是该国首屈一指的历史学和考古学博物馆。该馆致力于柬埔寨文化和艺术遗产的保护、收藏、宣传、修复以及传承，藏品跨越了不同的历史时期，包括史前阶段，吴哥王朝早、中、晚等不同阶段的文物，拥有世界上最多的高棉艺术品。

第一章 金兰之交

典藏中国
中国非遗手工艺首次被十国博物馆永久馆藏

波兰民俗博物馆

波兰民俗博物馆成立于 1888 年，坐落于华沙市中心，是波兰历史最悠久的博物馆，也是欧洲最大的民族学博物馆之一。该馆曾是华沙和波兰所能找到的意大利文艺复兴建筑的最佳范本，藏品包括波兰、欧洲和非欧洲 3 大部分，拥有波兰最丰富的民族学藏品和档案 (大约 8 万件)。

典藏中国
中国非遗手工艺首次被十国博物馆永久馆藏

伊朗德黑兰马利克
国家图书馆和博物馆

伊朗马利克国家博物馆和图书馆位于伊朗德黑兰历史文化中心国家花园（Bagh-e Melli）的历史保护区内，是伊朗最大的国家图书馆、伊朗第一家私人博物馆，拥有大量珍贵的古籍善本，是伊朗最大的手稿库、伊朗历史艺术品的丰富宝库，其本身也是传统波斯建筑的典范。

17

枇杷小鸟　王玉祥缂丝作品

第二章

文明互鉴

"一带一路"文化遗产合作与交流国际研讨会(2018)
北京开幕式讲话汇编

2018年11月11日
北京 中央美术学院

文明的回响

范迪安

中国美术家协会主席
中央美术学院院长

  各位尊敬的来宾,来自世界多个国家的专家和学者,大家早上好!首先,我要代表中央美术学院祝贺"一带一路"文化遗产合作与交流国际研讨会的召开,也特别欢迎和感谢各位专家学者、朋友们的到来!

  今年是中央美术学院百年校庆,此次国际学术研讨会是我们百年校庆学术活动中十分重要而且最具特色的一个。我们站在一个新的时代的起点上,尤其要回顾中国艺术发展的历史和中国艺术教育的历史,通过这种回顾,让我们的眼光往更远的历史纵深之处延伸。"一带一路"从倡议到建设的这五年来,得到了世界的响应,不仅促成了广泛的经贸往来,更重要的是通过文化交流使世界各国人民的心灵更加相通。所以,我们通常说"一带一路"既是经贸往来之路,更是文化交流之路、文明互鉴之路,也是新的历史条件下的文化融合之路。

我从视觉艺术家的角度出发，会更多地认为"一带一路"的底色就是文化，甚至就是留给我们今天的所有文化艺术遗产所构筑起来的一条宽广的道路。因此，在这里想请大家简短地欣赏一下，中国艺术历史的长河中的许多重要积累与历史上"一带一路"沿线国家的密切交流。

中国是个文化古国，她在视觉艺术上拥有不曾间断的传统，公元前3000年就创造出了人类的艺术产物。陶瓷、青铜器、玉器……这些后来都成为"一带一路"交流的重要力量。在世界各地的考古发现中，也有越来越多的例证，证明人类早期的文化交流活动早就跨越了地域的界限，把各地迥异的新技术、新材料、新的文化观念在世界范围内相互传播。可以说中国在青铜时代形成的伟大文明与中亚、欧洲各地区、各国的联系，就是"一带一路"的文化交流的有机融合。两千年前，东方的秦汉帝国与西方的罗马帝国遥相呼应，开始了陆上丝绸之路的联通。而自公元3世纪开始，佛教艺术的东传促成了中国艺术的新发展，在丝绸之路的广阔地域间有了更多的文化交流，中国的书法绘画也同样向世界传播开来。

今天的"一带一路"有众多的文化遗产，这些文化遗产最重要的特色就在于它们继承了文化交流与融合的传统。这次研讨会的主题是文化遗产与今天社会发展的关系，尤其是"传统与创新、传统与现代、遗产与活化"，我们更应该具体落实到如何把"一带一路"的文化遗产与今天的城市发展、社会文化建设相结合上来，并使之更加具有可操作性。

中国艺术有丰厚的积淀，但重要的是我们今天对文化遗产所持的态度。毫无疑问，各国专家学者在一起交流时，都认识到摆在我们面前的任务就是对文化遗产的再研究，包括对文化的保护和将其所含有的各种文化观念、艺术理念等转化为今天创造的动力。比如在敦煌，我们通常说敦煌的艺术就是文化交融的产物，但是敦煌艺术所包含的建筑、雕塑、绘画这种"三位一体"的艺术形式，最早在公元5世纪便已形成。这种理念，对于今天社会文化建设和艺术创造具有十分重要的启发性价值。在当今社会，人们从事各种艺术，却往往容易孤立地看待艺术的创造，因此文化的整体性就成了特别需要加强的部分。比如在一个城市的规划和建设中，特别需要使规划的理念、建筑的设计与公共空间的艺术创意形成整体的研究。

宋代官窑瓷器

　　"一带一路"许多重要的文化艺术遗产不仅给我们带来了美，也对我们今天有重要的启示。比如，因为今天的文化处在更加动态、更加丰富的交融式背景下，我们就需要修正以前片面的文化观念。福建泉州是郑和下西洋的中转站，也是海上丝绸之路的起点之一。同样，在葡萄牙的里斯本，也有欧洲的船队向东方扬帆而来。因此，"一带一路"是起点和终点相互相向的旅程，这种旅程拓宽了交流视野。从中国的东海出发，到葡萄牙里斯本的大西洋，这就是一条连通东西方的宽广道路。

　　去年应邀到里斯本做专访，我们欣喜地看到，在当地的古代官邸里展出了许多来自中国的官窑瓷器。在那里我看到欧洲人对瓷器的欣赏，他们可能不仅仅是欣赏一种来自东方的美学，更重要的是从瓷器里面看到了东方人的生活方式，看到了东方园林家居以及各种跟生活有关的造型。所以，小瓷盘传递着大文化。如今，我们更应该将注意力放在如何将这些文化遗产更好地活化上。首先要解放思维观念，打开文化视野。在葡萄牙里斯本，有许多使用瓷器元素的传统艺术，其中瓷画尤为普遍，这些瓷画可能来自中东国家，但它最初一定是源自东方的中国。在当地的教堂或者民间的建筑里，西方的油画和东方的青花瓷[1]能够在一个空间并存，这说明他们具有欣赏文化多样性的审美智慧，这一点令人颇受启发。

对我们而言，今天的文化遗产活化就是要进行一种创新性的转化和创造性的发展，这也是习近平总书记"要让收藏在博物馆里的文物、陈列在广阔大地上的遗产、书写在古籍里的文字都活起来"这一重要思想所要求的。一个"活"字为我们指明了让文化遗产再放光彩的根本路径。所谓的活就是首先要承认文化遗产是有生命的，虽然它们尘封在时间的帷幕之中，但是它们的生命力是旺盛的。而一个"活"字更点明我们要用今天的眼光和能力重新让文化遗产的资源变成创造的动力。今天，有许多国家的文化遗产方面的艺术家，利用各种文化遗产的主题和素材进行创作，为我们带来更直观的审美享受。比如，有一位艺术家用编织的技术做了大量的当代作品，还有一位教授将现代技术和元素融入中国的传统皮影，使它能够走进今天的公共文化空间。

近年来，中央美术学院十分重视"一带一路"的研究和文化艺术创作，先后举办了一系列与此紧密相关的展览。其中有个活动的题目叫"文明的回想"，试图通过对文明的投影和对今天的文化关照来进行表达。今天很多城市的领导者都希望用文化遗产激活一个城市的生活和一种新的生活理念，这就需要把更多的遗产资源摆在重要的位置上，特别是要给艺术家提供创新创造的条件。比如在丝绸之路上，艺术家用现代的材料去营造一种新的景观，形成很有创意的作品。现代建筑材料比比皆是，如何在现代的建筑材料和遥远的古代传统建筑之间建立一种联系？这是一个挑战，也是一种新意。这位艺术家就在漫漫戈壁上，把中国古代的建筑形式做了活化。类似这样的例子不胜枚举，通过这种研讨交流，了解各国的文化遗产并且学习它们的经验，能够让我们认识到文化遗产是我们今天推动文化发展和文化交流的重要资源。最后，真诚地感谢各位专家学者为文化遗产的研究所做的贡献，特别感谢陈平女士召集了这次会议。

---

1. 青花瓷是源于中国、遍行世界的一种白地蓝花的高温釉下彩瓷器，该品种清新明快、质朴大方，不仅是工业化之前影响最广的瓷器，还被视为中华民族审美理念的代表。

纽带与桥梁

卢秋田

中国原驻德国特命全权大使
中国外交学会原会长

刚才范迪安院长短短几分钟的讲话，把我们会议关于世界遗产的"保护、传承、合作、创新"这八个字的主题表达得淋漓尽致。我与范迪安院长相识是在21年前，他给我留下了深刻的印象。他本人不仅是一位艺术家、书法家、画家，更是中国当代艺术推广和普及的领军人物，同时也是中国跟世界文化艺术交流的一个优秀使者。范迪安院长的致辞充分体现了他对国际交流的重视，凸显了他对习近平总书记重要思想的深刻领悟，更向大家形象地阐释了如何把文化遗产跟时代创新理念和当代需求相结合，让文化遗产"活"起来。

我在欧洲工作了28年，作为一名外交官，过去的工作让我见证了欧洲的变迁和中欧之间的文化交流。德国有个成语叫作"好事成三"，中国也有个成语叫作"好事成双"，我就从这两个成语讲起。今天的会议可谓是具备了"天时、地利、人和"三点条件，顺应了"一带一路"建设的大势，我相信这个平台也会为国家文化遗产保护事业和文化产业的繁荣做出积极贡献。

2018年是"一带一路"倡议提出的第五年。中国提出的"一带一路"理念是合作共赢，探索共商、共建、共享新模式，五年间，这一理念也越来越得到沿线国家的支持，成为各沿线国家合作交流的共识。"一带一路"中的"五通"即道路畅通、资金融通、设施联通、政策沟通、民心相通。刚才范迪安院长特别提到了民心相通，民心相通的基础是文化交流，这一点在"一带一路"中具有十分重要的意义。如果说"五通"中的道路畅通、资金融通、设施联通是硬件的话，那政策沟通和民心相通就是重要的软件。我们不仅要在沿线国家把一条条道路修起来，一个个港口建起来，还要在沿线国家人民的脑海中把民心相通的人文大楼筑起来。

从"天时"来说，规模史无前例的上海进博会昨天闭幕了，短短几天的时间达成了570亿美元的交易金额，同时已有20多个国家报名参加明年的进博会。这次上海进博会向世界表达了开放合作的理念。中国的大门不仅不会关闭，而且中国跟世界各国的合作会在合作共赢、平等互利的基础上进一步加强，中国将以更加开放的姿态拥抱世界。另一个"天时"就是中德目前面临更好的合作机遇，中德之间将建立更加稳定的合作关系，来共同应对世界局势变化的重大挑战。

从"地利"来说，中国是有着上下五千年文明的古国，中央美术学院是一座百年老校，是国内顶尖的艺术殿堂，是国际知名文化艺术交流平台，同时也是具有国际影响力的一所院校。这里孕育诞生了许多著名的艺术家，很荣幸的是我的一位同乡名人也曾经在这里工作过，他就是蔡元培先生。今天，中央美术学院在范迪安院长的带领下，人才济济、优才辈出，为中国的文化艺术事业培养出一批又一批的后备军。

从"人和"来说，今天在座的都是来自各国的艺术大师，大家齐聚在此，共商世界文化遗产的保护与传承，共同探讨合作与创新。众多英才大师在陈平女士的号召下齐聚一堂，将"天时、地利、人和"诠释得淋漓尽致。

我在欧洲的28年间，见证了欧盟从6个国家最终壮大到28国的发展历程。欧洲的一体化包括政治一体化、经济一体化、外交政策一体化、安全政策一体化，但是唯独没有文化一体化。因为在欧洲，大家更加追求文化的多样性，任何一个民族的文化都是历经漫漫岁月发展起来的，它们既有民族性又有世界性。欧洲的一体化发展仍然保持文化的多样性，这是欧洲给我留下的深刻印象之一。

文化既是事业又是产业，这一伟大事业需要情怀创造出文化产业。说起德国，大家会想到高端制造业，例如奔驰、宝马、奥迪等汽车工业，但最令德国人自豪的是，德国是一个学者和工程师的国度，在那里诞生了歌德、席勒、贝多芬、康德等大师，他们都在历史的天空中璀璨。德国有360个博物馆，有80多名诺贝尔奖获得者。文化是一项伟大的事业，它是国家的灵魂、民族的血脉。柏林大教堂曾经把教堂中的每块砖收集修整，花了28年的时间才完成教堂的修复工作，这体现了一种对文化深入骨髓的尊敬。

文化的传承不仅需要对人才进行教育和培养，还需要法制和制度的保护。德国有许多专门从事传统文化传承和保护事业的人，他们为国家传统文化的保护和创新呕心沥血，并不断推进法制环境的建设。

今天这个会议的意义非常重大，我希望它在范迪安院长的支持下，在陈平女士有力的组织下，能够成为一个永不落幕的合作平台和友谊纽带。

友谊与互鉴

曼弗雷德·弗里德里希·克恩
Manfred Friedrich Kern

德国绿党巴登符特堡州州议员、绿党文化事务发言人

非常感谢陈平女士、卢秋田先生的演讲。我非常赞同你们两位的观点，我知道两位对德国非常了解。

首先，我想感谢国际民间艺术组织，特别是陈平女士组织这次论坛。这是一个非常有意义的活动，我非常荣幸能够参加。我想感谢中国政府提出的"一带一路"伟大倡议，这实际上是再次唤醒了古老的"一带一路"，尤其是中欧之间的文化交流，通过各方参与和持续支持，让沿线国家在"一带一路"框架下走到一起。中国的老子曾经说过："千里之行，始于足下。"我们今天从这里出发，共同为未来的发展建言献策。

我很高兴能够通过此次论坛和各位探讨文化遗产的保护与创新。德国绿党[1]作为一个地区性政党，以"未来是绿色的"为基本纲领，其专长就是生态环境保护及文化遗产保护。同联合国教科文组织提倡的一样，我们认为文化资产跟生态环境具有同等重要的地位。

德国有41个联合国教科文组织世界遗产，其中包括38个文化遗址和3个自然遗产，以及21个世界记忆名录项目。今天有幸听取了几位专家有关文化遗产保护方面的探讨，我颇受启发。我也赞成专家们的观点：文化遗产一定要通过国家层面来保护，同时也要在国际各文化领域进行宣传和保护。只有这样，才能使它更好地成为世界文化遗产的一部分，才能够得到每个地区、每个人的关注。

除了联合国教科文组织之外，我们还有欧洲委员会以及法国和德国的一些类似机构，都在为保护国家文化遗产做出积极的贡献。除了官方保护，在法国和德国的民间也有很多的志愿者和一些纪念馆的人士参与这些遗迹的保护工作。

文化遗产的传承和保护是一项系统的工程，希望在"一带一路"的伟大倡议下，各国间能加强合作和交流，为保护世界文化和人类文明成果做出应有的贡献。

---

1. 绿党是德国中间偏左的环境保护主义政党，亦是全球最早的绿色政治组织，提倡绿色政治，反对扩军，主张和平，反核能，主张回归自然的生活方式。

共同的家园

卡洛斯·品拖
Carlos Pinto

欧洲山地联盟主席

非常感谢陈平女士的邀请，很高兴有这个机会能与在座的各位专家进行交流。作为一个葡萄牙公民、一个世界公民，我很喜欢"公民"这个词。我非常感恩习近平总书记提出的"一带一路"伟大倡议，它让我们有机会来到这里，可以进行更紧密的沟通和联系。今天，中国已经取得了很多举世瞩目的成就，尤其是在经济领域取得了很大的进展，我们也看到中国在同各国加强合作与联系方面也做到了前所未有的开放与包容。原驻德大使说，欧盟有28个国家，这些国家之间的文化差异是一直存在的，但更重要的是如何克服这些差异，共同努力寻求互利共赢的合作，这是值得深思的。我相信习近平总书记提出的"一带一路"倡议和相关举措都是非常正确的，我相信"一带一路"倡议会促进各国之间的融合、交流，助力共建伟大友谊，并且有助于保护我们共同的世界遗产。

作为欧盟公民，我想强调一下这个举措的重要性。昨天我读了"一带一路"倡议的内容，它不但提到了"一带一路"沿线国家地区的基础设施建设，还提到了倡议的中心是文化交流，这其中就包括文化遗产。我想问各位，文化遗产是什么？文化遗产这个词的含义范围很广，例如达·芬奇，他是属于法国的还是意大利的？答案很简单，他不仅仅是属于某个国家的，还是一种更广阔的存在。艺术家的存在并不仅仅限于其作品本身，当中有着很深的内涵。中国有几千年的历史，中国人民为世界的文化做出了极大的贡献，这是全人类的文明成果，也是国家的财富。保护文化遗产、交流文明成果不仅是一个国家层面的事情，也是与社会各领域成员息息相关的事情。艺术家、作家、科学家、工匠等等，他们虽然属于不同的文化领域，但是他们之间都需要进行学习和交流。

亲爱的朋友们，欧盟在保护文化遗产方面集合了所有成员国的力量，我们有一句口号是"遗产更重要的是要传到未来"。我们深知文化不仅是欧洲的，更是全世界的。我们从事文化遗产传承与保护工作不仅是为了让我们的世界变得更美丽，更重要的是在这个过程中产生了对未来的重要思考。"一带一路"是一个深刻地影响着全世界的伟大计划，这是关于地区发展很重要的一个倡议。"一带一路"倡议第一次让全世界参与进来，不仅能够带来经济效益，更重要的是在哲学层面启发大家重温我们从何处来、到何处去的思索，这就增强了中国与世界的联系。

我代表欧洲山地联盟，希望各国政府之间能够多互相学习，并希望各个城市之间能够建立一些合作项目。我们也希望更多了解中国的发展模式，思考如何更好地保护好世界文化遗产。同时，我们认为各个学会之间的合作也非常重要。立足当下，我们将继续秉承加强国际交流合作、开放包容的精神去期待未来。

文化遗产的传承与保护是一项能够造福全世界人民的伟大工程，让我们一起努力，通过文化给予人民福利。

守望与传承

马 佩

中国工艺美术学会
原常务副理事长
原党委副书记

在这深秋的季节，我们又一次聚首"一带一路"文化遗产合作国际高峰论坛，分享彼此的工作成果和见解。这次会议着实令人期待。我谨代表中国工艺美术学会向各国嘉宾、各位专家学者和民间工艺大师表示诚挚的敬意和热烈的欢迎。

今年是习近平总书记提出丝绸之路经济带和21世纪海上丝绸之路倡议五周年。大道至远，在各方面共同努力之下，"一带一路"从理念转化为行动，从愿景转化为现实，取得了丰硕的成果。习近平总书记在2018年8月份举办的"一带一路"建设工作五周年座谈会中指出，"一带一路"正在向落地生根、持久发展的阶段迈进，过去几年共建"一带一路"完成了总体布局，绘就了一幅"大写意"，今后要聚焦重点、精雕细琢，共同绘制好精谨细腻的"工笔画"。在这五年中，作为一种活态文化，非遗为构建民心相通的文化认同体系提供了坚实有力的支撑。同时,"一带一路"建设为沿线各国开展非物质文化遗产的传承和保护带来了新机遇,也为非遗领域的国际合作创造了更多的可能性,触发了多角度的思考。中国文化和旅游部副部长项兆伦在座谈会中谈到,现在已从现有非遗工作的巩固和成果保护,进入传承实践活力的新阶段。在"一带一路"非遗工作新阶段目标的指引下,民间艺术和传统手工艺的振兴除了秉持尊重传统、深挖价值、跨界合作、科技创新、开放交流的基本原则,还要深刻融入社区民众的社会生活和情感表达。通过实施与民生密切相关的项目,在实践中生成可持续发展的活力。

我还记得参与上一届论坛的埃及学者阿德麦德·约克夫,他通过培训女性手工业,改变了整个村庄的贫苦面貌,也为女性提供了大量的经济支持,使当地女性更加独立,保护了当地女性的权益。与此相通,2016 年以来,中国文化和旅游部在全国设立了 11 个传统工艺工作站,深入广大乡村艺人群落了解非遗现状,以手艺振兴助力乡村振兴和精准扶贫。2018 年,设计领域也提出了设计扶贫的倡议,通过传统工艺的协同创新,打通传统工艺设计产业资本和慈善的链条,为扶贫攻坚助力。在这样的文化氛围和积极贡献中推动创新和发展,可以更有效地促使传统文化和现代生活紧密连接,实现传统文化的生产性转化和创新性发展。除此以外,非遗要建立在见人、见物、见生活的基本认知之下。传统技艺如何转化为现代生活的文化产品,重新走入日常生活,应用于日常消费领域,是尤为重要的课题。我们身处一个消费不断升级的社会,人民群众对日常生活的审美追求日益提高,对于生活形势的审美创造和文化注入越来越成为当代文化生态的常态。

艺术与生活之间的界限不断被打破,文化传承的活动与当代人的生活方式、文化心理和消费趋向之间需要构建一种有机的链条,这也促使传统手工艺走出自身领域,建立深度交流,寻求共识,切实提升。

"一带一路"为非遗保护和传统工艺的振兴带来了更加广阔的视野、更为开放的心态和更加多元的可能性。让我们在文明互鉴、区域合作的道路上,共同创造丝绸之路上前所未有的辉煌。

互联网+非遗 传播无国界

杨 谷

光明网总裁、总编辑

很高兴有机会分享新媒体传播中的一些经验与感受：如何跨越贫穷与富裕，如何跨越山川与河流，甚至跨越国界，帮助非物质文化遗产的传承人找到感兴趣的聆听者。

在"一带一路"沿线国家中，非遗艺术家们常常在与时间赛跑。时间一天天过去，有的非遗文化濒临失传，大多数年轻人由于更倾向使用快捷的现代信息获取方式，从而与非遗绝缘。

中国也面临类似的问题。中国是世界上拥有最多非物质文化遗产的国家之一，有1372种技艺被收录进国家级非遗名录。但是，这些非遗常常藏在深山无人识，既没有满足人民群众日益增长的对美好生活的向往，也很难转化为可持续良性发展的产业。

在网络时代的今天，手机成为当之无愧的第一媒体，是人们获取信息的首选工具。"手机直播"为非遗的传承和健康发展提供了一条新路。中国建设了全球用户人数最多的4G移动通信网，中国还拥有性价比最好的智能手机，有的只卖几百块。以上这些都为非遗的网络传播提供了最好的物质基础。

光明网坚持以文化为特色，以传承优秀传统文化为己任，自觉承担知识普及、社会教化、道德传承职能，传播高雅健康文化，抵制低俗、庸俗、媚俗行为，引领网络文化健康发展。近年来，我们在如下领域进行了"互联网＋非遗"的传播创新：

创新传播非遗，助推非遗文化"活态传承"

光明网率先将直播引入非遗传播，创新开展了"致·非遗 敬·匠心"非遗系列直播活动、"中国非遗年度人物"推选品牌活动等，助推非遗文化"活态传承"。"致·非遗 敬·匠心"非遗系列直播，联合斗鱼、咪咕等直播平台，让网友得以近距离地了解非遗技艺，激发对中华传统文化的兴趣。该活动至今共走进全国26个省区市，走访国家级、省级非遗技艺传承人百余位，推出直播百余场，总观看量破亿次。

在文化和旅游部的指导下，光明网还把网友的热情参与转换为对非遗传承人的巨大关注，成功举办了"中国十大非遗年度人物"推选活动，激发广大非遗传承人的参与热情。这项推选活动旨在盘点过去一年中为非遗保护传承事业做出突出贡献的标志性人物，梳理一年中非遗领域的重大事件，记录非遗传承发展的生动实践。中国民间文艺家协会名誉主席冯骥才等十人被推选为"中国非遗年度人物"。

用好网络直播平台，传播普及传统戏曲文化

光明网在文化和旅游部非遗司、中央网信办移动局的指导下，在中国非物质文化遗产保护协会、国家艺术基金的帮助下，深入非遗文化发源地，开展直播活动200余场，采访了端午、云锦、粤剧、雕版印刷、南音、古琴、活字印刷、羌笛、藏戏、杨柳青木版年画、珠算、万安罗盘等非遗传承人及相关专家，直播主持人和传承人一起体验酿酒、织锦、印刷等传统技艺。这种"三贴近"的报道方式，颇受年轻网友欢迎，直播累计观看量达3亿多人次。在西藏，我们第一次开展了当地的4G直播。直播，让全国乃至全球的网友看到了一大批非遗艺术。

光明网联合KK直播、秀色直播、一直播推出"青春遇见戏"中国传统戏曲系列直播，邀请全国27个院团的70多位戏曲名家，近距离向网友介绍京剧、豫剧、评剧等25个剧种27个剧目，推动中华戏曲文化的普及和创新传播，已推出30余场直播，观看量超4000万人次。同时推出短视频、专家访谈等，以主创采访、剧、剧目直播、线下导赏、后台探班等方式，带领年轻人全面感受中华戏曲文化的魅力。

光明网启动了"为人民抒情"大型融媒体传播活动。在中国艺术节、全国基层院团戏曲会演、全国杂技展演期间，光明网团队采访了天津青年京剧团团长孟广禄、中国国家话剧院演员刘佩琦、上海京剧院著名麒派老生陈少云、中央芭蕾舞团团长冯英、河北省河北梆子剧院院长许荷英等数十位艺术大家，累计观看量达1.2亿人次。互联网大舞台正在为传统文化提供难得的传播和发展机遇。在中央网信办组织的全国网信创新工作案例征集中，光明网"创新传播手段，助推非物质文化遗产活态传承"入选"网信创新工作50例"。

挖掘节日节气内涵，弘扬中华优秀民俗文化

传统节日和节气，是我国非遗文化的特色宝藏。光明网品牌栏目"网络中国节"围绕中国七大传统节日及二十四节气，推出网络专题、H5小游戏、短视频征集活动、直播问答等融媒体作品，深入挖掘传统节日节气内涵，弘扬中华优秀民俗文化，先后共推出300多篇作品，触达量超2亿次。其中"我心中的中国节"传统文化创意征集活动，征集原创视频4000多个，视频总播放量达7000多万次。

在"网络文化节"系列活动中，端午、重阳、中秋、二十四节气等传统文化符号化身H5游戏、动画相声、一镜长图等新媒体产品，带动广大网友了解传统节日、爱上传统节日，光明网因此被中央网信办评为2019年争做中国好网民工程先进单位（"争做中国好网民工程"是中央网信办贯彻落实习近平总书记关于"培育中国好网民"重要指示精神的主要载体）。

打造网络音视频优质内容，扩大非遗海内外影响

在中央网信办传播局指导下，中国文艺网、光明网联合推出"文脉颂中华·名家@传承"活动，用短视频讲述中国音乐家协会名誉主席赵季平、中国曲艺家协会名誉主席刘兰芳、著名舞蹈家陈爱莲、著名昆曲表演艺术家蔡正仁、"泥人张"第四代传人张锠、著名杂技表演艺术家夏菊花等名家的故事，讲述他们曾经给亿万中国人留下深刻人生记忆的艺术创作过程。这些网络传播作品都得到了艺术家们的高度认可，同时通过名家话语扩大了中华非物质文化的社会影响。光明网音视频专栏"光小明的文艺茶座"，通过邀请文化界名家、专家、大家，呈现我国新时代非遗事业发展面貌，展示文化自信，已制作音视频节目 200 多期，在光明网自有平台及喜马拉雅 FM、蜻蜓 FM、企鹅 FM、咪咕阅读等多家国内知名网络电台推广。其中，两会期间推出两会特辑 25 期，用户阅读量达 1300 万次。

光明网还将非遗传播对象对准了海外使用英语的网友，在传播中感受到了国外网友对中国非遗文化的强烈兴趣。我们开设了 Facebook 英语账号，有 700 多万粉丝。我们在 Facebook 上做民族服饰的直播表演，做中国传统戏曲的台前幕后，7 场直播获得 270 多万国外受众，有 10 多万人点赞留言。

深入开展报道，积极挖掘非遗

在中央网信办传播局指导以及文化和旅游部非物质文化遗产司、中央民族大学的支持下，银河系工作室和光明网推出了"可爱的中国"活动。在各地文旅部门和网信办的支持下，光明网摄制团队分成 9 个小组，先后奔赴河北、内蒙古等 16 个省区的 56 个市县，行程超过 5.6 万公里，采访了 56 个民族的非遗代表性项目的代表性传承人、基层文化工作者，真实、立体地展示了民族文化在民间传承、延续与创新的故事。

光明网组织运用"图文报道 + 网络直播 + 动漫 +VR 展示 + 航拍"等多种报道手段，深入挖掘和传播非遗文化基因、时代内涵和社会价值；"艺术公益大讲堂"系列视频节目，凝聚非遗文艺名家共同开展网络艺术优质资源共享和知识普及活动，让优质的文艺内容借助网络平台"飞入寻常百姓家"；"改革开放 40 周年系列文化盘点"栏目以短视频方式呈现 40 年间服饰、电影、音乐等方面的变化。

在这场非遗传播的网络化变革中，专家们专业的现场点评对吸引更多网民关注直播，发挥着关键作用。2017 年，暨南大学文化遗产创意产业研究院与光明网结成战略合作伙伴，给直播提供很多专业帮助。光明日报是文化艺术界的老朋友，在很多年里是文化艺术信息传播的主要平台。在今天这个网络时代，我们期待与各位文化名家一起，将与暨南大学的合作复制到更广阔的网络空间，扩大非遗直播的影响。

中国正在建设 5G 通信网，数据传输效率将大幅度提高，这对非遗视频传输和交流非常有利。相信互联网 + 非遗，一定可以跨越贫富差别，跨越都市与乡村，跨越国家边界，帮助"一带一路"沿线国家的非遗艺术家们在全球找到更多知音。

文明的回响

创新与发展

宋慰祖

民盟中央文化委员会副主任、北京市政协常委
北京设计学会创始人，工业设计高级工程师

  首先，我要感谢中央美术学院，感谢暨南大学，特别要感谢陈平女士邀请我来参加今天的会议。世界文化源远流长，全人类文化之间一直相融相通，所以文化不应该说属于谁，只能说文化创造的过程属于谁。文化遗产是人类的祖先留下的宝贵财富，如何将这些财富充分运用到我们今天的发展当中，是值得深思的。当今世界正从过度依赖自然资源的状态向依赖人力资源转化，人类实际上已经进入了一个以文化为引领、以科技为支撑、以需求为导向、以设计为方法的创新驱动发展时代，我们对精神文化的需求越来越超过对物质的需求。文化遗产是我们祖先留下来的巨大的文化知识宝库，在这样的时代背景下，如何用好这个文化知识宝库，是全世界都在思考的问题。
  大家刚才谈到中华文化五千年源远流长，在世界文化长河中，唯一没有发生过断代的就是中国。在当今世界的很多文艺创作中，大家都会看到中国文化的痕迹，比如说美国人拍摄的《功夫熊猫》系列电影，就融入了大量的中国传统文化元素；再比如说美国人拍摄的动画片《花木兰》，就改编自中国古代的历史故事。

究竟什么是文化遗产，文化遗产又应该如何保护传承和创新发展呢？作为文化研究人员，我认为文化遗产的传承保护与创新发展应该是两方面的工作。一方面是要做好传承保护，就是要把各民族原汁原味的文化保留下来，越是民族的，越是世界的。但是仅仅把它们保留下来，作为一种文化符号去宣扬还不够，还要让它成为今天社会经济发展的一个新动能。想把传统的文化遗产与今天人们的生活、生产、消费相融合，就要实现它的创新发展。经过多年的研究，我认为要做好文化遗产的传承保护与创新发展，要注意这三个方面的融合：一是科学与文化的融合，二是传统与时尚的融合，三是艺术与实用的融合。

此次展出的展品中有一件伊朗的珐琅。大家都知道，景泰蓝是中国人创造的，也有人说日本人偷学了中国的景泰蓝技术，将其发展成为日本的珐琅。其实这个争论的过程恰恰体现了"一带一路"文化传播、传承和发展的历程。珐琅工艺源于古代波斯，但是今天很多国家都有这种工艺，匈牙利、捷克等国都是著名的珐琅之国，当然也包括中国（景泰蓝）和日本（七宝烧）。各国不同的珐琅产品是珐琅工艺在传播的过程当中不断地与当地的新科技融合创造出来的。景泰蓝是明朝时期在中国发展起来的，当时在釉料里增加了新品种，就产生了中国景泰蓝独具特色的色彩和工艺，也就是今天流行的掐丝珐琅。今天，珐琅工艺仍然在发展进步，瑞士最高档

日本七宝烧大师高桥童子作品　　图片提供 / 中外珐琅美术馆

文明的回响

的手表就选取了珐琅盘。珐琅盘是中国手工艺人采用软珐琅技术生产出来的，用传统技术是无法烧制如此精致的表盘的。软珐琅技术成就了瑞士手表的时尚风格，它是文化遗产的传承与现代的实用和时尚相结合的产物。

刚才范迪安院长讲到，他在国外看到了使用中国青花瓷装饰的艺术空间。中国人用陶瓷画、瓷板画[1]烧制出来的艺术作品与欧洲的油画在同一空间里展示，也体现了人类文化的相互融合，我们把这种融合的创新设计命名为"非遗与设计"。我们还创办了一个非遗与设计学院，专门培养既有传统文化遗产知识又有创新创造能力的非遗专业人才。其实，中央美术学院就是文化遗产与现代创新和国际时尚相结合的一个成功案例。两周前，我参加了中央美术学院关于冬奥会吉祥物设计的论坛，论坛的主题是如何把中国的传统文化、文化遗产与今天的奥林匹克体育运动盛会结合起来创造作品。2008年北京奥运会上出现了金镶玉的奖牌，这种奖牌就是中央美术学院的老师们把中国的玉文化和传统技艺与奥林匹克精神深度融合的作品，至今在奥林匹克运动史上都是独一无二的。2008年北京奥运会的体育图标也是中央美术学院设计学院的老师们创作的，他们运用了中国历史上的岩画作为基本元素，设计了56个奥林匹克体育项目的运动图标，把中国传统文化与国际盛会相融合，创造出极具历史意义和世界影响力的作品。

伊朗画珐琅花瓶
图片提供 / 中外珐琅美术馆

我今天佩戴的这枚纪念章，就是2022年冬奥会会标，是中央美术学院设计学院副院长设计的。从表面上看它是一个冬字，是传统的文字符号；但除了汉字元素之外，会标的设计也运用了图形符号，用线条表现了运动的人物和滑雪的雪道。这个会标将代表中华文化的汉字与现代体育运动的图形相结合，体现了奥林匹克运动精神。

---

1. 瓷板画是指在平素瓷板上使用特殊的化工颜料手工绘画、上釉，再经高温烧制而成的一种平面陶瓷工艺品，可装裱或嵌入屏风中观赏。真正意义上的瓷板画出现在明代中期。从清中期开始，瓷板画的发展走向兴盛。2008年，瓷板画入选国家级非物质文化遗产名录。

我是搞工业设计的,曾经去过四五十个国家,和当地的设计师们开展设计交流。今天现场有很多远道而来的德国朋友,德国的工业设计在世界上享有盛名。在与德国的设计师讨论时,我产生了一个大胆的想法,就是将中国人的写意和中华文化符号与德国精益求精的制造、标准相融合,这也许将创造出无与伦比的产品。我在和德国奔驰的设计总监交流时曾经专门谈到,为什么中国做了这么多年汽车,从产量上来讲已经无人能比了,但是至今还不能够达到德国汽车的水平?对方回答,从生产技术、汽车造型和色彩设计上来看,中国和德国并没有多大的区别,差异在于我们的标准不同,我们生产制造的精准度不同。中国人的大写意思想往往会造成"大概齐""差不离",这与我们工业化制造的精密标准相比确实有一定的差距,这种差距如何来弥补?那就是东西方文化、中德文化之间的沟通和交流以及相互之间的学习和借鉴。"工匠精神"绝对不仅是加工、制造能力,还要有创新创造力;"工"体现的是创造,而"匠"体现的是制造。所以,我认为中德两国之间如果能够共同交流、探索和合作,可能会成为世界上最优秀的设计之国,为人类的发展创造出最优秀的产品,真正使我们的文化内容、工业制造和现代科技得到最充分的融合,能够让传统和时尚真正结合起来。

今天人类的消费已经进入一个以文化为引领的时代,人们更加追求具有文化附加值的消费产品,而非只具有功能的产品。我也希望更多的国际友人来到中国,和我们一起进行文化的、思想的碰撞,在共享文化成果的过程中,创造人类需要的产品和服务。

中国工艺美术大师钟连盛作品 和平尊 图片提供 / 中外珐琅美术馆

圆桌讨论一

文化遗产的保护与创新

图／西班牙巴塞罗那 摄影／Wayne

第二章 文明互鉴

学术主持

王 中

中央美术学院城市设计学院原院长、教授
中国公共艺术研究中心主任
北京市人民政府专家顾问团顾问
中国城市雕塑家协会副主席

讨论嘉宾

艾雅·詹森（Aija Jansone）
历史学博士、拉脱维亚大学历史研究院高级研究员、拉脱维亚露天民族博物馆民族志部门负责人、教授

弗朗茨·克鲁格（Franz Kluge）
德国特里尔理工学院设计学院原院长、教授

刘焱
中国大数据生态业联盟文化大数据专委会秘书长

田列朋
北京语言大学语言资源高精尖创新中心副主任、教授

林振中
美国注册设计师、"生活美学"创始人

李季
清华大学文产（北京）规划设计研究院院长、教授

研讨会现场

王　中：尊敬的各位来宾，上午好。今天，人类的发展已经进入一个指数时代，我们已经很难以过去的延长线去推测未来，因为趋势太难以把握了。尤其是今天谈到的很多科技领域的发展，比如人工智能、生物技术、大数据、3D打印技术等，将会深刻改变人类的未来。但是在科技发展迅猛的今天，我们更希望找到科技和人文之间重要的交集，我想这应该是全人类面临的一个难题。人类社会每发展到一个新的阶段，都会面临不同的局面和困境。今天，作为地球公民的一分子，我们需要对地球所拥有的资源及全人类的生存环境做出前瞻性思考。我们拥有着有限的物质资源和无限的精神财富，在面临全球经济高度发达、人们开始由物质需求转向物质精神双重需求的局面时，如何对现有的资源加以利用？我们要以更长远的视角来思考，尤其应该重新认识文化遗产对今天社会发展的价值。面对一个不确定的未来，我们要充分认识我们的祖先留给我们的宝贵精神财富对于今天的价值，而这也就是我们今天要特别讨论的传承与创新。

向大家简单介绍一下参与现场讨论的几位嘉宾：来自拉脱维亚大学历史研究院的历史学家艾雅·詹森博士，中国大数据生态业联盟文化大数据专委会秘书长刘焱女士，德国特里尔理工学院设计学院原院长弗朗茨·克鲁格教授，北京语言大学语言资源高精尖创新中心副主任田列朋先生，美国注册设计师、"生活美学"创始人林振中教授，清华大学文产规划设计院院长李季教授。请大家以热烈的掌声欢迎几位专家学者！

几位嘉宾和我将从各自的行业和研究领域出发，带领大家从历史学、大数据技术、工业设计、语言学、生活美学等角度展开讨论。我与在座的几位嘉宾都是老朋友，我们也曾经多次就文化遗产传承与创新的话题进行观点的碰撞和分享。接下来就请嘉宾们一一就自己的主题与现场听众进行分享和讨论。

首先有请我的同行，德国特里尔理工学院设计学院原院长弗朗茨·克鲁格教授。

弗朗茨·克鲁格：非常感谢。我们今天讨论的主题是文化遗产的保护和创新，当我们谈论保护时，我们首先必须思考什么是值得保护的，我认为排在优先位置的就是我们的价值观；当我们谈论创新时，我们必须思考我们要创新什么。我们要通过创新，打造一个更美好的世界。文化遗产的保护和创新

弗朗茨·克鲁格

德国特里尔

这个命题，赋予人类的一个重要使命即我们要把文化遗产中抽象的知识财富转化为现实世界的真实价值，这也是设计师们面临的一个主要挑战和难题。

我的一个主要观点是要加强高校内文化遗产方向的人才培养。今天参与讨论的嘉宾基本上都有在高校从教的经历，我想大家对如何激发年轻人的兴趣从而使其投身到文化遗产传承与保护的行业都有很棒的想法。创新与未来，这两个词语本身就充满了希望，应当是一个吸引大批年轻的有志之士的行业。我相信今天的年轻人是具备无限潜力与热情的，甚至具备发掘自己内心理想的智慧。问题是我们如何组织这些年轻人，给他们提供相应的支持系统，充分开发他们的潜力，从而发掘文化遗产的潜力，在创新中为人类精神财富做出贡献，让我们的世界变得更加美好。

最后，请允许我向大家介绍一下我所在的特里尔。它不仅是德国最古老的城市之一，而且是最年轻的城市之一，这个城市的城市规划以及大学发展呈现出一种新奇又有效的形式，在文化遗产保护方面也有其独特的经验，欢迎大家到特里尔做客！

王　中：非常感谢。就像弗朗茨·克鲁格教授所谈的，我们应该从两个方面统一地看待文化遗产的保护与创新。受弗朗茨·克鲁格教授的启发，我产生了这样一个思考：是否能够把文化资源和转化的动态过程结合起来看待？中国拥有五千年不间断的历史文化，我们有这样一笔巨大的文化遗产财富，应该如何使其活化、转化到今天的现实生活中并指导人们未来的生活？这将是一个有趣的话题。今年我和宋

第二章 文明互鉴

慰祖先生一起在北京设计周担任评委，大家可能知道，前几年的大奖获得者基本都是蛟龙号、高铁等世界一流的工业设计作品，都是代表中国走向国际尖端的科技成果；但是今年的评审结果很特殊，在有南京一号卫星、深海钻井平台等世界一流的工业设计参评的项目中，经典设计奖的得主是汉字信息技术系统，一个与文字有关的技术处理系统。当时，作为评委之一，我认为这个汉字信息技术系统，称得上是一项非常重要的、伟大的发明，它意味着汉字在信息革命以后将为世界做出新的贡献。这也是我们国家日益注重人文成果发展的一个体现，是中国国家意识形态导向所发出的信号。

下面有请北京语言大学语言资源高精尖创新中心副主任田列朋先生跟大家分享。

田列朋： 谢谢王中院长，也特别感谢陈平女士邀请我参加今天的会议。我认为王中院长的观点是非常具有前瞻性并且很正确的。王中院长提到的这个汉字信息技术系统全名叫"汉字信息处理与激光照排系统"。2018年8月27日习近平总书记在"一带一路"建设推进五周年座谈会上指出，共建"一带一路"的总布局已经完成，并描绘出了一幅"大写意"，今后我们要聚焦重点、精雕细琢，共同绘制出精雕细琢的"工笔画"。具体到语言资源，我向各位汇报一下我们所做的工作。

我们语言资源高精尖创新中心研究的主要内容是语言资源。语言不仅是人类重要的交际工具和思维工具，还是人类文化重要的组成部分，是人类文化的阐释者和载体。不同的语言保存着不同人类社群对世界独有的

田列朋

认识观，所以保护语言资源其实就是保护人类的文化遗产。我们语言资源高精尖创新中心的主要任务是建设三大工程，一是语言资源库，二是语言文化博物馆，三是语言通智能服务。这三大工程的主要任务是要服务于国家的"一带一路"建设和北京市的"四个中心"建设。围绕着语言资源库，我们要集中建设世界范围内语言资源或者和语言相关的资源建设。我们中心已经具体设了几大项目，一是语言识别理论与语言数量统计的方法论研究，目前已统计出全人类有7655种语言，这就能够对人类语言资源有一个基本的了解；二是全球语言文化核心资源库，这个项目主要是根据核心词汇表统计67个国家的词汇、语义；三是中国周边语言资源库建设，主要涉及哈萨克斯坦、吉尔吉斯斯坦、泰国、老挝等六个国家。这样做的目的是想用中国的学术标准把全世界的语言资源收集到资源库里。我们认为语言资源作为人类最重要的文化遗产，需要科学的手段来保护，因此在这里也呼吁大家能够关注语言资源的多样性。谢谢！

王　中：非常感谢。我想今天在座的嘉宾，特别是国外嘉宾，可能并不十分了解我们今天所处的城市——北京。北京城曾经被称为人类历史上最伟大的个体工程，它不光有800年的建城史，而且遵循着2000年前的《周礼·考工记》对中国古代皇城布局所做的整体规划。但是很可惜，大家现在再也看不到完整的人类城邦建筑明珠——北京城。今天的北京，特别是在近几十年的建设过程中，已经面目全非。我们用现代立交高架桥把错综复杂的城市肌理阻隔开，与世界上的很多历史名城相比这是不可思议的，建设过程中产生了很多遗憾。尽管现在北京市在申请"北京中轴线"[1]作为世界文化遗产，但其实那些也仅仅是北京仅存的一点古迹资源，而且大部分是分散化、碎片化存在的。

---

1. 北京中轴线，是指北京自元大都、明清北京城以来北京城市东西对称布局建筑物的对称轴，北京市诸多建筑物亦位于此条轴线上。明清北京城的中轴线北至钟鼓楼，南至永定门，直线距离长约7.8公里。

也许当年建造这些立交桥的时候，我们都认为是正确的做法，甚至会引以为傲地称其为现代之都。然而对于历史印记丰富的老城邦来说，有时候我们观念中的创新，实际上反而是对历史文化的摧毁。虽然北京市提出了"千年遗产城市"的想法，但是今天的北京城已经无法被看作一座历史之城了。联合国对于遗产城市有相应的衡量指标，就是历史、文化、艺术和科技。

关于历史城市的规划、再建、保护与发展，我想李季院长会从他的研究领域出发跟大家分享，有请李季院长。

李 季

李 季：我参加过很多"一带一路"的论坛，而且也承担过很多"一带一路"的课题研究，我认为在讲文化遗产的时候，不能忽略整个国家的经济发展、全球的经济发展状况。我们首先要从经济发展这个大前提出发，从 2018 年世界银行 GDP 总量数据说起。2018 年全世界有 76 亿人口，GDP 总量将会达到 84.83 万亿美元；2018 年美国的 GDP 总量是 20.51 万亿美元，占全球经济总量的 24.17%；中国的经济总量是 13.46 万亿美元，占全球经济总量的 15.86%；欧盟 28 个国家的经济总量是 18.87 万亿美元，占全球经济总量的 22.34%；德国经济总量会达到 4.03 万亿美元，占全球经济总量的 4.75%。这是 2018 年 10 月份世界银行发布的整体报告。从以上数据中大家可以发现，中国、欧盟、美国加起来占全球经济总量的 63%，而且在未来的 15 到 20 年间，这三大经济体会占到全球经济总量的 75%。这将给全球的发展和政治、经济安全带来极大的波动，因为财富掌握在几个大的经济体和国家手里。

2018年5月份,我在深圳"一带一路"产业联盟论坛上提到,如果沿线的发展中国家无法准确预测未来趋势的话,它们的命运可能会沦落为发达经济体原材料的输出基地和初级产品的加工基地。从这个角度来看,文化遗产对于我们"一带一路"参与国家真正的重要意义体现在哪里呢?第一点,我们首先看到现在的国际大环境还是丛林法则盛行,"一带一路"参与国家的文化遗产将成为保持其国家主权和文化主体性最重要的基石。第二点,"一带一路"参与国家的文化遗产也是把发达国家消费群体吸引到当地来消费的一个重要资源。第三点,"一带一路"参与国家的文化遗产交流交往活动,也是其与各国进行各方面互联互通的一个基础。

我们不能简单地局限在文化领域、社会领域来看待文化遗产的作用和价值,其实文化本身对全球的经济领域、文化领域、安全稳定等诸多方面都有巨大的影响和意义。全球经济总量集中在几个大的经济体中,事实上是一种逆全球化的趋势,全球化的进程或者说前途将被这个问题深深困扰。但是如果没有一个有效的机制,这个趋势基本上是不可逆转的。在这个大前提下考虑"一带一路"中的文化传承、合作与交流,将有重大意义。所以中国提出"一带一路"倡议的时候,从另外一个角度来看,其实是给"一带一路"参与国家提供了难得的机会。我认为这也是中华文化最核心的精神内涵之一,对内寻人民幸福,对外看天下太平,这也是王阳明关于中华文化的一个核心观点。谢谢大家!

王　中: 谢谢李季院长,每次李季院长都会给出非常精确的数据。我们也注意到这样一个变化,前几年的表述叫"一带一路"沿线国家,今天的表述是"一带一路"参与国家。我们曾经强调的是"一带一路"的沿线国家,现在发展到吸引越来越多的参与国。表述方式的变化可以体现整体趋势的变化。感谢李季院长为我们提供了很多有营养的信息。

谈到未来科技发展,大数据及人工智能是不可抗拒的技术潮流。有请刘焱秘书长

第二章　文明互鉴

就大数据和我们"一带一路"文化传承与创新之间能够架起什么样的桥梁做出分享。

刘　焱：很荣幸受到陈平院长的邀请，参与这个非常重要的讨论。我们回望文化遗产这个概念的时候，首先要做一个精准定位：我们现在所处的时代节点和历史时期是什么样的阶段。卢秋田大使已经从外交格局、欧洲面临的大格局进行了深刻的总结概括。我认为，我们的文化产业正面临着一个让人非常激动、充满挑战又充满颠覆性的时代，这就是科技的赋能和科技的颠覆。我们必须看到的现实是，我们已经处在以信息化导引的第四次工业革命之中，实体经济开始向虚拟经济过渡。当下大家谈论中国最大的文化实体，会立刻联想到包括百度、阿里和腾讯等在内的互联网巨头，这意味着人们对文化的传统概念认知已经随着数字经济和科技的发展发生了深刻的变化。回到我们今天探讨的问题上来，面对如此多的不确定性，文化遗产将成为人类高速发展之路上的物理的闪光坐标。

在分析大数据对文化遗产的驱动和助力之前，我想和大家探讨一个小问题，大到什么程度的数据才能叫作大数据？

王　中：我记得2003年凯文·凯利问谷歌的创始人说，你们是一个搜索引擎吗？对方回答说我们不是一个搜索引擎，我们关注的是大数据、人工智能、黑科技等。2003年谷歌就做了这样一个精准明确的定位，它的发展真的非常具有前瞻性。我们也可以看到大数据对于未来整个世界的改变几乎就是一个巨大的动能，这是毫无疑问的。

刘　焱：谢谢王院长的观点。我可以再给大家补充一点有关大数据的实际案例，帮助大家更好地理解大数据如何助力文化遗产产业。如果用一个形象符号来描述大数据的话，它就是一个金字塔的标志：底层是数据，接下来是信息，在信息之后我们通过分析建立了知识图谱，在知识图谱的基础上通过专业的互动和算法形成了智慧。也就是说，在整个数据的流程中，在知识图谱之后，我们知道了怎么样、什么时间、做什么。最后我们得到了预见性的工具，就是怎么去决策。我们现在面临的是一个有关科技的生态体系，科技是双刃剑，赋能的同时可能还有反作用，所以我们强调生态的建设。大数据的应用是相互赋能的过程，在非物质文化遗产和文化遗产领域，我有四个观点，第一是保护，第二是传承，第三是合作，第四是创新。

从保护角度出发，文化遗产可以分为狭义和广义两个角度来讲。从广义的角度看，文化遗产包括非物质的文化遗产。政府作为一个保护者，在决策过程中，需要判断这个文化遗产有多少关注度，这个地理位置有多少人以及其他资源配置的情况。通过大数据，政府可以更好地评估这个场所的资源配置。除此之外，还可以通过大数据进行场馆的服务改善，比如说政府跟博物馆、图书馆建立经费配置制度。但是图书馆的利用率有可能与资金投入不成比例，我们就要考虑如何更有效地进行精准投放，例如通过人脸识别的大数据技术评估这个地区的人流量有多少、大家的满意程度如何，根据数据来决定如何对场馆进行前端保护。非物质文化遗产又涉及知识产权，在这个领域，把大数据和区域结合起来，借助互联网，可以锁定一个知识产权，通过数据加密等技术更好地保护版权。

第二是文化遗产的传承与大数据的关系。目前很多文化遗产都是口头传承，传承人一旦断代，这个遗产可能就消失了。借助大数据技术，通过人工智能、工业 4.0 的连接，我们可以把传承人的行为轨迹做成一个数据跟踪，把传承过程用人工智能和大数据记录下来，之后机器学习就可以模仿整个创作流程，使传承变成一个数字化的传承。除此之外，我觉得传承也包括创新的传承。现在已经有很多博物馆开发了数字化的展示技术，为大家提供了一个新的途径。

第三是合作。我举一个例子，德国有一个家喻户晓、联合国教科文组织认定的世界文化遗产——格林童话。我们和格林兄弟协会进行深入沟通并用大数据技术追溯之后发现一个非常有趣的现象，格林童话中很多经典故事的背景并非欧洲，比如灰姑娘的最早版本是从唐朝时的中国流传过去的。这是专家们通过大量的文献研究得出的判断，灰姑娘应该是一个中国人。

我很高兴和陈平院长达成了很多共识。在合作过程中，从我们所在的联盟出发，已有几个方向的大数据应用。第一是国家发改委唯一的大数据平台，这个大数据实际上是打造了一个跨界和共赢的生态，是为文创企业提供的。第二就是提供一些前端的支撑。我们的系统也助力了北京市的文创大会，包括很重要的消费端和供给端。我们在这个时代先用高精尖技术了解大家的需求，才能生产出跟需求相关的产品，我们处在创作环节的前端。

第四是创新。习近平总书记曾送给特朗普总统一个青花瓷，借助 AR 和 VR 技术，在青花瓷里能够看到整个历史流程的演变。这就是文化遗产创新的体现。

我们基于整个数字技术生态和云计算网络的前端，跟专业人士进行想法的碰撞，在数字赋能的时代，共同探讨如何在技术赋能的同时提供文化赋能，在"互联网＋"的时代更好地合作，最终对非遗产业形成驱动。谢谢大家！

王　中：非常感谢。一直以来我们都认为科技的发展是双刃剑，但其实科学和科技的概念是有差别的，科学某种程度上带有哲学性。刚才我们也听到了很多有关"软文化"甚至"软城市"的说法。我们都知道，中国历史上的北宋、南宋时期，不仅人们过着非常优雅的生活，而且当时的社会体制在世界范围内也是处于非常领先的地位的。

我曾在温哥华的人类学博物馆看到印第安人当年的独木舟，这让我非常惊讶，因为那条独木舟不是简单地摇桨划动，而是使用了一种能够借用水波动能的结构，能够带着人们航行更远的距离。

接下来有请来自拉脱维亚大学历史研究院的历史学家艾雅·詹森博士从历史学角度谈谈有关文化遗产的心得。

艾雅·詹森： 谢谢大家。我来自一个波罗的海小国，我的国家有非常古老、非常传统的文化，当然可能没有中国历史悠久。现在，我们同样面临一种局面，一些传统的民间技艺正逐渐消失在街头巷尾，因为从事这些传统但技术含量不高的手工艺的人已经不多了，年轻人则无法对传统和古老的事物产生热情。现在我们国家的非物质文化遗产有两种形式，一种是传统的，一种是现代的。在拉脱维亚，我们是这样开展文化事业的：我们探讨文化遗产的传承和保护时，既会保护传统，同时也允许当代艺术发展壮大。我们国家既有传统艺术的展览，也有当代艺术展览。对这种新老并存的形式，当地人是非常喜欢的，因为这样可以在确保传统不被丢掉的前提下，让人们拥有更多自由的选择。

艾雅·詹森

王　中： 我听到了多样化，我想我们未来的坐标不应该是单一性的，而是多元化的，就像竞争战略之父迈克尔·波特所说的："基于文化的优势是最根本的，是不可替代和模仿的，是最持久、最核心的竞争力。"每个国家和地区都有自己非常独特的文化，文化的多样性恰恰是人类共有的财富，这也是我们今天召开会议的目的之一，来自全球不同国家和地区的人，坐在一起讨论一个很有价值的话题。

最后我想把话筒交给林振中教授，他是中华美学的倡导者，也是艺术生活化的

第二章　文明互鉴

倡导者，这几年做了非常多的工作。有请林教授。

林振中：非常荣幸参加这个活动。我们在谈论文化遗产时，最重要的就是情怀二字。如果没有历史上的河西走廊，没有陆上和海上的丝绸之路，我们中国就不太可能提出"一带一路"倡议。凭着这样一份情怀和向往，闪现在我们脑海中的是2000年前亚欧这么多国家之间的交融。我常常讲一句话：从传统中创新，美学和生活结合。也就是说，我们只专注于一个工匠艺术不一定能打动人，唯

林振中

有与生活结合才可以。我在丽江做过很多项目，打动我的并不是纳西族的刺绣和雕刻。为什么会有很多人想到丽江来创业生产？那里有一群有情怀的人，就是马帮[1]。马帮为什么费尽千辛万苦甚至冒着生命危险回来？就是要在丽江安居乐业。

苏州的五六七月非常让人感动，因为苏州有玉兰花，以前很多小姑娘把玉兰花别在胸襟上，我也会让我夫人把它别在胸襟上。这样一个小小的细节就是这样一代一代传下来的。从传统中创新，美学和生活融合，然后我们才可以从原生态、原文化、原建筑、原材料开始保护文化遗产，而最重要的就是原居民，不要把这里的居民抛开，只有跟原居民融合在一起，我们才可以做出更好的创新。谢谢！

王　中：非常感谢几位嘉宾跟大家分享了不同的观点，希望以后有机会还可以深度交流。也感谢各位来宾的聆听！

---

1. 马帮，是按民间约定俗成的方式组织起来的一群赶马人及其骡马队的称呼。马帮是大西南地区特有的一种交通运输方式，也是茶马古道主要的运载手段。

圆桌讨论二

文化遗产的国际合作与交流

图／西班牙高迪建筑作品　摄影／Wayne

第二章 文明互鉴

学术主持

陈 平

国际民间艺术组织（IOV）全球副主席
暨南大学文化遗产创意产业研究院院长、
博士生导师、教授
中央美术学院客座教授

讨论嘉宾

托尼·布朗（Tony Brown）
法国国立巴黎高等美术学院终身教授、博导，美国帕森斯艺术设计学院巴黎分院原院长，中央美术学院客座教授、博导

吴金光
国家民委国际司原副司长、中国人类民族学研究会副秘书长

岳 岩
北京语言大学语言资源高精尖创新中心办公室主任

黄 鹂
中央美术学院国际合作办学管理处副处长、中央美术学院国际预科项目主任

金嘉·钦温斯卡（Kinga Czenwińska）
波兰西里西亚大学民族学与教育科学学院教授

埃尼卡·克里斯塔·比森尤斯－克鲁格（Enika Christa Bisenius-Kluge）
德国特里尔应用科技大学设计学院教授

文明的回响

缤纷的世界，友谊的瞬间

陈　平：欢迎几位专家、学者莅临现场，本届论坛的主要内容是国际文化与交流，在座的各位在文化交流领域都有丰富的经验跟想法，其中有些学者在中国生活工作了多年，对中国和西方的文化有非常深刻的了解，比如说托尼·布朗就有多年旅居中国的经历和体验。

今天，我们要着重探讨的一个主题就是"一带一路"。2013年秋天，习近平主席出访中亚和东南亚时提出"一带一路"伟大倡议。五年多来，在他的亲自谋划和推动下，"一带一路"建设取得了令人瞩目的成就，这一世纪工程造福各国人民的愿景正在变成现实。"一带一路"是一个非常具有想象力、非常伟大的倡议。虽

第二章　文明互鉴

会议现场

来自伊朗的手工艺人现场展示自己的作品

然现在大家提到"一带一路"的时候更多想的是经济、贸易与科技之间的合作，但是今天我们要探讨的是，在"一带一路"建设进程中的文化遗产保护事业。

文化是使得不同国度的人想要建立沟通、寻求共识的基础，想要理解不同国家的文化的愿望促进了各国人民之间的沟通交流。"一带一路"文化先行，不仅是对古丝绸之路精神的继承与发扬，更重要的是通过文化交流传播可以增强"一带一路"倡议的吸引力，从而促进各领域的合作共赢、互利共荣。

我想文化先行的基础是民心相通，文化的相互理解促进了人与人情感的连接，民心相通的重要方式就是让大家对对方的文化有一种深刻的理解。

57

文明的回响

托尼·布朗

首先有请托尼·布朗跟大家分享，如何在东西方的文化差异当中"他山看彼山"，通过理解的桥梁走向共赢。

托尼·布朗： 谢谢！我觉得我既要作为一个教育者也要作为一个艺术家来发言。我非常尊重无国界医生，这些医生聚在一起保护生命，可以到世界上任何需要他们的地方去做贡献。他们可能会在一些战争区域，或者是一些病毒暴发的地区，搭起帐篷给人们做手术。这不是一份有保障的、安全的职业，但是他们依然履行医生的责任。我想作为艺术家的我们也可以这样做。在读博士期间，我萌生了作为艺术家保护好文化遗产的责任心。我们经常做的就是把不同的文化带到各个国家，通过参加各种形式的、饶有趣味的展览会、博览会等活动，创造机会去增进彼此之间的了解。有的时候这些国家的国情非常复杂，可能是政治环境的问题，也可能是文化符号的混乱。有一次我带领学生们来到特鲁特，当时正值战争爆发，我和我的学生只能一直待在安全区域。还有一次，我们在巴黎期间，突然被警方逮捕并隔离，让人产生了非常不安的感觉。这些经历让我们脱离曾经熟悉的生活环境，看似令人不安甚至恐惧，但也可以看作迅速加深文化理解的契机。

所以，我们要不断地去思考，如何运用创造性的思维去看待各种可能性。就像无国界医生一样，我们必须考虑建立起一个完善的工作系统，同时我们还要跟各个领域的行家，比如知名艺术家、设计师、建筑师等等一起合作，我们必须走进社会的角角落落，成为这个社会的一部分。而且我们必须觉醒，作为艺术家或者教育者，我们不能仅仅囿于自己的领域，更要鼓励这些年轻的艺术家承担起自己的责任，保护好文化遗产。很明显，文化确实是历史上保存下来的，我们必须保护好这些文化遗产。随着历史如烟尘般消散，珍贵的文化遗珠历经沧桑，正在逐渐消弭，人类历史上的各种冲突也在加剧这些文化遗产的消失。我们该如何保护它们？

我曾经走访过中国的农村地区，我们在农村开了眼界，学习到很多新鲜的、智慧的生活经验，那就像一门高深而复杂的知识一样令人惊奇。正是了解、接触到这些生活的细节，人们才创作出了伟大的作品。我们应该尝试鼓励年轻的艺术家，让他们也去了解、发现生活的真相，从而拥抱这种文化的多样性，尤其是当代艺术。谢谢！

陈　平：你觉得西方跟中国有什么区别？

托尼·布朗：拿西方与中国做比较，比起寻找差异性，我觉得更好的方式是找共同性。我认为中国的很多年轻人跟西方的年轻人并没有什么不同。在美国的乡村地区，很多孩子没有接受过很好的教育，城市的孩子们则能获得更好的教育资源。我觉得这是一个全球性的问题，是不同国度的相同国情。世界各地的年轻人都会上网，他们都去吃快餐，这就是年轻一代身上的共同标签。作为教育者，我们希望能够通过教育解决他们的问题。

陈　平：但是你知道现在孩子们生活在一个充斥着高科技产品的社会，他们没有时间、没有机会去图书馆。这对我们来说一个很大的挑战，我们必须要面对这一点。

托尼·布朗：我正在做一个项目，是为中国贫困地区的学生建学校，参与者当中有很多志愿者建筑师和志愿者老师。当地的生存环境很糟糕，蚊虫肆虐，孩子们没有学校可以学习，很多人天生有视力缺陷，生活对他们来说非常艰苦。但在我看来，他们也有幸运的地方，他们有新鲜的空气、有灿烂的阳光，他们无拘无束地奔跑。现在他们在公益活动的资助下拥有了自己的学校。在大家的帮助下，这些贫困地区的孩子们一定会有更好的生活。同时，那些出生在城市、从小就会用手机娱乐的孩子们却有着不同的问题，他们的阳光被剥夺了，他们不能到处乱跑着玩，他们去快餐店吃不健康的食物，生活中一些美好的东西被剥夺了。

陈　平：在我们中国的学校中，孩子只能通过从小学、中学到大学的刻苦学习来得到上升的机会。我们教育孩子的目的到底是什么,是为了考上大学将来有好的工作,还是让孩子成为一个快乐的人,这也是当代教育系统比较矛盾的一个方面。一方面我们需要孩子们掌握更高的科学技术,他们现在学习、生活都必须学会使用手机、电脑和新的软件。面对这种情况,我们又如何让这些孩子去了解传统?我们今天说的是文化遗产的传承与创新,在教育方面也是这样。怎么样让孩子在传统当中获得力量,又让他们掌握现代化的技能?

有请黄鹂老师谈一下在做国际预科生项目期间的经验和看法。

黄　鹂:首先非常感谢陈平女士的邀请,也非常荣幸我们中央美术学院有机会承办这次意义重大的论坛。上个星期中央美术学院成功地举办了国际美术教育大会,有两百多家美术教育机构的院长和教授们在这里共同经历了一场头脑风暴,那场头脑风暴就是围绕着面向未来教育的挑战以及未来教育的使命展开的。今天回想起来,当时现场那些激烈的讨论仍然余音绕梁,我们现在又在做一个类似话题的探讨。今天跟大家一起学习和分享有关教育的思考,这也是对我一直以来的研究思考的进一步深化和延伸。

今年中央美术学院 100 年校庆之际,我们十分荣幸地收到了习近平总书记写给中央美术学院八位教授的一封回信,里面提到了对中国美术教育的殷切希望,希望我们中国美术教育工作者能够以"大爱之心育莘莘学子,以大美之艺绘传世之作"。习近平总书记提到这些,一定是因为相信中央美术学院有这样的能力、有这样的胸怀。作为国内一流的美术类专业院校,中央美术学院对中国的美术艺术教育领域的思考和实践，尤其是对中国文化遗产传承发扬创新的思考和实践从来没有停止过。不仅各位教授们在进行这方面实践的探索，院系有大量课题都是围绕传统文化、中国文化以及艺术遗产而展开。在这里值得一提的还有我们中央美术学院的实验性平台，也是我本人14年以来一直在主持的一个国际预科项目。十几年前，中央美术学院为了探讨如何培养面向未来的能够具有真正的国际竞争力、创新力的艺术和设计人才，建立了这样一个实验平台。这个项目的诞生也是具有特殊使命的。

这个平台更像一座桥梁，一座连通东西方文化和教育体系的立交桥。近年来，我们面向全国（包括港、澳、台地区），也面向国际招募最优秀的艺术人才，在中央美术学院培养一年后，把他们输送到海外与中央美术学院合作的院校中去，给他们提供继续深造的机会，让他们在多元的文化背景下完成本科以及更高层次的学业。

这个平台到目前为止已经成功向世界各地输送了上千名非常优秀的中国学生，从某种意义上来讲，我们送出的是一千多名文化的使者。我们谈到对教育尤其是对实践的思考，重要的不仅仅是引导学生去关注技术和技能的传承，更重要的是能够把这些技术和技艺背后所蕴含的精神、智慧和哲学提炼出来，让学生们继承这样一种真正的精神内核的财富。所以在习近平总书记提出"一带一路"的伟大倡议之后，我们在国际预科的课程设计中增加了一个课题。

这是一个有关中国工艺的课题，规模非常之大。它主要基于对中国文化遗产和传统文化的研究，在当下的全球性技术革命的语境中，让学生们进行大胆的探索。应该说，我们今天的论坛其实有一种力量缺席了，那就是我们未来世界真正的主人公，也是我们教育所面对的对象。我们作为教育者，其实是在培养未来世界的公民，我们所做的一切都是为了让这个世界、让我们人类共同体在未来更加美好。而未来世界一定具有未来公民所具有的思维模式和文化符号，未来公民在用他们的世界观、艺术观、审美观塑造未来世界的美好景象。

所以，我们谈到的民心相通其实是非常重要的。我们怎样赢得身为未来公民的年轻人的支持，怎样吸引他们的注意，使他们对于传统文化的热情以及强烈的兴趣焕发出来，让他们自愿去和这些古老的智慧对话？他们是数字土著，他们拥有特殊的成长背景，从他们的视角去对话、去传承，让他们有自信，敢于大胆地演绎和创造，让我们的文化在当代和未来能够以新的生命形势不断地延续下去，这是我们非常重要的教育使命。

陈　平： 谢谢黄鹂老师详细地介绍了中央美术学院国际预科班的课题。以上两位教授说到关于教育的共同话题，我刚才也谈到了传承是两代人要做的事，师傅传、徒弟承。我们今天所做的一切是为了我们的未来，我们今天不仅仅是把孩子送出去，让他们了解世界。我们将来是不是有可能跟波兰、德国、保加利亚等不同国家建立更多的项目，让这些国家的孩子们也来到中国，来到中央美术学院来学习中国的传统美术技艺？今天在座的有很多来自不同国家的朋友，他们中的一部分人也对中国的传统艺术有一定的了解和接触，目睹过很多传统绘画，了解过中国历史上不同的生活方式。我认为教育是非常重要的途径和手段，谈到这一点，我想问一下金嘉·钦温斯卡，我不知道你是不是还记得 2009 年春天我在九寨沟做了濒危文化保护论坛，当时我们谈到在面对不断地被人为的和自然的因素侵犯的时候，人们应该如何看待遗产、如何看待祖先留给我们的财富。

请问波兰的大学是如何展开国际间的一些交流和合作的？请你跟大家分享。

金嘉·钦温斯卡： 首先我想感谢主办方提供机会，让我能够再次来到这里，而且有机会了解更多的关于非物质文化遗产传承的工作。你刚才问我，波兰在文化保护方面的国际合作是什么样的，其实我们有传统文化和现代创新的项目。我们也跟其他国家建立联系、开展合作，希望能够连接、搜集并对传统文化进行研究，跟中国进行跨学科的文化交流。我认为最重要的一个心得就是教育。我们必须建立一个非常完善和恰当的教育体系，用这些来自其他国家的不同的文化元素，不断地丰富自身的文化内涵。

为什么要这么做呢？原因很明显，作为学者我们都会做一些研究，但是同时我也做一些文化保护的工作，我们也希望有一些新的系统能够帮助更多的教育机构。我们需要带来一些变化，因为在波兰和欧洲的其他一些国家现在正面临一些问题，比如说像难民的问题、跟俄罗斯之间的问题、二战之后的纳粹问题等。之所以出现种种问题，原因之一就是教育，或者说教育的不足。这是一个非常艰难的局面，我们必须不断地重复，把工作做到教育的每个层面。这并不是什么伟大的时代，反而是人类非常艰难的时刻。所以我觉得教育是非常重要的，无论是在学术方面，还是对于孩子的未来来说。

金嘉·钦温斯卡

陈　平：刚才金嘉·钦温斯卡谈到了二战时期波兰的很多传统文化丢失的现象，我觉得人类在面对战争、面对历史长河的时候有很多无奈的地方，人民与人民之间、政府与政府之间往往会由于一些误解而发生冲突，又由于战争出现很多隔阂甚至分离。波兰和德国两国之间在历史上曾经发生过残酷的战争，遭受重创的两国人民的历史情感也伤痕累累。但今天很巧，德国的老师和波兰的老师坐在一起，就像一个大家庭的成员一样，来通过对话修复历史留给我们的伤痕。不管怎样，人类总是要往前走的，我们要从历史当中学会怎样总结经验，怎样面对过去，然后吸取新的力量往前走。今天我们谈到了教育的问题，但是我们还要更加关注国与国之间、人民与人民之间怎么通过文化的交流消除这种隔阂，大家要团结起来。这就让我们想到我们中国的费孝通先生说过的一句话："各美其美，美人之美，美美与共，天下大同。"这也是习近平总书记提出"一带一路"构想的初衷，是一种关于构建人类命运共同体的美好愿望。面对未来，我们所需要的不仅仅是经济上的合作、贸易上的交流，

文明的回响

埃尼卡·克里斯塔·比森尤斯－克鲁格

更重要的是人与人之间心灵上的连接，国与国之间真正的理解、尊重和包容。我和埃尼卡·克里斯塔·比森尤斯－克鲁格是好朋友，我刚到德国的时候有一点恐惧，因为民间有种说法，德国不欢迎外国人。其实我觉得不是这样的，他们自己很尊重自己，如果一个客人到他家里的时候打破了家里的宁静、破坏了家里的清洁，他们会用恰当的态度拒绝。如果我们这样出发去想象这个世界的话，我相信人与人之间就可以顺利沟通。

我想问一下埃尼卡·克里斯塔·比森尤斯－克鲁格，在说到我们将来的国与国之间的交流，还有我们人与人之间的交流时，通过文化以及对文化遗产共同话题的探讨，我相信一定能找到非常有效的互联互通的关键词，你怎么想？

埃尼卡·克里斯塔·比森尤斯－克鲁格： 因为语言不同，很多孩子都不了解彼此的文化。我是一个艺术家，所以会把艺术学科或者其中的一些元素当作沟通的语言。比如说用手工艺术品来表达，比如说建房子，或者园艺类工作，或者是种一些植物，这些艺术事物都可以作为沟通交流的角色。

陈　平： 用小的事物做一些小的事情，我觉得最简单的就是旅游，最简单的了解一个国家的方式就是睁开你的眼睛，读万卷书不如行万里路。当你到了一个陌生的国家，你对它产生恐惧，是因为你不了解，对它感到陌生，但你可以用眼睛去观察。所以，语言的障碍是了解一个全新国度的最大障碍。今天我们大家坐在这里，其实也克服了语言的障碍，这是因为我们有一个共同的目标，我们探讨的话题是合作。中国人讲"和合"，第一个是和谐，第二个是合作，和谐是合作的前提，只有了解才能尊重对方。

语言也是非常重要的手段，接下来我们想请语言大学的岳岩教授来谈一谈语言资源的建设。

岳　岩： 首先非常感谢能够得到陈平女士的邀请来参加今天这样一个高端论坛。我觉得在这样一个不大的空间里，能够汇聚二十多个国家的专家、学者、政府官员还有民间艺人一起来探讨"一带一路"文化遗产的合作交流问题，说明这个问题已经受到了全球各国人民的关注。如何去保护非物质文化遗产也是一个全球性的话题。联合国教科文组织对非物质文化遗产的定义比较宽泛，表现形式有知识、技能、工具、实物、文化场所、工艺品等，不管非遗是以什么样的形式留存，它都要依赖一定的媒介进行传播，这个传承的媒介就是语言。今天大家在这里交流，我们了解各方的思想，进行观点的碰撞，最重要的一个媒介就是语言。语言不仅是交流的工具，它还承载了一些文化信息。我们通过各位的语言来了解大家看待世界的方式，了解大家关于"一带一路"文化遗产保护的想法。德国的知名学者威廉·洪堡也说过："每一种语言都反映了一个民族的精神和智慧。"所以，我们学习语言不仅仅是要去听懂，更重要的是探究它背后蕴含的思维机制、认知机制，从而获得更多启发和收获。

另外，南非前总统曼德拉也曾经说过："如果你用一个人听得懂的语言跟他交流，他会记在脑子里；如果你用他自己的语言跟他交流，他会记在心里。"刚才金嘉·钦温斯卡教授使用中文跟大家问好，并引用中国的名言跟大家进行交流，这充分体现了她对中国传统文化和语言的尊重，同时也表达了她寻求合作的愿望和决心。前面几位嘉宾在提到如何保护"一带一路"文化遗产的时候也谈到语言，因为语言是一个非常重要的媒介，世界文明的多样性也体现在语言的多样性中，这也是联合国这么多年来一直推崇多语制度的原因，它倡导的是一个多语种、多元文化的世界。

我们该如何保护语言的多样性？我认为要做的有三点。

一是保存和保护语言，特别是濒危语言。要去保护这些濒危语言，不论是书面的还是口头的。可以把这些语言做成独立的语言资源库保存下来。

二是让更多的人去了解和学习一门语言。在语言教育和语言学习的层面，通过学习不同国家的语言了解不同的文化。

三是要营造一个健康的语言生态系统。要从一个国家的语言政策的层面来培养人民的语言能力。现在国际交流合作如此频繁，只靠英语、中文或法语，是不能满足大家的需求的。"一带一路"中的文化相通要通过语言这条路来实现。只有把语言不通的问题解决了，才能进行下一步的交流。我们语言资源高精尖创新中心也是在这样一个大背景下成立的。

岳 岩

语言资源作为一种国家层面的战略资源，收集得越多，将来就能为全球语言资源建设提供越多的支持。所以目前语言资源高精尖创新中心就在围绕这个核心进行语言信息的汇聚与展示。同时，北京语言大学主要面向留学生教授汉语，在全球层面推广汉语教学。

我在联合国总部工作期间产生了很多感触。在联合国这样一个有193个成员国的大平台上，多个国家齐聚在多元文化环境下进行平等对话，给了不同语种的国家被了解的机会。联合国一直以来也致力于组织各种交流活动，为各个群体提供发声的平台，比如2013年的"中国女书"走进联合国活动。"中国女书"是中国历史上一种由女性创造、供女性之间进行交流使用的文字，是中国的非遗财富。当时我们通过联合国向全世界人民进行展示和介绍，产生了很大影响。我希望今后能够跟更多国家的团体和政府机构进行合作，共同把语言资源建设起来，为传播语言、传播文化贡献我们的力量。谢谢！

陈　平： 谢谢。刚才你提到的语言的重要性，也是今天我们想要探讨的一个重要话题。随着高科技的发展，现在很多翻译软件和翻译器都可以进行现场同声翻译。但是，在借助技术之前，要先有文化认同和尊重。我所在的国际民间艺术组织在全球各个国家地区都拥有会员，在座的手工艺大师有很多就是该机构的会员。作为一个具有强大凝聚力和号召力的NGO，众多瞩目的成绩正是在众多志愿者的共同努力下取得的。大家四十年如一日地坚持这份工作，正是出于一个共同的目标和理想，那就是希望通过文化遗产、民间艺术还有手工艺术的交流、艺术节的举办，让人们在短时间内了解、认同和尊重彼此不同的文化。大家心中还有一个最核心的愿望，就是世界和平。所以，几十年来，国际民间艺术组织举办艺术节时，都要求手工艺人们以原生态的歌舞演出来展示。在座的手工艺人们并不是专职做演出的，他们是非遗传承人，但是每当世界各国有展览、论坛的时候，他们都会毫不犹豫地放下自己的本职工作，甚至自费参加这些活动。我想这都是出于情怀。国际民间艺术组织跟中国国家民委有着非常良好的关系，下面有请吴司长来跟大家阐释各民族文化交流的重要性。

有请吴金光先生。

吴金光：谢谢陈平女士，也谢谢各位在座的嘉宾。中国是一个有着56个民族的多民族国家。有这样一张照片：在国际民间艺术节的开幕式上，一个人拿着印有少数民族图腾的旗子。一幅简单的照片透露出巨大的信息量，从事民族宗教管理工作的人可以看到与之相关联的民族政策问题、文化保护问题等。就像陈平女士提到的，中国国家民委和国际民间艺术组织一直有很好的合作。我们国家众多的少数民族身为中华文化共同体的一员，基本上都拥有其民族自己的、重要的文化遗产和资源，让它们的文化走出去与世界交流，具有非常重大的意义。20世纪90年代初，中国国家民委就组织了中国少数民族艺术团，按照现在"一带一路"的构架摸索了一条路。当时我们带着各少数民族艺术团，坐火车穿过整个西伯利亚，去德国、瑞典等国家参加国际民间艺术节。当时的交通不像今天这么发达，我们用了整整九天九夜的时间，让中国的少数民族文化瑰宝走向世界。我们团队的三十多个人带着十几个大箱子，经历了千辛万苦，最后到了德国参加国际民间艺术节。在艺术节现场，各国人民对苗族的头饰产生了浓厚的兴趣，记者们纷纷拍照提问，都抱有非常强烈的好奇心，想深入了解。这就是我们国家的非遗走上世界舞台绽放光彩，这就是通过文化艺术达到民心相通，这就是一种人与人之间最真挚的沟通。

我们几十年如一日地把国家非遗带到世界大舞台上进行交流。每次去参加国际民间艺术节的时候，来自我国的志愿者和工作人员都是住在当地老百姓家里的，那么与当地人的语言交流就成了一个难题。

吴金光

因此，我们就对那些要走出国门的少数民族志愿者及工作人员进行培训，教他们如何在语言不通的情况下进行基本的生活交流。当时也发生了一件很有趣的事情，一位少数民族演员只会说一句外语：OK。在当地主人家里时，主人说什么他都回应OK。结果主人家很真诚地与他聊天，说我的父亲刚去世，这个演员依旧回复一句OK，德国人就急了。类似这种语言不通造成的误解还有很多例子。

沟通不畅，除了语言不通，还有文化差异的原因。比如说，中国人问"吃饱了吗"，这是一句日常问候，表示对对方的关心，中国人应对这句话，大多数会回答"差不多了"，表示一种谦虚和客气。但这句话在外国人眼中的意思是吃饱了，用餐结束。之前就发生过这种因为文化习惯的不同而产生的误会，我们代表团的演员和志愿者曾反映说，还没有吃饱，用餐却提前结束了。西方文化的表达要求简单明快、实事求是，一定要具体，这与我们国家的人际交往是截然相反的。了解到这一点，我国的志愿者和演员在碰到类似点餐用餐的情况，就学会了实事求是、表达具体。民心相通就是从这样的契机和时刻开始的。在国外进行演出的过程中，我也与当地的外国人交流过，其实一开始德国人和荷兰人也非常紧张，因为他们对中国人的印象还停留在一百年前，男人梳着长辫子，女人裹着小脚。这其实说明了西方对中国的了解和认知已经落后了一百年。在通过国际民间艺术节的深切交流交往之后，外国人终于卸下了疑虑，这些讲究实事求是的西方人洗刷了过去对于中国那种十分滞后的认知。

所以大家可以看到，"一带一路"的路越走越宽、越走越广，走到了东南亚国家，走到了欧洲，走到了美国、加拿大。中国代表团人员住在国外老百姓家里，在家庭氛围中，大家一起包饺子，做中国美食，一顿丰盛的饺子大餐也让外国人大饱口福、赞不绝口，甚至还有外国人把饺子端到闭幕式的现场，慷慨地跟各国观众一起分享。这个过程就实现了中国传统饮食文化的国际传播。

陈　平： 吴司长的分享也让我想起一些有趣的小故事。我们的团队出国表演回来之后，很多男孩儿都变成了异地恋。他们在国外演出时与当地的年轻女孩子建立了感情。有一个俄罗斯女孩爱上了参加演出的一个中国男孩，我们的团队离开的时候，那个俄罗斯女孩就在男孩子手掌上画了一颗心。当大巴车缓缓启动的时候，俄罗斯女孩追着大巴车送自己的心上人慢慢离开。像这样美好的故事还有很多。

通过国际民间艺术节期间的朝夕相处，大家彼此之间形成的默契和合作是有目共睹的。这种生活上的密切相处以及工作上的齐心协力，产生了"美美与共，天下大同"的效果。我们中国有一句俗语，"兄弟同心，其利断金"，这也是我们对国际交流合作的美好愿望。

缤纷的世界　相通的民心

第三章

民心相通

"一带一路"文化遗产合作与交流国际研讨会（2018）
暨丽江国际民间手工艺展讲话汇编

2018年11月13日　云南　丽江

文明的回响

"一带一路"文化合作交流（2018）国际研讨会暨丽江国际民间艺术展览会合影

"一带一路"文化遗产合作交流（2018）国际研讨会合影

借势"一带一路"发展助力重现丽江茶马古道昔日繁荣

何玉兰

时任中共丽江市委副书记、丽江市委宣传部部长

大家好！在国际民间艺术组织（IOV）和陈平副主席的大力支持下，经过各方的通力合作、精心筹备，今天我们相聚在丽江，隆重举办"一带一路"文化遗产合作与交流（2018）国际研讨会。

今天上午，我们在世界文化遗产丽江古城举行了开幕式，共同见证了国际民间艺术组织（IOV）与丽江的签约仪式。下午，我们继续欢聚一堂，以文化之名，开展交流研讨，促进民心相通，增进友谊和合作。"一带一路"为我们带来了新课题和新使命。2013年秋天，习近平总书记在出访中亚和东南亚国家期间，先后提出共建"丝绸之路经济带"和"21世纪海上丝绸之路"的重大倡议，引起了国际社会的高度关注。

过去五年，"一带一路"凝聚各方合作共赢的新共识，得到越来越多国家和国际组织的积极响应和支持，中国与丝路沿线各国的文化、经贸往来日渐密切。例如正在举办的首届"中国国际进口博览会"吸引了来自172个国家和地区的参展商参加，其中"一带一路"沿线国家和地区就达到三分之一。

共建"一带一路"以政策沟通、设施联通、贸易畅通、资金融通、民心相通为主要内容,而文化遗产领域的民间文化艺术交流正是落实"一带一路"民心相通这一内容的重大举措。今天,加快"一带一路"文化遗产合作保护与传承,正成为沿线人民共同的期待。通过文化遗产的传承为"一带一路"合作提供文化支撑,通过不同文化的交流为"一带一路"发展注入新活力,让世界的文化遗产更好地传承下去、惠及后人,已成为我们面临的新课题和必须承担的新使命。

"古代丝绸之路"为历史上的丽江带来了繁荣兴盛。丽江是中国唯一拥有三项世界遗产的地级市,其中世界文化遗产丽江古城就是滇川藏边区茶马文明和南方丝绸之路的见证。历史上,丽江是"南方丝绸之路"[1]和"茶马古道"[2]重镇。早在汉唐时期,丽江就已成为联结内地和西藏、通往印度和尼泊尔等国家的重要节点集镇。南方丝绸之路和茶马古道由于山高路远、崎岖难行,主要以马帮为交通运输工具,丽江古城也因丝绸之路和茶马古道而繁荣兴盛,被誉为活着的茶马古镇,是两条通道上的重要商贸中心及枢纽,也成为各民族文化交流的纽带。二战时期,国际运输大通道被截断,云南陆上运输线仅剩下"滇川藏印"这条马帮国际运输线,使得丽江成为云南国际贸易通道和通往川、康、藏、青等毗邻省区的商贸中转枢纽,成为全国各地商家云集之地,著名商号增加到一千多家。同时,丽江人把生意做到印度、尼泊尔、缅甸等国家,为开辟到东南亚、南亚的商贸新线路做出了特殊贡献。同时,丽江也是一个民间手工艺发达、能工巧匠辈出的地方,拥有600多年手工艺发展历史,在保护传承民间艺术与民间手工艺方面具有悠久的传统。如丽江的白沙古镇和束河古镇都是马帮必经的驿站,白沙以铜器出名,而束河以皮革出名,以传统皮革、金银加工、东巴陶艺、东巴造纸、刺绣、木雕等为代表的手工艺制品是当时民间手工艺的典型代表。

---

1. 南方丝绸之路泛指不同时期四川、云南、西藏等中国南方及西南地区对外交往的通道,包括历史上有名的蜀身毒道和茶马古道等。

2. 茶马古道是我国历史上内地和边疆地区进行茶马贸易所形成的古代交通路线,分川藏、滇藏两路,是第七批全国重点文物保护单位之一。茶马古道以马帮为主要交通工具,是民间国际商贸通道,也是中国西南民族经济文化交流的走廊。

"新丝绸之路"为今天的丽江注入了发展的强大活力。丽江古城在申遗成功后的二十年里,从一个中国西南地区的边陲小镇,飞跃发展成拥有三大世界遗产的知名旅游目的地,经济社会发展也取得了举世瞩目的成就,尤其是在文旅体验消费领域,形成了国内文旅古镇发展的样板和文旅消费体验的"丽江模式"。近年来,丽江市抢抓发展机遇,主动融入服务国家"一带一路"倡议,深入挖掘城市文化资源,广泛开展文化遗产的传承保护和交流共享,促进了城市文化品牌的提升。丽江先后获得"地球上最值得光顾的 100 个小城镇之一""全球人居环境最佳城市""2018 中国品牌城市提名城市"等多项殊荣。当前,丽江正处于产业转型、消费升级的关键时期,既面临重要机遇,也面临诸多严峻挑战。此次研讨会在丽江举办,通过搭建高规格、高水平的学术交流平台,整合沿线国家民间艺术研究力量,必定会产生优势互补、合作共赢的综合效应,促进"一带一路"沿线国家文化遗产的保护和传承。这是世界给丽江的一个机会,我们将顺势而谋、乘势而上,把"传统文化复兴及发展民艺产业"列为产业转型、消费升级的重大发展战略,着力打造世界级非遗民艺产业集群,为丽江发展注入新的活力。

丽江古城

在此，我真诚希望，参加本次活动的国际国内组织、机构、院校和"一带一路"沿线各遗产城市，在文化遗产保护、文化发展规划、文化产品开发、文化人才培训、文化艺术交流等各领域多给予丽江关心帮助和指导；恳请各位专家学者充分发挥专业优势、技术优势和平台优势，用你们的智慧助力丽江转型发展。我们将以此次活动为契机，积极搭建中外文化交流的桥梁，让更多的朋友了解丽江，充分发挥丽江作为国际知名旅游城市对外展示窗口的作用，推动民族文化交流、文化遗产保护，增进各国人民之间的理解与友谊、信任与合作，为推动社会和谐稳定、文化共同繁荣做出贡献！

女士们、先生们、朋友们，从来就没有围墙的丽江古城，始终会以开放包容的态度喜迎海内外四方宾朋。在此，我真诚地期盼各位领导、嘉宾和朋友们，多到丽江走一走、看一看，常来丽江做客，让丽江的美好与世界共享。丽江各族儿女欢迎您！

"一带一路"文化遗产合作交流（2018）国际研讨会

发挥国际智库合作联盟作用 经营良好国际市场环境

孙炳辉

中共中央对外联络部"一带一路"国际智库
合作联盟研究员

"一带一路"国际智库合作联盟是由中央批准，中共中央对外联络部、国务院发展研究中心、中国社科院还有复旦大学共同发起的"一带一路"研究组织。"一带一路"国际智库合作联盟的秘书处设在中联部当代世界研究中心。很荣幸有机会代表联盟来参加此次论坛。

首先，我代表"一带一路"国际智库合作联盟对"一带一路"文化遗产国际合作交流研讨会的召开表示热烈祝贺，对丽江市委、丽江市人民政府表示衷心的感谢。很高兴有这个机会和大家交流"一带一路"。"一带一路"倡议从2013年提出，五年来已经由创意转化为行动，由愿景变为现实，并在国际上引起了巨大的反响，推动了中国新一轮的改革开放以及相关国家的多边合作，也向国际社会和世界经济的繁荣和发展提供了中国方案和中国智慧。所以，我今天想谈一谈，为什么"一带一路"倡议会得到这么多国家的欢迎和支持。

我总结，"一带一路"倡议是一个真正的"三好生"，它对中国、对沿线国家、对世界确实都是非常好的倡议。"一带一路"倡议是中国的，是中华民族的，更是世界的。

首先说对中国好，"一带一路"倡议是一个双赢甚至多赢的创意。我们中国文化里的"大爱大仁"，首先要求自己做好，其次才能对别人好。所以第一个对中国好就是指这是中国对外开放的升级版，是更高层次的、具有更宽广的视野、更全方位的新一轮的对外开放。"一带一路"伟大倡议提出后的对外开放跟以往的不一样，最初提出的对外开放，首先是从沿海到内地，是从沿海的经济特区到沿海的 14 个城市，然后到沿江、沿边；而"一带一路"倡议的提出首先是陆海并立，是全方位的对外开放。我国西部地区的对外开放由于种种原因落后于沿海地区，这次情况不一样了，特别是沿边的中西部地区和内陆地区，一下子从原来的跟跑者被推到了前沿的领跑者，这与以往截然不同。

"一带一路"倡议是由中央顶层设计、总体布局、路线图、时间表、施工图组成的完整画卷。从过去和今天对比的角度来说，以前我们的开放可能是注重局部，是由点到面，现在的开放是长期的、整体的。以前我们的开放更多地是被动参与到全球化进程中，主要在国内进行动员，现在我们则是主动出击，主动营造良好的国外市场和经商环境，同时为世界低迷的经济创造需求。比如我们和国外的产能合作、搞基础设施建设等，都是主动创造需求。以前我们是从沿海到沿边再到内陆，现在我们是沿边还有中西部地区一下子直接冲到了改革开放最前沿，没有了沿海和内地的先后顺序。比如说云南，它在对外开放中曾经只占有很小的角色位置，现在借助"一带一路"倡议大力开展改革开放。云南周边接壤的国家有很多，同时坐拥孟中印缅经济走廊和中南经济走廊，是起点也是发源地，因此云南应该会在这一次新一轮的"一带一路"建设当中大有作为。

第二，对沿线国家好。"一带一路"倡议是一个多边贸易平台，在这个贸易保护主义、单边主义还有贸易霸凌主义盛行的国际环境下，中国仍然坚定地维护多边贸易体制，这是难能可贵的。现在全球好多贸易组织都遭到了冲击，甚至世界上最有影响力的 WTO 也面临失势的前途。在这种大环境下，中国坚定主张多边贸易体制，这是中国对世界、对"一带一路"沿线国家的重大贡献。近五年来,中国通过主动与相关国家进行产能合作,极大地提高了"一带一路"沿线国家的工业化水平。"一带一路"参与国家大部分都是工业创造程度不高的发展中国家,通过"一带一路"开展的产能合作,大大提高了它们的工业化水平。二是通过基础设施建设,极大地推进了"一带一路"沿线国家的基础设施水平,甚至把有些国家的基础设施水平整体向前推进了数十年,这是有目共睹的。三是民心相通,通过国家间企业合作扩大了当地就业,对当地民生和社会稳定做出了重大贡献。因此,中国受到了前所未有的欢迎。比如哈萨克斯坦,在中国的帮助和支持,通过"一带一路"合作,由内陆国变成了出海国,拥有了出海口,现在从哈萨克斯坦国境内陆通过我国的连云港就可以直下太平洋。比如老挝,通过"一带一路"合作的中老高铁建设,由一个陆锁国变成了陆联国。比如马尔代夫,本来是一个群岛国家,现在也实现了拥有桥梁的梦想。

第三,对世界好。"一带一路"伟大倡议的提出让中国为世界提供了很多公共产品,我国的"丝路基金"为世界经济注入了新的活力,至此中国对世界经济的贡献率已经达到了 30% 以上。所有贡献中最重要的是提出了"共建人类命运共同体"的理念。"一带一路"倡议为构建人类命运共同体提供了现实可行的发展路径。"'一带一路'人类命运共同体"绝不是一个口号,"一带一路"的互联互通就为共同体的建设提供了现实的路径。中国是世界和平的坚定维护者。

"一带一路"建设要怎么干呢?"一带一路"已经由挥毫泼墨的大写意,到精雕细琢的工笔画,一步步推进。一要和相关国家的发展规划精准对接,二要精准地民心相通,三要精准研究。只有这样,才能实现精耕细作、精雕细琢,真正实现"五通"。"五通"是打造人类命运共同体的重要路径,中医讲"痛则不通",只有"通"的世界,才是健康的世界,才是和平的世界。

做大文旅融合发展格局
再现昔日茶马古镇繁华

和丽军

时任世界文化遗产丽江古城保护管理局党组副书记、常务副局长

  很荣幸在世界遗产城市丽江向各位专家、各位老师讨教文化遗产的保护和利用以及合作与交流。

  "一带一路"的建设根植于历史，源自人类共同的精神财富，与文化遗产息息相关。丽江多民族聚居、多元文化交汇、多种宗教共存的历史，开放包容、亲和自然的文化特质，以及凝聚了丽江精神与文化的世界文化遗产"丽江古城"，与"一带一路"精神一脉相承。丽江古城始建于宋末元初，盛于明清，距今已有800多年的历史，是茶马古道上滇、川、藏商贸交往的重镇和交通枢纽，是一座集生活、历史、文化、自然、科学、旅游和休闲度假为一体的历史名城。1997年12月4日，在第二十一届世界遗产大会上，丽江古城被列入世界文化遗产名录。申遗成功以来，丽江市历届党委政府高度重视古城的保护和发展。2001年10月，联合国教科文组织亚太地区文化遗产管理第五届年会将丽江用保护世界遗产带动旅游业、以旅游业发展反哺遗产保护的成功实践和经验誉为"丽江模式"，形成了在亚太地区加以推广的决议。

  如今丽江古城的文旅融合发展格局已经初步成形，昔日茶马古镇繁华景象再现，我们在实践中探索出了一条保护与利用共赢的科学发展之路。下面我介绍四个方面的具体工作，请各位专家批评指正。

  第一，推动文化遗产和民族文化保护步入法制化轨道。丽江古城的保护发展就是一部不断探寻规范管理、科学保护的发展史，丽江市历届党委政府先后出台了《云南省丽江古城保护条例》《云南省纳西族东巴文化保护条例》《世界文化遗产丽江古城保护规划》《世界文化遗产丽江古城管理规划》《丽江古城传统商业文化保护管理专项规划》等众多保护古城以及民族文化的地方性法律法规、规章规定和办法，让古城的保护、文化的传承有法可依、有章可循。

第二，营造传统民族文化活态的保护氛围。每年专门安排 1000 万元民族文化保护传承资金，整理挖掘文化遗产、修复历史遗存，恢复和建设了 17 个民族文化体验展示点，通过搞活人文业态，打造有人文深度的文化之旅，营造了良好的人文环境，同时加强丽江古城文库建设，扶持本土作者、艺术人才，鼓励和引导古城文化繁荣，加大古城新老居民学习和传承丽江历史、民族文化、道德信仰的力度，增强保护文化遗产的主人翁意识，形成更有魅力的活态民族文化保护体制。

第三，着力改善古城人居环境质量。拆除古城内不协调建筑，先后实施了遗产地旅游、卫生、通信、工业、供水、交通、科技等基础设施建设，提高了古城居民的生活质量和遗产环境质量，由此带来巨大的世界遗产旅游品牌效应，为古城经济社会发展奠定了坚实的基础。

第四，推动文化遗产与旅游经济深度融合。努力找准保护管理和合理利用的平衡点，以文化遗产为依托、旅游产业为载体，把资源优势转变为产业优势、经济优势和竞争优势，探索了一条文化遗产保护与旅游发展深度融合，从而带动经济社会全面发展的和谐路子，不仅完好保存了丽江古城传统文化的积淀，延续了文脉，而且获得了民族文化与经济社会融合发展、共生互促的有效经验。从 1995 年到 2017 年，丽江旅游接待量从 84.5 万人次增加到 4069.46 万人次，增长了 47.16 倍；旅游总收入从 3.3 亿元增加到了 821.9 亿元，增长了 248 倍。丽江古城的保护管理实践持续证明，文化是让城市更具吸引力、更有创意和更可持续发展的关键，珍惜和感受文化让人民能够识别自我、认同他人、感知历史，享受美丽、和谐和友爱。我们愿意同"一带一路"沿线的文化遗产地和文化艺术工作者不断探索、携手共进，促进文化遗产价值最大程度地传播和共享，确保文化遗产的可持续发展，为共创"一带一路"建设更加美好的未来图景而不断努力。

激发非遗保护情怀
发掘丽江生活美学

林振中

中央美术学院特聘教授、生活美学创始人
暨南大学文化遗产创意产业研究院高级研究员

中国有非常多的非物质文化遗产，但最重要的是像陈平女士说的，对于非遗我们到底了解多少，有多少东西是我们愿意去付出努力保护下来的。我想情怀才是非遗最大的推手。从情怀出发，努力探寻将传统转化为创新的途径，最重要的就是激发受众的认同感和历史感，激发人类的创造力，促进文化的多样性。

激情是情怀的表现，更是与非遗的生活融合。今天我就以在丽江做的项目为例谈一下它是如何与我们的生活完美融合的。中国人对寄情的解说有很多种，我正是本着对丽江的一种情怀，在这里做了一些项目。十年前我在丽江参与项目，就是丽江"雪山语"。那个时候我刚刚来到丽江，看到了很美的纳西族刺绣、纳西族雕刻，也被悠扬的纳西族歌声深深打动，但是这当中最能激发我灵感的就是雪山底下的马帮传奇。这样一支从远古就开始不停辛苦跋涉的队伍触发了我灵魂深处的情怀，这就是马帮情怀。

丽江"雪山语"在丽江算是一个比较成功的旅游度假项目，我在接到这个项目之后的第一个思考就是，究竟要设计出一个什么样的生活方式，才能吸引不同城市、不同国度的人们来到这里并爱上在丽江的每一分每一秒。当时我参考很多当地已有的度假项目，它们有很多都是用可以体现纳西族文化、艺术、生活、风俗的点滴细节来装饰的，但是我感觉里面少了一个魂。

丽江有很多元素具有很重要的价值，我应该如何利用这些元素，打造好这个项目呢？丽江已经拥有很多酒店，随处可见悠长的古镇小路和纳西族族人尽美的笑脸。如何让来到这里的顾客也爱上这里，激发他们在这里买房的欲望？如何才能打动来自全国各地不同城市的居民，让他们在一个小时内就能决定在一个陌生的环境置业？我想到丽江丰厚的非遗资源，要将它们善加利用，跟人们的生活联合在一起。我过去做了很多项目，第一强调原生态，第二强调原文化，第三强调原建筑，第四强调原艺术，最重要的是第五强调原居民。我搞的建筑是在有限的空间里把纳西族源远流长的历史文化与建筑结合在一起。施工建设完成之后，开发商和销售公司问我："老师，你认为什么时候开始销售最合适？"我坚定地说最好下午开始，不要安排在早上，因为大部分来这里旅游的人都是睡到自然醒，然后慢悠悠地散步经过这里，因此晚上是最重要的决胜点，销售部分最重要的是如何在晚上把情怀氛围做到最好，富有"情怀"的设计才能够吸引住更多人。在这个项目里我充分运用了一系列设计哲学，应用了屏、曲、借、寄等景象，最后打动人的绝对不是单一的视觉，而是在五感中散发出来的情怀。人们来到丽江，在这里充分享受美的熏陶，享受来自历史文化的滋养，享受纳西族宝贵文化遗产的浸润，并与灵山圣水融为一体，这就是大自然最好的馈赠。

马帮怀着勇气穿越千山万水不知疲倦，他们的足迹谱写了壮美的历史长歌。马帮队伍历经千辛万苦给家人带回了更好的生活，这种对美好生活的憧憬和追逐书写了马帮独一无二的文化。想要分享这份美好的初衷就是我完成的这个项目的灵魂所在。

"五感"包括视觉、嗅觉、听觉、味觉、触觉，我在设计场景时在里面加入了一些马匹的元素，比如这匹木马。很多大人也对玩具木马很感兴趣，因为马匹唤起了大人对其祖辈的回忆，回忆祖先在马帮的辛勤跋涉下打拼出今天的美好生活。这匹马也代表着马帮精神。我在一些场景中运用了马灯、马铃等作为装饰，晚上马灯燃烧的气味以及灯光晕染的氛围带着岁月的痕迹。马铃提供了听觉的享受，马灯提供了视觉的享受。我第一次来丽江时，纳西族群众以及导游告诉我，看到玉龙雪山云雾散开的景象预示着幸运，你可以在这个时候祈福并写下寄语，愿望就会实现。所以在设计的时候，我也把寄语的环节加入进来，这体现了中华民族对未来美好生活的一种渴望和追寻，吸引了很多游客包括这个项目的开发商参与。人们写下寄语的时候就已经将情感寄托在玉龙雪山了，就与这个项目发生了互动。"五感"创意可以让你感觉到风吹过耳畔，传来马帮悠扬的铃声，仿佛穿越时空与马帮人一起将希望寄托在玉龙雪山。雪山就像小鸟，告诉你发生了什么。你不是听到了马铃的声音，而是听到了你心里的声音。这是最好的居住的声音，有文化、有艺术、有美学、有美食，还有更多美好的时光。

我把这个艺术、传承、非遗跟情怀结合的实际案例跟大家分享，也希望"雪山语"这个项目越做越大，谢谢。

全球手工艺保护丽江宣言

2018年11月11日

图／云南丽江古城夜景　摄影／陈平

云南丽江风景

民间手工艺作为人类智慧的结晶与体现，千百年来，生生不息，代代相传，世界上现存手工技艺的发展与演变历程正是人类发展历程的见证。人类在与大自然的相处过程中，不断成长，不断完善自我，创造出了灿烂而不朽的民间手工艺。

近年来，随着各国经济的迅猛发展，人们的生活方式和思维习惯随之改变，越来越多的民间手工艺艺术和传统手工艺技艺渐渐消逝，甚至被工业化的现代文明侵袭和取代。现代文明对于传统手工艺的破坏日益严重，尤其是在当今的后工业时代，手工艺术被工业化低成本大批量生产取代，大量传统手工艺因为产业的衰退而消亡，人类历史上曾经蕴含高度智慧的高超手工技艺，因为生存环境的恶化而失传。这是全人类共有财富无法挽回的巨大损失。

人类今天的文明来源于人类思想与双手的共同创造，手工技艺是人类智慧的不竭之源，保护手工技艺就是保护人类发展的智慧源泉。如何让这些人类的智慧继续繁衍生存并持续发展下去，是我们亟待解决的问题。

为了保护世界民族文化的多样性，为了人类文明的多元化的延续，为了不让机器取代人类智能的发展，我们强烈呼吁：让我们清醒地认识我们所处的时代，我们需要采取有力的措施应对工业化技术时代手工技艺面临的困境，保护手工技艺，保护人类历史文化的活力，保护我们赖以生存发展的文明的根基。

今天，我们这些来自全球不同国家的从事手工艺工作或相关研究工作的人们，聚集在中国美丽的古城丽江，聚集在这个民间手工艺博览大会上，共同发起全球传统手工艺保护的丽江宣言。

我们向世界各国、各地区、各政府、文化部门、手工艺专业机构、社会组织和团体以及个人发出呼吁与恳求：请你们关注人类手工技艺的存在状况，并给予足够的重视，同时积极参与保护、研究、传承的工作，与我们一起担负起保护人类手工艺技能的职责。

我们呼吁，无论是国家、地区、政府还是社会组织，请为保护手工艺提供一定比例的社会资源、足够的重视和保护，并倾力推广这些技能，让更多的手工艺人能在有尊严地生活的基础上，从事手工技艺的传承和发展工作，让更多的青少年理解、尊重并重新喜爱上手工艺的精美和伟大，让各国各民间的手工艺艺术成为人类新时代发展中不可缺少与替代的精神和物质的存在。保护人类的文明，就是保护人类的未来。

我们希望，全世界手工艺人联合起来，对于人类共同的民间手工艺进行系统完整的梳理、保护和推广，同时联合各国精英与资源，进行沟通、交流和互惠，汇聚全球之资源，让世界的手工艺者在此携手前行，为共同保护人类祖先的智慧奉献各自的真诚与努力！

2018 年 11 月 11 日

全体参会学者与手工艺人

第三章　民心相通

第十三届全国政协常委、中国作家协会副主席白庚胜
与保加利亚手工艺协会会长玛格丽特交流

论坛总策划陈平教授与保加利亚手工艺协会同行合影

文明的回响

来自美国、澳大利亚、保加利亚、白俄罗斯的手工艺人

第三章 民心相通

美国手工艺人安妮特·玛利·图尔克（Annette Marie Turk）

風吹一片叶 萬物已惊秋
丁酉秋王文章

立秋

二十四节气版画作品　魏立中

第四章 传承创新

首届传统手工艺发展与创新研讨会（2018）发言汇编

2018年12月9日 广州 暨南大学

文明的回响

联合国教科文组织前任总干事伊莲娜·博科娃女士在暨南大学党委书记林如鹏陪同下参观图书馆

暨南大学文化遗产创意产业研究院为首批研究员颁发聘书

第四章 传承创新

传统手工艺人进入大学校园：来自贵州的苗绣手工艺人在本次论坛上为学者和专家展示精湛的手工艺技艺

传统与现代的融合

曾国源

神话言（故宫双品牌）创办人
中国国家品牌网品牌创新中心执行主任

文化设计

各位好，我是曾国源，过去是学景观建筑与规划的，后来担任时代杂志集团副总，然后又进入雅虎工作。之前的十五年里，我的主要研究方向是中华传统文化创新，今天我就以陶瓷为例，向大家呈现如何将唐代美学、宋代美学与现代设计融合，从华人宫廷文化到地方文化，以时尚、创新、艺术人文的手法，重新诠释中华文化之书法、绘画、器物、人物、诗词、建筑、园林、工艺及生活等元素，发展不同的产品系统，分成不同类型，做出不同转化与应用，期待建立21世纪经典华人美学的风范。

工业设计的出发点是人类的需求，然后运用色彩、线条、造型等元素，以文化为着力点，通过不同的设计手法创造出能够传递生活美学的概念。

历代皇帝谁最喜欢喝茶？熟悉历史的学者知道是乾隆皇帝。乾隆皇帝喜欢收集珐琅彩瓷。来自皇家的审美喜好就引领了当时的时尚风潮。

书法是中华传统文化博大精深的一个体现，其中可以开发再创造的元素有非常多。我们将水墨写意的意境与笔筒的结构相结合，创造出一种很实用的物品，外国人

第四章　传承创新

中华文化创新元素表

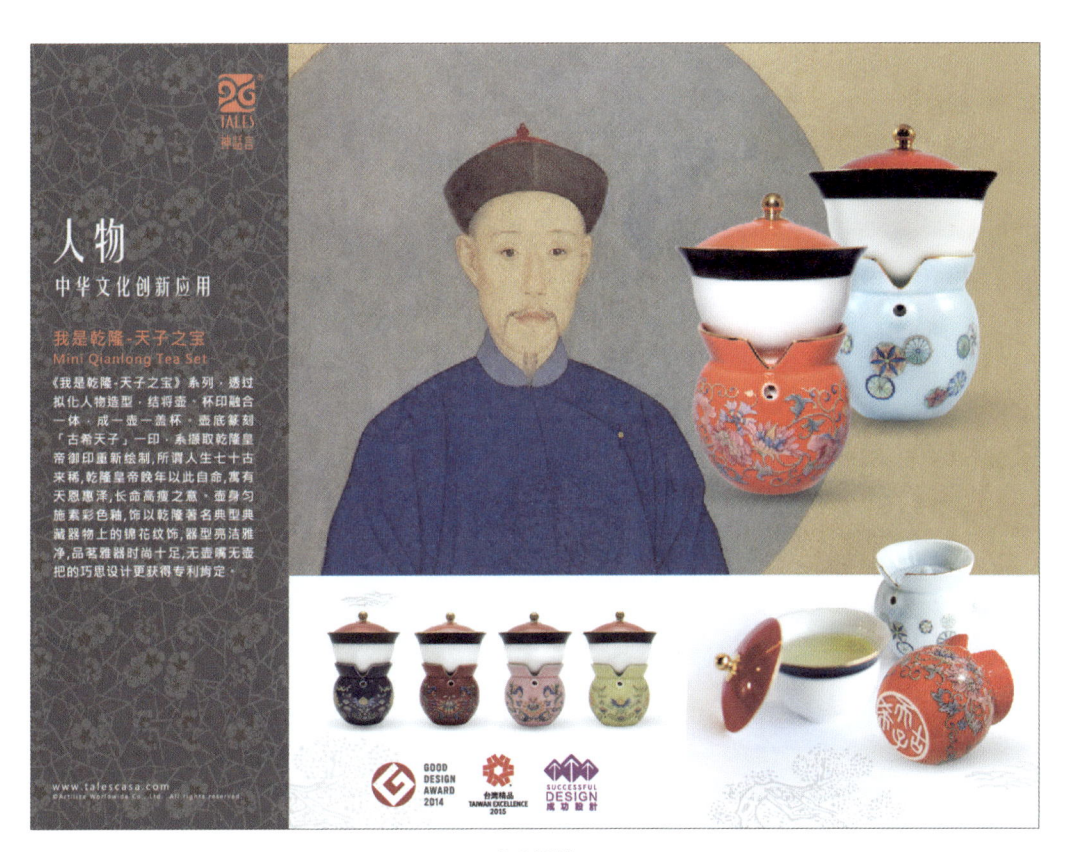

文化设计

95

可以拿来当密封罐存放糖果，中国人就可以拿来装茶叶。还可以将毛笔概念提炼出来用于来设计茶具，这样一套来源于书法文化的产品组合就做到了文化的传承。

徐悲鸿的"奔马"闻名中外，具有很高的知名度和影响力，我们将马鞍和四个马蹄提炼出来，用陶瓷的手法创作出一套见细节的器物，以小见大，曲径通幽。

陶瓷也是中华文化中的瑰宝。如今，在工业化的发展中，陶瓷的影响力和可复制性给当代艺术创新提供了丰富的素材和创意。我们在台北故宫博物院、香港海港城等地方都有专卖店，产品设计包括女生青睐的包、耳环等，年轻人都乐于使用这些饰品配件来表达自己的时尚态度、生活态度。

每一个创意产品销售闭环的形成都有自己的概念，建筑园林的设计细节到处体现古老的珐琅和古瓷技艺。近几年日本 Good Design 设计大赏陶瓷类奖项的获奖者都是我们中国的产品和设计师。

我观察到一个现象，当代年轻人聚会娱乐的主要动作就是玩手机。而以前人们在一起的互动模式就非常丰富，例如插花、品茶、熏香、小酌、吟诗作对等。

临风骏马茶器

运用点烧四个脚的点及如马的饱满的胸

第四章　传承创新

酌墨・自叙帖

HANGER笔挂

BRUSH笔头

书法
中华文化创新应用

自叙帖-酌墨
Dancing Ink Tea Set

《自叙帖-酌墨》呈现出一场设计与书画作品的对话，以传承之意将书艺中的文化精髓透过茶具呈现。设计上解构毛笔外观，运用笔头及笔挂形成茶壶、茶仓，并以墨点张力转用成杯托，并搭配狼毫毛笔墨汁书帖不仅推广书艺文化传承学习之妙，也让书法体验真实转化成现代风格设计。

www.talescasa.com

97

传统非遗工艺品本身是很厚重的，我们在开发设计的过程中要思考的是，怎样把过去代表最高审美标准的皇室专有品，用今天的理念传递到寻常百姓家，使其成为普通人生活美学的一部分。我们需要引导非遗面向未来、面向大多数，增加其附加价值，而不是跟非遗人抢利润，挤压他们的生存空间。

西方有西方的马克杯，我们有东方的茶杯。我们为消费者提供完整的体验，在一间有意境、有美感的店铺中，你通过亲身体验发现了个人喜好，将这些物品带回家中，进行个人的审美空间打造。在这个空间里，个人的审美和艺术品形成共鸣，完成了美的表达。这个时代已经不能为单打独斗提供更多空间了，形成庞大的合作体系和产业链势在必行，期待学校今后能够开发设置更多整合型人才的培养课程，也希望业界有更多整合型平台，这样才能使不同的群体形成合力，一起助推中国非遗走向全世界。

第四章　传承创新

花窗舞影

古代文人三雅：品茶、焚香、插花

文明的回响

在行走中感受历史的气息

李见深

联合国教科文组织国际陶艺协会会员
景德镇三宝国际陶艺村创始人

经过刚才一段时间的旁观，陈平院长的胆略和才华让我感到钦佩，她是一位非常有能力的优秀人才。非常感谢陈院长给我机会来参加这样一场隆重、精彩的论坛。大家虽然刚见面，但是始终有一种一见如故的感觉，我相信这种共鸣和共情，一定是来自对艺术深深的热爱。

暨南大学作为百年老校，今天仍然走在时代的前端。暨南大学里有见识、有胆略的校领导不远万里从海外请来了陈平教授，也请来了这么多英才，给大家奉献了如此精彩、引人入胜的主题，让我不禁想要开一场网络直播，把今天会场上的经典内容分享给更多的人，让它发挥更大的影响力。我觉得自己能坐在会场，见证大家分享真知、碰撞观点，是一份至高的幸运。近距离观察到这场盛会的点滴细节，也使我对于这次论坛的真实印象锦上添花。

刚才有专家讲到民族的文化基因，其实以我的个人经历来看，文化遗产本身离普通人的生活非常遥远。25 年前我行走云南、贵州等地，10 年前我在美国 15 所大学举办了"中国民谣万里行"的专场活动。当时是 1995 年，跟我来中国的美国洛克菲勒基金会的专家，将中国的陶器带到美国密歇根大学博物馆进行巡展。2019 年，这些陶器刚刚结束它们的环球之旅回到我的母校。今天暨南大学文化遗产创意产业研究院的活动，让我回想起广东文化的血脉。我本人对潮汕文化有着深深的眷恋，

第四章 传承创新

创意云南 2019 文化产业博览会

创意云南 2019 文化产业博览会作品展示

参加创意云南 2019 文化产业博览会的民间艺人

每年会花很多时间停留在潮汕，就为感受当地的人文气息、生活气息。潮汕是一座富有生活气息的城市，到处都有可触碰的历史，在那里我体会到了一种忘我的氛围。今天的潮汕人仍然保持着这样一种生活态度和方式，他们本身进行的生产、生活就是一种活着的遗产、活着的非遗，处处都传承着文化的基因。暨南大学文化遗产创意产业研究院身处广府文化的核心地带，拥有最好的视野和平台，我们期待他们在将来能做出优秀的、令人瞩目的文创事业。

二十多年前我在云南行走时拍了很多纪录片，当时是在一种相对自由的环境下带着我的专家团队进行拍摄。当时我们有缘结识一家人，他们属于整个世界最后的母系部落之一。在拍摄他们的生活的过程中，时空仿佛回到了五千年前，那是一种历史穿越的美感，令人敬畏和震撼。如果今天时光倒回到五千年前，在座

创意云南 2019 文化产业博览会上民间艺人的展示

的大家身上可能没有一件物品能够跟得上当时的潮流。大家可以看到我穿的这件衣服有古老的纺织技艺的痕迹,这就是当时所谓的时尚,这就是华夏文明五千年的痕迹。

最近三年我受云南省西双版纳市政府的委托,在当地开展文化遗产创意产业。我在 2018 年做了云南省文化创意博览会设计方案,通过展示和呈现来改变大家对传统手艺的印象。当时拍摄制作了一部短片,在云南省文博会上取得了很好的反响,受到很大的关注。这也是我想跟大家分享的理念。

近几年我作为湄公河艺术流域的策展人,专注于做纸、做伞、做陶。现在傣陶已经成为一个产业。西双版纳旅游本身是非常巨大的市场,在这里我们尝试将传统手艺和普洱茶相结合,也取得了很好的效果。以上就是我的经验分享,谢谢大家。

借助现代化设计语言
做好传统手工艺创新

潘 鹏

中央美术学院城市设计与创新研究院设计总监
创意中国设计联盟（CCDC）秘书长

感谢陈平院长的邀请，让我有机会和大家分享感悟。我和曾国源先生刚好是走相反的道路，曾国源先生是学景观建筑出身，后期加入文创事业，我本身是学习视觉传达专业，但是后来加入了景观建筑设计事业。我在清华美院毕业以后，去了香港理工大学学习城市景观设计，这也是目前我从事的工作。创新是设计的第一驱动力，这是我对大设计的理解。

今天探讨的主题是传统手工艺，那么我将从大设计、创新设计的视角来理解今天的主题。创新本身其实是不改变材料或者物质的形态，只是通过一种巧妙的技艺，创造出一种新的使用方法。我觉得传统手工艺其实现在也面临同样的问题。华夏文明几千年来都是在农耕文化的大框架下，最早的工商业生产也是依循这个体系。中国近四十年来专注于城市化的进程，城市化过程中的种种作为，对旧有的生产方式，也就是农耕文化或者是传统手工艺的生产方式，有着相当大的破坏力，所以今天大家才会面临传统手工艺的传承和创新问题。传统手工艺其实具有很重要的意义，这是家国情怀的体现，是一个民族的核心灵魂，是一种文明的承载。

第四章 传承创新

上海大学美术学院成立文创工作室，就是陈平院长最早发起的。现在一些传统手工艺展现的并不是传统的审美或者传统的产品。艺术家用传统的手工艺结合国际设计大师的设计，这是一盏能体现国际设计语言的灯。这是一条能够让手工艺生存下去、自我发展的新道路，能够让手工艺回归人们生活方式的一种途径。这里蕴含着一种更为宏达的理念，就是现代化。我们所讲的传承和创新，其实就是将传统手工艺现代化，要用现代化的设计语言将传统手工艺翻译和诠释出来。1858年人类首次提出社会创新，社会创新往往是一系列创造性的策略，它可能是一种可替代的经济方式，因为我们研究社会创新不仅仅包括工艺材料设计，更要从社会多方面、全方位来考虑。

孟加拉国有一位银行家，银行家一般会提供贷款给信用很高、实力很强的企业，但是这位银行家提供的贷款面向孟加拉国或者是巴基斯坦的贫困家庭主妇。在社区里，这些贫困家庭主妇从事着传统手工艺的家庭作坊生产，她们利用有限的贷款发展家庭传统手工艺，带来了很好的回报。这个银行家因为这个贷款系统获得了诺贝尔经济学奖。

当今英国一些城市的市中心有很多衰落的社区，那里面临着犯罪率上升等严峻的局面。但是当地有学者发现，仅仅通过一些简单的动作，比如说照亮社区，就可以降低犯罪率、增加社区的活力，这也是社区的创新。

香港理工大学曾设计出一款产品，获得了红点设计大奖[1]。他们用有机材料做成纸，可以减缓食物腐烂的过程，这是针对家用产品的创新。设计师将援助非洲的水井和儿童娱乐设施结合起来，可谓一箭双雕，饶有生活情趣。

瑞典的设计师设计了一款自行车头盔。瑞典是自行车王国，自行车是出行的主要交通工具，但瑞典的街道上却经常发生事故。而瑞典的居民在发型和安全之间选择了

---

1. 红点设计大奖，由德国设计协会创立，可以追溯至1955年，是目前世界上最大最有影响的一个设计竞赛奖，素有设计界的"奥斯卡"之称。该奖项每年吸引超过60个国家、1万件作品参赛，得奖者可以在德国埃森的红点博物馆展出作品以及参加颁奖典礼。

前者，他们普遍不愿意戴头盔。因此，这样一款兼顾美感和安全的头盔就应运而生了。

在香港有很多废弃不用的"叮叮车"[1]，香港理工大学的设计师们通过改造使其变身为年轻人休闲娱乐的场所，可以用来做画廊或者移动的音乐舞台。

PMQ（香港元创方）的前身是警察的单元宿舍，但是经过香港理工大学的设计改造，加入了一些创意性产业，包括市集、传统竹编景观等，通过这样的小型公共艺术事件，取得了非常好的效果，以至于最后香港政府特批将这里做成商业开发区，成了现在的样子和规模。

不论是传统手工艺还是文创设计，都是涵盖传统手工艺人、政府支持、构筑的文化生态系统的一个整体。这里面还可以继续细分为包括沙龙、工作营、跨文化交流课程等等元素的实体。设计者们力争达到一个目标，即形成一种解决方案，以 1 元的投入撬动 100 元的市场，最后由市场来进行良性循环。这就需要我们用现代化的语言将传统手工艺传承转化为真正的现代生活美学。当然，在这个系统中，大政府的引导是不可或缺的，政府提供支持和渠道，可以帮助产业走向国际。据我了解，现在北京市已经有两千所幼儿园、两千所中小学在积极开发和寻找手工课堂。之前这个领域的课程和师资比较稀缺，而现在北京市已经启动了针对京派文化或者京派非物质文化包括故宫、博物馆等内容的培训课程。这就是传统手工艺人面临的机遇和挑战，我们要善于理解传承与发展的关系，要提升学习面向未来，要着重于培养孩子们对传统生活产品的热爱和理解。最后我想说的是，今天从小接受传统文化和生活美学培育的这些孩子，将来会是最佳的民族文化传承者。

---

1. 叮叮车是只有香港岛才有的交通工具，实际上是一种双层有轨电车，由于开车时司机踩到踏脚车子会发出叮叮的声音而著名，故人们喊它"叮叮车"。叮叮车已成为香港一个重要的文化符号，深受香港人喜爱。

传统藤编技艺的改良与创新

韦 政

中央美术学院客座教授、产品设计导师
香港理工大学设计学院客座教授

非常感谢陈平院长的邀请，让我有机会跟大家分享传承创新小课题，这实际上是我过去很长一段时间以来的研究课题。我曾经寻找机会，带领学生用一个月时间去山东淄博学习体验藤制家具工艺，在实践过程中，大家一起学习创造。

我现在在中央美术学院担任课程教授，也在香港做产品设计，目前拥有自己的眼镜品牌，也已将自己的设计推广到市场中。我做过一个设计"伴"——一对藤编的椅子。传统的茶文化活动中会有一个小茶几，我用现代经典手法编织了这组藤椅，利用传统圈椅造型，简洁设计，表达中国传统文化里天圆地方的概念。创作过程中的技艺比较有难度，我用几块木头拼出来，这是很考验技术细节的。现在国内的大部分藤制家具都是使用马来西亚进口的藤，因为它的质量比较好，藤也足够长，能满足各种造型需求。这样一条藤是非常粗、非常硬的，师傅在制作家具前会先用一个大的蒸汽锅炉把藤条蒸软，然后用工具打弯，慢慢地冷却定型。在处理的过程中，师傅用自己的经验来选择什么地方用什么材料进行搭配，实现基本的功能，但这其中缺少一些创意开发。我在山东还发现了一个问题，山东人的身高

设计"伴"

传统藤制家具的现代化线条设计

普遍很高，他们都是蹲在一个小凳子上吃饭，而南方人吃饭都是坐在椅子上。山东人就这样在世代传承下来的生活方式中习惯了，他们蹲一天都不会觉得辛苦，这是一种具有地域特色的技能。

我以藤代替木头进行座椅的创新，但选择了更加现代化的线条设计，能更容易地将简洁与现代审美结合。除了对线条简化之外，还以素黑的颜色加上乳牛皮坐垫，现代感十足。后期我们还根据客人的要求来定制更多的样品。比较特别的地方是，我在椅子上加入了金属印章的细节。今天由于市场的改变，很多设计师自己设计、自己生产，然后将自己的东西推到市场中。这个过程中会遇到的问题是如何保护自己的原创性和品牌的版权，从而维护自己的经济利益。这样一个金属印章就直接解决了上述问题。这个印章就是你的商标，以商标保护知识产权比较容易。

制作过程中我们不断根据发现的问题进行改良，争取生产出更加精美的产品。最后感谢主办方和其他支持单位，谢谢你们提供这样的机会，让我将我的设计跟大家分享。

时空之美

佘文涛

中国室内装饰协会陈设艺术专业委员会
执行秘书长

  我先请大家观看一段视频（播放视频）。影片将一个人从婴儿初生到年老逝去的过程用循环的理念体现出来，传递了生命轮回的主题。这部影片的光线氛围也是比较幽暗的，我认为，拍摄者是有意为观众营造一种静谧的、神圣的氛围。每一个普通人的一生就是一部艺术作品，在展览的过程中，通过情感共鸣给观众带来心灵的触动。我们在不断回想影片的每一帧画面时，或许大部分人都会不自觉地对号入座，会不自觉地模糊掉所有作品中角色的职业差别。当观众达到这样一种忘我状态时，这部影片就完成了其为人服务的使命。我们专注于为生活空间中所有可移动的产品赋予中国文化精神内核。

未来书房　书斋追古·中国生活艺术展　智吉策展作品

文明的回响

悼红轩　书斋追古·中国生活艺术展　智吉策展作品

　　我的第十个书房，也就是未来书房，一间小小的空房子，只有几条金鱼在小小的水池中游玩。从之前的九个富有生活气息的书房，一瞬间到了这个空荡寂静的书房，我希望由这个陡然的切换给大家带来寻找内心安定的理由。不出意外的是，这间书房成为人们的最爱。

　　图中这件潮州金漆木雕是我的收藏品。潮州的金漆木雕工艺是很繁复、很传统的，这样一件极其厚重的艺术作品带回家里应该如何摆放，才能真正与我的生活融为一体呢？我为此设计了这样一个柜子，用极简的手法来呈现丰富的东西，搭配相应的灯光，使得这样一种简洁能够承受得住一切富饶。

第四章　传承创新

三然书堂　书斋追古·中国生活艺术展　智吉策展作品

　　这是一块观赏石,在书房这个空间中,我通过空间、光线、尺度的布局,让一块沉闷低调的石头拥有了很独立的形象张力。墙上这些水墨画也是我的个人作品,这张茶台也是我定制的,它本身其实是江西农村榨花生油的工具。

　　这是我们做的非遗产品的展览,展览入口的弧形墙将小小的布艺产品放大,形成一个闭环,这样一个作品就成为空间的一个亮点了。如何从作品本身延展到空间,从而体现极大的感染力？我用旧衣服布料的材质来装饰整个展览空间四个墙面,把空间的每个元素都充分开发。我用老布片创作彩墨画,体现了空间语言和实物的转换。

中国传统书画如何走向世界

吴 偲

暨南大学艺术学院教师
广州国家青苗培育画家

今天在座老师们的分享让我们这些青年艺术家有了很多收获，也为我们打开了研究的视野，给我们的思路提供了更多的可能性。很多老师都从宏观概念探索、推广和讲解，展望未来中国的创意应该怎么往前走。因为我本身是职业艺术家，是做纯艺的，所以我就想探讨一个微观概念，也就是国画在当代这个高速发展的、与西方艺术对接这么频繁的世界里，如何找到自己的发展之路。

其实说到中国画，我们都是中国人，对中国画都并不陌生。中国的传统艺术非常好，出了非常多大师，比如说齐白石，还有岭南画派的关山月等艺术家，这些艺术家的作品都非常好。曾国源老师将故宫所有馆藏的东西进行了物质形式的转化，非常精彩，接下来我也会展示一些类似的作品。中国画艺术放在这个大的文化遗产概念里，其实也是非常重要的部分，而且是绝对不能忽视的部分。在飞速发展变迁的社会语境下，很多中华传统艺术应该思考未来的发展是不是还要停留在架上艺术的语境下。

我想到了很多问题，比如说传统工具。中国有文房四宝笔墨纸砚等传统作画工具，西方有油画布、油画颜料。中国的毛笔也应该通过文化遗产的创新来进行对接，让它能够延续到下一代孩子们的心里。制墨的工艺是相当繁复的，我在课堂上主要教授的是中国美术史和中国鉴藏史，所以对中国鉴藏史比较清楚，我认为仅仅是制墨艺术就可以写出一本厚厚的图书。乾隆皇帝也是制墨发烧友，他在制墨的时候会放入麝香、冰片、玛瑙等。中国画所需要的宣纸现在也面临着技艺后继无人的局面。关于砚台的制作，从事雕塑的学者们都知道，砚台手工艺也是一个需要发展与创新的话题。在肇庆，有一些砚台手工艺大师就很有开拓市场的

第四章 传承创新

智慧和与国际对接的经验,他们很善于学习当代的知识与技能。我认为好的设计和工艺一定也是适合当代人审美趣味的。如何在传承传统的同时融入当下社会,也是文化遗产保护这个主题中很重要的一部分。以上是我对中国传统绘画工具的思考。

我是学画画出身的,我一直有这样一种思考:在当下全新的社会语境中,中国绘画传统形式如何与之结合?难道我们还是画几笔兰花放在博物馆、美术馆里让人们去看吗?我们是否有更多的创意可以将中国画中传统的符号转化为更有意思的事物?老祖先已经为我们总结了非常多传统绘画纹样,而这些纹样就是中国符号。比如说年年有余,这个文化符号其实从以前到现在都是以多子多福的形象出现,我们是不是可以以文化创意的方式来呈现?有很多当代艺术家做过这样的尝试,将梅花、牛、喜鹊等符号放进当代的文创产品中。

今天我们有更好的机会可以走向世界舞台,尤其是借助粤港澳大湾区的平台跟世界对接。我们看到故宫的双鹤形象在丝巾上的转化,当代艺术家能不能做这样的转化,既有中国传统水墨的东西,又能够与世界人民进行非常直接的对话?比如中央美院的徐斌院长,他的书法文字可以让西方人读懂,这就是非常好的一种艺术创造。

我的主要研究方向是少数民族艺术史,对于如何将少数民族的艺术用动画的形式呈现有一些思考。我们找了非常多的资料,尝试将水墨变成动画作品,推广到儿童、成年人中间,再推广到长辈受众中。我们中国的动画其实曾经历过"孙悟空大闹天宫""小蝌蚪找妈妈"等非常辉煌的时代,但是如何将这些已有的精品与电子媒体对接,是我们要继续思考的。

如何传承中国画,根本上还是要立足于传统。我们的目的就是要通过粤港澳大湾区这个平台将其推广到全世界,展示中国人、中华民族的文化色彩。我们的绘画要与时俱进,我们所有的文化都应该有时代精神,而不光是画几笔兰花、画几笔传统的东西,一定要与人产生联系。希望更多的老师们与我们研究院对接,进行更多更好的深入合作。

守望家园　留住美好

高　旋

公益项目"守望家园计划"发起者
粤港澳大湾区青年创意设计人才（创意 100）
培训计划首期学员

"江南千重水，云贵万重山。五百年后看，云贵赛江南。"传说这是五百多年前，刘伯温对云贵的预言。十年前江南有些地方已经被现代工业严重污染，治理土壤、水源等生存环境的费用将非常高，人们患重大疾病的风险也越来越高。而在地处西南边陲的贵州，大部分地区还保留着青山绿水与古老淳朴的民风。早在 2006 年，我们国家有两个地方被联合国教科文组织专家誉为"人类疲惫心灵的最后家园"，一个是在藏地，一个就在我们贵州的黔东南。为什么我们会去黔东南？ 2003 年从贵大环境艺术设计专业毕业后，我在建筑设计院最先参与的规划项目都在这片土地上，在我们疲惫心灵最后的家园里。可以说我们的守望家园计划，见证、陪伴了这十余年的发展对乡村文化生态、对无数珍贵技艺与手艺人的生活现状的影响。

我们一开始是参与政府的规划，构建宏大的项目，后来又深入手艺传习的公益项目，扶贫工作具体到人。但是我们觉得还不够，能够自足自给的群体为什么是贫困人群呢？这是我对十年公益事业的反思，其实她们才是最幸福与富有的人，因为她们知足常乐。

现在我们发起的"山里女红大学"，未来要从教育、心与心交流着手，从民族的文化自信树立开始，创造更多机会让我们一起来探寻手工技艺的极致，确立我们民族品牌和本国高定的标准。这里说的"大学"，并不是我们常说的象牙塔里的大学，而是在山里可以开女红课程，也将山里女红的课程开到世界各地的艺术院校，正如"大学之道，在明明德，在亲民，在止于至善"所说。就像我们今天受陈平老师之邀来到暨南大学分享，让更多的手艺人有机会把他们的珍藏带到大家面前，展演、呈现他们指尖上极致的手工艺术。

作为对比，我们记录下了十几年前第一次去黔东南村子的情景。这样美丽的村子十年以来已经变化了，每次看到它们的时候，都希望它们能够缓慢地变化，不要太快了。这样的地方到处是真山、真水、真情，希望它们能够一直保留着，将人们的文化、数千年的生活智慧，对天地万物有灵的敬畏之心传递出来，传承下去。

贵州有很多传统建筑，还有传统的手工艺，如银饰、印染、织布、造纸、刺绣等非遗传承项目。今天我们就先分享蜡染和刺绣的三位女红传承人各自的故事和擅长的珍艺，与我们所做的尝试与努力。恳请老师们多多指教。

织金蜡染[1]

杨晓珍老师，70后，苗族织金歪梳苗支系，七岁开始学习女红，精通蜡染、刺绣、纺织。2012年受中国美术馆邀请参加中日建交40周年文化交流活动，2013年参加深圳文博会，2014年任广西艺术学院特聘教师，2016年4月任守望家园计划首次"山里女红大学"到访清华美院、人大、民大、上大PACC等高校巡讲老师，2018年12月受邀参加暨南大学文创研讨会。

过去，这些纹样其实都有各自的传说，从开天辟地开始，每一种传说都是洋洋洒洒五千年。这些蜡染的风格也是迥然不同，杨老师代表的是最细腻的一

---

1. 中国民间传统纺织印染手工艺，古称蜡缬，与绞缬（扎染）、灰缬（镂空印花）、夹缬（夹染）并称为我国古代四大印花技艺。蜡染，用蜡刀蘸熔蜡绘花于布后以蓝靛浸染，染后去蜡，布面就呈现出蓝底白花或白底蓝花的多种图案；在浸染中，作为防染剂的蜡自然龟裂，使布面呈现特殊的"冰纹"，尤具魅力。由于蜡染图案丰富、色调素雅、风格独特，用于制作服饰和各种生活实用品显得朴实大方、清新悦目。

高旋在季刀苗寨与绣娘合影

蜡染传承人杨晓珍及作品

　　支,纹样可以画得像是混沌初开,感觉看着她的作品可以直接跟宇宙对话,所有的曲线是无穷无尽的变化。

　　蜡版染色以后就是图底反转的过程。就像人与宇宙的对话其实没有停过,两种风格都是我特别喜欢的,两种风格截然不同,一种是极致的细腻,一种如行云流水般潇洒。在这个过程中只需要粗、中、细三把小蜡刀,一点一点填充进去,这里面可以有蝴蝶、小鸟、鱼蛋等。(杨老师补充道:"中间是青蛙,青蛙是代表福气的,肚子很大。然后还有小鸟,小鸟变出小鸟蛋,代表多子多孙。另外还有蝙蝠,代表福气。")

　　这里面有传承与创新。从妈妈那一代,到姐姐那一代,到自己这一代,手艺在不同时期都有变化,但是都有自己的风格、自己的纹样、自己的特色,自己想要诉说的对生活、对大自然的美好愿望。她平日除了完成自己的手艺作品,更重要的就是传播。她会将自己的手艺教给所有愿意来学习的孩子,无论是大学的师生还是设计师。

　　现在,她将自己的手艺传递给无数的孩子,她们可以去创业,也可以教给自己家乡的姐妹们。也因为如此，她的小作坊变成艺术工作室、文创公司，得到了更多的订单，带动着更多的姐妹。

未来，传习手艺将改善每个参与者的家庭生活，提高每一位姐妹的文化自信。山里大学未来也会不断发现更多像杨老师这样优秀的女红传承人。

剑河锡绣[1]

王梅老师（苗名：王妳旧偶），系"锡绣之乡"展留村人，从六岁起就在奶奶、妈妈及隔壁邻居的绣娘们的指导下学习刺绣本领，经过几十年的磨炼与学习，现在已成为展留村的一名优秀的绣娘。

2007年，我们第一次去了展留这个村子。那时从贵阳出发到展留，需要坐车、坐船、爬山再坐车才能抵达，要8个多小时。2011年11月7日，贵州乡村旅游发展中心在展留村举行"为了我们的女儿——传承珍艺，成就梦想"手牵手锡绣制作比赛，王梅老师荣获第一名。2018年10月山里女红大学在贵阳孔学堂举办公益讲座，王梅老师首次与大家分享锡绣制作工艺。

锡绣是贵州省第一批被列入国家级非物质文化遗产名录的一种特殊工艺，之所以说它特殊，是因为在世界范围内目前还没有发现与它一样的刺绣方式——用金属锡粒来大面积妆点服饰。虽然简约到只剩几何纹样，但锡绣作品因人而异，就像世界上没有两片完全相同的叶子一样，不同的锡绣纹样里面深藏着许多的寓意，只是抽象得已经让人无法想象了。一般常用的纹样有钉耙纹、水涡纹、绣纳（王字）纹、架桥纹、纺纱纹等。

---

1. 苗族锡绣使用金属锡来最终完成一件刺绣品，正因为用料的特殊性，它与其他用蚕丝作为材料的刺绣品相比具有特殊性，改变了人们对于传统刺绣的用料观念。锡绣制品的光泽度好、质感强，深受当地苗族人民的喜爱。苗族锡绣迄今仅分布在剑河县境内南包至南加段清水江沿岸的部分高山苗族村寨。

文明的回响

以个人浅见，在目前发现的 173 种苗族服饰中，唯有锡绣能够代表苗绣的最高气质和最深内涵。这么低调、精致、严谨无比而又独一无二的刺绣方式，目前还未考证出何时出现。在苗族众多精美绝伦的刺绣艺术里，锡绣独特之处在于其纹样十分类似于商周时期青铜器上的矩形纹样和南宋时期矩纹纱的纹样。

锡的材质温润、光亮鉴人，且熔点很低（231.89℃），在常温下延展性强，易于加工并被反复利用，适合在细小的线端里弯曲定型。商周时代，人们已经能够用锡与铜、铝合铸体量庞大的青铜礼器。制作青铜，锡和铜的比例为 3∶7。我国有关锡的历史记载最早见于《周礼》，《史记·货殖列传》中也有"金锡连丹"的叙述。

先舍去明艳的色彩图案，只用两种最简单的颜色——锡的金属色和反复靛染出来的深啡色，搭配出低调而高雅之致。在一张作品上先后倾力制作三次，先绣定位线，再一粒粒扣上锡粒，然后再用丝线破成四份，用来做数纱绣填补锡粒的空隙，最后再

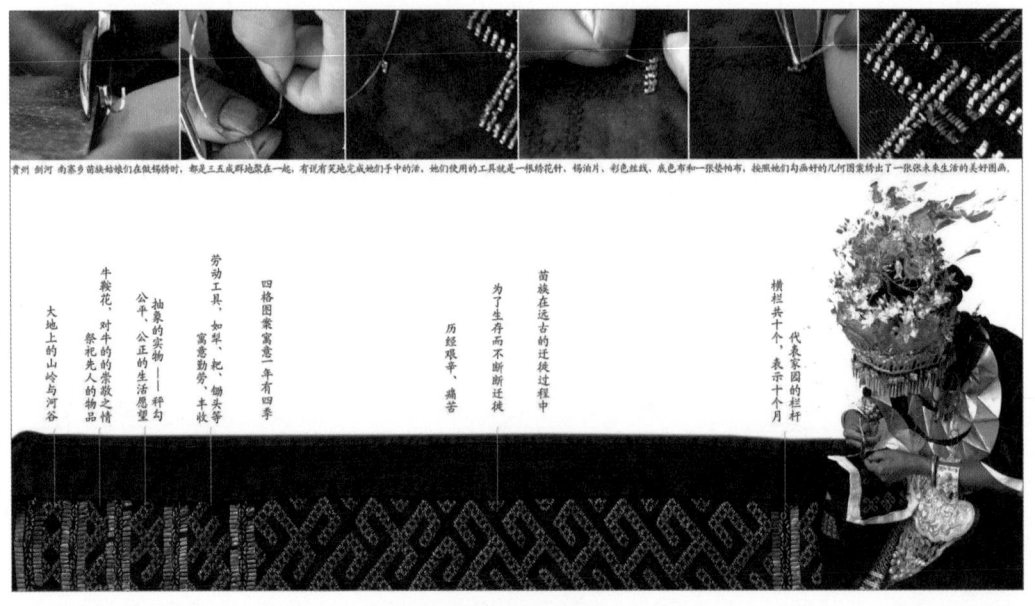

锡绣制作过程及纹样解读

第四章 传承创新

舍去一般丝线的柔弱感，在柔软的布上用锡粒镶嵌出生命之作，刚与柔的完美结合经得起时光雕琢，岁月感厚重至深。

放大其中一个图样的细节来看，小锡珠一粒粒被固定在布面上。9粒围合一个U字，这个最小的图案就28个U字，也就是有252颗锡粒，由这个最简单的图案变化出无数种不同的纹样。一幅腰饰上至少有近4000个U字，也就是说至少有近36000颗锡粒。如果是一件全锡装饰的盛装，那恐怕就要以百万计算了。

锡绣盛装

有一件带到巴黎做展览的、被台湾名牌夏姿陈收藏的全锡盛装，当时由五位姐妹一起用了九个多月没日没夜地赶工，到上台的那天还有一大片没有完成，最后又花了三个月才完成，是最传统的纹样。遗憾的是当时经费有限，不能拍摄一套完整的纪录片，纪录整件衣服的制作过程。

王梅老师还自己创新，给儿子和女儿制作了现代盛装。昨天90后设计师为我们做了试穿，效果极其完美。最传统的纹样变成这样的服装，这样高订会不会有更多的机会，让我们拭目以待。

我们上个月第一次到贵阳的孔学堂做了一次与贵大学生的交流活动，未来我们山里大学也会努力与全球150多个国家的孔子学院加强联系，希望有机会一起参与国际民间艺术组织面向非遗传承人组织的交流活动。

雷山刺绣[1]

李志珍老师，雷山县丹江镇乌秀村人，六岁开始跟奶奶学习刺绣，七岁至十六岁边读书边学习刺绣，1998年嫁到猫猫河村，1999年到2010年在外边打工边刺绣，2011年返回家乡参加"为了我们的女儿""手牵手"和"多彩贵州"旅游商品两赛一会传统工艺大赛，分别获得一等奖和二等奖。

双针绕线绣，是一种濒临失传的针法。清代以及之前雷山一带苗家盛装上都可以看到这种针法，但是现在会的人越来越少。我们当时得到《嘉人》杂志主编邓立的委托，开展了两年的传习培训比赛，一轮一轮让姐妹通过比赛传承珍艺。当大家做得越来越好，在不断的比赛中得到不同的奖项的同时，她们村里也开始创办自己的专业合作社、刺绣微小企业。

苗家有句话说，"饭养身，歌养心"；在我们看来，"饭养身，歌养心，绣也养心"。这是从小训练女子耐心、毅力的一项基本女德训练，很多人担心它失传，却找不到解决办法，其实就是当代女学不兴，导致女红不兴。问题的根源没有找到，却总是怪树不结果。

苗族没有文字，所有的古老记忆都借助母女之间口传心授的特有方式，传承在古歌和服饰中，经过5000多年历史长河的洗刷和全球化的碾压，依然闪耀着自己的光芒，已是奇迹中的奇迹；一些古代衣服上甚至可以找到非常抽象的似文字非文字的刺绣纹样，这是神奇的苗族"达·芬奇密码"。

2016年我们山里大学去清华美院等高校做了分享交流，今后生活馆会将老师们的文化创意展现出来，传承珍贵的文化。

---

1. 雷山刺绣是贵州省雷山县苗族传统艺术，国家级非物质文化遗产之一。雷山刺绣有双针锁绣、绉绣、辫绣、丝絮贴绣等，技法多样，在形制和造型方面，大量运用各种变形和夸张手法，并大胆使用多维立体造型和型中型的复合手段及比喻、暗喻、借喻、象征等表达技巧，体现出别具民族风格的审美情趣。

第四章 传承创新

贵州苗族修复的双针绕线绣

高旋参与设计的苗绣作品

文明的回响

伊琳娜·博科娃女士出席暨南大学文化遗产创意产业研究院成立一周年纪念展

伊琳娜·博科娃女士演讲 　　暨南大学党委书记林如鹏演讲 　　陈平教授、伊琳娜女士与杨晓珍女士合影

第四章 传承创新

联合国教科文组织前任总干事伊琳娜·博科娃女士参观暨南大学

伊琳娜·博科娃女士在现场观看手工艺

精美的雕版　魏立中作品

第五章 探索发现

"一带一路"文化遗产合作与交流国际研讨会（2019）暨江门国际民间手工艺展讲话汇编

2019年11月14—15日　广东 江门

青年是未来的世界主人

唐 虔

联合国教科文组织原教育助理总干事

非常高兴有机会来到江门参加研讨会和艺术展。这是我第一次来到江门,这里对我来说既陌生又熟悉。我们中国人有一个习惯,从小就知道自己的籍贯是哪里,我的籍贯是广东中山。一百多年前,我的祖父就是从珠海的庞家洼走出来的,我算是半个广东人,所以我很高兴能回到广东。

刚才一路走来,我们看到了各国的手工艺大师,今年比往年又增加了很多特别的作品。我相信这样的交流能推动各个国家间的文化交流与信任,增强心灵之间的对话和沟通,这将为我们搭建一座友谊之桥、合作之桥。

我此前长期在联合文教科文组织工作,领导该组织的教育部门。几年前我曾组织"联合国2030年可持续发展教育目标"的全球磋商。我至今仍清楚地记得在磋商过程中,世界各国的教育部长尤为关注如何通过教育的机会和文化的熏陶使青年成长为一代有知识、有文化、有正确价值观、能承担起社会责任的全球公民,成为在2030年实现可持续发展的主力军。

因此我非常关注今天参加此次活动的青年人。前几天,联合国秘书长古特雷斯先生参加了教科文组织第四十届大会,这次大会以青年的参与为主要目标。今天,我们中国政府发出的"一带一路"伟大倡议,在国际上取得了巨大反响。"一带一路"和当年的丝绸之路之间有着深刻的呼应,当年的丝绸之路就是一个社会的网络,沿线各国通过丝绸之路能够连接起来,通过教育、交流建设一个比较和平的社会。今天的"一

时任江门市委副书记、市长刘毅（左一）、时任江门市文化广电旅游体育局局长汤惠红（左二）、论坛学术主持陈平（右二）、联合国教科文组织原教育助理总干事唐虔（右一）亲切交谈

带一路"倡议也传承了丝绸之路的理念。今天的"一带一路"倡议给各国之间提供了增加交流、了解的机会，这与联合国教科文组织的理念也是十分契合的，因此我们与陈平主席也保持着密切的合作，在世界各国间推动文化的交流、推动文化遗产的保护。

世界各国的艺术家们会聚在这样一个平台，有助于我们各国之间进行文化交流、互相了解，将来产生一个和谐的社会。特别是青年人，青年是世界未来的主人，希望青年人能够通过文化的交流、文化的传承，知道自己的历史，这样才能知道我们将来要去哪里。通过"一带一路"这样的平台，我们相信能够在全球造就一代新的年轻人，增进他们之间的互相了解、互相尊重，使我们的世界将来能够更加包容、更为和谐。

江门拥有如此丰富的文化资源和发展动力，但是从我们联合国教科文组织的角度来看，好像缺乏一些社会声望和知名度，我们能否通过这样的活动来帮助江门提升影响力？作为联合国的组织，我们的目标就是缔造世界和平，推动可持续发展！

借力华人华侨文化资源优势
打造江门城市文化品牌

蔡德威

广东省江门市委常委、江门市人民政府副市长党组成员

大家好！由暨南大学、江门市人民政府、五邑大学共同主办的"一带一路"文化遗产合作与交流（2019·江门）国际研讨会暨国际手工艺展今天在这里隆重举行，我谨代表江门市人民政府向前来参加研讨会的各位领导、各位专家、各位新闻界的朋友们表示热烈的欢迎！对本次国际研讨会暨国际手工艺展提供大力支持的国际民间艺术组织、中国工艺美术学会、暨南大学、五邑大学及全体工作人员表示衷心的感谢！

江门市是全国著名的侨乡、全国文明城市、中国优秀旅游城市、园林城市、国家卫生城市，获得过中国人居环境奖，是中国粤港澳大湾区重要节点城市。江门籍海外华人华侨有四百多万，所以江门素有"中国侨都"的美誉。

江门素有"中国侨都"的美誉

一方水土养育一方人，造就一方文化。江门有世界文化遗产开平碉楼[1]和世界记忆遗产"侨批档案"[2]，文化资源十分丰富，华侨文化品牌得天独厚。这里孕育了明末著名的理学家和教育家陈白沙先生、近代维新派代表人物梁启超先生、民主革命先驱陈少白先生、中国航空之父冯如先生。江门是闻名的明星之乡、院士之乡，从这里走出了李铁夫、罗红柳、红线女等艺术家以及胡蝶、周润发、刘德华、谭咏麟、梁朝伟等众多演艺明星。

习近平总书记说，文明因多样而交流，因交流而互鉴，因互鉴而发展。为推动落实《粤港澳大湾区发展规划纲要》，加强"一带一路"沿线国家和地区间的文化交流，高起点建设华侨华人文化合作与交流的重要平台，充分发挥高质量的智库平台以及地方政府协同创新的作用，本次国际研讨会暨国际手工艺展将智库、政府、大学、学界、设计师等国内外资源齐聚江门，进行跨学科、跨领域、跨文化的融合交流，为文化遗产保护与文化创意产业发展提供经验和帮助。为办好国际研讨会暨国际手工艺展，推动文化遗产的传播、交流、共享，推进"一带一路"建设及沿线文化遗产保护活动，塑造独特的城市文化品牌，江门市在文化遗产保护方面积极探索，实施了《江门市海上丝绸之路史迹保护条例》，编制了华侨华人文化交流合作重要平台建设方案。本次国际研讨会为我们提供了向全世界学习文化遗产保护、交流与共享先进经验的大好机会，希望与会专家学者积极交流，为促进文化遗产与文化产业的发展出谋献策。

最后，祝本次国际研讨会暨国际手工艺展取得圆满成功，获得丰硕的成果！

---

1. 开平碉楼，位于广东省江门市下辖的开平市境内，是中国乡土建筑的一个特殊类型，是集防卫、居住和中西建筑艺术于一体的多层塔楼式建筑，其特色是中西合璧的民居。2001年6月25日，开平碉楼被国务院批准列入第五批全国重点文物保护单位名单。2007年6月28日，"开平碉楼与古村落"正式列入世界文化遗产名录，成为中国第35处世界文化遗产。
2. 侨批，专指海外华侨通过海内外民间机构汇寄至国内的汇款暨家书，是一种信、汇合一的特殊邮传载体，广泛分布在广东潮汕地区、福建、海南等地。方言把书信叫"批"，潮汕、闽南华侨与家乡的书信往来便是"侨批"，又称"番批""银信"。

创新人文交流方式
彰显中华文化独特魅力

李国红

中央统战部侨务事务局副局长

非常高兴出席在江门举办的2019"一带一路"文化遗产合作与交流研讨会暨国际手工艺展。在这次研讨会上,来自"一带一路"沿线国家和地区的多名政府管理人员、手工艺大师、创意设计师及专家学者齐聚江门,共同为江门的文化遗产和未来文化产业的发展出谋划策,共享经验,共同促进业界文化遗产及手工艺交流,助力人文湾区建设,增进"一带一路"沿线国家的了解、互信,我谨代表国务院侨办事务局对各位的到来表示诚挚的问候。

"一带一路"不仅是一项伟大倡议,更是打造政治互信、经济融合、文化包容的利益共同体和责任共同体。自2013年"一带一路"倡议提出以来,共建"一带一路"已经完成夯基垒台、立柱架梁,转入落地生根、开花结果的全面推进阶段,成为广受欢迎的重要国际合作平台和国际公共产品。"一带一路"倡议本着共商、共建、共享的原则,全面推进政策沟通、设施联通、贸易畅通、资金流通、民心相通的原则,为世界经济增长注入了新的动力,为全球发展开辟了新空间。积极架设不同文明互学互鉴的桥梁,形成多元互动的人文交流格局,是"一带一路"建设的主要目标之一。

习近平主席在2019年5月的亚洲文明大会上提出:"文明因多样而交流,因交流而互鉴,因互鉴而发展。我们要加强世界上不同国家、不同民族、不同文化的交流互鉴,夯实共建亚洲命运共同体、人类命运共同体的人文基础。"华夏五千年的文明中蕴藏着不可估计的灿烂遗产，截至 2019 年 7 月，中国已有 55 项文化和自然遗产列入世界遗产名录，其中丝绸之路是中国首次进行跨国联合申遗，在促进中外文化交流的同时，还加强了中国同整个沿线国家人民乃至全世界人民之间的友好往来，更增强了中华民族的文化自信。积极开展内容丰富、形式多样的人文交流，是不断促进"一带一路"民心相通的有力途径，希望此次研讨会能够在促进中外文化遗产交流合作方面发挥独特作用，为促进中国与"一带一路"沿线国家全方位的互联互通、维护人类文明做出积极贡献。

2019 年 2 月，中共中央、国务院正式印发《粤港澳大湾区发展规划纲要》，明确指出要支持江门建设华人华侨文化交流合作重要平台。此次研讨会发挥江门的地缘优势，主动担起中华文化遗产的保护和传播的责任，创新人文交流方式，丰富文化交流内容，彰显出独特的中华文化魅力。

江门也是我国著名的侨乡之一，华侨华人作为连接海内外的重要桥梁，是推动中外文明交流互鉴、促进中外文化交流合作的重要载体，希望广大侨胞们不断吸收中华优秀传统文化精华，发挥融通中外文化的优势，做中华文化的传播者和传承者、中国形象的展示者和构建者，不断增强民心相通，不断增强中华文化的亲和力、感召力和传播力，共同推进全球文化繁荣和发展。

江门五邑华侨广场

做好文化遗产保护
助力"一带一路"民心相通

刘曙光

国家文物局原副局长、中国博物馆协会理事长

  非常高兴再一次来到江门。上一次来江门是三年前，当时我还是国家文物局副局长，到这里是为了欣赏、赞美江门市为参与"海上丝绸之路·中国史记"所做的杰出工作。江门市给我留下了非常深刻的印象。那次之前我还参观过开平碉楼，开平碉楼非常壮观。江门类似于那样的碉楼还有很多，如果不是受到当时历史条件的局限，开平碉楼应该以另外的名字比如说江门碉楼或者台山碉楼来命名。江门的海上丝绸之路遗产同样给我留下了深刻印象，在中国几十个海上丝绸之路的文化遗产中，江门虽然在数量上不占优势，但非常有特色，它与古代天主教方济各会有密切关联，这些都很好地填补了中国古代海上丝绸之路的空白领域。江门在非常短的时间内完成了环境整治、文物修缮以及陈列布展，所以在今天中国进行海上丝绸之路文化遗产的申报中，我认为江门总体是处在优势地位的，可以以一个相对领先的姿态等待整体项目的推进。

  我也很高兴第二次参加陈平主席的"一带一路"文化遗产合作与交流国际研讨会，上一次是 2017 年在北京。我很欣慰地看到，三年过去了，陈平主席将这个具有重大意义的会议发展成为一个具有国际影响力的平台。以我的观察，目前国内以文化遗产或"一带一路"为议题的会议有很多，但像陈平主席这样很有特点的、能够当作一

世界文化遗产万里长城

种文化品牌去推广宣传的确实不多。陈平主席以她在国内、国际的影响力、号召力一次次地组织这样干货满满的盛会，是令人欢欣鼓舞的。我也很高兴听到李国红局长对我们中国的世界遗产工作做了那么细致深入的介绍。中国现在已经是世界遗产大国，和老牌的世界遗产强国意大利并列第一。多年以来，联合国教科文组织不仅仅把文化遗产工作单纯当作一项保护工作，更是把它当成了关注文化多样性、推动可持续性发展的社会事业。我们可以看出，文化遗产的保护现在已经不仅是物质层面的了，而且是精神和文化领域的保护，特别是在"一带一路"倡议的大背景下，文化遗产的交流能够在沟通民心等方面更加打动人心、更加具有持久影响力。所以我认为陈平主席的这次研讨会跟江门这样一座历史文化名城、世界文化遗产城市开展合作真的是相得益彰。

预祝此次研讨会暨国际手工艺展圆满成功，祝福江门的明天更加美好！

协同推进大湾区创意产业和手工艺发展

陶小年

中国轻工业联合会副会长、中华全国手工业合作总社副主任

正是岭南秋光好时节，来自海内外的好朋友们聚首在美丽的侨乡江门。今天，"一带一路"文化遗产合作与交流国际研讨会暨国际手工艺展正式揭幕，我谨代表中国工艺美术学会向与会嘉宾、海内外专家学者致以诚挚的敬意和感谢，我们一起为江门喝彩！

作为中国工艺美术行业最早成立的专业学术组织，四十年来，中国工艺美术学会坚持守正创新，致力于工艺美术的学术研究、应用创新和行业制度建设，中国工艺美术学会旗下的"从洛桑到北京"纤维艺术双年展等国际性展览和学术论坛为国际手工艺文化交流发挥了重要作用。将文化遗产的资源性保护和创意设计应用相融合，让众多的文化遗产成为未来设计的源泉和灵感，实现创造性转化，将有力地传承保护积极性，提升手工艺人的生活水平和创新的动力，提升大众的审美能力，让文化遗产活在当下、惠及后人。

有鉴于此，中国工艺美术学会连续三届支持暨南大学主办的"一带一路"文化遗产合作与交流国际研讨会，持续推进沿线的文化遗产保护、传承经验的传播与共享，助力"一带一路"建设和深度的人文交流。本次研讨会在侨乡江门召开，汇集了海内外文化机构、院校和行业的专家、学者、创意设计师和工艺大师，大家共同探求发展的新功能和新路径。在协同推进大湾区创意产业和手工艺发展的同时，为塑造独特的城市文化品牌贡献力量和分享经验。

以手工艺和民间艺术为代表的中国工艺美术学会底蕴深厚、品类繁多、内容丰富，凝聚了华夏儿女的智慧和创造的伟力。据不完全统计，目前我国工艺美术的年产值已经超过了 2.5 万亿，直接从业人员达到 600 万人，出口同比增长了 14.8%，彰显了工艺美术行业的独特韧性和强劲动力，为满足人民对美好生活的向往发挥着重要作用。

实践证明，继承传统技艺，保留民间精髓，推动非遗活化，必须进一步扩大传承规模，吸引年轻的后备力量，形成结构合理的手工艺传承人才队伍。提升传承质量，一方面要手工艺大师悉心带徒、诲人不倦，传绝技，加速培养高素质的手工艺接班人；另一方，具备条件的工艺院校要加强传统美术工艺学科的建设，强化工艺传承的理论研究，创新传承教育的方式，探索民间传承与在校教育的有机结合，将手工艺和民间艺术列入特色教育的重要内容，推动、完善工艺美术大师进校园、进课堂，言传身教，组织好手工艺巡回展等专项项目，助力工艺美术院校人才的培养。

从产业的实践来看，近年来，传统手工艺与设计产业的跨界融合相得益彰，传统手工艺与工业设计、室内装饰设计、包装设计、风景园林设计等方面的有机结合，满足了实用与便捷、舒适与时尚的现代需求，拓展了工艺美术广阔的应用空间，我们要以更多元素、更宽领域、更高层次的跨界融合培育手工艺与国际民间艺术的国际项目，推进手工艺与民间艺术的展演、展示和交流计划，组织民间艺术名人、工艺大师、专家学者与同行开展多样性的技艺交流、经贸合作和友好往来，建立手工艺的国际交流机制，共同赋能行业发展。

中国古代建筑中的瓦当艺术

积极发挥侨乡优势
推动粤港澳大湾区文化圈建设

梅其洁

广东省文化和旅游厅原副厅长、党组成员、一级巡视员

  非常高兴与大家相聚侨乡江门，参加"一带一路"文化遗产合作与交流国际研讨会暨国际手工艺展，共同探讨文化遗产保护与文化创意产业融合发展的新思路。我谨代表广东省文化和旅游厅对活动的举办表示热烈祝贺！对各位朋友对于广东省文化旅游事业的关心和支持表示衷心感谢！

  2019年是中华人民共和国成立七十周年，是落实《粤港澳大湾区发展规划纲要》的开局之年，粤港澳大湾区的重要节点城市江门迎来了华侨华人文化交流合作暨粤港澳青年创意文化发展及"一带一路"文化遗产交流合作相关活动的成功举行。来自海内外的专家学者、政府官员及媒体朋友齐聚江门，共同搭建粤港澳大湾区和全球华侨华人文化交流合作平台，共同探讨文化遗产和文化创意产业的发展，为推动大湾区文化遗产交流合作、文化遗产与创意产业发展建言献策。

  文化遗产是推动文化事业交流的宝贵资源，保护好、利用好、发展好文化遗产有利于坚定文化自信，促进文明发展，推动文明交流互鉴。"一带一路"既是经贸往来之路，更是文化交流之路。粤港澳大湾区是中国与海上丝绸之路沿线国家往来最近的邻居，是连接21世纪海上丝绸之路沿线国家的重要桥梁，也是当今世界发展潜力第四的湾区。广东省文化和旅游区积极推动粤港澳大湾区建设和"一带一路"文化遗产合作和交流，与"一带一路"沿线国家、地区加强文化、旅游合作，共建发展平台。

近年来，我们积极推动建设粤港澳大湾区文化遗产旅游途径，将粤港澳三地的文化遗产、历史文物古迹、世界文化遗产和非物质文化遗产进行有效的保护、传承、串联、沟通，展示岭南文化特质、丰富文化基因。目前已规划建设九条相关文化遗产游径，建成海上丝绸之路文化遗产游径、华侨华人文化遗产游径等四条线路。

希望江门抓住历史机遇，发挥侨乡优势，进一步保护好、利用好、传承好世界文化遗产开平碉楼古村落以及有着1600年历史的新会葵艺[1]、有着1200年历史的东艺宫灯[2]以及有着超千年历史的咏春拳等世界文化遗产和非物质文化遗产，为中外文化交流互鉴和粤港澳大湾区建设贡献自己的力量。

---

1. 新会葵艺是广东省江门市新会区民间传统美术、国家级非物质文化遗产之一，以植物蒲葵为原料加工制作工艺品及生活用品，集造型艺术和编织、绣花、绘画、印花等工艺于一体，主要流传于新会及周边地区，以芯蒂圆正、扇面洁白柔韧光滑、编织工艺精良闻名，是广东四大传统工艺之一。
2. 东艺宫灯，又称宫廷花灯，是中国彩灯中富有特色的民族传统手工艺品之一，以雍容华贵、充满宫廷气派而闻名于世。东艺宫灯制作工艺复杂，一般先以细木为骨架，做成八角、六角或四角形，然后在骨架之间镶以绢纱和玻璃，外绘各种图案，一般形制较大，悬挂在厅堂梁上。

擦亮"百年侨校"的金字招牌
积极传播中华优秀传统文化

夏 泉

暨南大学党委副书记

2019年是中华人民共和国成立七十周年、"一带一路"倡议提出六周年，是决胜全面建成小康社会、实现第一百年奋斗目标的关键之年，也是中共中央、国务院印发《粤港澳大湾区发展规划纲要》的开局之年。

在过去的几年里，中国与丝路沿线各国的文化、经贸往来日渐密切，对文化遗产的传承与保护已经成为沿线国家和地区的共识。"一带一路"沿线国家和地区保存着大量的文化遗产，仅中国就有42项内容进入联合国人类非物质文化遗产名录。

作为百年老校，暨南大学在教育领域一直发挥着重要的作用。2018年10月24日，习近平总书记在视察暨南大学时勉励暨南大学要把中华优秀传统文化远播到五湖四海，为暨南大学坚持正确政治方向、形成独具特色的侨校人才培养体系、传播中华优秀传统文化提供了根本遵循。为了整合高端学术资源，搭建一流的国际平台，拓展文化遗产传承开发和创意产业创新发展的社会途径，推动中华文化的海外传播和世界文化遗产创意产业的国际交流，为"一带一路"倡议中的民心相通、文明互建提供学术支持，2017年5月19日，暨南大学文化遗产创意产业研究院应运而生。成立两年以来，文化遗产创意产业研究院积极响应并充分发挥高校智库平台作用以及与地方政府协同创新的作用，联手国际国内专业机构和北京、丽江等市政府，将我校建立的品牌论坛"一带一路"文化遗产合作与交流国际研讨会举办得有声有色。

今年，随着《粤港澳大湾区发展规划纲要》的出台，粤港澳大湾区的建设已经进入起航阶段，大湾区文化资源的深入挖掘日益受到重视。未来，湾区的文化遗产与创意产业也将会成为整个经济的重要支撑部分。规划纲要提出共建人文湾区，支持江门建设华侨华人文化交流合作重要平台，因此，研讨会顺势而为，移师"中国第一侨乡"江门。江门市地处珠江三角洲西部，是珠江文化和海洋文化交融的地带，是岭南文化的重要传承地，具有深厚悠久的历史和丰富多彩的文化遗产。

在国际民间艺术组织（IOV）的指导下，在国务院侨办、中国海外交流协会、中国工艺美术学会的支持下，"一带一路"文化遗产合作与交流国际研讨会目前已经成为暨南大学的一个品牌项目。前两届研讨会分别在北京、丽江举行，累计邀请了来自德国、意大利、俄罗斯、伊朗等国家博物馆的馆长和欧洲山地联盟主席、德国议员、东欧国家的市长、手工艺联盟主席、手工艺大师等30多个国家的专家学者进行了学术研讨会，同时在丽江市举办了"国际民间艺术博览会"，为丽江市聚集了良好的国际人脉资源，搭建了国际合作与交流的平台，收到了良好的社会效果，引起了媒体的广泛重视。

为了不辜负习近平总书记的殷切期望，把中华优秀传统文化传播到五湖四海，今天，暨南大学继续与江门市政府合作，将研讨会的主题聚焦在湾区的文化遗产与创意产业的发展与应用。本届研讨会有幸邀请到了中国轻工业联合会副会长陶小年，国家文物局原副局长刘曙光，中国社会科学院中国文化研究中心副主任、研究员张晓明等多位国内不同领域的著名学者，也有来自世界各地的学界名流及青年新锐代表人物，旨在相互借鉴与学习，从传承中创新，从继承中发展，从理论到实践，对粤港澳大湾区的文化创意产业的发展提供更多的经验与参考。

本届研讨会同时也得到了社会各界的广泛关注与支持，暨南大学与商务印书馆将签订"国际民间艺术博览馆大数据平台"协议。这是两家百年金字招牌共同联手国际民间艺术组织签署的一个利用现代高科技和互联网技术，通过资源整合、学术转换，将全球的民间艺术进行数据化整理，分享不同民族文化智慧的一个工程，也是体现民心相通、文明互鉴的一个重要落地项目。同时，暨南大学教育发展基金会与陈江和基金会签订合作备忘录，共同展开"粤港澳大湾区青年创意人才培训计划"的落地与实施。双方将聚集联合国教科文组织系统内的中外师资力量，对粤港澳大湾区入选本项目的青年设计师进行全方位、高质量、跨领域、跨学科的培训，为湾区未来的创意设计培养跨世纪的顶级设计人才。

让我们继续拭目以待，期待本届研讨会为我们带来更多不同凡响的惊喜！

文明的回响

建立国际民间艺术大数据平台
为文化交流互鉴添砖加瓦

于殿利

商务印书馆总经理、中国出版集团有限公司党组成员
中国出版传媒股份有限公司董事、副总经理

说到"一带一路",我比普通人更有一种特殊的感情,因为我所学的专业就是亚述学,主要研究楔形文字和古代美索不达米亚文明。可以说在"一带一路"上诞生了人类最早的文明,在"一带一路"上诞生了人类第一批城市,然后城市如雨后春笋一般扩展到了全世界。城市把世界连接在一起,城市把人们连接在一起,而人类世界和人类文明最重要的成就就是他们创造出来的科学、文学和艺术。我们说科学体现了人类共建、共享,最终创造出人类共同的智慧,而文化、文学和艺术成为人类相互学习、相互交流的一个重要方式和重要生存手段。

商务印书馆从1897年创立到现在,在122年的历程当中,就是在从事着沟通中外这样一个光荣而神圣的使命。现代科学、现代文化、现代艺术就是通过商务印书馆——中国首家现代出版机构传播到中国来的。而中国的传统文化、中国的现代文化,包括我们正在建设的中国特色社会主义文化,商务印书馆也在努力把它们传向全世界。

刚才陈平主席所提到的《新华字典》,迄今已发行六亿册,我们现在正在组织翻译世界各国语言的不同版本的代表中国文化的《新华

商务印书馆与暨南大学文化遗产创意产业研究院签署
"国际民间艺术博览馆大数据平台"共建项目

字典》和《现代汉语词典》，这是一个非常伟大的工程。我想它对于中国文化向世界传播的意义是无与伦比的。商务印书馆也是全世界迄今出版语种最多的出版社之一，我们出版的各种工具书和字典有80余种。在新的时代，我们更加注重文明的交流互鉴，更加注重中外文化和文明的交流。同时，在数字发展新时代，我们也在努力打造以百种精品工具书为核心的语言知识服务平台和"汉译世界学术名著丛书"、《四库全书》以及以《中国设计全集》《中国当代设计全集》为核心的人文社科知识服务平台。

接下来我们将与暨南大学、国际民间艺术组织签署"国际民间艺术博览馆大数据平台"项目，这将为我们的数据平台增加新的光彩，同时也为我们传播人类优秀文化遗产提供新的机会。我们也在进行对区域文化的初步挖掘，比如说我们已经出版了《晋商史料集成》《山西民间故事情节类型索引》，"中国古代建筑"等丛书也在筹划中。

因此，我也想借这个机会，让江门的侨都文化资源和出版资源实现有机嫁接，让江门的文化资源为我们的出版事业注入新的活力，同时也通过出版的形式，让江门留在中国人、世界人的心里。

借助侨乡文化资源优势
培养侨乡文化研究人才

张国雄

五邑大学原党委常委、副校长，广东侨乡文化研究中心主任

首先，我谨代表五邑大学对"一带一路"文化遗产合作与交流国际研讨会暨国际手工艺展在江门召开表示衷心的祝贺！

国之交在于民相亲，民相亲在于心相通。在"一带一路"倡议中，民心相通一直有着重要和特殊的位置，共建文明之路、深化人文交流就是实现民心相通的重要途径。习近平总书记在多个场合强调，要坚持以和平合作、开放包容、互学互鉴、互利共赢为核心的丝路精神，将"一带一路"建成和平、繁荣、开放、创新、文明之路，要积极架设不同文明互学互鉴的桥梁，深入开展各领域人文合作，形成多元互动的人文交流格局。

今天，专家学者齐聚江门，就是要架起一座心相通的桥梁，这是实现各国、各地区文化交流互鉴、交流对话的重要形式。世界文明百花齐放，各国、各民族文化争奇斗艳，而文化遗产是各国最具有代表意义的文化符号，是推动世界文明交流、文明互鉴、文明互成的重要载体。从某种意义上说，一个国家的文化遗产也是世界的文化遗产。因此，围绕文化遗产开展合作与交流，是我们了解、学习、借鉴各个国家文化的窗口，这将超越文明隔阂、文明冲突、文明优劣，使各国相互理解、相互尊重、相互信任的理念深入人心。

无论是 2017 年举办的"一带一路"文化遗产合作与交流国际高峰论坛，还是 2018 年"一带一路"文化遗产合作与交流国际研讨会，都围绕着"一带一路"探讨国际民间艺术保护和文化遗产传承等方面的理论与实践，商榷国际民间艺术领域的合作与互利往来，共同推动"一带一路"国家文化遗产合作与发展，取得了丰硕的成果。今年的国际研讨会也一定会精彩纷呈！

江门是中国著名的侨都，祖籍江门的华侨华人和港澳台同胞有近400万人，遍布美国、加拿大和西欧、东南亚等一百多个国家和地区，素有海内海外两个江门之称，在推动文化交流方面有着天然优势。华侨华人延续了、拓展了沟通中外、文明互学互鉴的传统，在岭南大地形成了独具一格的侨乡文化。

近年来，江门文化遗产保护与传承力度也在不断加大，大大提升了江门侨乡文化知名度和城市软实力。五邑大学作为江门的高等学府，在文化遗产保护传承方面也一直承担着自己的社会责任，发挥着服务社会的功能。我们充分发挥学校广东侨乡文化研究中心的学术研究优势，注重培养侨乡文化研究人才，注重侨乡文化学术成果向社会生产力的转化，这为我们开展文化遗产保护与传承工作奠定了学术基础和人才支撑，使文化遗产保护不再是无根之木、无源之本，从而日益散发出时代的魅力，释放

开平碉楼

出源源不断的动力。五邑大学在推动文化遗产的挖掘、研究、保护和传承方面勇于担当、敢于作为，做出了自己应有的学术贡献。由我校学者担任首席专家进行学术策划、论证与研究的开平碉楼古村落项目于2007年入选世界文化遗产名录，2013年广东与福建两省联合申报的"侨批档案"入选世界记忆遗产名录，在国家文物局主导的海上丝绸之路申报世界文化遗产项目中，我校师生协同国家文化遗产研究院编制了"上川贸易岛至方济各墓园遗产本体保护及环境整治实施设计方案"。这些工作为使江门成为除广州之外广东省唯一入选海上丝绸之路中国史迹申遗点的城市提供了坚实保障。我们也积极将文化遗产保护融入学校人才培养方案，除了指导学生参加申遗项目工作，我们还积极发挥校外实践基地文化育人功能，如五邑大学的校外教学实践基地，逐渐形成了遗产保育和发展的新模式，受到了各级政府及社会的广泛认可。

建校三十多年来，五邑大学所构建的优秀侨乡文化育人体系在加强学生思想政治教育、发挥优秀文化育人方面也起到了越来越重要的作用。放眼世界，在"一带一路"国际合作中，人文交流方兴未艾、正逢其时、大有可为，五邑大学将致力于把"一带一路"倡议所体现的人类社会不同价值追求所彰显的中华文化融入人才培养科学研究、文化传承和社会服务，进一步发挥学校广东侨乡文化研究中心的学术优势，在文化遗产挖掘、保护与传承中做出有影响力的研究成果，进一步加强与地方在文化遗产保护和传承方面的合作与交流，提高学校的文化服务能力，进一步推动学校所承载的宝贵精神财富进课堂，滋润学生的心灵情操，更好落实素质育人这一根本任务，为有效推进"一带一路"文化遗产合作与交流、推进中华文化的国际交流与传播做出贡献。

侨批档案图鉴

让亚洲文明之光更加璀璨

刘曙光

国家文物局原副局长、中国博物馆协会理事长

很荣幸能站在这里跟大家分享我对文化遗产合作与交流的所思所想。

我长期从事国家文物保护的相关工作。在我担任中国文化遗产研究院院长时，我们研究院承担了很多中国和外国联合考古的项目，我负责外事工作，所以积累了很多心得体会，在这里与大家分享。

大家知道，2019 年的 5 月 15 日"亚洲文明对话大会"在北京召开，习近平总书记在大会开幕式上做了讲话，他提出四条加强文明交流互鉴的主张，其中摆在第一位的是"愿同各国开展亚洲文化遗产保护行动，为更好传承文明提供必要支撑"。我在中央电视台做助阵嘉宾，负责点评亚洲文明大会。我当时有一点意外，没有想到习总书记把文化遗产保护放在第一位，我的心情很激动。回来后我想，总书记讲的把文化遗产保护行动放在首位，其实是他治国理政从国内向国外延伸的一个举动，是有内在逻辑的。

习总书记讲的开展亚洲文化遗产保护行动主要指的是哪些呢？在我看来，很可能就是联合国教科文组织《保护世界文化和自然遗产公约》中说的文物古迹、建筑群和遗址，也就是我们通常所说的地上、地下和水下的不可移动文物。博物馆里收藏的属于可移动文物。我们认为亚洲文化遗产保护行动里的文物主要是指地上、地下和水下的不可移动文物。

习总书记不仅关注中国国内的文物保护和文化遗产传承，他的视野是面向全亚洲、全世界的。我们注意到，在习总书记的外交活动当中，总是有文物的出场。就在前几天，他在希腊首都雅典花了很长时间参观了雅典神庙和雅典卫城。据我所知，历届中国国家领导人出访的活动中，专门去参观博物馆是比较少见的。在习总书记其他的国内国外访问活动中也经常有文物的出现，特别是2016年6月22日，他在乌兹别克斯坦首都亲切接见了包括我在内的正在乌兹别克斯坦开展文物保护和联合考古的中国文物学家和考古学家。国家领导人在国外接见中国的文物学者和考古学者，在历史上是很少的，我们把它当作中国文物工作走向世界的一个重要里程碑。在亚洲文明大会之前，在第二届"一带一路"国际高峰论坛的主旨发言中，习总书记也谈到了要积极架设不同文明互学互鉴的桥梁，深入开展教育、科学、文化、体育、旅游、卫生、考古等各领域人文交流。其实各位可以发现，考古跟教育、科学、文化、体育本来不是在一个层次的，它本来应该属于文化领域，但习总书记把它单独拿出来跟这几个大类并列而举，是有他的深意的。因为在这之前，习总书记看到了我们跟沙特阿拉伯联合考古的成果报告，他认为这是非常好的，而且他认识到联合考古会是未来中外文化交流的一个重要渠道。

习总书记提出"一带一路"倡议，是在访问亚洲国家期间；而且"一带一路"倡议提出六年以来，我们越来越感觉到虽然它以经济建设为先行，但是最终目的是要落在人文。没有民心相通，其他的政治、经济、军事联盟都是很容易被冲击的。只有达到民心相通，所有的成果才是最牢固的。而且民心相通就是文化的交流。在文化交流里面，文物、考古这方面是最重要的。所以，习总书记提出愿同亚洲各国开展文化遗产保护行动。这样一个主张是与中国周边外交主张紧密相连的，我们的周边外交方针就是"以邻为善，以邻为伴，坚持睦邻、安邻、富邻，突出体现亲、诚、惠、容的理念"。中国在联合国的五个常任理事国中是邻国最多的国家，我们的海上邻国和陆上

宋代龙泉窑青釉碗（故宫博物院馆藏）

邻国加起来有三十多个，而且这些邻国跟中国的历史和现实关系都比较密切且复杂，邻国与邻国之间也存在利益上的联系和纠纷，中国往往不能超越第三方角色，所以我们的周边外交很大程度上决定了中国在国际舞台上的重要作用。

从历史上看，中国和亚洲邻国的关系非常密切，比如说在韩国的新安号沉船上就发现了大量来自中国浙江的龙泉瓷器，广西的合浦汉墓里也出土了大量来自西亚的琉璃器皿和玛瑙饰品，这就说明从很早开始亚洲各国和中国的关系就非常密切，在文化遗产方面有共通性。从现实的情况来看，亚洲各国文化遗产当前面临非常严峻复杂的局面。一方面有中国、日本、韩国、泰国一些文物保护做得比较好的国家，但也有一批不发达国家的文物保护处于薄弱状态。更有甚者，在阿富汗、伊拉克、叙利亚等国家，文化遗产正在遭受前所未有的掠夺和破坏。

历史上亚洲文化流失非常严重，欧美很多国家在两河流域、在波斯高原、在中国掠夺了大量的文物。因此，从现实来看，亚洲文化遗产急需开展抢救性的、保护性的

文明的回响

行动。在这方面中国已经有了一些前期的行动。几十年来，中国在亚洲各国的文物保护方面已经取得了重要成果，比如在北邻蒙古开展了包括古代建筑维修、古代建筑抢修以及考古联盟等多种门类的工作。我们现在大概有七八支考古队在蒙古高原开展工作，发现了《史记》中记载的匈奴三连城遗迹，包括被班固写入《汉书》的《封燕然山铭》石刻。这样的考古发现不仅与蒙古的历史书写有密切关系，对中国的历史再认识也很有帮助。我们在乌兹别克斯坦帮助他们修复花剌子模州重要的历史建筑，这个工程现在已经竣工，并得到了当地人民的热烈赞扬和好评。在我们的近邻尼泊尔发生了地震灾害后我们也派出工作队，在尼泊尔的世界遗产加德满都杜巴广场九层神庙[1]开展维修，这个工程目前进展顺利。我们不仅维修了物质文化遗产的外形，包括里面陈设的一些木雕我们也采用了一些特殊的工艺，尽量保持它原来的神韵。缅甸的世界文化遗产蒲甘佛塔[2]遭到了地震的损害，我们也派出工作队在那里进行修复。另外我们在吉尔吉斯斯坦、在乌兹别克斯坦、在孟加拉国、在印度都开展了联合考古。尤其是在孟加拉国发现了藏传佛教大师阿底峡尊者[3]出家的寺院，这个考古发现引起了孟加拉国政要的关注。

我们跟沙特阿拉伯联合在红海之滨的塞林港[4]发现了城市遗迹，这是阿拉伯半岛前所未有的发现。在那里我们发现了城墙、居住区、墓葬区、港口。中国拓片技术在塞林港的发现中起到了神奇的作用。我们发现的一个石碑用中国拓片技术可以完整地

---

1. 九层神庙位于尼泊尔加德满都杜巴广场，为联合国教科文组织于1979年公布的"加德满都谷地"世界文化遗产的重要组成部分，具有极高的历史和建筑艺术价值，是加德满都地标性建筑之一。
2. 蒲甘位于缅甸中部、缅甸第一大江伊洛瓦底江的右畔，是亚洲三大佛教遗迹之一，有"万塔之城"的美誉。在第43届世界遗产大会上，蒲甘古城被列入世界文化遗产名录。
3. 阿底峡（Atisa，982—1054），古印度僧人、佛学家，汉名无极自在，本名月藏，法名燃灯吉祥智，超戒寺首座（大上座），与宝生寂、觉贤、阿缚都底波陀、动毗波、寂贤等人一起被称为超戒寺八贤。
4. 塞林港位于阿拉伯半岛西南角，历史上是红海三大港之一，与通往麦加的吉达港、通往麦地那的吉尔港齐名，后因故废弃，终被厚厚的流沙覆盖。

识别出来。通过拓片技术分析的资料，我们断定塞林港遗迹处在公元9世纪到13世纪之间，这恰好是古代海上丝绸之路最兴盛的时期，所以塞林港的发掘不仅引起了沙特王室的高度重视，整个阿拉伯世界也都非常重视。在泰国曼谷的火船廊[1]，我们发现了华侨建的朝圣建筑，并在中国专家的指导下进行了维修。

在柬埔寨，我们从1998年开始到现在，花了20多年时间分三期开展了保护吴哥古迹的文物维修工作。第一期的周萨神庙[2]修复是在1998年到2008年间，第二期从2010年到2018年做了茶胶寺[3]保护和修复工作，现在我们正在做的第三期是为高棉时期的"紫禁城"王宫遗址做修复。茶胶寺古迹的修复工作做得有声有色，而且在当时是声势最浩大的项目之一，胡锦涛同志去过修复现场慰问工作队。我们不仅做了茶胶寺古迹的修复工作，还联合金边大学历史考古系的师生一起对茶胶寺周边的水利系统进行了了解。在柬埔寨还有一处非常重要的世界文化遗产，叫柏威夏寺[4]，现在由中国和印度共同担任柏威夏寺保护国家协调委员会的主席国。今天我们在柬埔寨已经成为大型文物保护活动的策划、组织、实施者。柏威夏寺的布局在世界上都是罕见的，是高棉古代建筑的最高峰，其中的一号殿、二号殿、三号殿都将由中国负责保护维修工作的实施。另外，我们和乌兹别克斯坦、哈萨克斯坦、吉尔吉斯斯坦在2014年联合申报成功世界遗产"丝绸之路：长安—天山廊道的路网"。

---

1. 火船廊是泰国华人史的一个注脚。在泰国吞武里时代，泰中两国的贸易以湄南河为依托，通过"火船"（蒸汽船）源源不断地将泰国的大米运往中国，又从中国运来丝绸、茶叶等。"火船廊"就是当年火船运输鼎盛时期，在华人社会中最为出名的码头。

2. 周萨神庙建于公元12世纪初期苏耶跋摩二世统治时期，与其北边相距170米的托玛侬神庙为同一时期建造，其建筑布局、结构形式完全一样。

3. 茶胶寺是柬埔寨吴哥古迹中的一座金刚宝座塔式庙宇，位于吴哥城东、塔布茏寺西北，1000年由阇耶跋摩五世兴建，但半途而废。它是高棉第一座全砂岩石建筑，建筑风格简洁。

4. 柏威夏寺是一座位于柬埔寨和泰国边境的古代高棉印度教寺庙。柏威夏寺历史悠久，最早可以追溯到公元9世纪。它矗立在550米高的峭壁上，俯瞰整个柬埔寨平原。由于地处偏远、地形险要，寺庙保存得相当完好。2008年，该寺被认定为世界文化遗产。

文明的回响

尼泊尔加德满都杜巴广场

缅甸蒲甘佛塔

也就是说，在过去 20 年间，特别是最近 10 年间，我们和亚洲各国开展了很多文物保护和考古的联合行动，我们已经积累起一些丰富的经验，特别是锻炼出一支特别强大的队伍，为亚洲文化遗产保护行动做了最基础的准备。那么我们应该如何来开展亚洲文化遗产保护行动呢？首先要确定工作范围，包括历史古迹的保护与修复、联合考古、人员培养、世界文化遗产的申报保护和利用及打击盗窃走私文物活动。比如说世界文化遗产的申报保护和利用，当前就有一个正在运作的项目，就是海上丝绸之路。这一定是一个国家间的联合申报项目，我们可以面向东亚与日本、韩国联合开展，也可以和越南、马来西亚、新加坡、印度尼西亚联合开展。刚刚我们在澳门开了会，就澳门加入中国海上丝绸之路申遗达成一致，并且希望澳门在面向国际联合申遗的方面发挥更大的作用。

现在开展亚洲文物保护行动的有利因素非常多。首先从国际来分析，中国新成立了国家国际发展合作署，这是一个专门对国际社会实施援助、开展建设的专门机构。我们和亚洲各国山水相连、文化相通，文化遗产相似，这些都是有利因素。

不利因素也有很多，我们最大的问题是人才储备不足。我们缺的是外语人才，尤其是小语种人才。更缺的是跨文化的人才。所谓跨文化的人才，就是既要了解国情，又要了解世情。现在我们对各国历史文化了解还停留在表面，深入了解比较少。我也希望借这个机会发出我的倡议，希望在座的年轻人要在心怀祖国的同时放眼世界，要把你们的兴趣放一部分到亚洲文化遗产保护行动中来。这样一个行动，我们需要抱着学习心态，按照习总书记的主张学习外国的历史、文化，从尊重文明、加强文明交流互鉴的动机出发，因为只有了解别人才能更好地认识我们自己。我们在做一个规划，希望和整个亚洲的国家进行大合唱。中国在这里扮演指挥的角色。我们希望联合亚洲先进国家来帮助亚洲相对落后的国家和地区，从最紧急的地方开始，甚至从最危险的地方开始。因为文明交流互鉴是要达到民心相通，而要达到民心相通，在文物古迹保护方面又大有可为。

最后再跟大家分享一个真实的故事。1993年，中国国家文物局代表团赴柬埔寨访问，访问的目的是为中国在柬埔寨开展文物保护行动进行考察。代表团到了金边之后接到通知，西哈努克国王要亲自接见中国文物局代表团。当时大使觉得不可理解。因为外交是讲级别对等的，我们的代表团团长是一位处级干部，而对方是一国之君；而且西哈努克亲王不是普通的一国之君，他是国际著名的政治家。他见到中国代表团后，以长辈的口吻对团长说："我特别希望国际社会来帮助我们维修文物古迹，特别是我亲爱的中国朋友。"因为柬埔寨是佛教国家，吴哥古迹中有很多佛教元素，柬埔寨人民把吴哥放在了国旗上。"你们来帮我们修复吴哥古迹，就更能紧紧抓住柬埔寨人民的心。"他真的是高瞻远瞩，把文物保护跟文化相通、民心相通紧密联系在了一起。

这也是我今天跟大家分享的报告主题，希望大家听了我的演讲后，能对文化合作与交流给予更多关心和支持；也希望在场的年轻人有志向、有志趣，将来投身到亚洲文化遗产保护的行动当中去。

世界文化遗产——柬埔寨吴哥窟

艺术创造　文化国家

王　中

中央美术学院城市设计学院原院长、教授
中国公共艺术研究中心主任

　　我现在跟大家分享的是 2018 年 12 月 14 日中国《环球时报》的两篇报道。2018 年是中国改革开放四十周年，这四十年也是中国城市化高速发展的四十年。在这个时间节点上，我看到了这样两篇报道，其中一篇是讲，2018 年一年全球超过 61.9% 的摩天大楼出自中国，这篇报道全文充满了大国崛起的自豪感；另外一篇报道讲了西安的一个千年古村杜回古村被拆掉了。杜回是秦国著名将领，"结草报恩"这个成语就与这名大将有关。

　　四十年过去了，我们在经济上取得了很大的成就，但是在文化传承、城市的文化建设上存在较多的不足。大家可以看到，今天中国的很多城市可以说是没有灵魂的城市，文化的缺失极其严重。因此我不得不提出这样几个问题：我们的城市故事还动人吗？我们的城市还有没有乐感？我们的城市还友善吗？

　　放眼今天，我觉得有两个方向是需要把握的，一个是世界发展趋势，另一个是中国城市转型的内在诉求。

　　2004 年美国哈佛大学有一项重要研究成果，它的研究结论就是一句话："世界经济发展的重心正在向文化积累厚重的城市转移。"大家可以想一下，2004 年这个报道发布的时候底特律这种工业城市还未破产。世界竞争战略之父迈克尔·波特也曾说："基于文化的优势是最根本的，是难以替代和模仿的，是最持久和最核心的竞争力。"俄国在沙皇时代的军事十分强大，但是西方列强从来没有把它当作强国来看待，只有出现了普希金、托尔斯泰等大家，它才真正成为一个大国。经济可以使一个国家强大，军事可以使一个国家壮大，但只有文化才能使一个国家伟大。所以文化才是一个国家最大的不动产，这也是我今天演讲的主题。

今天的中国正在经历一个转型期，这个转型有三个重要依据，一是我们的城市发展正在从规模走向质量，正在从单一的强调城市功能走向注重人文，正在从单一的以经济为核心转向以文化为核心。为此，我现在正在主导一个研究室，叫"软城市实验室"。我们研究室是跟全球25家顶尖的大学和机构联合创办的。简单举例来说，如果一个城市整体为100%的话，其中60%是硬城市。大家可以想象一下，二三十年以前，我们到达巴黎、纽约、伦敦，一定会惊叹那些大城市，但是现在，中国在硬件设施上比如高铁、轻轨、建筑等方面，很多二三线城市在国际上也是领先的。但是大家必须看到剩下的40%，我们跟他们的差距有多大。大家可以回想一下，你们到世界各地那些有魅力的大都市游玩回来以后，给你印象最深刻的是什么？绝不是摩天大楼。所以我说中国城市建设这四十年走向了一个误区，我们真的没有认识到城市的核心价值，是剩下的那40%的软城市，包括城市灵魂、文化、意志和心智，这是我们必须高度重视的。我们也看到一个趋势，艺术对于城市是重要的文化载体，世界城市发展趋势已经逐渐从艺术美化城市转向艺术塑造城市。

2016年5月27日，中央政治局为雄安新区的建设召开专题会议，习总书记亲自主持。一个区的规划由国家第一领导人来主持，这在世界上都是罕见的。所以这不仅事关一个区的建设问题，从中也体现出了国家领导人的意志，他说雄安新区将是我们留给子孙后代的历史遗产，这就要创造历史、追求艺术。世界遗产城市在联合国是有指标的，这个指标就是历史、文化、艺术和科技四项体系。

达·芬奇创造的网格化城市建设堪称经典。历史证明，不管是西方还是东方，在那些伟大的遗产城市里，建筑、艺术、手工艺甚至园林是一个整体。1913年第一辆福特汽车出现后，全球的城市就开始向工业建筑密布的形态变化了。但是新的转变又在发生，韩国的清溪川之前建了一座高架桥，今天也拆除了；巴塞罗那为奥运会建立的场馆，后来也拆除了。为此我提出一个新概念"AUD"（Art-oriented Urban Design），就是艺术引领城市设计。大家看看今天中国城市面临的问题，恰恰就是机制问题。今天的中国城市创建，搞规划的规划完了就走了，搞建筑的工程做完就走了，搞风景园林的做完就走了，最后请一帮艺术家做几件艺术作品，这就是今天我们的城市支离破碎的原因所在。今天的城市从体量来上说是过去的城市不能比的，不是一个人能够规划完成的，那么就需要一个横向联合的机制，由艺术家、规划师、建筑师、科学家、市政工程员组成集体参与进来。

我简单介绍一下刚刚完成的北京大兴国际机场。我把它命名为世界上最繁忙的美术馆。现在这个地方仿佛变成了一个网红打卡的热门景点，据媒体报道，去参观的人数是旅客人数的23倍。大兴国际机场耗资巨大，最后却因艺术而出名，它有四个机场建设主题：平安机场、绿色机场、智慧机场、人文机场。三年前我们在做大兴机场的设想时，人文机场是我提出的。大兴国际机场不仅被英国《卫报》列为世界新七大奇迹之首，它也是中国走出国门的一张名片，是习近平总书记亲自部署的国家战略世纪工程，被称为京津冀协同发展新的增长极、国家发展的新的动力源。接下来大兴国际机场二期马上要开始筹建一个天空美术馆，筹建这个美术馆不是做一个简单的展览空间，而是包括文化延伸品开发等一系列行动。

现在雄安新区建设有八个字"鸟进人退，淀显城隐"，我们将雄安新区命名为艺术雄安、设计之都。很多人都说，从历史、地下水位的高度来看，雄安根本不适合建一座城市。我认为这样说的人根本不了解什么叫"城"。雄安要"鸟进人退，淀显城隐"，跟我们所说的建高楼大厦不是一回事，而是要建成人类未来精神回归的家园，也就是海德格尔所说的"人，诗意地栖居在大地上"。

软城市研究室希望通过我们的理念和实践为中国未来的城市发展找到一种新的可能性，同时我们也希望为世界、为人类的文明贡献中国的解决方案和智慧。

数字文化时代的来临：挑战与机会

张晓明

中国社会科学院文化研究中心副主任、研究员

近几年来，我们国家正在进入一个数字文化发展的时代，政府相关政策也在密集出台。但是总的来说，目前国内对于数字文化时代带来的机遇和挑战的准备还不充足，所以我把关注的焦点集中在这个问题上。

首先，关于发展形势方面。2019年8月，我们同国务院发展研究中心联合腾讯公司发布了两个重要报告：《中国数字文化产业发展趋势报告》和《国际数字创意产业发展趋势报告》。从这两个报告的数据结果来看，全球经济已经连续两年有3%的增长，三分之二的国家已经处于回升状态，导致经济回暖的主要原因是数字技术。世界各国已经开启数字化转型之路，各国也出台了一系列政策，我国也在2016年G20峰会上提出《G20数字经济发展与合作倡议》，并且在2017年政府工作报告中首先写入数字经济，强调"互联网+"，促进数字经济加快增长。文化部关于数字文化产业发展的文件已经发布了两年，关于"互联网+"数字文明这样一个跟文物密切相关的文件也已经得到了很大落实。根据中国通信研究院测算，2016年中国数字经济总量达到22.6万亿，占GDP的30.3%，同比名义增长超过18.9%，高于当年的GDP增速，对于整个GDP的拉动作用已经有70%左右。"十二五"以来，我们文化产业发展的整体速度逐年下降，从2004年24%的年增长率下降到现在的11%左右，也就是比国民经济GDP的一般增速高五个百分点左右，相比中国的发展速度来讲确实是慢了。但从国际上看，各国文化产业的发展速度，包括国际文化贸易的发展速度，基本上也是这样的情况。

总的来说，在速度降低的情况下，文化产业的内部结构发生了重大变化，凡是和数字技术、网络相关的文化部门都出现了高速增长，其中以"互联网+"为主要形式的文化信息传承服务业增长速度最近几年都在30%以上，在全国大规模文化企业中，和数字技术相关的企业增长速度显著快于其他文化企业。可以说，中国的文化产业正在发生结构性变化，中国文化产业的整体面貌跟十年前完全不一样了。

发展变化的本质是什么呢？从文化内容的角度来说，我们认为文化产业发展最关键的是高质量的文化产业的内容。我们国家数字文化发展的特征就是文化内容主要从传统媒体转向数字媒体，变成了"网生内容"。"网生内容"的主要生产者是以80后、90后文化消费者为主的年轻群体，我们把他们称作"网络源助力"。也就是说，以前人类文明发展史上是由一小部分人生产文化内容，绝大部分人从事文化消费，而现在由于数字技术和网络技术的发展，每一个人在任何时候和任何地点都能接触到任何文化和参与到任何形式的文化创作中去。这样的发展就进入了一个大众创业和万众创新的时代，每个人都有可能参与创作。

这样的大发展带来了什么样的挑战和机遇呢？首先，现在很多关于数字文化产业发展和数字文化经济的讨论涉及了一些新的问题。比如说，现在平台公司和网络企业已经成了市场主体，我们出现了10亿人规模以上的平台。就单一文化、语言来说，腾讯公司是世界上规模最大的使用单一语言和文化的公司。这样一种市场形态的出现对市场来说是具有颠覆性的。其次，在平台上从事生产和消费的人的身份发生了融合，现在有很多文化消费者已经成为主动的文化内容的生产者。他们利用平台提供的技术手段，正在全面地参与文化内容的创作。有一个数据非常让我们吃惊，比如出版行业，2018年中国传统的出版行业中，从国家新闻出版总署正式发出的书号有27万个；但是腾讯公司旗下的悦然集团的平台上，每年有770万人在从事内容生产，每年生产1000万部作品。可以看出，数字形式的内容生产已经远远超出了传统的纸质媒体内容生产。所以整个文化生产的主体发生了很大变化。

市场结构的变化也在发生。在平台上，市场与非市场的界限已经不清晰了。比如说，微信是一个社交平台，社交平台对于创作来说其实是商业机会最大的平台。在平台上创作内容的人，一旦内容有了商业机会以后，他们就会马上变身商业性内容的生产者。因此，今天的市场已经是一个社会网络市场，而不是传统的商业化市场。由于大多数人参与了文化的生产，人类历史上也第一次出现了精英文化和大众文化的消解，现在已经没有什么人不能够参加文化内容的生产创作了。由此带来的更为深刻的现象就是教育的变化。现在国外很多相关专家在做一些前沿研究，比如学校在教授知识的同时还应该教会学生创造知识，这给教育者提出了很多挑战。除此之外，还有关于产业政策的问题、监管模式的问题。但相对于这些挑战而言，数字文化的出现给我们提供了全新的发展机遇。

国务院发展研究中心的报告指出，中国目前在数字文化产业领域已经从以往的跟跑阶段到了领跑阶段，也就是说我们已经具有了包括技术、商业模式、业态上全球最先进的消费互联网模式。我们现在带着一部手机就可以完成生活中所有的消费行为，这种方便程度是出国后不能想象的。我在参观西班牙博物馆的时候观察到一个现象：外国人排了很长的队伍在门口购票。当地人说这个票非常火，要至少提前两个星期预订才有机会买到。结果我们在万能的淘宝上竟然买到了电子门票，半小时就发到了手机上。而且进入博物馆后，我们的这个票还可以在手机上同步听到所有展品的详细解说，连解说员都省了。

这样的一种情形也生动地说明了我们在互联网电子消费这方面走在世界前列，问题是我们如何利用好我们的优势地位，来更好地服务于经济社会发展。2019年8月我去贵州，在丹寨参加了一个当地的非遗文创节。丹寨小镇是万达建设的文创小镇。这个项目的牵头人是中华慈善联合会，他们关注的焦点是如何用非遗文创去推动贵州的扶贫，所以他们所有的项目都是在边远少数民族地区。这个会议提出了一个说法，叫"非遗文创扶贫"，这是边远地区少数民族扶贫的一条路径。我们发现一个现象，当地很多年轻人去大城市读书上学，毕业后又回到原来的村镇，投身于扶贫工作，他们把文创扶贫叫作"文创照亮妈妈"。他们提出了一个口号："带着孩子绣着花，挣着钱、养着家。"实现这个口号最重要的手段就是互联网。非遗文创产品设计面世，经过淘宝等电商平台推广以后，问题已经不是产品有没有人要，而是一旦淘宝下了大单、量比较大的话，他们可能来不及生产，所以他们现在在培训绣娘，尽快提升绣娘的能力。

实际上，数字文化时代来临确实带给我们很多挑战，但是也创造了更多机遇，给非遗文创领域以及民族地区提供了前所未有的机会。

最后跟大家分享我对未来的发展建议，也就是说我们如何利用好这样的机会。我们国家应该建设新一代文化基础设施，切实为每一个人在任何时间、任何地点接触、创作文化内容提供条件。我们依然以民族的非遗这一点来做文章，中国有很多偏远少数民族地区还保留了非遗传统，他们的服装、建筑、语言、民俗都还在，但是痕迹已经模糊了。中国最好的非遗产品在哪里呢？其实在博物馆。我最近参加了一些课题，有幸接触到很多博物馆。比如说北京的民族文化宫博物馆，它是中国少数民族第一馆，中国博物馆协会统计全国有600多个少数民族博物馆，民族文化宫博物馆是领头单位。民族文化宫博物馆馆藏少数民族文物5万件，里边有3万件（套）民族服饰。这个博物馆的展出空间只有600平方米，空间不足，导致最珍贵的少数民族的藏品只能锁在柜子里。如何解决这个问题？我认为只有借助数字化的手段，将全部藏品数字化后上传到网络数据库里，让已经失去传统的人重新捡回传统，让城市里的年轻设计师方便地获得这些宝贵的文化资源，依托这些资源来开发新一代文创产品，把我们的非遗文化符号传播出去。这就是我说的新一代文化基础设施：以数字技术为基础的一整套资源信息系统。

粤港澳大湾区城市品牌发展：进展与展望

刘彦平

中国社会科学院财经战略研究院城市与房地产经济研究室主任、研究员

今天我的演讲主题是"粤港澳大湾区城市品牌发展：进展与展望"。这显然是很大的一个主题，我将从中挑选一些重点与大家分享。

首先，城市品牌是城市影响力中最具综合性和可持续性的。从城市形象的角度看，城市的影响力是从城市的注意力、知名度、关注度、美丽度、认知度、话语权等方面逐渐渗透的过程。而品牌的影响力不仅有话语权，而且有个性特征，是一个城市影响力的制高点，值得更多的关注。在移动互联网的时代，城市通过品牌承诺给受众赋权、赋能，受众通过参与给城市赋权、赋能，双向的赋权、赋能给城市发展带来了无穷潜力。

第二，城市品牌需要进行战略规划和建设。从管理的角度看，城市品牌是一个设计、规划、建设、运营、管理、控制、评估、反馈、改进的管理闭环，而不仅仅是一个口号设计、一次推广宣传，这里面有一个完整的城市品牌管理概念。

第三，城市品牌需要内部的沟通和认同。比起城市营销，城市品牌更注重由内而外的一种生发过程。南美城市麦德林是哥伦比亚的第二大城市，它是从毒枭聚集、声名狼藉转为欣欣向荣的一个典范。外国学者到那里探寻城市品牌塑造成功的奥秘，发现它拥有一种多对多的内部营销模式，这种密密麻麻的建筑群，是麦德林城市内部相互沟通、相互协作的写照。实际上这个内部的协同过程就是一个城市治理体系逐渐完善、治理能力持续提升的过程，也就是说城市品牌建设是一种内部的核裂变向外部扩张的过程。

第四，城市品牌化是城市整合营销的结果。今天我们的研讨会讨论文旅产业，实际上不光文旅要整合，文旅也要和投资促进、人才引进乃至城市更新、城市风貌的设计、社区的营造等等相整合，形成一个有机的整体。整合起来才能协同壮大，同时增加城市营销的投入产出效率和效果。

基于上述四点体会，再来观察一下粤港澳大湾区的城市品牌。我们在做一个《中国城市发展年度报告》，里面有一个城市品牌发展指数。今年 5 月，我们出版了《四大湾区影响力报告》。我们做报告的目的就是让数据说话。从城市发展指数看粤港澳大湾区，10 个城市是处在全国的上游水平，其中香港、广州、深圳、澳门处在领先阵营。我们还统计了全国 288 个城市的城市品牌的精值。我们看到，全国大部分城市的文化和旅游有点冰火两重天，文化弱，旅游强，但是粤港澳大湾区的情况是文旅相得益彰，这说明它们跟很多内地城市比起来，具有宜居优势、经济活力以及强大的文旅发展动力。但是从四大湾区国家影响力角度来看，粤港澳大湾区经济影响力排第一，创新排第二，文旅排第三，宜居排第四。香港、深圳、广州和澳门与其他湾区城市相比，文旅和宜居这两个指标比较弱，也就是说在国内占优势的到了国际上反而不占优势。

最后，城市国际影响力是品牌统领下的城市价值突围。移动互联网时代我们总说讲好城市故事，这是指个体叙事、微观叙事。城市想要在世界地图上呈现微观故事是难以达成的，它应该有自己清楚的对话来表达自己的愿景、规划、治理体系、建设体系，而宏观叙述和微观故事要通过品牌来定调、整合，这样就会发挥一个城市的品牌效应。

城市品牌的打造，特别是文旅品牌的打造，实际上是关乎一个城市文化的软实力。文旅软实力要起到源头活水的作用，浸透在城市发展的方方面面。而旅游是通过服务、顾客的体验来感受特色，同时也要讲品质、讲个性。近几年的入境游客急剧下滑，是不是因为我们的品质不够、品质下滑？如何加强软硬实力的协同并进呢？我认为要营造一个品牌的生态体系，也就是打造载体建设、人才培养、投资、政府产业、政产学研结合，这个生态系统的建设会成为城市品牌持续发展的抓手。

所以通过城市品牌建设，未来把粤港澳大湾区建设成为真正宜居、宜业、宜游的优秀生活圈，就更加有抓手、有动力、有目标。

城市文化创新：香港案例

叶长安

中央美术学院城市设计与创新研究院副院长
香港理工大学社会创新设计院总监

"一带一路"覆盖极广，文化资源多层次、多样化。其中，香港是非常特殊的地方，180年来不断受中西价值观熏陶和碰撞。改革开放40年来，香港提供了大中华城市发展参考和模式。在追求高速现代化的过程中，从文化的尺度衡量，香港这特区城市失去了不少，也承传和创新了一些。

城市工艺方面，不可不提香港的竹棚产业。源自广东潮汕一带的戏棚工艺，考验几何设计创作、负重结构计算、团队实时合作和个人竹扎技巧等多个层面的结合。在超高密度的城市环境中，"搭棚"在香港发扬光大，并且延伸、广泛应用至建造业，不只是高层和超高层建筑，也包括商业或住宅建筑等等。香港是全球硕果仅存认可竹材料建筑的地方，并且竹材料建筑在法律法规、教育培训、产业发展上受到政府和社会支持。现时，香港约有1800名注册"搭棚师傅"。

香港的搭棚师傅

第五章 探索发现

竹制摩天轮艺术装置

我在香港理工大学担任社会创新设计院创院总监期间，开展了一系列与竹扎工艺相关的工作坊、展览、研讨会。图中所见是典型的参与式竹艺工作坊，是与荷兰的艺术家携手创作的。15位全无经验的学士生，在四小时内共同建造了八米高的竹制摩天轮艺术装置。2006年作为威尼斯建筑双年展香港馆首任策展人，我邀请了本地建筑师利用竹梯作为创作单元，就竹结构的组成、质感、颜色、亮度改头换面。我们把三位"搭棚师傅"带到意大利，五日内建造了当代设计感极强、两层高的香港馆牌坊，被认定为双年展研讨会的场所地标。

竹结构创作

　　下面我想谈谈活化历史建筑或称城市场景。从 19 世纪末开始，香港有超过 100 年填海造地卖地的历史，加上殖民地政府的刻意回避，对旧城更新严重忽略，历史建筑的保护和再生起步特别晚。2007 年，我打开了长时间荒废的旧中区警署建筑群和域多利监狱的大门。2010 年向政府暂借场地，引进了表演艺术、视觉艺术、手工艺市集、青年舞会等等，成为日后赛马会"大馆"的原型。2009 年我策展"DETOUR"，和大学生团队提出了沙滩和竹桥方案，筹集 60 万港元活动预算，亦打开了同样荒废已久的荷李活道警察宿舍的大门。同学和年轻设计师营造了令人惊喜的公共空间，并得到大量国际传媒深入报道和特区政府司局长的参观与支持。活动日后变成"元创方"设计产业基地的原型，获得政府和商界超过六亿港元的捐赠。

　　2012 年启动的排档创新计划，帮助花园街大火后香港七千多个露天排档利用新设计提升防火性能和商品展示功能，同时保留了露天街市简朴和草根的材料、建构和美学。露天街市活化过程同样是通过原型作为功能测试、用户共创、持分者伙伴关系、设计知识产权转化、应用普及化的必要和必经手段。

露天街市消防设计

最后,来分享香港城市系统的一个案例和其中的传承与创新。香港电车从 1904 年开始运作,拥有 115 年无间断的辉煌历史。二战后,香港电车完全由本土研发、设计、生产、装嵌、测试、运作,是不折不扣的本地文化创意产业。2013 年,我策动了电车百年来的首次创新转型计划。下图所示是由弃置木电车改造的艺术图书馆"课室",由一般搭客电车改造的社交会堂"飨宴",由铝合金电车改造的巨型针孔相机和城市光影体验"黑盒"。

原型电车计划的目标是激发大众社群、电车营运商、政府官员等将电车系统作为文化产业平台的再想象和可能性。一年前,我亦自身投入研发和投资了一辆长期营运的新奇电车,采用全新的会员制营运模式,并引进了香港半岛酒店等新的商业伙伴,定期在电车上举办以"承传与创新"为常设主题的文化沙龙和交流活动,营造香港电车下一个百年想象。

希望大家有机会到访香港,和我一起体验叮叮文化的承传与创新!

文明的回响

表演艺术

电车图书馆

视觉艺术

电车黑盒

手工艺市集

香港电车文化

第五章　探索发现

电车社交会堂

香港电车文创

电车黑盒

香港电车文创

香港电车内部

香港电车文创

167

论未来传统工艺的发展方向与望月家史

望月玉蟾（重宏）

Primarystyle 公司 CEO、日本望月家第八代传人

熊谷虹美 / 翻译

望月家是在日本京都延续了四百年以上，以漆艺、金莳绘（描金画）、大和绘（日本画）等传统工艺代代相传的一族。在我这个第八代袭名玉蟾之前，先代玉蟾已延续三百多年了。望月家一直以来在保存和管理望月家初代（第一代）作品的同时，把其精髓之处融入当代的作品，使之不断地升华且代代相传。

我自己也是一直跟随在望月家第七代传人父亲的身边，每天修行，一直到两年前才被允许继承师名，成为第八代玉蟾。我主要是以漆艺、金莳绘、螺钿等传统工艺艺术元素与（工业）产品设计相结合，进行设计与创作。我的使命同样是把延续了四百多年的世界观接力给下一代并使之世世代代传承下去。非常遗憾的是，现在日本的传统工艺漆艺一直走在衰退之路上。

为了使已经走上衰退之路的传统工艺世界能够再次复兴，为了让我、弟子以及孩子们能够把这项传统工艺传承下去，我觉得运用传统工艺的精髓与当今时代相融合的商品开发将是当务之急，并且深深感到这不只是日本一个国家能够单独解决的问题。

首先从材料上讲，漆的产地极为有限。它主要分布在亚洲圈的漆艺制品产地。目前，日本使用的漆艺原料大多数都是产于中国。世界上有很多漆器制品以及金莳绘作品，通过对这些作品进行重新设计和维修，使日本传统工艺的精华留给后世并发扬光大，是我们的一个重要课题。

传统工艺靠一个匠人是不行的，它需要经过多名匠人之手才能完成。很多时候，缺少了其中一名匠人，就有可能使整项传统工艺消失。我想这不仅仅是日本一个国家所存在的问题。如何把日本以及世界的传统工艺传承下去、留传给未来，崭新的设计与现代消费者的要求融为一体的商品开发，应该是留给我们的唯一途径。

在这里我简单地介绍一下望月一族的历史和作品。

望月家的初代（第一代）玉蟾是从事画师职业的。初代玉蟾的父亲重悦是金莳绘画师，德川家的嫁妆上的金莳绘就出自他手。"松平出羽守様御姬様御机的绘本"的底稿等至今保存完好。他出生于日本长野县的望月村。初代玉蟾的母亲希望他好好习字，可他偏偏喜欢绘画，经常弄得满身是墨。他的父亲被气得实在是没有办法，只得把他手里的墨没收。但是，当看到他在墙上画的一条笔势奔放、感觉马上就会飞出来的龙时，他的父亲不觉赞叹不止，此后就不再禁止他画画了。他六岁那年拜大和绘的土佐光成为师，学习了十年之久。之后，他转向汉画。据《近世奇人传》记载，"望月玉蟾与池大雅（Ikeno Taiga）一起开始研究汉画，他学习了唐寅（唐伯虎），并汲取诸家所长，融会贯通而自成一派"。他以中国画的画风，在擅长绘制铿锵有力的水墨画的同时又以细腻的青绿山水画（着色山水画）而闻名。玉蟾的记忆力非常出色，博览群书且过目不忘，极具鉴赏眼光，才能非凡。因此，当时满城的贵族豪族们都拿着自己所珍藏的古名画，挤上门来请求鉴定。玉蟾性格安静、简单而朴实，对名声毫无兴趣，除了画画以外，粗衣淡饭就足以令他满足。《京都美术青年会志》对初代玉蟾的轶事及望月家族进行了介绍，其内容如下：

"樱町上皇作为天皇在位（1735—1747年）之时。延享三年十二月十一日奉（天皇）之命，十二日敬上。当时天皇陛下需要两幅御用的画轴，玉蟾十一日被叫到皇宫入口旁边两名守卫的值班室改成的休息室里，当场画了大小两个样本的草图交上去请天皇过目。天皇陛下选定了小的图样后，马上就开始绘制。陛下非常满意，赏赐了消夜和酒水。十二日把完成的作品上交后，陛下非常满意，下令让他在作品上签字盖章，同时又命令他用唐纸当场作画。他一气呵成，画了三张竖幅，五张横幅。这一下陛下大喜，再次赏赐了消夜和酒水。接下来官员们也纷纷赶来求画，拿来了一大叠大奉书纸，玉蟾一张不剩地全部画好后交给了他们，满足了所有的官员之后，才从负责接洽的饭室先生那里拿到了放在小盒子里的两枚银子。在此之前，天皇从未有过下令让画师们为他绘制画轴的事，这是第一次，也就是以后被称作'慰安画轴'的开始。后来玉蟾听说，天皇在歌会上使用了他绘制的画轴。这至高无上的荣誉，让他感到幸福无比，觉得人生达到了顶峰。从那以后，他绘制的屏风、杉户（板）画（属障壁画类）等接到了大量的订购，他在日本的绘画史上扮演了重要角色。"

在这里，请注意这句"'慰安画轴'的开始"。原本在宫中，土佐家被称为"绘所预"，也就是御用画师，管理宫中所需的各种绘画（扇绘、屏风等）。但是，到了18世纪中期，以圆山应举为代表的新派画风的很多民间画师开始活跃起来，京都的画坛极度繁荣。玉蟾正是在繁盛初期极其活跃的画家。民间画坛繁荣的消息传到了天皇的耳朵里，于是天皇直接点名叫玉蟾到宫中作画。因此，玉蟾就成了第一个被点名到宫中作画的画师，也可以说他所绘制的画轴也就成了一种定制品。有关玉蟾去世的年龄，一些说法是享年83岁，但是皆川淇园的《淇园文集》中的"玉蟾传"里记载玉蟾享年64岁。

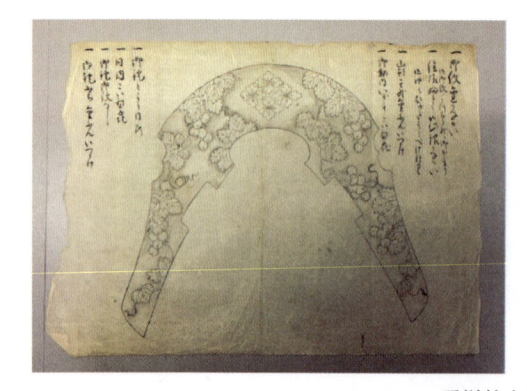

重悦的金莳绘画稿

重悦的"松平出羽守様御姫様御机的绘本"画稿

第二代玉仙、第三代玉川都是学写生画的。第四代玉泉，从六岁开始跟着第二代玉仙学画，十六岁时跟随第三代玉川学习画法、跟随严垣六藏学习诗文。1845年，一边为菊亭家效力，一边游历伊势国、骏河国，着重于写生的同时又以中和借鉴圆山派与四条派的山水、花鸟画而享誉京都画坛。1852年继任家督。望月家代代作为宫中的御用画师，1855年京都建造御所时绘制了隔扇画《有虞二妃图》《舞乐图》，明治天皇即位时绘制了《山茶梅戏犬图》和《岩藤熊萩野猪图》屏风。1878年与幸野楳岭（Kono Bairei）等一起为成立京都府绘画学校进行请愿活动，1880年绘画学校正式成立。这所绘画学校就是现在的京都市立艺术大学的前身。玉泉作为东宗的副教员对学生们进行绘画指导，后接受印刷局、博物局的委托，为正仓院的御物进行摹写。1882年玉泉获得内国绘画共进会绘画功劳勋章，在京都博览会也屡屡受奖。1888年支持召开平安百景会，作为会议主办人选择了京洛的名胜百景。平安百景不仅仅包括洛中洛外，还有山城国的名胜。作为千年古都的平安京，竟然从来没有过如此之多的真景作品集，因此玉泉亲自绘制了百图。完成后的作品被传到了会员手上。后来会员每月支付50钱的会费，就可以拿到自己喜欢的作品。1891年作为普通学校的教材，刊行了三册《玉泉习画帖》。玉泉在京都市上京区室町丸太町的画塾里培养了跡见玉枝等众多弟子。第四代玉泉也是积极向海外发展的画家之一，在1889年的巴黎万国博览会、1893年的芝加哥万国博览会、1900年的巴黎万国博览会上都展出了作品。

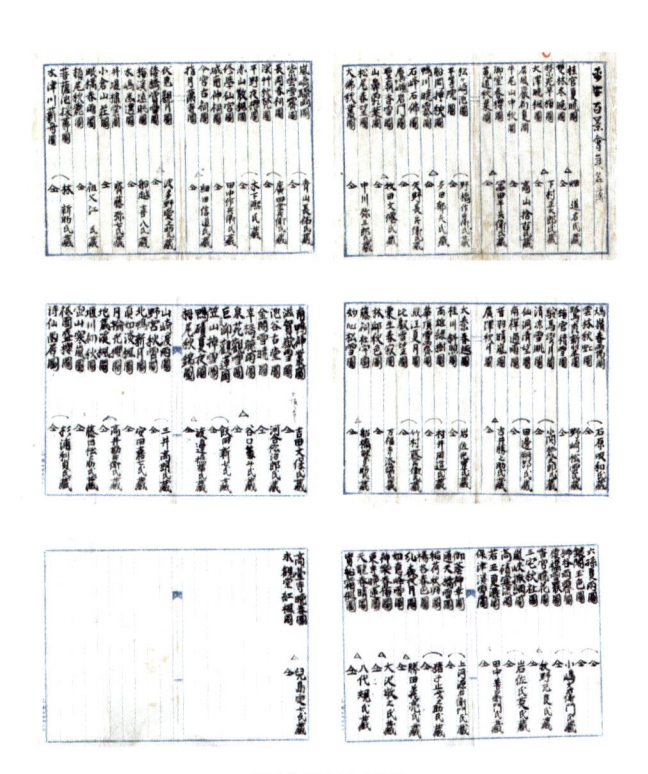

《平安百景》目录

文明的回响

《平安百景》之《长冈天神图》和《长冈天神图》图画范本

1893年芝加哥万国博览会展出委托书和纪念品座钟

第五章　探索发现

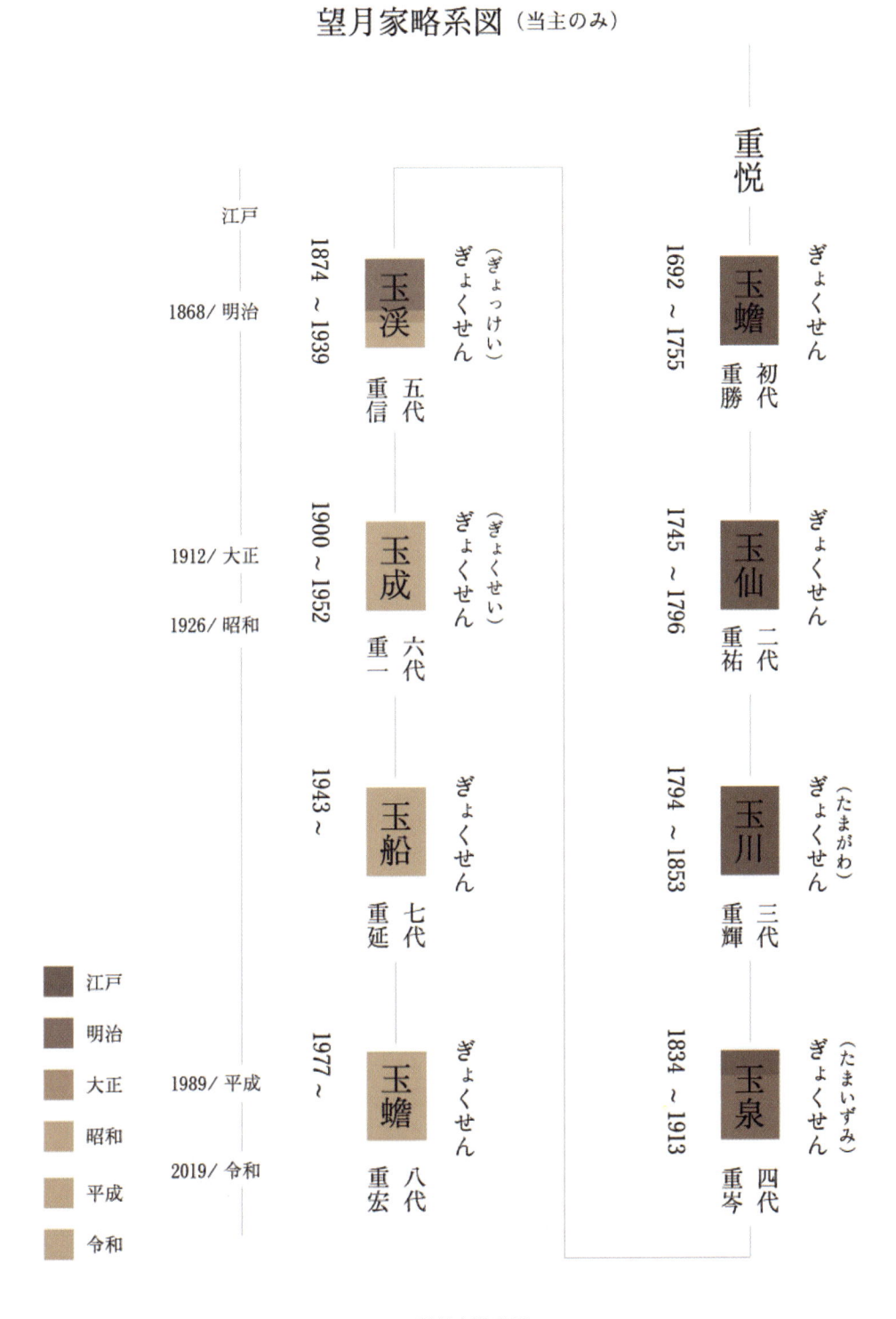

望月家略系図（当主のみ）

```
重悦
 │
初代 玉蟾（ぎょくせん）重勝　1692～1755
 │
二代 玉仙（ぎょくせん）重祐　1745～1796
 │
三代 玉川（たまがわ／ぎょくせん）重輝　1794～1853
 │
四代 玉泉（たまいずみ／ぎょくせん）重岑　1834～1913
 │
五代 玉渓（ぎょっけい／ぎょくせん）重信　1874～1939
 │
六代 玉成（ぎょくせい／ぎょくせん）重一　1900～1952
 │
七代 玉船（ぎょくせん）重延　1943～
 │
八代 玉蟾（ぎょくせん）重宏　1977～
```

時代区分：
- 江戸
- 1868／明治
- 1912／大正
- 1926／昭和
- 1989／平成
- 2019／令和

凡例：
- ■ 江戸
- ■ 明治
- ■ 大正
- ■ 昭和
- ■ 平成
- ■ 令和

望月家谱略图

文明的回响

　　玉泉之后，第五代玉溪、第六代玉成也都为日本画画家。从初代开始算起到第六代时，望月家已经成为延续了二百多年的画师之家系。因此，望月家作画的资料和图画范本也就大量地传了下来。第七代玉船开始了漆工艺作家的生涯，日本画的流传暂时停了下来，但是美术工艺创作工作一直延续到现在。望月家的先祖代代留下来的绘画资料在日常生活中触手可及，间接地对我的创作根底起到了深厚的影响。

　　我现在的工作一直是不断吸收日本的传统工艺进行设计创作，整个创作过程既快乐又艰难。在创作过程中，作品设计的基础是以和式（日式）为主题（花纹图样图形等），总会出现与一般的带有日本风格的作品发生重复的可能。更准确一点地说，做错了一个选择就有可能使作品变成一件很随意的伴手礼。因此在创作过程中，我一直是遵循着既要秉承日本美术的传统，又要不断地推出独一无二的作品的设计思想。这对现代的设计师来讲是一个极高难度的水准。自己从零开始进行创作，所

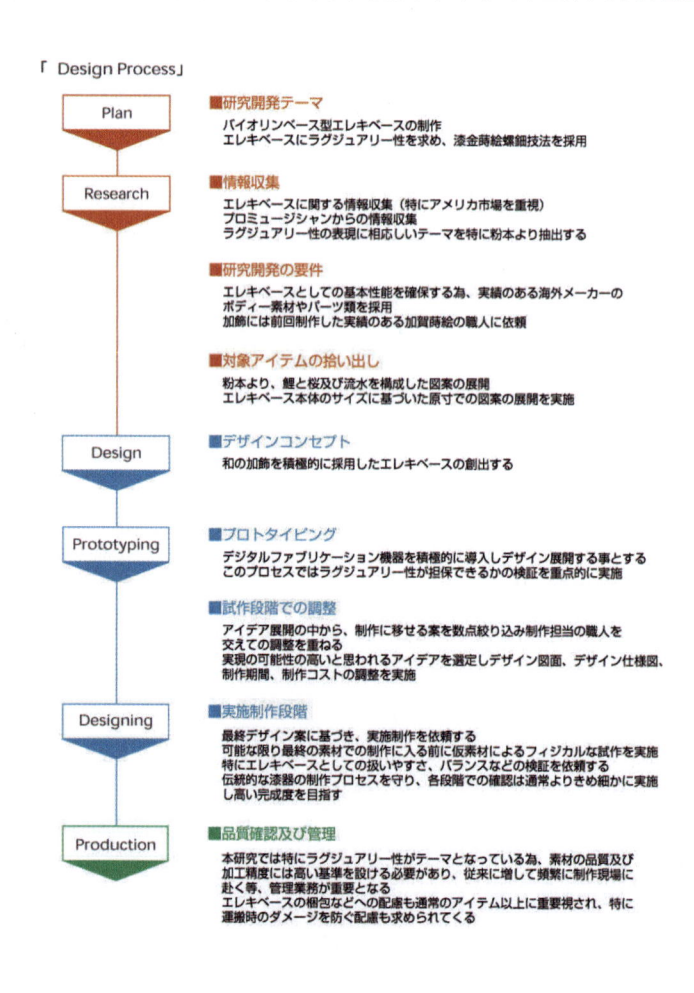

「Design Process」

Plan ■研究開発テーマ
バイオリンベース型エレキベースの制作
エレキベースにラグジュアリー性を求め、漆金蒔絵螺鈿技法を採用

Research ■情報収集
エレキベースに関する情報収集（特にアメリカ市場を重視）
プロミュージシャンからの情報収集
ラグジュアリー性の表現に相応しいテーマを特に粉本より抽出する

■研究開発の要件
エレキベースとしての基本性能を確保する為、実績のある海外メーカーのボディー素材やパーツ類を採用
加飾には前回制作した実績のある加賀蒔絵の職人に依頼

■対象アイテムの拾い出し
粉本より、鯉と桜及び流水を構成した図案の展開
エレキベース本体のサイズに基づいた原寸での図案の展開を実施

Design ■デザインコンセプト
和の加飾を積極的に採用したエレキベースの創出する

Prototyping ■プロトタイピング
デジタルファブリケーション機器を積極的に導入しデザイン展開する事とする
このプロセスではラグジュアリー性が担保できるかの検証を重点的に実施

■試作段階での調整
アイデア展開の中から、制作に移せる案を数点絞り込み制作担当の職人を交えての調整を重ねる
実現の可能性の高いと思われるアイデアを選定しデザイン図面、デザイン仕様図、制作期間、制作コストの調整を実施

Designing ■実施制作段階
最終デザイン案に基づき、実施制作を依頼する
可能な限り最終の素材での制作に入る前に仮素材によるフィジカルな試作を実施
特にエレキベースとしての扱いやすさ、バランスなどの検証を依頼する
伝統的な漆器の制作プロセスを守り、各段階での確認は通常よりきめ細かに実施し高い完成度を目指す

Production ■品質確認及び管理
本研究では特にラグジュアリー性がテーマとなっている為、素材の品質及び加工精度には高い基準を設ける必要があり、従来に増して頻繁に制作現場に赴く等、管理業務が重要となる
エレキベースの梱包などへの配慮も通常のアイテム以上に重要視され、特に運搬時のダメージを防ぐ配慮も求められてくる

第五章 探索发现

绘出的作品总会感觉缺乏一些传统的厚重感。可是如果使用了像宗达、光琳等已经被很多人认知的作品的话，虽然有传统感，但是作为定制品来讲又会给人一种过于简单的印象。独树一帜，只有独创性才会使作品显现奢华，在不断提高创作水平时独创性又是不可缺少的。拥有三百多年历史背景的望月家的资料，在标榜作品的奢华感时，可以起到强有力的说服作用。

接下来我想对设计制作过程中的一个主要环节稍做详解。

最终设计图案

图中贝斯的设计采用了小提琴的形状。通常的贝斯主体是中空状态的，设计时考虑到刷漆的薄厚、金莳绘、螺钿装饰等会对琴声产生影响，因此乐器的主体采用固体形式，导致重量大幅度地增加，于是又将主体设计成短标，拉长脖颈，增大乐器的头部，用来调整乐器的平衡感。设计上采用了鲤鱼与樱花的图案。这也是为了再现望月家的第四代玉泉在芝加哥万国博览会时展出的作品。

文明的回响

设计构图

鲤鱼纹样（四代目玉泉作）

第五章 探索发现

木雕

成形

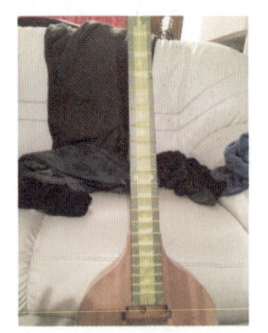

木质确认及进行单独着色的遮蔽保护

中间涂层和螺钿位置的确认

第五章　探索发现

上色和吕色（蜡色）（黑漆磨光技法）检证

金漆绘彩检证

文明的回响

平漆绘彩

锈色　　　　　　　　　　　炭粉技法

炭粉→上漆→点睛

第五章 探索发现

涂漆

纯金平目粉 4 号绘制中央，烧丸 8 号粉绘制全体

樱花使用梨子地漆，鲤鱼的背脊骨骼绘图使用烧丸 6 号，
鱼鳞使用烧丸 8 号，晕色使用烧丸 10 号，深色部分使用烧丸 8 号

黑吕色（黑漆上色磨光）

181

文明的回响

上金粉和梨子地漆

曲水（弯曲部位）描画

曲水（弯曲部位）描画

绘制樱花花蕊

作品完成图

文明的回响

我从最初进入公司就职开始，一直致力于将传统工艺融入产品设计。2005年开始创业，在进行多种商品的开发中，逐渐增多了与海外进行交易的机会，同时也深深地感到，与正处在经济停滞期的日本相反，海外的富裕阶层对工艺美术品的购买欲望极其高涨。目前在世界上有许多热心于金莳绘的收藏家，只要是好东西，他们就会慷慨解囊、一掷千金。这里的"好东西"不只是技术精湛，他们更希望能够收藏到"定制品"，其特殊感会更加激发他们收藏的热情。这也就是他们所追求的奢华。非常遗憾的是，目前在日本为日本市场生产的传统工艺技术者们，虽然一直是在做着"好东西"，却完全没有意识到收藏家们真正的需求到底在哪里，经常听到的则是日本对传统工艺品的需求逐渐减少以及工艺匠人后继无人等话题，其距离之大着实令人感到沮丧。

这些年来我一直致力于为两者穿针引线，但是只凭借我自身的绵薄之力，很难接近和改变问题的本质。我也一直在反复考虑，日本的传统工艺好在哪里，其优势是什么？现今社会对其表现方法的需求到底是哪些？对客户的要求，需要使用哪种生产方式才能够更加顺利地完成？等等。

举一个简单的例子来讲，在与海外进行交易时，我自己制作的漆器制品，根本不存在所谓的某机关来发行的品质保证证明书，可是在交易进行中这一点经常会被指出来，成为交易障碍。在日本国内会有许多盲点很难被发现，目前政府好像对这些问题也无任何进行改善的迹象。因此，想要目前的状况有所改变的话，需要我们自己去重新构建传统工艺体系。这就需要我们拓宽国际视野，放眼未来。

今后我将继续把世界上现有的商品以及新世代的商品与传统工艺进行融合，不断创作出独具特色且极其奢华的商品来奉献给世界。期盼着能够通过这些引人瞩目的商品，让更多的人重新认识正在走向衰退的传统工艺。

希望能够与世界上各界传统工艺匠人携手，共创未来。

关于日本工艺制作的新型文化继承与经济活动
——以从消费者到爱顾者为中心

鹤本晶子
Shokolatt Blanding CEO、庆应义塾大学入境观光研究中心顾问

藤田康苑
庆应义塾大学入境观光研究中心所长、经济学部教授

韩懿 / 翻译

日本传统工艺与日本传统制作的现状

从日本制造的传统工艺品的生产总值来看,如图 1 所示,在 1984 年其生产总值就已超过 5000 亿日元,其从业人数在高峰时期高达约 30 万人。但由于泡沫经济崩坏之后的低迷与商品出口的兴起,还有生活方式的变化等原因,其生产总值逐年递减,在 2013 年直降到峰值五分之一的 1000 亿日元。并且其从业人员的老龄化问题也比较严峻。根据日本经济产业省的公开发表内容,2009 年的从业人员中,50 岁以上者占 64%,30 岁以下者仅为 5.6%。由此我们可以推断出,为日本传统工艺技术留出的传承时间已所剩不多。

另一方面,以日本东京奥运会与 2025 年大阪世博会的举办为契机,海外对日本传统工艺品的需求正在增加,那么包含新产品开发在内的重新评估、寻找新客户洽谈以及传统工艺品的新创造形式也是不可或缺的。

商业应用中的日本工艺品牌塑造

我作为现代美术家的合作者,以长年在纽约和东京为据点的参与作品制作和管理商品开发企划的经验来看,2021 年以后"日本制造"在新的海外市场获得中具有巨大潜力。

图 1　日本制造的传统工艺品生产总值[1]

在日本少子老龄化社会的进程中，因为无法避免的传统手工艺人的减少，为了增加产业生产值，必须在高端阶层至超富裕阶层中提高传统工艺品的知名度，增进他们对传统工艺品的理解度。要把"大量生产、大量引客、大量消费"的商业模式转变为"支援、赞助、奖励、经验"的模式。本文讲述了"从消费者到爱顾者"的确立将在今后传统工艺的坚守中发挥的重要作用。其实际成绩介绍如下。

【实绩1】SUS gallery（サスギャラリー）

"SUS gallery"传承自1965年新潟县燕市的高超工艺技术，是日本唯一的不锈钢保温水瓶一体化制造工厂的高超制作技术，与鹤本晶子女士的艺术感受力的完美结合造就了该品牌。

其当时的品牌概念是，作为世界唯一的可持续保温的奢侈品钛金餐具，进行该品牌的品牌创立乃至品牌塑造。

---

1. 来源：《何谓传统工艺品？关于传统工艺业界的现状与生产总值的变迁与匠人继承者》（「伝統工芸品とは？伝統工芸業界の現状と生産高推移、職人後継者について」）。

SUS

SUS gallery

  它可谓世界上最初的真空钛金杯。这种技术革新后的纯钛金真空杯，是由拥有真空保温水瓶制造工艺的纯熟匠人制作而成的，真空杯壁实现了史无前例的保冷性与保温性。由于饮品的热量很难传递，不会出现因太热而拿不了杯子的情况，并且即使加冰块时冰块也不会轻易融化，因此饮料不会被稀释，其美味会持续很长时间。

  这款杯子还拥有因不易发生结露现象而不需要使用杯垫等诸多优点。它灌注着鹤本女士独特的艺术品味，表面拥有像烧制器皿一样的质感与色彩。就这样，在工艺品与工业制品之间，前所未有的工艺制品诞生了。

  该品牌通过艺术管理的方法，再加上鹤本女士独创的品牌塑造方法进行商业设计，是从商品开发、制造管理直到市场营销进行的全面管理，创建了日本国内外一流的流通渠道，并从无到有发展成为知名品牌。在 2010 年横滨 APEC 大会上，该产品被当作答谢礼物送给各国参会领导人。2015 年英国威廉王子来到日本时，它也被选作礼物。这使其成为享誉全球的知名品牌。

【实绩2】NAGAE+（ナガエプリュス）

以富山高冈金属铸造加工制造商为母体的"NAGAE+"，以从有400年历史之久的前田氏家族那里继承的高冈之美为核心，并且与日本工艺技术相结合，在2015年开始向世界传播。

NAGAE+

其工厂以从处理机械零件到制作佛教器具和茶具的技术为核心，与北陆地区为中心乃至日本全国范围的工厂进行协作，以"用美丽的光芒照亮世界"的品牌视角，将可以照亮现代生活方式的品项特殊化，将制品进行与前身品牌相同的设计、产品开发、制造管理、市场营销，从而进行整体化的管理。

设计师松山祥树（Yoshiki Matsuyama）运用机械零件制造工艺，将具有自然造型美感的功能性铝制美容按摩器"Collinette Series"成功地推向市场并使在媒体中崭露头角，深受许多著名女演员与模特的喜爱，成为累计销售10万台的畅销产品。

此外，通过应用佛教器具制造技术开发的锡制手镯"Tin Breath"，是具有高超铸造工艺技术的匠人为了实现鹤本女士的简约设计，用薄铸的工艺手法成功复制了越前手作和纸的质地的产品，该系列销量超过 3 万件。该产品发行后，立即在意大利米兰的顶级画廊进行销售。2017 年美国总统特朗普访问日本时，日本外务省将其选为安倍首相夫妇赠送给梅拉尼娅夫人的礼物。

【实绩 3】As it is

该品牌以"如其所是"这一英文词组作为其品牌名称，制作了会令人好奇的彩虹色系产品，是以具有挑战性的科学工艺技术来追求功能性与美观性的品牌。该品牌在不会损害金属制品"表情"的光泽感、哑光感、线条感的基础上，采用了大胆的色彩。在以光为伴的世界中，愿这种唯一的色彩可以点亮您的生活。

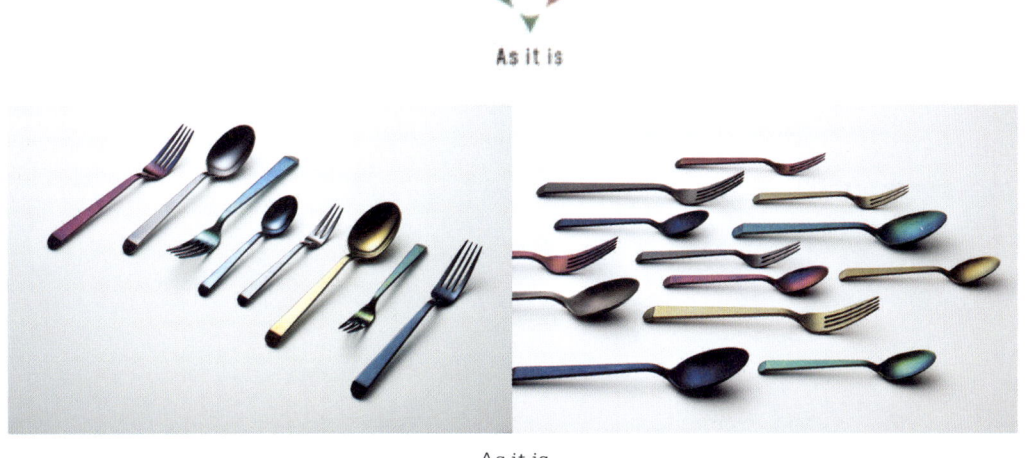

As it is

【实绩 4】suwa megami

作为优美生活的印证，"suwa megami"是以长野县出土的国宝绳纹陶器的"绳纹维纳斯"为艺术灵感创造的配饰品牌。它继承了维纳斯那令众人着迷的美丽的曲线、精致的造型以及那神秘的高雅与生命力，每个产品均由新兴材料钴合金制作而成。这是种完美的理想型金属，它不易生锈，不易划伤，保持着半永久性的庄重的光辉色彩，并且很大程度上降低了金属过敏的风险。凭借着尖端的打磨技术，它绽放出像铂金一样的光辉。

文明的回响

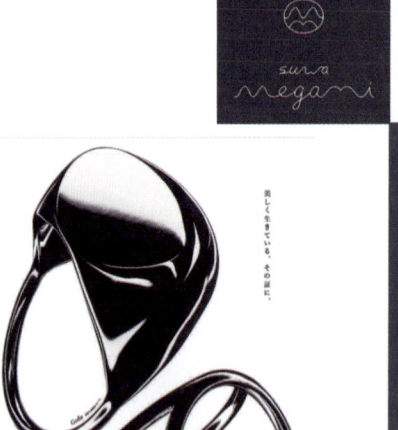

suwa megami

【实绩5】HAKU LA TABLE

鹤本晶子女士将"箔一"的金属箔加工技术应用到先端壁面素材中,创立了兼具现代简约与美感的品牌餐具系列"HAKU LA TABLE"。

"HAKU LA TABLE"的餐盘是由技艺精湛的匠人运用独有的箔加工技术一一完成的,是北陆地区的传统工艺技术与尖端工艺技术的完美结合。目前该品牌正致力于将自身塑造发展成为国际性知名品牌。

日本工艺制造业的品牌塑造对当地的经济影响及经济效果

将 N 设为可能会购入该商品的消费者人数。

假设该商品为"支援、赞助、奖励、经验"型商品,在 t 时间的爱顾者有 Dt 个人。在该商品的爱顾者不会常常购买此商品的情况下,以每期 q 的比率购买。假设该商品的爱顾者可以每期拓展至 α 人,其中 Dt /N 为该商品的现存爱顾者,并且假设爱顾者每期以 β 的比率流失。

图 1

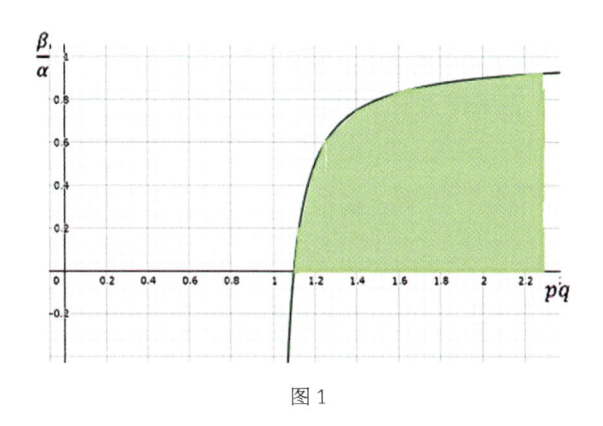

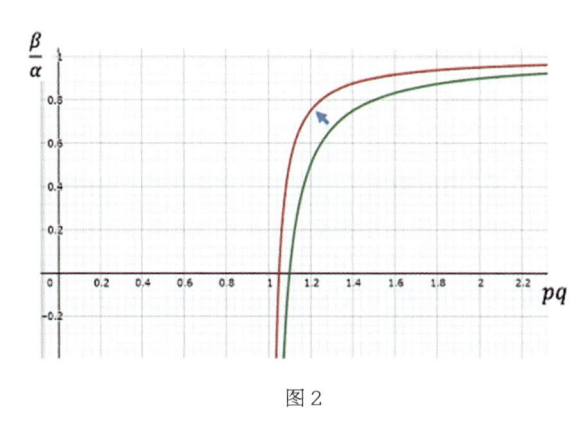

图 2

那么此时，在 t 到 t+1 的这一时间段里，该商品的爱顾者增加数 $D_{t+1} - D_t$ 为 $\alpha D_t(1-D_t/N) - \beta D_t$。

因此，若在恒定状态下的该商品的爱顾者人数为 D，因为 $D_{t+1} = D_t = D$，所以 $\alpha D(1-D/N) - \beta D = 0$ 成立，从而得出 $D = N(1 - \beta/\alpha)$，设该商品生产费用单价为 C 日元，在恒定状态下的该商品的利润则为 $(pq - C)N(1 - \beta/\alpha)$。

这里若将 v 设为"大量生产、大量引客、大量消费"型商品的所得利润（= 价格 × 销量），那么"支援、赞助、奖励、经验"型商品的所得利润超过"大量生产、大量引客、大量消费"型商品的条件，

由 $(pq - C)N(1 - \beta/\alpha) \geq v$，

得出 $\beta/\alpha \leq 1 - V/[(PQ - C)N]$。 （1）

若图表以横轴 pq 表示该商品爱顾者的预期收益，纵轴 β/α 表示爱顾者的退出 / 加入比率，数式（1）所表示的区域则为图 1 中的斜线部分。

当可能购买该商品的消费者数 N 增加时，如图 2 所示，图表中的分界线会向上方移动，随之数式（1）所表示的区域也扩大了。

总结

在战后日渐衰落的日本制造和传统工艺中，如上文所述，从大量生产、大量消费的模式转变为在少数爱顾者与追随者中得到知名度与关注，这是至关重要的。

本文中的"从消费者到爱顾者"不是仅指购买商品的顾客，而是把重点放在以当地观光业为轴心的体验型旅行与其协同效果上。

在工艺制作的过程中，大多会受到那根深蒂固的土著文化（历史、饮食、产业等）的影响。从经验来看，爱顾者的目标群体更多在高端阶层至超富裕阶层中。通过与当地的名人、匠人对话，在从未有过的交流体验中，他们可以重新认识工艺制品对于自己的价值和意义。

将遍布日本各地的精湛工艺技术联合起来，创造世界性的知名品牌，将技术革新，使传统工艺与时俱进，并将这种模式转移反复进行积累，从而使传统工艺匠人得以保留，并且使得观光业可以接纳新的可能性。希望在这一共同创造与传播分享的过程中，可以创造出更多新的可能性。

鹤本晶子艺术作品

文化遗产的力量：世界艺术节研究过程及国际民间艺术研究

哈维尔·戈梅斯·查瓦罗
（Javier Alsonso Gómez Chavarro）

西班牙瓦伦西亚理工大学美术系视听传播、文献和艺术史系博士，暨南大学文化遗产创意产业研究院博士后研究员

当今时代，艺术节研究不仅在经济领域，而且在管理及其他科学领域变得越来越重要。民间艺术节研究是为了理解此类艺术节进行文化对话和交流的过程而产生的一种新的研究方法。该项目的目标是在全球范围内系统地探索国际民间艺术节的现状，并分析某些艺术节取得巨大成功并能够持续举办，而另一些艺术节却无法生存和繁荣的原因。为了达到以上目标，本文描述了研究的设计和监控过程。首先建立艺术节数据库，选取200个艺术节作为样本进行调查，从理论框架分析的角度揭示成功举办艺术节的主要特征，其次对数据库中的不同艺术节进行调查管理。

遗产的概念及其内容最早由联合国和联合国教科文组织在1946年提出，谈到从"艺术历史遗产"向"文化遗产"转变（德尔加多，2016），并传达了对这一遗产拨款的重要性。然而，随着人们对遗产的研究逐渐多样化，每到一个不同的时间段，遗产都有它新的意义。最早提出遗产概念之一的乔伊（1992）将其描述为游牧民族的概念。后来，布切纳基（2004）将遗产定义为一个由复杂和多样的社会表现形式构建的实体。此后，遗产有了新的含义，即物品和传统的社会价值化（阿里尼奥，2009）。此外，一些作者提出，从人类学的融合到作为意义载体现象的文化遗产研究，有助于从其他角度重新思考（加西亚，2007；代尔加多，2016；加西亚，1982，布迪厄，1997；阿格德洛，2012；卡雷拉，2005），但大多数人认可的是文化遗产这个术语象征着社会、文化和政治建设（冈萨雷斯，2016；加西亚，1998）。戈麦斯（2014）建议将遗产分类为财产和拨款，将代代传递的关于身份和遗产的世袭理论化（克里斯皮，2013；加西亚，2004）。另外，坎波斯（2008）

从经济、政治和象征身份的角度建立了文化遗产的三个分析维度；托雷斯和法尔切里（2017）也提出了对文化遗产的政治观点，包括参与文化遗产的社会行动者；冈萨雷斯（2016）指出了文化遗产与记忆有着深刻的联系，并解释了记忆如何像文化遗产一样重建时间和过去的情况，换句话说，身份在遗产中扮演着重要的角色，它代表着一种不断发展的行为，从精英的排他性转变为没有等级制度的更具社区性的行为（阿里尼奥，2002；莫雷诺，1999；查韦斯等，2010；维拉塞诺和佐拉，2012；斯特拉菲，2014；布迪厄，1998；赫兹菲尔德，2004，2010；帕伦博，2010；圣塔马瑞纳，2017）。

不论是物质还是非物质遗产，它们之间都是密切相关的，一些学者（蒙杰里，2004；帕尔勒，2018）指出了这两个定义之间的趋同，认为非物质文化爆炸性增值源自物质遗产遗址或使用设备、服装、物品的需求等，利于非物质遗产的分期（德尔巴里奥，德维萨 & 埃雷罗，2012）。

文化遗产的内涵已经发生变革（维科，2010），呈现出物质与非物质的界定（哈维，2012；科马洛夫 & 科马洛夫，2011）以及非物质层面的融合。这就更容易归纳出商品发展的历史过程，更容易理解商品的社会意义。这一维度的揭示有助于人们深入理解文化商品，促进文化商品之间和商品内部联系，并理解这种活生生的"一切"的合法性和转变就是文化遗产（冈萨雷斯，2016；拉丁美洲非物质文化遗产区域中心，2008）。

了解开发和维护非物质文化遗产的代理人是理解非物质文化遗产的关键因素（冈萨雷斯，2016）。从这个意义上说，代理人行为包括一些人物的行为或社会演员（阿古德洛，2001；拉卡列，2008；联合国教科文组织，2011b）的行为，他们会表现得或主动或被动地观察人物，他们不断地与非物质表达及其层次化互动（托雷斯 & 法尔切里，2017；蒂蒙，2009；查韦斯，2010；拉丁美洲非物质文化遗产区域中心，2010）。此外，德尔·巴里奥等（2012）确立了民间艺术节在承认与活动主角和社会行动者的行为相关的非物质文化遗产保护方面的重要意义。

由于这些社会行动者的参与及其对非物质文化遗产的重要性，对这一新遗产的定性、发现、保存和保护变得尤为必要，并成为各民族国家的专属任务（教科文组织，

2011a）。20世纪90年代以来，联合国教科文组织一直强调"文化持有者"对价值观的定义和保护其表达方式战略的重要性（维拉塞诺＆佐拉，2012），在这种情况下，许多合作和理论及实际研究联盟建立了起来，如拉丁美洲的非物质文化遗产区域中心和国际民间艺术节组织理事会、国际民间艺术组织、意大利农业和林业医生联合会等其他国际非政府组织，并向教科文组织提供支持。这些支持不仅限于出版，还包括管理艺术和学术会议等，正如欧洲委员会用其丰富的管理经验保护非物质文化遗产。

有鉴于此，文化遗产的研究和创新创造空间的必要性开始引发争议。近来旅游业开始在文化细分市场中占据中心地位（德尔·巴里奥等，2012；外斯特＆凯利尔，2004）。文化活动研究作为一个重要领域，旨在传播、保护文化遗产，并将文化作为主要工具（科米内利＆格雷夫，2012）。正是在这一领域，民间艺术节的出现显得更加重要，这也成为本文研究的发展空间。

近年来，随着人们越来越频繁地参与各类活动，民间艺术节也显得越来越重要（盖茨＆培基，2016），特别是一些文化相关的活动，如音乐会、戏剧表演和街头表演。但将活动和旅游与非物质文化遗产联系起来的基础是什么呢？在这种情况下，"文化旅游"一词应运而生。在文化旅游中，一个重要的文化活动，如节日或宗教庆典，就能吸引游客的注意力和促进游客流动性。

同样，艺术节也是人们旅游的一大动机（理查兹，2008；费尔森斯坦＆弗莱舍，2003；安德森＆盖茨，2009）。一些学者分析了旅游业对活动和节日发展和可持续性的影响，得出旅游业对其具有重大的经济影响（费尔森斯坦＆弗莱舍，2003；吉布森＆康奈尔，2012；吉布森等，2010；冈萨雷斯等，2012；西尔伯格，1995；姜等，2014）。关于政策（萨博，2010；奎因，2009，2010；安德森＆盖茨，2007；卡达瓦＆迪亚兹·卡雷拉，2014），在这一领域，理查德（2001）坚持认为，科学研究表明，文化旅游是一个概念，这种概念往往在政治家和学者的头脑中，比在那些参观文化景点或参加文化活动的人的头脑中更为明显。最后，文化旅游的社会影响研究（理查兹，2008；查布拉，希利＆西尔斯，2003；穆法克基尔＆佩尔内奇，2015；丰塞卡＆拉莫斯，2014）。增加目的地的生机和活动可以看作文化旅游的重要原因之一。然而，在很多情况下，人们还希望重现当地流行文化和传统文化的各个方面，以此作为当地社区的身份象征，并为游客创造新体验（理查兹，2008）。还有一些学者提出思考，大规模的旅游业是否造成节日文化价值的丧失、节日产生背景和原始身份的丧失，以及这些文化事件是如何被旅游业在其真实性探索中改变的（罗兹等人，2013；桥本，2003；理查兹，2018）。

最初，文化旅游只与物质文化遗产关系密切，如参观纪念碑或建筑遗址（查布拉等，2003年；理查兹，2002），然而，在联合国教科文组织《保护非物质文化遗产公约》提出之后，文化旅游联盟又迎来了非物质文化遗产。

民间艺术节的理论研究方法

艺术节这个词一直随时间变化，现在已经很难界定它的含义。从人类学（法拉西，1987；埃尔斯，1993）、社会科学（德维萨，2006；盖茨等，2010）、经济学（德尔·巴里奥等，2012；吉布森等，2010；吉布森 & 康奈尔，2012）、管理学（博内特，2011；佐坦，2010）和旅游学（理查兹，2008，2018；金等，2010；普伦蒂斯 & 安德森，2003；乌德·库德尼，2013）的角度，这个术语有不同的阐释。

艺术节这个词已经被使用了几百年，并且被用来形容很多事件（鲍丁等，2006）。艺术节不仅属于社会学或人类学研究领域，它们在活动研究的详尽分析上也发挥了重大作用（盖茨，2010），且这一现象正在迅速发展。因此，节日活动正从文化相关的不同方向发展，特别是特殊场合和重要活动的庆祝活动（阿科迪亚 & 罗布，2000；盖茨，2008），在旅游业发展中具有重要作用（乌德·库德尼，2013）。从这个意义上讲，从节日与文化旅游的内在关系出发，并结合文化遗产，阿帕杜赖（1996）认为地方和民族节日的体验已经成为文化旅游的一个重要部分。因此可以认为，旅游推进了国际经济交流与沟通体系，或者说节日是一个地区依靠文化资源成功接待游客的有效途径（维萨尔等，1993）。

民间艺术节被（通俗地）定义为一种独特的、微妙的、无形的文化活动，它建立了个人的相互关系，具有一定的工作强度，促进了文化对话，在有节日性氛围的愉快活动、娱乐项目或活动上具有时间限制，有正式的时间段，具有庆典或仪式感，这需要在公共场合庆祝主题（贾尼斯基，1991；肖恩 & 帕里，2010；卡雷尼奥，2014）。同样，欧洲节日协会（2002）提出了一个更具激情的定义，它认为，在多元社会的文化生活中，节日是一种特殊场合，这里集聚了超乎寻常的关注、天赋和乐趣，不同背景的人们和社区因相同的节日目的团结在一起，就连日常生活的喧嚣也让位于艺术欣赏。在这种情况下，节日不仅是艺术性的，更是社会性的活动，它需要公众聚焦创造力，并彰显出社会共同生活中文化维度的重要性。

对于艺术节导演来说，艺术节是一种欢乐的状态，也是一次充满障碍和挑战的管理过程。对工作人员来说，艺术节意味着巨大的努力，是一个与长期合作伙伴见面的机会，也是一个与艺术家在后台亲密接触的机会。对于遗产所有者来说，艺术节最棒的部分是对他们的艺术和文化的接受、确认和肯定。因此，单从观众角度来衡量一个艺术节的意义是很片面的。很明显，整个城市的缩影都可以通过一次传统的民间艺术节瞥见（吉莱斯皮，1996）。

就民间艺术节而言，一方面，明确其基本目的通常是使艺术遗产运动具有社会知名度或重申一种传统（加洛，2011）是很重要的。一种新兴的审美趋势的表达方式往往无规律可循。另一方面，其他艺术节是在艺术元素之外的一种特殊或集体兴趣的培养。由于艺术节具有巨大的象征价值和媒体吸引力，一些人将艺术节的创建和庆祝作为促进当地旅游和经济发展的有效手段，甚至以此创造就业，促进集体意识、自信以及对文化和社会凝聚力的理解（科洛梅 & 卡雷尼奥，2011）。

民间艺术节既可以是地区性的，也可以是全国性或国际性的。可以从两种不同的代理人中得到答案：节日本身或节日里的艺术家（帕雷欧 & 温伯格，2006）。为此，本文对国际民间艺术节展开研究，因为这里是真正文化对话和现象产生的地方。

关于艺术节的艺术规划所反映的内容，库洛梅尔和卡雷尼奥（2011）指出，从兼收并蓄或一般艺术节到更专业的节日，都可以看到。

提案从传统的音乐和舞蹈出发，促进对非物质文化遗产的保护，但仍然认为有必要根据其艺术性质进行划分：真实的（严格还原了起源地的不同艺术表现元素）；精心制作的（当民间表现形式必须符合节日模式时）和程式化的（结合古典音乐元素和芭蕾舞元素，将其融入民间表现形式中，以使其更突出其表现形式）（国际民间艺术节组织理事会，2009）。

民间艺术节的艺术表现形式通常是从传统的不同方面来欣赏的，大多数展览被认定为"民间的"，是因为它源自传统"面对面"交流和非学术环境中学习的传统文化，然而这些表达被视为民族术语的同义词，因为它们是从传统社区中发展出来的，这些社区与职业、地区、宗教、世代、政治、经济或家庭密切相关（康登，1998）。

民间舞蹈表达方式多种多样：这些可以认定为一个社区的无意识习惯，也可以表现为一种精心设计的舞蹈和这种形式的阶段性表现。这些形式也可以作为一种娱乐活动以或多或少的正式方式完成（奎格利，1998）。

在舞蹈研究领域，龙斯特伦（1997：182）认为，多年来，对民间舞蹈的研究同时追求了许多目标。强调舞蹈的结构方面（形式、类型、结构）的研究与强调舞蹈作为一种文化（舞蹈的功能和意义）的研究有很大的不同。欧洲发展起来的历史研究方法，一方面质疑起源、分布和对保护及文献记录的重视，另一方面，它与在美国占主导地位的人类学和语言学启发的研究之间也存在着显著差异。

尽管欧洲的研究者试图主要关注本国的民间舞蹈传统，但美国的许多研究者将更多地关注美洲土著或欧洲和东南亚的民族舞蹈。因此，许多对欧洲民间舞蹈的调查往往是含蓄或明确的，先决条件是民族主义意识形态的影响，而美国的许多调查往往缺乏历史深度，舞蹈常常被描述为文化的其他方面的复制品。

方法论

研究方法框架由三个不同的部分构成。首先，对现有艺术节、活动管理和非物质文化遗产及其保护措施文献进行研究。

其次，建立一个主要民间艺术节组织协会、理事会、非政府组织和团体的节日数据库——IOV、FIDAFF、国际民间艺术节组织理事会、EAFF、WAPA，其中包括符合特征的节日信息（尔舍克，2001；萨博，2010；博内特，2011）。判断一个音乐舞蹈民间艺术节的标准有：

——至少展示六场不同的现场演出音乐会

——最短持续时间：两天

第五章　探索发现

——最低年龄（艺术节）：三个版本

——周期性特征

——准备公开听证会

——明确开始和结束日期

——是否决定作为一个国际民间艺术节

——音乐舞蹈节

——提供住宿和小吃作为文化交流的一部分

在这一阶段，有 700 多个符合这些特征的艺术节被提炼出来，并开始形成数据库，从中提取数据。

最后，设计一个由定量－定性调查问卷组成的实证研究。所使用的不同变量的收集符合活动管理理论（鲍丁，麦克弗森 & 弗林，2006）和联合国教科文组织政策规范的要求。

调查问卷的第一部分是关于音乐节的数据，包括名称、网站、国家、日期、持续时间、有关领域或学科、主办机构、所涉及的院系以及负责执行音乐节的团队的信息。

第二部分介绍了合作伙伴、总预算、资金来源和金额。

第三部分是问卷调查的核心和关键。如节日的描述，包括节日类型、目的和领域（包括国家和国际层面）、节日历史（包括创建日期、节日版本）、与可持续发展目标和议程相对应的层次、其对国家和区域发展的贡献、项目背景、理由和概要、目标（长期及其对总体可持续发展目标的贡献，同时考虑到社会、经济和文化发展）、活动类型、目标受益人，在国家、区域和国际层面的知名度和预期结果。其次是实施战略，包括管理、能力建设，可持续性和知识的转移，这一部分结束时主要活动的拟议时间表，所有权和财政模式。

调查问卷的第四部分参考了艺术节的伙伴关系和网络关系，包括对已确定和建议级别的合作机构（包括其信息）以及其他艺术节间网络的描述。

调查问卷的最后一部分提到了项目的资金来源，包括总预算、资金和每个项目的说明，各个机构的捐款和预算拨款在结尾部分提到。

总　结

　　从全球角度讲，本研究希望从艺术节管理的角度，让人们意识到民间艺术节对于非物质文化遗产拨款与价值的重要性。研究认为，民间艺术节是人类文化对话的关键时机，是非物质文化遗产的重要因素，也是联合国教科文组织追求的目标之一。

　　民间艺术节在非物质文化遗产的分布和提升中发挥着重要作用。为了在近几十年达成这个目标，民间艺术节已被打造成一个优秀的平台。自《保护非物质文化遗产公约》通过以来特别是随着技术工具和互联网的变革，民间艺术节获得了越来越多的重视。正如本研究所证实的，民间艺术节在文化事件类型学中的演变正被致力于非物质文化遗产传承的组织广泛接受。因此，由于人们对此的巨大兴趣，民间艺术节成为一个分配工具。

　　本研究定义了活动和节日管理所采用的执行概况的变量之间的关键关系。此外，本研究还探讨了非物质文化遗产保护在民间艺术节管理中的作用。

　　研究发现，在活动管理的整个变革中，人们对从理论和实践两方面对其进行研究越来越感兴趣，并将这种学术与专业关系结合起来，以促进专业发展，尤其是对于还没有这种概念应用的民间艺术节。这项工作是他们继续研究民间艺术节管理的第一步（戈麦斯，2019）。

　　通过对民间艺术节管理的研究，人们对民间艺术节作为旅游产品对所在地区的重要性有了更深的理解，不仅是为了吸引旅游业，也为了增加社区的文化价值。因此，它可以将遗产的保护和传承与旅游业的利益共同结合起来。

　　保护非物质文化遗产的举措是民间艺术节所做出的重大努力，也是保持文化传统活力和使其享誉世界的关键因素。民间艺术节使个人和社区之间进行一场文化对话，这只有在艺术节期间才可能发生，因此通过参与艺术家之间的交流变得显而易见。

　　民间艺术节的管理方式呈现出一些显著的差异，这些差异无法全部归结为同一类别，但它们的目标总是与传统音乐和舞蹈的再评价相一致。

　　此次研究以独特的视角，对民间艺术节管理进行深入分析，这也是此领域首次非人类学的研究。

参考文献

阿格德洛，C. E.（2001）. 新的社会行动者和国家的重新合法化，政治分析，43，1—33. http://biblioteca.clacso.edu.ar/ar/libros/colombia/assets/own/analisis43.pdf

阿格德洛，J.（2012）. 民族遗产和身份博弈，安达卢西亚人类学杂志，2，3—24. https://doi.org/10.12795/raa.2012.i02.01

安德森，T., & 盖茨，D.（2007）. 资源依赖性，街头音乐节的成本和收入，旅游经济学，13（1），143—162. https://doi.org/10.5367/000000007779784443

安德森，T., & 盖茨，D.（2009）. 旅游，一种混合产业：私人、公共和非公共假日之间的差异，旅游管理，30（6），847—856. http://doi.org/10.1016/j.tourman.2008.12.008.

阿帕杜赖，A.（1996）. 现代性，全球化中的文化维度，明尼阿波利斯：明尼苏达大学出版社.

阿科迪亚，C., & 罗布，A.（2000）. 活动管理的未来：活动管理术语的分类法.

恩，J. 艾伦，R. 哈利斯，L. 佳戈，y A.J. 维尔（编辑）. 2000年后的活动：制定议程：活动评估、研究和教育会议记录，悉尼，2000年7月（第154—160页）. 澳大利亚活动管理中心. https://www.uts.edu.au/sites/default/files/Eventsbeyond2000.pdf

阿里诺，A.（2002）. 文化遗产的扩大，西方杂志社. 250，129—150. http://personal.us.es/jhernan/uploads/images/Patrimonio%20Cultural%20Etnológico/Ari.o_ Rev.Occ.pdf, http://personal.us.es/jhernan/uploads/images/Patrimonio%20Cultural%20Etnológico/Ari.o_ Rev.Occ.pdf

阿里诺，A.（2009）. 文化的世袭化及其后现代悖论. 基·盖蒂·卡萨德雷伊，I. 马丁内斯·德·阿尔·贝尼兹和B. 蒙塔·尼亚（坐标）. 知识社会中的技术，专家文化和身份认同（131—156）. 巴斯克地区大学. https://www.academia.edu/1198690/

博内特，L.（2011）. 节日管理的类型和模型. L. 博内特和H. 沙多罗斯基（编辑）. 风景名胜节日的管理. 概念，外观，辩论（41—87）. 巴塞罗那：格塞尼奇. http://www.ub.edu/cultural/wp-content/uploads/2018/10/La-gestion-de-festivales-escénicos-conceptos-miradas-y-debates.pdf

布迪厄，P.（1999）. 文化资本、学校和社会空间. 墨西哥社会学杂志，61（1），199. https://doi.org/10.2307/3541220

布切纳基. M.（2004）. 社论，联合国教科文组织，物质爱国主义. 国际博物馆221-22（第7—12页）. 联合国教科文组织 https://unesdoc.unesco.org/ark:/48223/pf0000135852_spa

鲍丁，G. A. J., 麦弗逊，D. G., & 弗林，J.（2006）. 识别和分析目前在活动产业中进行的研究：第一人类文献综述. 利兹：活动管理教育协会. https://docplayer.net/18335333-Identifying-and-analysing-existing-research-undertaken-in-the-events-industry-a-literature-review-for-people1st.html

卡德瓦尔，O., & 迪亚兹·卡雷拉，C.（2014）. 史密森尼民间艺术节与哥伦比亚文化遗产政策：个案研究. 馆长：博物馆杂志，57（4），423—436. https://doi.org/10.1111/cura.12083

坎波斯，G.（2008）. 活动生产：原生动物之家. 马德里：原生动物.

卡雷诺，T.（2014）. 危机时期的节日管理：金融和实验室对经济的影响（博士论文）. 巴塞罗那大学. http://hdl.handle.net/2445/54565

卡雷拉，迪亚斯，G.（2005）. 文化遗产的演变：文化多样性政策. PH笔记本. 非物质遗产和多样性管理，14—29. https://www.academia.edu/10644819

查布拉，D., 希利，R., & 西尔斯，E.（2003）. 阶段性真实和遗产旅游. 旅游研究年鉴，30（3），702—719. https://doi.org/10.1016/S0160-7383（03）00044-6.

查韦斯，M., 门的内哥罗，M., & 赞布拉诺，M.（2010）. 爱国主义、商业文化. 哥伦比亚阿托洛普戈尼亚，46（1），7—26. http://www.icanh.gov.co/recursos_user/documentos/editores/124/RCA_Vol_46_No_1/v46n1a01.pdf

乔伊，F.（2007）. 爱国者亚历戈里亚. 巴塞罗那：编辑，古斯塔沃·吉利.

科洛梅尔，J., & 卡雷诺，T.（2011）. 西班牙节日庆典.

博内特，y H. 沙多罗斯基（编辑）。节日庆典活动。概念，看，辩论（pp. 127—149）. 巴塞罗那，科学类。源自 d from http://www.ub.edu/cultural/wp-content/uploads/2018/10/La-gestion-de-festivales-escénicos-conceptos-miradas-y-debates.pdf

科马罗夫，J., & 科马罗夫，J.L.（2011）. 种族 S.A. 布宜诺斯艾利斯：卡茨

科尼内利，F., & 格雷夫，X.（2012）. 非物质文化遗产：保护创造力。城市、文化和社会，3（4），245—250. https://doi.org/10.1016/j.ccs.2012.10.003

康登，K.（1998年）. 民间艺术. 简·布伦沃特（编辑）。《美国民俗：百科全书》（第90—100页）。嘉兰出版公司. http://1.droppdf.com/files/IlMsW/encyclopedia-of-american-folklore.pdf

拉丁美洲非物质文化遗产区域中心.（2008年）。非物质文化遗产的艺术状况。保护拉丁美洲非物质文化遗产区域中心. http://www.crespial.org/public_files/1282942676.pdf

拉丁美洲非物质文化遗产区域中心.（2010）. 拉丁美洲非物质文化遗产节（第1版）. 拉丁美洲非物质文化遗产保护区域中心. http://www.crespial.org/public_files/1284755093.rar

拉丁美洲非物质文化遗产区域中心.（2010）. 保护拉丁美洲非洲人后裔的非物质文化遗产（第一版，第一卷）保护拉丁美洲非物质文化遗产区域中心. http://www.crespial.org/public_files/1284755093.rar

库德尼，W.（2013）. 节日旅游——在旅游地理学背景下的概念，主要功能和功能失调. 地理杂志，65（2），105—118. https://www.researchgate.net/publication/287956579

德尔·巴里奥，M.J.，德维萨，M. 和埃雷罗，L.C.（2012）. 评估非物质文化遗产：以文化节为例。城市、文化与社会，3（4），235—244. http://dx.doi.org/10.1016/j.ccs.2012.09.002

德尔加多，A.（2016）. 传统与祖传财产。 永久性和坎比奥-拉斯-丹扎斯礼拜仪式（博士论文）. 塞维利亚大学。源自 http://hdl.handle.net/11441/39621

德维萨，M.（2006）. 节日文化的影响。瓦拉杜利德国际电影学院。马德里：作者基金会

埃尔斯，Z.（1993）. 第一晚庆祝活动：通过艺术建立社区。节日和活动旅游，1（1），32—33.

尔舍克，O.（2001）. 民俗节日及其当前类型。音乐世界，43（2/3），153—169。www.jstor.org/stable/41699372

欧洲艺术节协会（2002）. 全民教育50周年纪念活动。www.efa-aef.eu

法拉西，A.（编辑）.（1987）. 时间不合时宜：艺术节杂文

阿尔伯克基：新费尔森斯坦，D. 和费莱舍，A.（2003）. 当地节日和旅游促进：公共援助和游客支出的作用。旅行研究杂志，41（4），385—392. https://doi.org/10.1177/0047287503041004007，墨西哥大学出版社

丰塞，J. 和拉莫斯，R.（2014）。通过最古老的音乐零售形式对音乐节的参与者进行细分和分析：音乐节。会议与事件旅游杂志，15（4），271—297. https://doi.org/10.1080/15470148.2014.961668

加西亚·坎克利尼，N.（1982）. 资本主义大众文化。新图片. https://doi.org/10.1525/ae.1985.12.4.02a00380

加西亚·坎克利尼，N.（2004年）。当谈论流行时，我们在谈论什么？《行动中的对话》，第153—165页。

https://www.perio.unlp.edu.ar/catedras/system/files/garcia_canclini_-_de_que_estamos_hablando_cuando_hablamos_de_lo_popular.pdf

加西亚·加西，J.L.（1998）. 从文化遗产到文化遗产。政治与社会，27，9—20。源自 https://core.ac.uk/download/pdf/38819323.pdf

加西亚·加西，J. L.（2007）. 人类学知识及其祖先化。政治与社会，44（1），159—173. https://revistas.ucm.es/index.php/POSO/article/view/POSO0707130159A/22345

加洛，C.（2011年）. 民俗学和致谢的潜力：在明尼苏达州民族节上代表"印度"。西方民俗学，70（1），69—98. http://www.jstor.org/stable/23120624

盖茨，D.（2008年）. 事件旅游：定义，演变和研究。旅游管理，29（3），403—428. https://doi.org/10.1016/j.tourman.2007.07.017

盖茨，D.（2010年）. 节日研究的性质和范围。国际事件管理杂志，第5期（1），第47页。摘自 http://

ijemr.org/wp-content/uploads/2014/10/Getz.pdf

盖茨（Getz，D.），安德森（Andersson）和卡尔森（Carlsen）（2010）.节日管理研究：为比较研究和跨文化研究制定框架和优先事项.国际活动和节日管理杂志，1（1），29—59。源自 https://doi.org/10.1108/17852951011029298

盖茨，D.，& 培基，S.J.（2016）。事件旅游研究的进展和前景.旅游管理，52，593—631. https://doi.org/10.1016/j.tourman.2015.03.007

吉布森，C. 和康奈尔，J.（2012）.澳大利亚的音乐节和地区发展.

佛蒙特州伯灵顿，出版：阿什盖特. https://doi.org/10.1016/j.tourman.2012.11.14

吉布森，C.，怀特，G.，沃尔姆斯利，J. & 康奈尔，J.（2010）.非大都市澳大利亚的文化节和经济发展。规划教育与研究杂志，29（3），280—293. https://doi.org/10.1177/0739456X09354382

吉莱斯皮，A.（1996）.艺术节。恩·扬·布鲁万德（编辑），美国民俗：百科全书（521—525）.加兰出版公司. http://1.droppdf.com/files/IlMsW/encyclopedia-of-american-folklore.pdf

戈麦斯，J.（2014）.破坏遗产.史蒂芬·罗斯坦（Stephen Rostein）（编辑），第三次亚马逊考古学国际会议论文集（423-431）.奥雷利亚纳. https://www.academia.edu/9856816

冈萨雷斯，S.（2016）.西班牙非物质遗产保护（博士论文）.马德里康普顿斯大学. http://eprints.ucm.es/38177/1/T37405.pdf

冈萨雷斯，E.，莫斯科索，F.，迈奇卡多，J.，拉米雷斯，J.，莫多，M.，莫拉雷斯，P.，和奥尔蒂斯，W.（2012）.哥伦比亚节日的经济影响和社会文化价值的衡量和表征.波哥大：EAN 大学. https://doi.org/10.21158/9789587561777

哈维，D.（2012）.资本之谜和资本主义危机.马德里：阿卡尔.

桥本（2003）.保护与旅游：当代日本的民间表演艺术。亚洲民俗研究，62（2），225—236. http://www.jstor.org/stable/30030287

赫兹菲尔德，M.（2004）.身体不灵活：全球价值体系中的工匠与技巧.芝加哥：芝加哥大学出版社.

赫兹菲尔德，M.（2010）.参与、绅士化和新自由主义劫持历史.当前人类学，51（S2），S259—S267. https://doi.org/10.1086/653420

贾尼斯基，R.（1991）.南卡罗来纳州的农村艺术节。文化地理杂志，11（2），31—43. https://doi.org/10.1080/08873639109478426

姜，S.，金，K.，瑞安，C.，& 帕克，S.（2014）.是什么使人们热衷文化遗产艺术节？国际旅游科学杂志，14（3），70—88. https://doi.org/10.1080/15980634.2014.11434700

金，S.S.，普里多，B. 和春，K.（2010）.三种统计方法的结果比较，探究艺术节参与者支出决定因素。国际酒店管理杂志，29（2），297—307。https://doi.org/10.1016/j.ijhm.2009.10.005

拉卡列，M.（2008）.管理非物质遗产有必要吗？政治和管理策略的注释和思考.GC 公告：文化管理，17，26.http://www.gestioncultural.org/boletin/2008/bgc17-MLacarrieu.pdf

莫雷诺，I.（1999）.文化遗产是象征性的资本.增值/用途.《1995—1997 年安大路西亚民族学年鉴》.325—330.塞维利亚：文化部.

O. 穆法吉尔和 T. 佩尔内奇（编辑）.（2015）.活动意识形态，社会和文化层面。马萨诸塞州波士顿：MA：英联邦农业局出版.

蒙杰里，D.（2004）。物质和非物质遗产：从差异到融合.在联合国教科文组织，非物质遗产。国际博物馆 221-22（第13—21 页）.教科文组织。https://unesdoc.unesco.org/ark:/48223/pf0000135852_eng

帕雷欧，I. 和威恩伯格，N.（2006）.流行音乐节的分类：节日的类型及其对音乐流派建设的作用的探讨。国际艺术管理杂志，8（2），50—61. www.jstor.org/stable/41064930

帕伦博，B.（2010 年）.具有全球想象力的生物分类系统。最初的研究假设始于联合国教科文组织的案例。梅里蒂安娜，68，37—72.

帕尔勒.（2018）.现场演出领域的文化遗产。帕尔现场演出，欧洲。源自 https://www.pearle.eu/download/PUBLICATIONS/e59586c02385a96b20460be0de2c14ab/fd 7eda1aa45002415dd3acda6da31751

203

普伦蒂斯，R. 和安德森，V.（2003）. 节日是创意的目的地. 旅游研究年鉴，30（1），7—30. https://doi.org/10.1016/S0160-7383（02）00034-8

奎格利，C.（1998）. 民间舞蹈. 恩·扬·布鲁万（编辑）. 美国民俗：百科全书（403—412）. 加兰出版公司，http://1.droppdf.com/files/IlMsW/encyclopedia-of-american-folklore.pdf

奎因湾（2009）. 节日，活动和旅游. THE SAGE 旅游研究手册（第 483—504 页）. 都柏林：SAGE 出版有限公司. https://doi.org/10.4135/9780857021076.n27

奎因湾（2010）. 艺术节，城市旅游和文化政策. 旅游，休闲和活动政策研究杂志，2（3），264—279. https://doi.org/10.1080/19407963.2010.512207

理查兹，G.（编辑）（2001）. 文化景点和欧洲旅游业. 英联邦农业局出版. 源自 https://epdf.pub/cultural-attractions-and-european-tourism.html

理查兹，G.（2002）. "遗产，游客和社区：迈向可持续发展关系？"研究于 2002 年 9 月 13 日在"遗产，新技术和地方发展"会议上发表. 荷兰根特：公共考古中心. 摘自 https://www.academia.edu/33465418/

理查兹，G.（2008）. 传统活动中的文化和真实性：巴塞罗那生产者，居民和游客的看法. 活动管理，11，33—44. https://doi.org/10.3727/152599508783943228

理查兹（Richards, G.）（2018）. 传统旅游：城市的收益还是责任？历史悠久的城市现在正遭受旅游业的折磨吗？卡塔塔利亚：当代意大利文化，2018 年（特别版：2018 年欧洲文化遗产），2，395—415. https://www.academia.edu/33465418/

罗兹，N.，扎基，S. 和苏比例，S.（2013）. 旅游与非物质文化遗产. 普罗迪亚——社会与行为科学，85，411—420.https://doi.org/10.1016/j.sbspro.2013.08.370

龙斯特伦，O.（1997）. 民间舞蹈. 恩·托马斯·格林（编辑）. 民间：有关信仰，习俗，故事，音乐和艺术的百科全书（175—183）. 加兰出版公司. http://www.rhymesworld.com/sitebuildercontent/sitebuilderfiles/2285284.pdf

圣玛丽娜，B.（2017）. 瓦伦西亚国家非物质遗产：一个及其有形的爆炸. 安达卢西亚人类学杂志，12，117—143. https://doi.org/10.12795/RAA.2017.12.06

肖恩，A. 和帕里，B.（2010）. 成功的活动管理：实用手册（第 3 版）. 英国安多佛：参与学习. 西尔伯格，T.（1995）. 博物馆和文化遗产的文化旅游和商机. 斯特拉菲，E.（2014）. 今天的玛雅和考古遗址：解释和仪式活动. 基多：阿比亚·阿亚拉. 蒂蒙，M.P.（2009）. 镜子前：非物质遗产的材料. 西班牙的文化遗产，62—70.http://www.culturaydeporte.gob.es/cultura-mecd/dms/mecd/cultura-mecd/area-cultura/patrimonio/mc/patrimonioculturale/n-0/capitulos/10-Frente-mirror_material_Patrimonio.pdf

托雷斯，S.S. 和法尔切里，L.（2017 年）. 非物质遗产：厄瓜多尔，哥伦比亚和秘鲁的三个案例研究. 人类学研究笔记本，第 18 卷，第 77—96 页.

旅游管理，16（5），361—365. https://doi.org/10.1016/0261-5177（95）00039-Q

联合国教科文组织.（2011a）. 非物质文化遗产地区. https://ich.unesco.org/doc/src/01857-ES.pdf

联合国教科文组织.（2011b）. 什么是非物质文化遗产？https://ich.unesco.org/es/que-es-el-patrimonio-inmaterial-00003

乌萨尔，M.，加汉，L. 和马丁，B.（1993）. 事件动机的检验：一个案例研究. 节日管理和活动旅游，1（1），5—10. https://www.researchgate.net/publication/284657765

维拉塞诺，I. 和左拉，E.（2012）. 非物质文化遗产或文化的世袭化. 文化和社会代表性，6（12），75—101. http://www.revistas.unam.mx/index.php/crs/article/view/30475/28289

外斯特，P., & 凯瑞，J.（2004 年）. 生态旅游和真实性：摆脱一切？当代人类学，45（4），483—498. https://doi.org/10.1086/422082

佐坦，J.（2010 年）. 关于节日的研究. GC 公告：文化管理，19, 7. 摘自 http://www.gestioncultural.org/boletin/files/bgc19-JZSzabo.pdf

大湾区视野下澳门文化特质及其教育

钟春晖

澳门培正中学中华文化馆馆长

粤港澳大湾区的概念很重要，它是一个创新的概念。2018年中共中央、国务院颁布的《粤港澳大湾区发展规划纲要》对澳门的定位是一个中心、一个平台、一个基地。具体来说就是建设世界旅游休闲中心、中国与葡语国家商贸合作服务平台，促进经济适度多元发展，打造以中华文化为主流、多元文化共存的交流合作基地。

这一具有划时代意义的"新定位"，自然引起我们反思澳门在大湾区的文化定位，以及其在基础教育方面的发展方针。我们认为，澳门的"中华文化"，应以"珠三角、广府文化核心区"为根基，同时又以融合四百多年来的中西文化交流成果为特点，因此在本质上与大湾区其他城市的文化存在很多异同，也值得大家深思。

珠三角的广府文化是被大家所熟知的，它在整个岭南文化中是个性最鲜明的一支。它在发展过程中体现出如下特质：传统务实、兼容并蓄、开拓创新。这种个性特点在将来促进大湾区的政治、经济、文化大发展方面一定会起到很好的促进作用。

在以广府文化为基础之上，澳门文化有一个什么特质？澳门文化很多时候给人的特点是因循守旧、不思进取、害怕改变。因此，澳门还是应该从"文化"角度去寻找自己的位置。所谓澳门文化，并非仅指寻找存在于澳门这块地方的文化现象，它应当包容具有近代史意义和现代性含义的由中西文化交融而形成的整体观念和开放精神。澳门文化是迄今四百多年东西方两种异质文化逆向交融和多元融合的独特产物,澳门的精彩之处和它对于中国历史与中华文化的重要性,也就在于经由长时期东西文化交融所产生的客观存在的人文价值方面。这正好证明了中华文化本身就具有巨大的融合性和吸附性,因此才能保持悠久而常新。

谈及澳门文化,很多人会想到一个关键词:岭南文化。澳门原属广东省香山县,自古就与岭南文化有着不可分割的联系,岭南文化的特色长期在澳门得到保留与发展。

因此,从这个角度看,澳门的文化创意产业是极富魅力的。在葡澳时代,澳门中学教育缺乏全盘计划与根本精神,过去似乎只有"市民教育",而无"国民教育",此一病相之影响,使澳门过去很长一段时间只有职业教育而无人才教育,甚至只有语言教育而无文化教育。

换句话说,过去在学校教育体系中,青年学子很难得到"家国认同""乡土认同"等意识形态的培养。这些意识主要是通过生活环境、家庭教育、影视文化等方式培养,而非学校教育。但在今天这样一个互联网资讯洪流的世界里,环境教育已难再起到以往的效果了。

《粤港澳大湾区发展规划纲要》也提出了"以中华文化为主,多元文化并存"的定位,这就是澳门未来文化大发展的一个主要方向,值得教育界审视与重视。而澳门基于中华文化和澳门文化本身的特点,可以着重在"中华文化""大湾区文化"与"澳门历史文化"三条路径展开。

以澳门培正中学为例,培正中学有130多年的历史,最早是在广州创立的。这所学校是由华人创立的,一直都很重视中华传统文化的教育。在教学目标方面,我们首先要让学生了解认同"中华文化""大湾区文化"与"澳门历史文化",其次培养学生"大湾区视野"及"文化创新思维"。我在相应的教学方针方面设立三点,一是先立乎其大——以中华文化为核心;其次循序渐进——以"中华文化""大湾区文化"与"澳门历史文化"三条路径同时推进教学;第三就是润物细无声——我们除了开展正规课程之外，也着重课外活动的培养，在其基础上希望学生了解和认同"中华文化""大湾区文化"与"澳门历史文化"。

我们的三条路径中第一条是中华文化。中华文化离不开正规的教学内容，包括语文、历史和地理这三门基本课程，我们同时在初一和高一开设了中华文化课。学校也配套建设了中华文化馆，给学生提供更多可以参考的资料。我们学校也创办了相应的研究刊物，早在上世纪80年代中期，培正中学就组织师生创立了"史地学会"，作为推广和研究中国历史和地理的平台，每年还出版学生自行编写的研究性刊物《红蓝史地》，迄今已出版二十多期。2013年，我们在历史室的基础上扩展成"中华文化馆"，收藏的物品门类齐全，涵盖广泛，通过实物的展示，使学生对博大精深的传统文化有更加具体、直接而亲切的认知。我们还开设了课外活动，像书法课、戏曲进校园等等。

我们意识到，文化馆的意义不仅是作为文物陈列的场所，更是要承担向学生传递文化教育的任务，使他们对于传统文化有所感悟和启发，从而开拓人生视野，因此我们在相应课程的开发上做了很多功课。今天语文教育提供的往往是一些应试知识，考虑到我们学生的情况，一定要对症下药，自小学到中学，各级每周至少开展一节阅读经典课程，带领学生阅读《论语》《史记》《资治通鉴》和"诗骚"系列经典文学名著。

我们在大湾区文化培育方面，采取了五个方面的措施。一是"培正"校史，通过开展校史有关课程让学生了解培正故事，这是讲好大湾区故事的基础。二是我们组织学生针对茶文化开展了大湾区名泉环境调查及水质调查，在11个城市里寻找山泉水，采集样本回来做实验分析水质。三是"同饮一江水"活动，澳门是一座非常缺水的城市，我们99%的水资源都是从内地运过来的。四是做家族史的报告，鼓励学生去了解自己家族的祖籍、地望等内容。第五就是通过开展周会，向大家介绍大湾区的相关发展政策支持等，给学生们提供更多有关澳门未来发展的视角。

中葡历史文化与时装设计的交融

容甄甄

澳门商艺有限公司执行董事
粤港澳大湾区青年创意设计人才（创意100）首批学员

我来自澳门，祖籍是台山。很荣幸能以设计师的身份回到这里，在这么大的舞台上面展示自己的成就，也很感谢在座的各位同胞愿意听我的演讲。

很高兴在这里向大家介绍在中央的支持下澳门的发展和我们年轻人的发展。今天在座的有很多也是年轻人，我相信每一个年轻人如果肯抓紧机会的话，每一个时代也是每个人的机遇。我在10岁的时候开始唱歌演出，16岁开办了自己的第一家公司，主要从事活动策划和模特经理人工作。在接触模特和演出的过程中我对时装设计产生了浓厚的兴趣，高中毕业后就修读了服装设计专业，从事时装设计事业到现在已有13年了，我是一个为了理想努力奋斗的80后。我对自己的概括有三点：第一就是设计自信的服装，第二就是演绎温暖的歌声，第三就是推动大爱的精神。

我今天想讲讲澳门的中葡特色和历史文化如何影响澳门的时装设计行业，以及澳门时装行业历史追溯的话题。澳门其实在1960年代就有纺织业发展了，制衣业也逐渐起步并得到发展，最开始是由香港的厂商来澳门经营的。从1970年代起，澳门先后获得欧洲共同市场和美国的普惠制待遇，这给当地的成衣制衣行业带来很多优势。到了1974年，又被豁免了欧洲地区所实行的纺织品配额限制，加上本地的三大手工业正在逐渐衰落，纺织制衣业就取而代之成为澳门制造业的主力，开始逐渐进入全盛时代。据统计，1979年制衣场所达到375家，行业雇员达到2万多人。

到1980年代，澳门制衣业不论在产值和出口值上都是首位了，附属澳门制造业的产品日趋多样化，包括内衣、T恤、睡衣、牛仔裤等，其中牛仔裤和T恤最受国内外欢迎，这些产品主要出口到美国、西德、法国、英国、中国香港等地。

时装制作和设计层面在 1980 年代已经有了很扎实的基础，得到了不同国家的认同和需求。进入 20 世纪 90 年代后，由于邻近的珠江三角洲和东南亚一些国家出口加工业的迅速发展，澳门工业受到很大的挑战，生产成本低廉的优势逐渐丧失，竞争力下降，发展明显放慢，增长幅度由 80 年代的两位数降为一位数，许多工厂或者部分生产工序转移到成本更低的邻近地区。面对新形势，澳门的一些企业家致力于促进工业转型，即将原来粗放型的劳动密集型产业向半技术密集型及高附加值的产业转移，一方面开发新产品，开拓新市场；另一方面积极改进经营管理，引进新科技，降低成本，改善产品质量，提高产品的竞争力。

目前，澳门工业虽然进入转型调整期，遇到不少困难，但发展前景依然光明。

国家颁布了《推动共建丝绸之路经济带和 21 世纪海上丝绸之路的愿景与行动》和《粤港澳大湾区发展规划纲要》，这给澳门的发展又提供了潜力无穷的机会。我以澳门的服装设计行业来解读一下：

国家通过政策给予我们公司很大的强心剂。我们抓紧政策，以"澳门品牌"作为宣传亮点在中国的二线城市销售、布点包括零售、在线商城、电视购物以及批发等不同渠道，以扩大市场。我们还借助澳门文化产业基金会的支持，推广到不同的国家。

我从事服装设计行业 13 年来，在澳门中葡文化的沐浴下成长，从 2011 年起担任欧来亚国际服装品牌集团有限公司设计部总监，共开发了三个主轴系列，主要以中葡交融文化作为远程设计理念。

2019 年我们与澳门文创基金合作，以一个崭新的面貌面向市场，将澳门各个原创服装品牌及创意产品相互融合，澳门文创业抱团进驻"澳门文创生活体验馆"，集合不同形式的澳门文创产品。在整个过程中，我很感恩的是经过我们的努力，我们的品牌和我个人的经历，也被记录进了庆祝共和国成立七十周年、澳门回归二十周年献礼片《澳珠情缘》，并在中央电视台纪录片频道播出。

习近平总书记在世博会上说："中国市场这么大，欢迎大家都来看看。"这也是我的一个感受。澳门虽然面积很小，但是有着深厚的历史文化，是一个面向国际的重要平台，欢迎大家来澳门看看，大家相互交流，互相抱团发光发亮。

艺术保税库与创意产业发展
——以粤港澳大湾区为主要分析对象

张正霖

中央美术学院艺术管理与教育学院教授
国际艺术市场研究学会中国分会秘书长

我的专业是艺术市场与产业,之前跟各位专家一起探讨了现代社会的生产观、创作观和消费观,其实我们常常会忽略消费观。我国作为一个文化产业输入国,一个原因是我们的交易环节安排得并不是很富有逻辑,或者说特别具有竞争力。过去几年间,我们的政府也认识到这个问题,在深圳、北京和上海三地成立了保税库,保税库的重要意义就是要节省税。目前艺术品交易最大的障碍并不是我们宣传力度不够,我们不缺乏内容资源,也不缺乏消费者,真正缺乏的是针对交易金额里的税的措施。保税库的含义非常简单,就是税金的减免或者豁免。

我国作为贸易大国,实际上从1949年起取得了非常大的成绩。我国并不是文化输出大国,而是文化输入大国。在文化市场领域,从视觉艺术的交易到文创产业的交易乃至影视产业的交易,我国都是净输入国。也就是说,我们有强大的生产团队、强大的消费者群体,但缺乏好的交易环节,来有效降低交易成本,吸引消费者进入市场,这才是我们真正缺乏的。

最近五年来,我们一直在打造一个比较合理的文化中介交易平台,其中最有意义的就是五个保税库。过去三年,我在国内成立了几个贸易基地,从上海到深圳,各自的功能不同。在我们今天谈论的主题之下最有发言权的就是深圳。我国文化产品的金融转运交割和金融交换中心在上海,香港不负责生产,那么接下来香港会不会被取代也是个问题。

粤港澳大湾区的区域至今已经非常庞大，但是一直没有在全国的文化生产领域获得一定的地位，这大概跟北京和上海的特殊状况有关。

这让我联想到瑞士银行和德意志银行的艺术业务体系的例子。瑞士银行在艺术研究、收购与销售、财产规划、活动及资助以及艺术策划管理方面都有介入，著名的香港巴塞尔艺博会就是瑞士银行赞助的项目之一。德意志银行也收藏了大量艺术品，通过艺术品流通，在企业形象及资金方面都得到了很好的回报。基于中国的国情，地产、金融、文创、互联网与艺术品结合的模式更有优势。"艺术金融、艺术地产一定是将来艺术资产发展最重要的模式之一。"

一个产业的发展，总与人才、资金、技术、管理技艺、经济规模等息息相关。以我考察过的卢森堡自由港艺术品保税仓库为例，它是欧洲最大的商转用艺术品及珍贵动产库房，整个管理极有系统和效率，包括与机场及陆运的紧密结合，还有法规和商业体系的完整支撑。核心的观念，在于将作品收存及有效流通两者精准结合，以专业技术和知识，通过物的保存和高技艺化的管理，吸纳广大的忠诚客户及市场。更言简意赅地说，此一保税仓库的成功之处，便在于将潜在的庞大需求，通过他们所提供的专业环境，转变为真正的更加庞大并且拥有持续增长能力的商机，从而在动态中实现获利，建立市场领先地位。无论是产业环境的具体分析、艺术投资与客群经营、艺术财富的管理、艺术品保险、艺术市场相关税务、艺术品仓储及物流还是艺术营销等等范畴，都让我们看到了欧洲地区在实践和操作经验上，不仅具有相对先进的经验，更具体到每个分工和操作环节上，让管理得以有效施展，更从中锻炼、造就了专业人才。

粤港澳大湾区的艺术保税库与创意产业发展，需要高效率地整合价值链上的不同分工环节，在现代技术的基石上，使其成为真正的产业整体，各种资源跨国界地相互交流、交织。环顾目前的发展态势与机遇，以中国市场规模和需求的广大、人才积累的丰沛以及正确的政策发展方向，我相信我们必能在自己的土地上，开拓出属于我们自身的艺术金融产业体系，在专业典范、管理技艺、商业创新等诸多层面上，在全球范围内与欧美诸国并立。

论坛嘉宾访谈录

江门论坛发言嘉宾合影

受访嘉宾：刘曙光
国家文物局原副局长、中国博物馆协会理事长

访谈者： 您能否就江门市的开平碉楼谈谈如何保护和活化文物？

刘曙光： 开平碉楼的保护现在碰上一个非常好的时机。现在中央提出了乡村振兴战略，我认为应该把开平碉楼这个文化遗产的保护跟乡村振兴战略联系起来。因为开平碉楼的那些古楼如果加以适当改造的话，会成为很好的民宿。开平是广东省内一个经济比较发达的地方，基础设施建设方面应当比北方、西北地区一些地方要发达一些，应该考虑的是怎样把它利用起来。开平碉楼不仅仅指向碉楼本身，还有它周围的一切山水、农田等等，不光有建筑，还有一片值得保存下来的自然风光。参观开平碉楼跟其他的文物古迹不太一样，你可以置身在一片阳光明媚、郁郁葱葱的青山绿水中，而且可以看到农民的生活状态。在开平碉楼，置身于那个环境和到碉楼里面去参观是同等重要的，如果周围的自然环境不在了，那碉楼本身也没有什么意义了，因为现在比碉楼更宏伟、更洋气的建筑有很多。不管是开平碉楼也好，台山碉楼也好，正是由于所在位置的周边的山水田园风光，才不太脱离它本身的自然生态属性，才跟我们今天提倡的"金山银山，不如绿水青山"相得益彰。这是开平碉楼跟其他文化遗产所不同的地方，涉及环境保护的底线，容不得打擦边球。

访谈者：您对粤港澳大湾区青年创意人才计划有什么看法？

刘曙光：我认为这个创意非常好，抓到了问题的本质。因为文化遗产最终要面向的是年轻人，文化遗产虽然反映的是过去、是历史，但是如果它不在年轻人的手里、不在年轻人的心里，那它就没有未来。文化遗产如果没有未来，那么我们当今做的一切努力就没有了方向。面向青年人的文化创意学习抓到了文化遗产的核心，具有相当大的意义。但是这本身也是有难度的，因为年轻人与我们相比，与文化遗产之间的隔膜更多，当今社会对年轻人的吸引力很大，他们更愿意关注科技、娱乐等信息，可能对文化遗产、历史并没有太多兴趣。那么我们如何激发年轻人对文化遗产的兴趣，而不是让他们仅仅一时心血来潮？要培养他们往文化遗产专业方向钻研，作为一种可以长久保持的爱好。年轻人对自己的国家、文化或地区感兴趣的话，这个国家、这个社会就会很有前景。

访谈者：暨南大学文化遗产创意产业研究院是全国较早的一个把文化遗产保护事业和文化创意产业结合起来的研究院，您对我们的工作有什么希望和指导？

刘曙光：暨南大学文化遗产创意产业研究院是文化遗产和文化创意中间一条又宽又直的桥梁。中央关于文化遗产和文化创意发布过相关文件，鼓励文物保护单位尝试文化创意产业。我们看似是有资源的，但是没法搞创意，而搞创意的人又远离文化遗产的资源单位，这二者之间需要架设起一条桥梁，这座桥梁上需要各种各样的管道。希望研究院不仅成功搭建桥梁，还疏通管道。预祝研究院成为文化遗产和文化创意之间的发动机，希望研究院从"创意100"做起，接着有"创意1000""创意10000"！

受访嘉宾：张晓明
中社会科学院研究员

访谈者： 刚才您在论坛上提到了两点，一个是现在中国是使用数据平台人数最多的国家，这个具体数字是多少？这些数据对人们的生活有什么样的作用？这些内容与今天我们探讨的文化遗产合作与交流以及文化创意产业有哪些关联？

张晓明： 我觉得腾讯的发展大体可以代表互联网的普及程度，因为基本上有手机的中国人都会使用微信，这个数字在10亿人以上，剩下那几亿人为什么没有入网，我很难想象，可能他们生活的地方太偏远了。有了手机之后，人们需要使用的消费资源基本都被整合在手机上。最简单的例子是，居家的物业费包括水电煤气费用的缴纳都可以在手机上解决。

但是，手机不只是消费工具，它还是个生产工具，是个移动终端。借助这个生产工具可以做很多事情。据我观察，在文化领域，手机就是个文化生产端。文化的数字生产差不多在十年前就超过了纸质媒介，现在都超过数十倍了。2018年，在书籍领域，光一个腾讯就有1000万部以上的网络小说，而我们国家正式的出版物只有27万种。网生文化内容确实给娱乐创造了很好的条件，现在票房排前几名的电影基本都是由网络文学改编而来的。这里有一个商业规律，凡是在网上流行的网络作品，流量都可以统计出来，把它改编成电影和电视剧，风险就会较低，这对于影视制作人来说是一件好事，相当于有一定的社会基础。但是网络作品的问题在于，其内容可能比较单薄，精品较少，甚至过度娱乐，或者对历史不尊重、用戏说的形式。"王者荣耀"就是个典型的例子。大家普遍对游戏有点不良印象，游戏中出现歪曲历史人物的现象，大家就会把它揪出来，探讨这个问题怎么解决。比如我们可以提高网络作品生产者的文化水平。但怎么提升呢？我们不能把他们都重新发配回学校去学习吧，网络作者中很多人其实是白天上班晚上写，甚至很多人还是公务员。可能一些写历史的人是个历史外行，怎么能让这些人真正接触到我们优秀的文化传统？我们的博物馆有很多，但文物藏品的展出率很低，怎么样把这些文物藏品盘活？只能靠数字技术，所以下一步就应该做文化资源的数字化。

访谈者：暨南大学跟商务印书馆以及国际民间艺术组织要联合做一个课题，就是"国际民间艺术博览馆大数据平台"，我们是想做一个互联网上的空中世界博物馆，做一个系统的梳理。像您刚才讲到的民族博物馆30万件作品被压在仓库里，没有空间展示，但是假如我们扫描、拍照、上传之后，就能变成空中博物馆。您对这个项目有什么建议、思考和设想可以分享一下吗？

张晓明：首先，能把全世界的国际民间艺术集中到一个空中博物馆里，这本身就是一个很了不起的大事了，因为民间工艺都很有地方性，不要说外国人看不到它们，本国人互相之间也不容易看到。如果没有数字化，基本上很少有人有接近它们的机会，你不接近它，不去传播，它们就会流失掉。从传统到现代的东西就会丢失很多。因此我们首先是要把它们搜集起来，我们国家有这样的能力。像商务印书馆这样的文化机构，它有这样的能力，不光是财力，还有专业能力。我觉得这是第一步。但文化遗产数字化的意义绝对远不止于此，因为它不光可以做到数字化，还可以做成素材，提取里面的元素，提取元素以后可以标注，可以智能化，标注了之后可以建立数据库，建立知识图谱系统，这里面最大的一个好处就是可以体现一个长远的文化时空演化规律。中国的文化跟周边国家的文化、跟"一带一路"沿线国家的文化之间有很多历史联系，但实际上现在由于它们都藏在自己国家博物馆的仓库里，所以专家也接触不到这些藏品，接触到了也没办法研究。当你把它拆解成各个元素后，给它加上标注，你在电脑里就可以非常方便地看到它的演变过程，这对我们重新理解历史来说至关重要，甚至可以帮助我们开辟出一个数字考古的新空间。

访谈者：我们可不可以做一个基因的提炼，比如刺绣，把全世界不同的刺绣都搜集起来做类比？您能否谈谈您对暨南大学文化遗产创意产业研究院的看法？很多人都说研究院是第一个把不同领域结合起来的机构，您有什么样的看法呢？

张晓明：首先它是一个全世界民间艺术和文化遗产数字化的集成，数字化的采集是一个庞大的工程。我认为应申请一些政府资金，通过"一带一路"的政府支持和赞助还有一些民间商业机构支持，把采集这第一步做出来。之后，我们可以整合全国的科技专家，把它做成世界民间艺术的素材库。这不仅会为设计师提供丰富的创作素材的来源，还能为研究人员提供一个全面的研究素材库。

访谈者： 国际民间艺术组织是一个资源丰富、历史悠久的国际组织，您认为应该怎样与商务印书馆、暨南大学进行更好的合作？

张晓明： 首先它是跟政府密切相关的，因为它是政府间的合作，事关"一带一路"建设。国际民间艺术组织的会员国大多数都是"一带一路"倡议的参与国，因为中国政府的推动力很大。第二就是通过社会合作，也就是说社会机构和学术机构之间开展合作。这些会员国也都有自己的研究机构，暨南大学可以跟这些国家的研究机构和高校形成一个合作联盟。第三就是真正落地的商业机构，虽然这些"一带一路"沿线国家的商业机构不是那么强，但至少国内有很多商业机构对此会感兴趣，这里面有很多专业技术需要整合。把一个文化资源转化成商业产品，再把它转化成金融产品，这是需要很多商业技术的。所以还需要整合一个专业的多学科团队来落实这个项目。

受访嘉宾：王中
中央美术学院城市设计学院原院长、教授，中国公共艺术研究中心主任
北京市人民政府专家顾问团顾问、国城市雕塑家协会副主席

访谈者： 据了解，您与团队刚完成大兴国际机场公共空间的总设计，在这样一个大型的公共艺术空间设计策划中，您是如何运用有关非物质文化遗产和传统文化元素的？

王　中： 我刚刚完成的是大兴国际机场策划设计工程的第一期，二期工程也即将开始。有关中国传统文化在项目中的体现和思考，首先我有个八字指导原则，就叫"中国文化，当代演绎"。大家一提到机场艺术，好像就会想到怎样把艺术品植入机场场景中，但我关注的要远远多于把艺术品植入机场，我更加关注的是机场如何体现人文关怀。我很高兴的是大兴机场被称为平安机场、智慧机场、绿色机场、人文机场。我现在也接受了一个新的任务：创造更多的人文机场。这体现出国家更加注重人文价值了，所以我们提出了"即使延误，也是享受"的理念。这跟以前的机场只是一个候机空间或者购物空间就完全不一样了，我们甚至希望很多人为了参观机场提前三小时到达，所以我们要创造一个世界上最繁忙的艺术馆。过程中，我

们要创造出四个"+"："艺术+交互""艺术+功能""艺术+平台""艺术+机会"。因为我更看重机会，我想创建一个天空美术馆。在全球范围内已经有几个机场美术馆，但那些美术馆的体量和规模跟我们要创造的美术馆完全不是一个层次。我们将来会在大兴国际机场的手机 App 里植入全部内容，也会通过 App 去解读背后的很多文化和故事。我们的很多作品不仅仅是一件作品，更是那些背后的故事。比如说，你会在机场看到几个飞机旋窗的造型，在里面可以看到八达岭长城、紫禁城等等，它们都是我们的世界级物质文化遗产。但你看到的长城只是一个符号，我更多是希望观众通过技术、通过触摸屏，能了解长城背后的故事，而那些才是我真正看重的。未来我们将创造更多的延伸品，会围绕机场的这些艺术品创造新的故事。比如由各国的"爱"字、各国的"欢迎"等等几层拼起来，像一个悬挂的红心，未来可以以爱情这个主题来策划有关活动，比如结婚纪念日甚至新婚仪式等。我们也可以设计很多艺术延伸品，比如一个白色的手提包的扣襻，上面就是这个红色的爱心，同时让人了解大兴国际机场背后的概念和故事。

我们还创作了一个叫"一线一城"的作品。其实作品的尺度并不大，最重要的是它体现了大兴机场的地理位置：从中轴路往北，有永定门，有天坛，有前门，有故宫建筑群，有鼓楼，有钟楼，有国学馆，有鸟巢、水立方。我认为这是五千年不间断的文化从过去走向未来的一个展示，是全世界独一无二的，这些都说明了文化传承的力量。

访谈者： 昨天大家在江门这个地方，展开了一些有关开平碉楼的探讨。碉楼本身就是中国的乡村建筑中最洋气的一种。当年很多海外的华侨华人有钱了，回到乡里，把国外楼群的模样搬到这里，就让开平这样一个普通的小村落变成了一个文化的集群。作为一个从事文化创意、公共空间艺术研究的学者，您认为江门在粤港澳大湾区建设当中应该怎样变成一个能互动的空间？开平应该怎样跟大湾区的未来结合起来，成为新的公共艺术空间的载体？

王　中： 这是一个非常好的话题。我从来不提传统文化的元素，因为我觉得仅仅把元素进行一些演绎是远远不够的。我特别喜欢谈文化秘密，怎么深度挖掘文化背后的秘密，既有继承，也有传承和创新。比如中国江南的很多艺术是一种黑白灰的格局，大家一定要知道为什么江南是黑白灰，这背后其实是江南的文人带来的淡雅、素的诉求。我再举个例子，上海世博会有二百多个国家展馆，但是我看到这些，会按照四个层次来划分。比如说最好的以英国馆为代表的广场，就是一个打开的包装，几十万根光纤里藏着几十万个种子，会散播在世界生长，它关注的是人类文明的发展，它的格局很大。第二层，比如西班牙馆，一进馆可以看到一个巨大的婴儿，传达的是我们国家永远是婴儿，永远在成长，馆里面全都是文化名人，比如毕加索，它体现的是国家的文化精神。第三层就是中国馆，仅仅把中国的文化元素进行罗列。第四层是立方馆，几乎一进去就是贩卖旅游纪念品的，这还谈什么文化格局呢？

文化是要有当代演绎的，我们是要谈发展的，不是说我们一谈传统就不发扬了，一说中国画就是水墨画，就不发展了。魏晋时期其实是没有水墨画的，水墨画也在发展。我们江门有很多历史文化资源，最重要的是要深度挖掘、释放那些潜在的、不可替代的优势资源，经过当代的演绎去发展、创造。所以我们要紧握文化密码，这才是最重要的。对于城市来讲，核心定位是非常重要的，这关系到城市的未来。

1999年，三亚市政府邀请专家去跟当地领导班子对话，当时的三亚市规划局局长介绍了三亚的未来规划，有个主管城市的副市长做了总结发言，说三亚的未来核心定位就是六个字，"国际、旅游、城市"。我当时就说，我认为你这六个字错了四个，他问我哪两个字对了，我说"城市"两个字算对。为什么这么说呢？因为这六个字连口号都不算。中国有多少个城市可以叫旅游城市？你跟其他城市的区别在哪里？我给你六个字，"热带度假城市"。你认为中国还有哪个城市可以这么叫？三亚在2000年之前几乎只做观光游，现在发展了博鳌论坛、度假、会议等符合城市未来发展的准确定位。

江门也是如此。我认为未来中国的引擎一定是在大湾区，不仅仅是因为包括香港、澳门、珠海、广州、佛山、惠州等在内的城市群，也不仅仅是因为GDP的总量，更重要的是这个地方的政府官员的思想，在中国来说是非常有希望的。他们不僵化，他们希望学习新的东西、接受新的理念，然后创造性地发展，这是希望。通过这次活动也可以看到这个地方对文化越来越重视。

访谈者：请谈一下您对"粤港澳大湾区青年创意设计人才（创意100）培训计划的"看法。

王　中：今天这个时代是一个指数发展的裂变时代，我们正处在深刻变革的时代，这个变革是1000年来最伟大的变革。我们继续沿用过去的眼光看问题，用一句话说，观往而知来，一定会出问题，绝对知不了未来。我们必须用未来的眼光知今天。创意人才的培养，一定要着眼于未来的发展趋势。这是毫无疑问的，我们要看到未来新的可能性。如果要我说一点对设计师的要求，传统的设计师要看他的经验、创意、设计平台，但是未来设计师绝对不是这样的。如果你不了解大趋势，不懂得人工智能，不懂得大数据，不懂得创造IP故事，不懂得新的技术平台的应用，不懂得人文和审美，你就不可能是一个能适应未来的设计人才。

访谈者：这次培训在导师的邀请上，尝试了跨界、跨领域的组合，比如现在我们希望有经济领域的、科技领域的导师，因为科技是引领世界潮流的非常重要的因素，未来我们在课程设计上也会重视这个环节。未来的青年可能18个月就更新了，但我们的培训才10天，怎么样在这10天当中培养出大湾区未来的创意设计人才呢？

王　中：我觉得我们应该更深刻地认识到我们这个时代正从工业革命转向智能工业，比如即将面世的量子计算机，我们现在功能那么强大的计算机破解RSA密码需要60万年，而量子计算机只需要3小时，这就不是一个现在的思考方式。那么我们现在培养人才需要一个什么样的思维方式？比如说，一个学校有个汽车设计专业，最后做了一个课题叫"未来100年的汽车设计"，课题结题的时候请我点评，我非常不客气。为什么？未来100年还叫汽车设计吗？现在的科技给未来增添了无限的可能性，未来我们人类的出行还要依靠汽车吗？英国皇家艺术学院有个著名的、全球绝对领先的专业叫汽车设计专业，你知道人家怎么做的吗？这个专业砍掉了，人家又创建一个智能移动专业。大家可以想一想，你这还在关注汽车设计呢，人家那边已经在关注未来智能移动了，你所有的内涵、外延包括你的思考方式还有解决方案，全都是落后的。

也就是说，我们以传统的线性思考方式去思考未来一定会犯错误，一定要让未来定义今天。现在硅谷的设计人员和操作人员的比例超过1:5了，那么这个公司是没有投资价值的。美国航空航天局的专家在探讨未来人们到了太空怎么生存的时候，前两场没有请科学家，请的是艺术家，因为艺术家的想象力会超越科技。因为科技不是科学，科学是哲学。

既然是创新，未来的创新是不可能在自己的系统里出现的。如果不跳出你原来的专业，你就不可能有创新，所以我们授课必须有全新的方式。大家一定要认识到，今天教育的创新已经不是知识的传播了。那么什么是核心？是提出问题和解决问题的能力。我希望这个培训的核心是对学员提出问题和解决问题的能力的培养。

受访嘉宾：刘彦平
中国社会科学院研究员

刘彦平： 江门市是粤港澳大湾区当中的一个重要成员，但在大家印象当中好像不太突出，好多人不太了解江门市。事实上江门不仅具有鲜明的文化特点、文化优势，它还是粤港澳大湾区中唯一一个有两个世界文化遗产的城市，是著名的侨乡，在产业发展方面也是大湾区的重要成员，未来将在粤港澳大湾区科创走廊建设体系特别是文化圈建设中发挥自己的长项以及资源优势，发挥中坚力量。

这次江门承办"一带一路"文化遗产交流合作的论坛，也能看出江门的城市品牌意识和大湾区"一带一路"建设的重要载体作用，它在人文湾区建设的使命意识非常强，打造城市品牌的目标意识和意愿也非常强。未来我的建议是，如果能打造一支专业化的团队来进行城市品牌的规划、设计以及专业执行，在党政领导下，企业、媒体、社会能积极参与，形成一个城市品牌治理的体系和富有活力的局面，逐渐提升城市品牌化和城市营销能力，这对于未来江门的发展意义重大。

访谈者： 请介绍一下您现在在做的城市品牌和竞争力影响力指数。

刘彦平： 根据现在在做的中国城市品牌发展指数，江门应该是处在中国城市品牌发展的上游，文旅品牌的排名比总的排名还要靠前，这证明了文化旅游的吸引力。

访谈者： 江门未来想要继续提升排名的话，从哪些方面发力会更有优势？

刘彦平： 无论是城市品牌发展指数还是湾区影响力指数，都由两个部分构成，一个是统计数据，另一个舆情数据，其中统计数据占比略多，舆情数据包括传统媒体和社交媒体，城市品牌是以国内的舆情为主，湾区影响力是以国外传统媒体和社交媒体为主。这就意味着，江门如果要加强城市品牌影响力，就要提升内容的生产量、拓展渠道，在江门的优势领域扩大受众的讨论、深化受众的讨论，这样能产生更多的对江门积极的口碑，对未来城市影响力指数的提升将有很大的促进作用。这里就需要一些事件的策划来带动，需要舆论的引导，还要加大建设的力度，无论是经济建设、社会民生建设还是环境建设，都会体现在统计数据当中，这也是对城市品牌建设的一个根本指导。

受访嘉宾：王殿彬
民政部中国地名学会秘书长

王殿彬： 能参加"一带一路"文化遗产合作与交流研讨会，我很高兴，也很荣幸。很多人其实并不了解，"地名"也是联合国教科文组织定义的非物质文化遗产，我们也在从保护非物质文化遗产的角度推进这项工作。

地名有四大属性。

第一，地理属性。在人类还没有给特定地点命名的时候，人类生活的地方不叫城市，叫部落，有了地名以后才慢慢有了村落、城市，地名就是这样发展而来的。人们普遍不关注地名，因为地名是没有利益属性的，是公益性的。后来随着地名普查工作的开展，地名才越来越引起人们的重视。

第二，从国际层面来说，地名应该是国家主权和尊严的象征。在国际上有个通行惯例，就是名随主人，这是一个通用的游戏规则。意思是说，一个地方谁先发现、谁来先命名，则主权优先归谁所有。所以在国际上有关国家之间的领土争端、主权争端中，最后追溯的还是地名的命名，要依靠文献支撑、历史记载等方式，追查最早是由谁先命名的，从而进行主权认证。

第三，地名是非物质文化遗产，这也是地名最核心的特征。我们常说地名是人类的活化石，是人类历史中最古老的存在，比如"一带一路"、古丝绸之路，它们像一条珍珠项链，将一颗颗珍珠连接起来，最后形成了古丝绸之路的文化遗产。这应该是文化遗产里最有意义的、最能讲好中国故事的一个点。

第四，地名具有乡愁意义。我们一见面都会打听对方老家是哪儿的，地名会勾起人们的乡愁和记忆。我们讲看得见山、看得见水，这就是地名带给我们的乡愁。地名当中蕴含的历史、文化、人物故事等等，能引起我们感情上的沟通和交融。江门是我们中国的侨都，是中国走出华侨华人最多的一个城市，所以我们就从侨文化的角度、从地名的角度来探讨怎样融合。

中国地名学会最近正在做两件事，第一个就是要把"地名中国"做成一个品牌，首先要推出的就是"地名中国"的纪录片。从 2017 年开始，北京电影学院、中央电视台、中宣部，我们一直在合作酝酿这个项目，我们想用纪录片的形式，把当地以地名文化为核心的最精品的文化和历史、最精彩的人物和故事展现出来，打造一张非常靓丽的城市名片。第二件事就是想打造一个以"寻根问祖、圆梦中华"为主题的博览会。在江门让我感受很深的一点是，粤港澳同胞和华侨华人同胞真正心心相通，这是文化的相通，是情感的相通。希望将来在江门做一期以华侨华人为主题的寻根文化博览会。

访谈者： 未来与暨南大学文化遗产创意产业研究院可以展开什么样的合作？

王殿彬： 近几年中国地名学会也在加强地名学方面的人才培养，从民政部到县级单位都有地名单位，但是从事地名研究的专业人才非常少，因为目前还没有开设地名学专业进行招生。现在我积极在单位里开设研究基地，我们一直在和湖南工业大学、聊城技术学院等研究在不同层面设立地名研究院。我们大体上要打造一支队伍，从博士和硕士到本科和大专，形成人才培养模式，充实到我们地名工作的人才队伍中去。我们可以以课题的形式与暨南大学进行研究上的融合，成立一个地名文化研究院。

2019 年 9 月，习近平总书记在郑州发表了黄河流域生态保护与可持续发展的讲话，专门讲到要讲好黄河故事，保护、传承、弘扬黄河文化。这段讲话让我很振奋，也让我感慨万千。我认为，要讲好黄河故事，最应该讲好的就是黄河的地名文化故事。其实黄河作为中华民族的发源地和母亲河的意义，最重要的和最先有的就是地名。最近我与几位黄河研究专家进行了深度探讨，他们都非常认可我的想法，觉得要想讲好黄河故事，首先要讲好黄河地名故事。弘扬、传承、保护好地名文化，才能弘扬、传承、保护好黄河文化。这两点之间有着密切的逻辑关系，是同根同源的。我也很期待能跟暨南大学合作，目前我们和河南、陕西的各级单位和政府沟通得特别顺畅，考虑合作开展人才培养和承担国家重大课题。

因此，这次国际民间艺术组织拟把代表处设立在中国地名学会，也是我们的荣幸。从非物质文化遗产的角度来讲，我们得到了政府的大力支持，民政部也鼓励我们跟联合国建立良好沟通，让中国地名文化走出去。联合国有个地名专家机构，它在中国地名学会也设立了中国分所。我们具备了一定的工作经验，也希望联合国教科文组织负责人，特别是像陈平主席这样一位有威望、有影响力的国际组织负责人来参与中国地名文化的推广。我们在地名文化的国际推广方面已经做了一些工作，但觉得还不够。2017年我们带着国家的使命，在纽约参加了联合国大会。我们做了"中国地名文化走进联合国"的大型画册，邀请了60位知名书法家、画家，用传统艺术表现中国地名文化。当时的联合国大会主席接受了我们的捐赠，也把画册收藏在了联合国总部。我认为这是一件中国地名文化传承和走出去的大事。

回到有关黄河地名文化走出去的工作，也需要国际民间艺术组织的支持和帮助，在中国地名文化如何走出去的方式方法、途径渠道等方面，特别是在走出去的内容设计等方面，我们还有很多合作的空间。随着代表处的设立，我相信我们的合作会更加愉快。陈平主席多年来致力于让中国文化走向世界，我们也想借助陈平主席的社会威望和国际影响力，让中国地名文化走出去。

受访嘉宾：卢卡·福伊斯

意大利米兰理工大学教授、暨南大学文化遗产创意产业研究院特约研究员

访谈者： 请您谈一下在粤港澳大湾区，应该如何把文化遗产事业与新科技、创新融合在一起。

卢　　卡：很荣幸能受邀参加这个活动，我也对中国在文化事业方面的改革很感兴趣。现在，中国在文化遗产保护方面的工作处于领先地位，这对全世界来说都是很有助益的。我在米兰主要从事庆典设计和儿童玩具设计，我的工作与传承、文化和创新是息息相关的。创新是传承和保护的前提，通过创新吸引年轻人的参与同样非常重要。在从事庆典设计时，我们致力于改造一个地点、城市或者空间，从而创造出一些新的事物，让人们可以从中获得新的体验。改造是暂时的，但它带给人们的影响是长久的，在这方面投注巨量的金钱和时间是非常值得的，因为这是一种文化创新的体现。

为什么儿童玩具设计重要？因为孩子是未来，为孩子们创造新的体验、学习、游戏的机会是一种对未来的投资。这种学习的方式不同于说教，而是在玩耍中掌握知识、认知、技能。创造新的空间、新的城市、新的体验，让新的一代可以从玩乐中学习，这也是我的专业价值的体现。科技在这里面可以起到很大的帮助作用，好的科技可以帮助再创新和传播文化遗产。

访谈者：请您谈谈如何把创新运用到粤港澳大湾区的文化遗产事业。

卢　　卡：现在举办文化遗产合作与交流研讨会对全世界来说是一种灵感的激发，因为基于这种活动策略，可以将世界各地的不同的经验、文化、工业、艺术等形式的事物都连接在一起，而不仅仅局限于本地的范围。这就产生了一条新的途径，它可以把世界的多元文化跟本地的多元文化结合在一起。所以这个研讨会是非常重要的，无论是从地理上来说还是从经济上来说，这是一个联动的系统，这让我非常期待能参与进来。

受访嘉宾：林振中
中央美术学院客座教授、生活美学倡导者
暨南大学文化遗产创意产业研究院特约研究员

林振中：不管是在清华还是在央美，我在研究或者推动的主要是"生活美学"，就是把美学落实在生活中。我现在在大湾区的一个项目就是有关"大健康"的。因为江门是侨乡，有很多老人回到故里。我讲的不是养老的问题。现在我们整体医疗、养生的水平越来越高，我更重视的不是西方式的医疗，而是把我们传统的养生、养身、养性与大湾区结合。大湾区的整体环境非常好，水系也非常发达，不像华北、西北地区天气干燥。而且这里的岭南文化、建筑也独具特色。我们并不想把西方的建筑往中国塞，而是要保护原生态。如果把原生态破坏了，我们就会失去文化的根。原文化讲大一点就是中华文化，小一点就是岭南文化、客家文化，这些对于大湾区来说都是特别重要的。岭南建筑是中华建筑六大系之一，它十分特别，从设计、材质来看，都是从原生态来的，其实我们的一些竹子、大理石没必要从国外进口。

  昨天在开幕式上看到了很多侨胞、当地人，感觉很亲切，因为我也是华侨。现场的一些感受，就像小时候我的妈妈、奶奶给我的感觉，很熟悉、很亲切。这就是我想做这个项目的原因。我们中国有二十四节气、《黄帝内经》，中医传统医学讲"上医治未病，中医治预病，下医治已病"，但西方不讲这个，所以很多海外的华人想要回到我们这里，我们面对的并不只是中国公民，而是整个侨民群体。我这次做的项目包括游、养、娱，专家讲到的互联网，以及陈平主席讲的手工艺的落地、创新，都可以在我们的小社区里结合在一起。所以这是一个全方位的、而不只是小的手工艺的生根，而且更重要的是不断地推动生活美学，让美就在老百姓的身边，而不是把美学当成一个新的事物。我旅居国外几十年，回到这个地方，感受到中国的文化是美美与共，我想将它的文化、它的历史、它的美学结合起来，从而打造出一个新的生活美学。

  访谈者：昨天，暨南大学和商务印书馆签订了一个关于国际民间艺术博物馆大数据平台的合作协议。请您从文化、科技、美学的角度谈谈您的看法。

  林振中：今年有个分展会的主题叫作"Z时代"，"Z"就是从大数据的角度出发，包括数字化、网络。现在的生活离不开它们。昨天王中院长问我有关色彩的问题，我过去要是想给他看一个图，就要发一个信件或者一封邮件给他，但是现在不到两分钟，我就能把所有颜色都找出来发给他，这就是数字化的好处。而且很多很细微的颜色、材质都能传达过去，所以人的距离被拉近了。

国际民间艺术组织（IOV）主席
阿里·阿卜杜拉·哈利法贺信

尊敬的刘毅市长，女士们、先生们：

这里是来自国际民间艺术组织（IOV）的问候！

热烈祝贺"'一带一路'文化遗产合作与交流（2019江门）国际研讨会暨国际手工艺展"开幕！我们很高兴地看到，第三届活动将在美丽的江门举行。在过去三年中，该活动已逐渐成为IOV指导下的品牌计划。感谢此次研讨会总策划陈平教授做出的所有贡献，同时也感谢江门市人民政府和暨南大学过去几个月的精心准备。

正如联合国教科文组织所宣称的，当今世界相互联系，文化改变社会的力量显而易见。其多样化的表现形式——从我们珍视的历史遗迹和博物馆到传统习俗和当代艺术形式——以各种方式丰富了我们的日常生活。人类社区充满困惑、变数，经济不稳定，而遗产为其提供了特性和凝聚力来源。创造力有助于建设开放、包容和多元化的社会，遗产和创造力则为充满活力、创新和繁荣的知识社会奠定了基础。

国际非物质文化遗产组织的使命，是保护、保存和促进非物质文化遗产（ICH）组成部分，即各种形式的民间艺术和民间文化，促进各国人民对文化多样性的理解和欣赏，从而促进世界和平。我们认识到，为了使民间文化造福子孙后代，民间文化不能仅作为过去几代人的记忆而存在，而必须存在于今天人们的生活传统中。IOV已被联合国教科文组织认证为非物质文化遗产专家中心，通过IOV的运作，我们也希望能继续保持这项认证。这就是为什么我们强烈欢迎和支持这些活动，带头倡导世界文化和发展的宣传，如支持"'一带一路'文化遗产合作与交流国际研讨会"。

我们注意到，今年的论坛是在"华侨华人文化交流合作暨粤港澳青年文化创意发展大会"的框架下举办的。众所周知，青年人以其无穷的创造力在文化遗产的传承和发展中发挥着重要作用。IOV青年委员会是我们的五个核心委员会之一。这一次，这里聚集了十几个国家的年轻工匠。再次感谢组织者为不同地区和文化背景的年轻人提供如此重要的机会，来交流和展示他们精彩的文化作品。建设一个以人为中心的城市或区域，这可能是江门市目前最重要的目标，对他们来说这是非常重要的，也是非常有意义的。

我真心希望IOV和江门未来能一起寻找更多潜在的合作。

祝"'一带一路'文化遗产合作与交流国际研讨会暨国际手工艺展"圆满成功。

国际民间艺术组织（IOV）主席

阿里·阿卜杜拉·哈利法

（Ali Abdullah Khalifa）

文明的回响

国际民间艺术组织（IOV）成员出席论坛。左起亚洲区秘书长邓古·娜桑（蒙古）、青年委员贾威尔（哥伦比亚）、全球副主席陈平（中国）、原秘书长汉斯·豪尔兹（奥地利）

第五章 探索发现

中外手工艺人汇聚一堂

国内外手工艺人相聚在江门

文明的回响

论坛访谈者、学术主持陶利明

广东省委统战部副部长、省侨办主任庞国梅与参会嘉宾

联合国教科文组织负责教育事务的助理总干事唐虔（中）、
时任江门市文化广电旅游体育局局长汤惠红（右）

第五章 探索发现

来自十三个国家的学者与手工艺人合影留念

澳大利亚设计师与尼泊尔手工艺人展示自己的作品

231

印尼　巴厘岛　寺庙一角　摄影/Wayne

第六章 交流分享

"一带一路"文化遗产合作与交流研讨会专家论坛文稿汇编

2020年10月10日　广东 广州

专家论坛实录

陈 平
（论坛策划、学术主持）

暨南大学文化遗产创意产业研究院院长、教授、博士生导师，中央美术学院客座教授、硕士生导师，国际民间艺术组织（IOV）全球副主席，国际古迹遗址理事会（ICOMOS）专家，联合国教科文组织城市创意与可持续发展中心咨询委员会委员，国务院侨办专家咨询委员会委员，中华海外联谊会常务理事，国际山地旅游联盟个人理事，致公党暨南大学基层委员会副主委。主编有《中国非物质文化遗产蓝皮书（2015）》《当代民间艺术新论》等书。

陈 平： 大家好，让我们隆重地邀请中央美术学院城市设计学院前任院长、雄安新区公共艺术设计、北京大兴国际机场人文整体策划和规划总领衔、著名雕塑家和公共艺术大师王中教授，同济大学创意设计学院教授、博士生导师、国家社科基金重大项目中华工匠文化体系及其传承研究首席专家邹其昌老师，广州美术学院和跨媒体艺术学院院长、中国美术家协会实验艺术委员会委员、西安大明宫国家遗址公园中轴线公共艺术时间公认设计者冯峰老师，中国社会科学院、中国城市发展研究会文化和旅游工作委员会执行会长易介中老师，中央美术学院城市设计学院色彩研究室主任、清华大学环艺系客座教授、著名设计师林振中先生，澳门学者代表陈江和梁琦惠博士，还有暨南大学马克思主义学院院长程京武教授上台。

"一带一路"文化遗产合作与交流研讨会紧扣主题——粤港澳大湾区的文化发展与建设。今天各位导师承担的任务除了现场发言，还有在座学员的开题，每一位导师可以在发言后给在座的学员提出您在学术上的一些建设性意见，引导他们未来的发展方向。请每位导师就粤港澳之间、港澳和内地之间如何融合发展，如何把中华优秀文化遗产向全球推广，如何实现创意性转化，谈谈自己的看法。首先有请程京武教授。

程京武

暨南大学马克思主义学院院长、暨南大学中华民族凝聚力研究院院长、中宣部文化名家暨"四个一批"人才。研究方向为港澳台侨学生跨文化教学方法研究、多元文化研究。2001年转至暨南大学社科部任教，作为核心组成员参与国务院侨办教育教学改革项目"中国传统文化概论课程的跨文化教学方法研究"，主持暨南大学党建研究课题"侨校'两课'教育的特殊性及其教育思路研究"。

程京武： 很荣幸受陈平教授邀请参加此次研讨会。陈平教授是我十分崇拜的一位学者。一方面，我是抱着学习的心态来参加此次会议的；另一方面，我发现我与参与会议的各位专家学者思考问题的方式不同。我通常采取形而上层面的思考方式，而这种思维方式一般会被认为是不太接地气的。但是从这里，我体会到了我们这次研讨会的主题意义所在以及这次研讨会不同于以往会议的一个角度——我们在进行创意设计的过程当中，既要有"接地气"的思考方式，也要有顶层的一种思考，这也是我们经常说的"顶天立地"。

这次会议是一个高层次的会议。它的高层次，不仅仅体现在与会的各位专家学者层次的高，还体现在它的立意上——我们想要通过文化创意设计和有关文化遗产的合作与交流来展示真正的中国形象，同时展示和体现真正的中国智慧。

基于这次研讨会的立意，对于我们来说，文化是什么呢？文化是人类的一种立体的生活方式。这种立体的生活方式既包含器物的层面、制度的层面，也包含精神思想的层面。我们的文化遗产实际上属于器物的层面，但它最能体现我们中国的形象。我记得，十九大结束后，中国接待的第一起国事访问是美国总统特朗普。特朗普访华的第一站，就被邀请到了故宫，到了太和殿。习总书记向特朗普介绍道，这就是中华五千年文化的象征。而特朗普的回应在这样的外交场合稍显不友好，他说，中华五千年的文明并不是最悠久的，埃及有七千年的历史，比你们还早了两千年。这时习总书记从容地回答道，埃及的历史确实比我们要悠久，但从人类文明史的角度上看，中华文明是唯一一个从来没有中断过、没有被替代过的文明。从习总书记的回应之中，我们也可以看到，这是文化遗产给我们带来的文化自信。

我们进行文化创意设计的最终目的，就是要从文化遗产中体现中国智慧。文化遗产是文化的器物层面的体现，而从文化的制度层面来看，我想举些例子来说明。比如，《礼记·礼运篇》记载："大道之行也，天下为公。"我觉得这就是中国文化的智慧观，是中国的社会观的体现。我们今天在传播中国形象的时候，在体现中国智慧的时候，就是要把这样的一种社会观展示出来，这是我们中华文明与他者的不同之处。

我前些年曾去过泰国。大家都知道泰国是一个佛教国家，但泰国所信奉的佛教与中国不同。佛教传入中国有两个流派，一个是大乘佛教，一个是小乘佛教。大乘佛教主张普度众生，而小乘佛教讲的是解脱自我。在中国土壤当中能够生根发芽、开花结果的是普度众生的大乘佛教。泰国信奉的是小乘佛教。在去泰国之前，我以为只有我们中国大陆信奉的是大乘佛教，而在泰国我们见到一个被泰王敕封为"华宗大尊长"的华人佛教宗师。他从中国漂洋过海来到泰国，在那里生根，成为一个老华侨，甚至后来还加入了泰国国籍。但在当地泰民普遍信奉小乘佛教的宗教氛围之中，他所信奉的依然是大乘佛教。所以泰国当地把大乘佛教称为"华宗"，就是华人的宗教。而这也体现了我们中国人、我们华人一种内化的文化记忆对我们产生的根深蒂固的影响。我们在进行文化创意设计的时候应当把这种文化记忆考量进去。

从文化的价值层面来说，中国人所讲的辩证法思维方式以及中和、中庸的价值追求等等，都是我们所特有的。这是我们的文化产品与其他国家产品的不同之处。希望我的一点个人见解能给大家提供一些借鉴。

易介中

中国社会科学院中国城市发展研究会文化和旅游工作委员会执行会长兼秘书长、中央美术学院城市设计与创新研究院副院长、教育部学校规划建设发展中心大学创客工场总策划、中国社会科学院中国文化研究中心特聘研究员、西安培华学院建筑与艺术设计学院院长、北京首寰文化旅游投资集团战略与文化创意顾问。

易介中：爱因斯坦说过，你不能拿一群制造这个问题的人的脑袋来解决问题，如果现在世界上所有的问题都是我们这帮人制造的，那我们这群人要全部被换掉，因为问题是我们制造的，所以我们不可能去解决，这就是一个最核心的问题。所以今天你们这一代人如果看到了我们制造的问题，我们就希望由你们这代人来解决，因为我解决不了我制造的问题，这就是认知的问题，这就是思维。

今天，我和各位老师就给大家开一次脑洞。其实创意应该是人本身具备的一种能力。中国是个创意大国。我们是不是一个创意强国？我们中国是个大国，印度是个大国，德国是工业强国，大国和强国之间的距离还是蛮大的。今天如果要给出个期许的话，希望通过各位的努力，让中国成为强国。

大国其实跟土地大、人多、GDP总量有关系，跟消费多、吃得多有关系。到你们那一代，一个人得养多少个老人？到那个时候生产力下降，中国如果还只是个大国，则很危险。所以今天所强调的创意是在救国，而不是简简单单地谈谈生育问题。老龄化社会在五年后就来了，五年是什么概念？五年前你口袋里还有人民币，现在口袋里面应该找不到纸钞了；几年前大家还不用微信，而现在不用微信、手机没电你不敢出门。对比五年前和今天的距离，我们去想五年以后的中国和全世界的格局，那是非常恐怖的。可能我们都老了，所以这个是青年一代的问题，中国要强化的是青年人的问题。这不是一个创意能解决的问题，但创意是其中一条路径。今天我们也有一个课题和非遗有关，和物质文化有关。

我们现在在苏州做什么事？在苏州把古曲电音化，加上一帮特别棒的电子音乐家做了推曲。做了推曲之后怎么交易？还是没法交易。我们靠的是区块链技术加入艺术，找了一个特别棒的MC，等于说视觉动画配上电音的歌曲成为一个短视频。那个视频在美国，在一个区块链的网站开卖。现在关于文化有个非常重要的概念是要消费。免费的文化都是不能传播的，送你的东西你往往不会要。去剧场里面看戏，如果票是赠送的你肯定要睡着，只有花昂贵的价格，才能购买真正深刻的文化体验。没有免费的午餐，也没有免费的文化，所以文化消费要一次又一次地交易。

我们这代人已经没有改造互联网的思维了，改造互联网的是马云那一帮人。马上会出现区块链思维，它是一个完完整整的新科技，一次促发全人类的最新的思维活动。大家如果迟钝，没有改造区块链思维，则可能会非常麻烦。为什么？美国这些所谓的西方强国，可能在这一次的区块链世界中又获得霸权。未来的世界非常宏大，我们现在不谈数字货币，在区块链世界里不谈年化率而谈日化率，全世界的经济已经被另一群人掌握了，那群人马上会成为主流，我们却不知道他在哪里。加上美国对中国科技的制裁，我们有没有一个好的应对方法？所以创意人不要只是想画图，要有思维，要战斗，要成为一个勇士，因为你不加入这个战斗里面，你就永远是局外人，我希望大家未来多多思考这个问题。

关于非遗的保护，大家觉得国家级的非遗需不需要保护？要保护。谁保护？国家保护。省级的非遗要不要保护？当然要保护。谁保护？省政府。而最需要被保护、被传承的是"街道级"的工艺家。真正的大师不用我们保护，大师比我们有钱，他们的作品要排队才拿得到，是国礼，因此不需要我们来拯救，他还要拯救我们。可是真正兢兢业业工作在一线的所有的手工艺人，比如说新疆维吾尔族一些做手工艺的民间妇女，她们的技艺达不到国家级，达不到省级甚至达不到市级，这些工艺大师或者说工匠，谁来保护？就是靠各位保护。设计师要找什么样的人？要找真正可以合作的工匠，那个工匠可能是你的邻居，他可能并不是一个能拿到奖的人，但这群人实际上是设计师最好的合作伙伴，因为互相都需要保护对方，互相也都需要一些创作，互相都需要一些成长。这就是我对大家的提醒，是我的个人观点。

王　中

中央美术学院城市设计学院前任院长，中国公共艺术研究中心主任，中国城市雕塑家协会副主席，全国城市雕塑艺术委员会副主任，国际动态艺术组织艺术委员。曾荣获中国环境艺术杰出贡献奖、新中国城市雕塑60年建设成就奖等国家级艺术奖项，参加过北京国际美术双年展、巴黎中国当代雕塑艺术展、美国中国当代雕塑与装置展等国内外重要展览。出版有专著《公共艺术概论》《奥运文化与公共艺术》等，发表专业论文数十篇。

王　中：在这个新时代，教育的核心价值已经发生了改变。教育不再仅仅局限于知识传播了，而我们还在使用传统的讲课方式，这是毫无意义的。

那什么是现代教育的核心呢？第一，是提出问题和解决问题的能力。我们正在经历百年甚至千年未有之大变局，我们现实生活中的许多方面都体现出了这种变化。我们现在功能那么强大的计算机破解RSA密码需要60万年，而即将面世的量子计算机只需要短短的3小时。也就是说，这种巨大的变革是我们难以想象的。因此我们可以推断，未来的主题一定是创新。

这种创新，并不是传统意义上的创新。在过去，创新指对原有的事物进行重组和改造，可未来的创新却与之大相径庭。我个人认为，有70%以上的创新是来自系统之外的。我有一个朋友致力于人工智能领域，据他介绍，随着科技的进一步发展，未来好莱坞的整个动画产业可能会遭到沉重的打击。因为在当代，只需要一个软件和扫描等科技手段，三个人就可以做出一部动画大片，不用像过去一样历经复杂的产业链。因此，考虑到人工智能和大数据所带来的巨变，机器人取代人类是近在眼前的事。我认为，未来的世界，实际上就是算法和心法之间的相互关系。算法包括数字技术、新的科技手段等，都是裂变性的、指数发展的。在当今，我们对于"观往而知来"一定要持疑问态度，这个词语已经不适应现代的发展了。追溯往事不能推断未来，越挖掘过去，越想通过这个方式了解未来，越容易出错。这就是这个时代的特点。总而言之，任何以过去为延长线思考未来的方式，都会导致错误。

那我们应该怎么做？既然我们无法控制算法的高速发展，我们就需要心法的介入来促成创新。以我的理解，心法包括文化、创新、修为和心智。这些都是我们人类最根深蒂固的、最宝贵的品质。因此，我非常赞同易老师刚刚所提到的内容，他建议戴口罩的同学好好地佩戴口罩，不要戴着口罩却露出鼻子。这也让我想起了台湾的另一个例子，台湾有一个名为"小学生的窗口"的项目：小学生在小时候看向窗外，他所看到的景象决定了他自身的审美力和创新力。大家能想象到这两者之间的联系吗？举个例子，今天早晨，我在暨大校园里散步，并拍了两张很重要的照片。一张是宿舍楼的阳台，上面杂乱无章地晾满了衣服，包括内衣、袜子等物，另一张是宿舍楼门口毕业生捐给母校的雕塑，一个球和几只很难看的鸟。学生晾的杂乱的衣服就决定了他们只能送出这样低审美的雕塑。这就是其中的因果关系。总而言之，暨大在审美力的培养方面是缺失的，而这种缺失对于未来的影响至关重要，因为未来的创新正源于此。

在当今科技创新和人工智能发展的浪潮中，人类的心智、美学素养、感性思维尤为重要。但是中国要成为一个创新的国家，不是一件特别容易的事情。这是为什么？之前，我们的代表团去欧洲米兰，遇到了许多普通市民，他们每天换一身衣服，包括身上的戒指等小配饰。在不了解时你们甚至会误认为他们是艺术家或审美大师。只有全国人民都拥有这样的素养，整个国家的创新力才能获得持续的发展。因此，我们要充分认识这些素质的价值。假如我们对于创新价值的认知还停留在知识传播的阶段，中国就不可能成为一个创新的国家。换句话说，在这个以指数叠加式发展的时代，"观往"注定会被淘汰。我一直相信，中国的未来在于粤港澳大湾区。新经济国家如此重视对于创新力的培养，我们也要重视起来。当今人的思维不足，创新力也不足，而敢为天下先是人最优秀的品质。所以，让我们一起保护好人类的灵性，并将其激发出来，让创新成为中国未来发展的引擎！

陈　平： 欢迎学者们沟通交流、点评或者点将。刚才王中教授提到我们的"小小的种子"，就是创意100，一年不多，就20个青年学员，今年是22个。我的心愿、初衷就是，我们招生的时候看重技术实践，你哪怕设计高铁的、设计手机壳的，也比仅仅坐在家里画图的人强。所以我们当时条件很苛刻，学生是从近两千名投报者中挑选出来的。而且创意不是会画图、会设计一套衣服、会设计一个领带，而是人类真正的创意灵感，真正可以带动整个社会的繁荣和发展的，另外还要能改变社会某个现象，改变社会素质，提高整个社会的美学素质。

一年20个，五年100个，所以我们叫创意100。我们的学员太幸福了，因为你们未来这七天听到的课是中国顶级的设计领域的导师的课程。

邹其昌

同济大学创意学院教授、博士生导师，国家社科基金重大项目"中华工匠文化体系及其传承创新研究"首席专家，南京信息工程大学艺术学院名誉院长，中华美学学会理事，教育部、中宣部马克思主义理论建设和研究工程重大课题"中国美学史"编写组核心专家。主要从事美学与设计学等领域的科研与教学，包括设计学理论、国学、诠释学、美学、设计产业理论、工匠文化、中华考工学等，重点探讨与研究中国当代设计理论体系建构问题。

邹其昌：首先谢谢陈平老师的邀请。我算是美学专业毕业的，硕士阶段是做王阳明的美学，博士阶段是做朱熹的美学，博士后到清华做设计方面的理论研究。后来在教学和自己科研当中更多地转向了具体问题的思考，特别是对于整个设计学科的框架结构的研究。我们现在的设计学，特别是艺术类，普遍缺少产业相关的学科构架。因此，我最近十年在上海就设计了三个设计产业方面的课题，国家对我的课题支持也比较大。因为设计产业这一块，从理论层面、从整个设计学的框架，是我们设计教材里所缺乏的。我现在的课程构架的设计原理是——设计基础理论，设计专业理论，然后是设计产业理论。

"设计产业理论"即我现在命名的"社会设计学"。目前我认为有两个核心概念，一是"设计资本问题"，二是"设计治理问题"。设计治理问题是去年11月份提出的，我准备拿来作为今年一次会议的议题，疫情暴发之后，设计治理可能成为未来设计学科介入社会的非常重要的导向之一。设计社会治理还不只是社会批评、设计批评，可能把政府的、社会的还有社区的一些相关的问题都要融入进来。所以我们的设计师不只是画图，不只是一些小小的创意，而要深入整个社会，这是我的一个构想。

设计学科是一个具有交叉性特征的学科，因此我不主张"跨界设计""大设计"的提法。只有交叉才有设计，不存在没有交叉的设计。单纯的设计是没有的，所以设计界普遍的一个称呼"跨界设计"是错误的。设计本身就是跨界的，不需要在前面加一个"跨界"。按照我的理解，目前艺术类学院办的设计学院、平面设计专业等都不对。比如说田艺设计、田艺学院，就要搞田艺，从开头的、最初的各种创意一直到整个市场、社会生活，一条龙全部做完；比如说陶艺设计，从最基础的东西一直到市场、生活。

未来人类社会霸权越来越重要，现在我们的专业设计也是如此。我认为很多的专业老师相当不合格，至少一大批专业老师是不合格的。为什么呢？他们跟不上时代的发展，同时自身的素养也很低。作为设计师，能不能把整个理论性的创造之源一直延伸到社会？当然，我不是强调每个人都能做到这样，但是要有这个思想维度和向度。很多东西是一个人不可能完成的，但是拥有这个维度就不要紧了，有这个维度就可以培养学生，或者和社会上的其他人合作，这样的话可能更好。这是这几年我的一个思考。

我聚焦文化，特别是最近几年，逐渐聚焦到"工匠文化"这一领域。很多人以为我研究工匠，其实我是研究工匠文化的。无论是中国还是西方，工匠都是一个相对低贱的职业，很多人认为根本不需要去研究、关照，甚至本身是工匠的这群人都不承认自己的身份。但是工匠文化就不一样了。文化是一个很高级的东西，我是把工匠提升到文化层面，作一个高雅的东西去对待，这样便能引起更大的社会关注。2016 年我提出重大项目立项，2017 年政府工作报告把工匠文化概念正式纳入。当然这不能说完全是我的功劳，但至少我的工匠文化重大项目可能是与此有关系的，因为政府工作报告里的政策是需要多方学者认证才能写上去的。为什么手工艺、设计不写进去？因为手工艺、设计太过专业，不能放在全国性政策中，但工匠文化可以。工匠文化强调的是：我们任何一种工作中都具备工匠文化的性质，这是具备普遍性的。我常强调：我们做学术应该要达到个人兴趣、学科发展、国家需求三结合。我现在做的工匠文化在这三点上均达标，我认为这才是学者最重要的一个方向。为什么强调个人兴趣，因为没有兴趣没人能做下去，只有有兴趣才能使人排除一切干扰、困难，随时随地按照自己的思路做下去。我不是在迎合社会，也不是在上政治思想课、说学理性的东西。讲工匠精神意味着一个人如果到公司打工，便要做好员工的本分，认清自己的定位，努力做到最好，而非忌妒、与老板起争执，进而丢失工作，而这便是工匠精神的体现。我们现在很多生态学家研究生物链，一环扣一环，小鱼吃虾米，虾米吃微生物，大自然亦遵循着自己的职责在运作。我们人在社会当中亦有自己的职责，例如师生之间，老师与学生都有自己要努力的东西。学生的天职便是读书学习，别的均是次要的，要努力将学习一件事做好。既然身为学生，便须把自己本分尽到，这样才对得起父母。学生每一节课都是付了费的，逃一节便是浪费。读书能使人心宁静，心宁静了才能使阴阳和谐，身体才会好。我们身体之所以会出问题，是因为阴阳不和谐。工匠文化是值得我们去思考的。

冯　峰

广州美术学院跨媒体学院院长、教授，曾获"广州美术学院教学名师"称号，深圳华·美术馆执行馆长，中国美术家协会实验艺术艺委会委员，广东省美术家协会实验艺委会主任，法国巴黎第八大学客座教授，澳门特别行政区创意产业委员会顾问，OCAT 学术委员会委员，松山湖公共艺术顾问委员会顾问，西安大明宫国家遗址公园中轴线公共艺术"时间的宫殿"设计者。同时进行当代艺术、实验设计、小说等多个领域的艺术创作。

冯　峰：刚刚听到其他老师批评了一下艺术院校的老师，而我恰巧是艺术院校出来的，所以想从艺术院校的观点出发来谈一下。我去年参加北京理工大学一个有关创造的课程，当时有点惊讶，想说一个纯理工的大学，为什么还要做当代实验艺术？学校邀请了很多不同学科的老师，交流之后我发现了一个很有趣的现象：目前很多理工院校会使用很多视觉语言、艺术的方法。比如说毕业论文，不再像传统那样只写一篇论文，他们需要做一个展览，也就是说可能需要用实物、视频去呈现研究成果，而非单纯以文字去呈现。相较于以文字呈现，这个时代微信、互联网快速发展，使得我们对文字的依赖开始转变。也许有一天，我们人与人之间的沟通改为发一系列符号、图片或者短视频，而文字渐渐被取代。所以艺术的可能性一下被拓展了。放大来说，视觉语言的艺术也进入语言实物这个范围之内。原来的媒体都非常依赖文字，但是在现在，尤其是短视频风行的今天，视觉语言对未来语言的冲击力是非常大的，对学科的改变影响尤其大。有很多学科是需要用艺术的方式去表达的，这时候我相信，没有一个学科能离开艺术，反之艺术专业也被解体了，不再是一个封闭学科，而开始进入各个学科进行结合，尤其是设计。设计本身是一个多学科交叉所构成的专业，暂且说是这一个学科、一个专业，虽然我并不这样认为。因为我们将其定义为学科、专业时，反倒过于狭隘，很容易走向职业化。设计最基本的概念是智慧，所谓的智慧就是如何调动创意，这才是一切设计的核心。我们看全世界艺术史里面都有设计史，但单独的设计史是不成立的，因为设计的历史是跟时代、技术和制造业捆绑在一起的，无法把它单独抽离出来，就像一件婚纱，我们把它全部去除，只剩下几颗扣子，这样是不对的，是没有上下文的。我觉得像汽车制造史、服装设计史是成立的，但设计史的说法我个人是不认同的。每次看到设计史时，我都觉得有各种漏洞，显得支离破碎，我们没有办法把它整理成一个完整的系统。我觉得艺术史可以囊括这些制造，但当我们缩小到接触、面对设计这个概念时，一定要抱有长时间对古代、未来的眼光。如果我们仅仅把它当作一个行业设计的话，路是走不远的。自己走这条路这么多年也让我思考，设计是否应该作为一堂课、一个科目去教授？如果是的话，要如何去延展它的跨度？毕竟在这个快时代，大学各专业都面临着冲击，很多学科一年之内的变化都是非常大的，设计亦是如此。所以，我相信设计是一门动态课程，如果有一本书摆在课桌上，那不看也罢。

陈　平： 刚才邹其昌教授讲到工匠精神。我们自己经常说我们是陶瓷大国，虽然毫无疑问陶瓷是中国人发明的，但请你们到景德镇去看一看真实情况。今后各位有机会到德国，请你们前往麦森参观——麦森瓷器更为重视工匠精神。首先，麦森瓷器将所有的模型都标上了号码与工匠的姓名，让匠人得以被铭记。其次，瓷器的模型被整整齐齐地放在博物馆里，而不是仓库里，让匠人精神得以流传。麦森所传递的不只是匠人的一种手艺，更是一种真正的、高端的匠人精神。我们中国经常把匠人排在三六九等中较低的位置，但如果连匠人的这种精神都没有保存与提炼，又何谈工匠精神呢？

刚才王中老师讲到，他在国外考察时所观察到的——女士的戒指与围巾之间的关系。在此我要表扬自己一下，大家一定注意到我换衣服了：刚才我在台上穿了红色的衣服，为什么？我是个嘉宾。现在呢，我跟大家坐在一起，是个老师。所以我觉得要有老师的样子——我们坐在这里，是一种知识、思想与智慧的碰撞。换这套衣服是对大家的一种尊重，也是一种放低姿态与身份的表现。我对王中老师刚刚的批评诚心地接受，也替暨大接受，同时我们也欢迎王中老师加入提升暨大美育的美观美化的计划。

大学不美学生怎么可以美？学生不美我们未来的社会怎么可能美？作为有着五千年历史的中国，如果我们仍然是以目前的一种姿态去培训我们的学生，出来的学生永远只能是一个普通的学生，而不是一个完美的，或者是懂得追求欣赏美和完美的学生。

任何事情都是与时俱进。记得我读大学的时候，北京电影学院最著名的电影学教授周传基曾说："假如胶片消失了，人类就没有电影了。"如今周老已经去世几年了，电影却变成了数据的大电影时代。没有任何一个事物，因为某一个事物的消失而消亡。所以我觉得我们活在世上，是要跟随事物往前走，而不是被事物所牵绊与阻碍。我们应尝试改变与突破，迎接新的时代的到来。

我特别感谢易介中老师，每当我看到露着两个鼻孔甚至挂在下巴底下的这种戴口罩的人，我都不好意思去说他们，感谢易老师直面问题的勇气与精神！所以不管哪一位大师讲的话，都希望同学们能够认真地听进去。

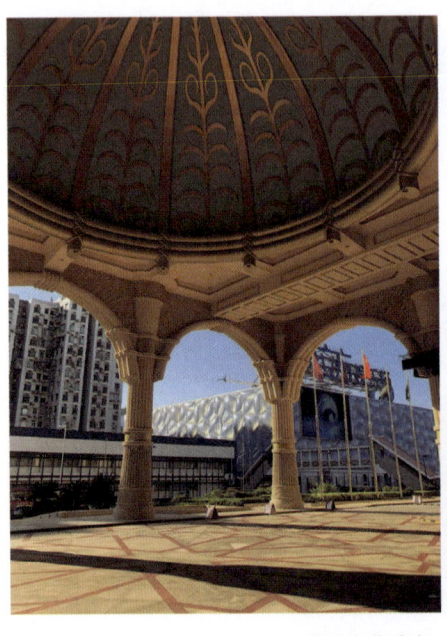

世界文化遗产——澳门城市建筑

陈　江

澳门印尼归侨青年会会长

陈　江： 我来自澳门，从事教育以及传媒的工作。

非常荣幸参加本次研讨会，最主要是在台上可以和各位这样大咖级的教授一起交流、学习，还有我今天最开心的一点就是看到 22 位学员里面有三分之一是澳门学员，让我觉得澳门的未来是有希望的。为什么我这样说？因为大家普遍认为澳门的经济非常好，而且人均 GDP 高居全球第二，但是大家会看到澳门的博彩业其实因覆于果，不可能靠博彩业发展二十年、五十年。粤港澳大湾区给澳门的定位是以中华文化为主流、多元文化共存的合作交流基地，政府特别提倡文化主产业的发展。

我不好意思说我在澳门从事的是文化产业，在我看来澳门文化没有产业。可能这只是我个人的观点，因为我认为产业最主要的特点是有利润，有完整的产业链。

我在澳门做文创和文产时间不长，之前在澳门做教育就做了八年，是做幼儿教育，教育从娃娃抓起嘛。澳门每年花很多钱给 20 岁以上的大学生去培养他们的创造力，但是 20 多岁再去培养这种创造力就晚了，应该从 0 到 3 岁这一幼儿阶段去培养，所以我暂时从事了幼儿教育工作。

后来从事文化工作，是因为我们内地有文化公司。内地文化公司是做出版的，以中华文化为主的一个出版业务，今年已经发行破 500 万册。但是对澳门来讲，一本书能卖到 3000 本，绝对是排行第一位，而这只是一个出版业的对比。

这次活动，也有澳门的同行过来学习，我觉得这样非常棒。在澳门，绝对是没有这样的机会的。澳门有钱，但是澳门需要的不是钱，需要的是这样可以帮助澳门整个产业发展的土壤，帮助澳门更上一个台阶的土壤。这不是有钱就可以的，很多东西不是有钱就可以获得的。希望接下来的五年里有更多的新人可以加入进来。

第二点感触比较深的是，我今天进入暨大校友会大楼的时候，看到了习近平主席视察暨大时候的照片，想起"把中华优秀传统文化传播到五湖四海"。因为我本身是华侨，每年会去海外的华侨社团做交流，有些事让我印象特别深。在柬埔寨，拿出一本中国历史书，一看竟然是民国时期的。对于世界来说，对中华文化的了解不深。每年我们去参加一些国际的图书展，去法兰克福、东京、北京、上海做一些版权交流的时候，都会发现很多中国的代表团会去买西方图书的版权回来，但是中国的版权输出很少。

我做出版行业会思考一些问题，也希望和在座的学员们有一些共鸣，不知道在座有没有做出版或者设计的学员，尤其是中华文化的出版。第一就是，就这么多年的出版工作经验来看，市面上关于中国特色文化的出版物不多，而且多数以文字类为主。这会导致在翻译成英文或其他语言的时候，外国人对这个理解会有偏差。第二就是内容比较单一化。我们在一些书展上偶尔会看到有中国特色的，比如说《孙子兵法》之类，但是很少。还有就是整个创意、设计没有国际范，显得比较低端，不符合国际审美的标准。第三，就整个出版行业而言，国内喜欢快速借鉴，甚至有的时候互相模仿，想快速赚钱。我觉得不管是做创意还是做一个产业，特别是做文化，一定要回归到文化的本质，要有国际视野。但是，你要认真地去做文化、去做研发，真正去了解市场需要些什么东西。这也是我在澳门创立文化公司的原因。我们的公司做了才不到两年的时间，但是内地已经做中华文化出版很久了，我希望融合内地很好的经验，再加上澳门的平台。所以澳门这个公司的定位就是专注于中华文化的出版，而且目标不是澳门的市场，也不是内地的市场，而是国际市场，出版出来的所有作品都具备国际范，易懂易读、有艺术调性，特别有艺术范的那种。

我真心希望文化产业里的每一个从业人员，以及像我们这样好的研讨会，特别是粤港澳这么好的平台继续很好地发展下去，也希望在座的每一位为中华文化传播到五湖四海做出自己的贡献。

第六章 交流分享

梁琦惠

澳门爱国教育青年协会博士智库委员会副主任
Mag taylor 首席品牌形象官

梁琦惠： 我是香港出生、香港成长的，因为工作的关系来到澳门。我是在香港读的大学，然后去国外包括意大利、英国做研究。我是读形象设计的，跟今天的主题有一点关联。

我之前在香港也教书，在一些大专院校、设计院校任教十多年了，同一时间在商业发掘、服装管理方面也是发展了十多年。我是 80 后，很担心教一些 00 后的学生。为什么呢？因为刚开始教书的时候，学生会出来和我讨论一些问题，但随着科技的日新月异，现在我开始用微信群去跟学生去交流，有时候大家也可以一起（在群里）讨论问题。不过我也开始看现在的小红书、抖音，我很担心需要用小红书、抖音去跟他们联系。

话说回来，现在的科技是日新月异的，创意也是。创意是可以改变社会的，科技是创意的来源，科技也是创意创造出来的。我们要怎样去利用科技，怎样去让创意更迈进一步？那就是利用我们本身的天知。我们本身有一些天赋的创意思维，应该着重去培养它，我们的创意是一个很大的方向。在外国念书的时候，会发现有些文章就是在研究外国的或者说欧洲国家的教育，因为外国从小没有那种填鸭式教育，我们中国包括香港就是填鸭式教育，外国是让孩子从小自己去发展一些创意思维。

我们的研究主题是文化遗产的合作与交流。我想和大家分享两点，第一是文化遗产创意产业。大家觉得文化遗产在时间线里面是过去、现在还是将来？文化遗产是过去的，创意是现在也有，将来也有。文化遗产和创意产业要建立一个关联，在时间线里面其实没有分过去、现在跟将来。文化遗产有一些是非物质文化遗产，也有物质文化遗产,所以现在在广州、香港、澳门,大家随意都能看到,比方说澳门遗址城区里面的大三巴、教堂,都是从古代保存到现在的。所以我觉得文化遗产跟创意产业怎样去连成一线是个重点。我跟东莞有一些渊源,我是香港东莞义工的一个代表,之前带过一些学生去东莞看一些文化艺术,还去讲授一些东莞服装的导向,之前在香港博物馆也举办过两次东莞文化节。我的一个校友在2014年把东莞的一些图案放在他的衣服上面,将一些过去还没有人发现的东西活化起来。所以重点就是,文化遗产跟创意产业其实也可以连成一线,然后把它变成将来,甚至可以改变我们的社会。

第二点是关于城市创新与发展。如果是澳门的同学或是去过澳门的同学,大家应该去过议事厅前地喷水池,它是澳门的一个文化遗产。澳门现在的文化遗产产业欠缺人才。现在澳门有了一个很好的平台,让我们可以去发展文化创意,但缺的是人才。我们的思维要怎样去活化我们的城市?我之前去意大利念书的时候,发现意大利的街头文化也很薄弱。但在威尼斯,每个人都打扮得很有艺术感,比如戴着面具、穿着中世纪的服饰。在罗马,也有一些穿着罗马斗士盔甲的艺术家走走逛逛。其实我觉得这也是一种艺术文化。关于城市的创新与发展,我们澳门有一个好的地方,它拥有一个文化和历史的城区。怎样去活化?可以去宣传我们的中国文化,同时也有一些有服装特色的人走来走去,虽然可能这跟传统中国文化有些不同。

我送四个字给大家:旧瓶新汤。即在保护我们的文化的同时,也要活化我们的文化。

陈　平:我刚才提到了美学,其实中国人原来是非常讲美学的。很多设计师说我们要到意大利去学,看意大利人的颜色,看法国人的颜色。你们有去过敦煌,看过敦煌的颜色吗?你们看过宋代的皇帝绘制的画的颜色吗?那是青山绿水的颜色。所以我觉得要先寻找生活中的美学和周围的美学,再思索什么叫美学,再把这种美学集中到设计本领当中去。接下来我们请生活美学的研究大家——林振中老师来讲一讲。

林振中

美国室内设计协会专业会员（注册室内设计师 ASID）、清华生活大讲堂创始人、清华大学环艺系客座教授、中央美术学院城市设计学院特聘专家 / 课程教授、生活美学倡导者、暨南大学文化遗产创意产业研究院高级研究员、2014 美国 Interior Design 设计杂志名人堂 Hall of fame、2017 胡润室内设计洞察中国 20 位最有影响力的室内设计师、2018 中国设计十大领军品牌人物。

林振中："创意"这个词非常好，但是"创意"的"意"是"意识"的"意"，少了一个"收益"的"益"，"创意"一定要和"创益"结合在一起。就像陈院长说的，茶文化代表中国，我们从汉唐开始就煮茶煎茶，中国茶叶的产量占全世界的 60%，但收益和利润却输给其他一些国家。有人说利润就是要改变包装。我们中国人一直在讲茶，茶文化就代表中国文化，所以我们有很多很好的文化，但没有特别高利润的商品生产出来。再如瓷器，"china"就是中国，但现在全世界十大瓷器品牌中根本就没有中国，我们甚至连前二十名都排不进去。今天陈院长安排了不同的老师来到这里，一定不是来讲创意的。现在很多设计师是服务经济，可以拿到 30% 的设计费，已经非常高兴了。再来看爱马仕，把爱马仕的成本摊出来仅仅不到 300 块，那为什么能卖两万块？因为现在已经从服务经济转到体验经济，更转为美学经济了。我相信我们创意 100 绝对不是在教你创意创业。就像女性，女性如果懂得美、学会美，她会教育下一代。我认为这是一个闭环，它除了可以找到很好的设计，同时还能找到很好的买家，帮你实现创意。文创企业化难，我们有太多的文创，各种小清新，但是你要让它们赚钱很难，而要有更多人，更多企业家、厂家帮它们实现愿望。我们说一定要把中国的好的设计和企业、市场结合在一起，一定不能讲奢侈品三个字，必须和市场结合，否则我们还在赚 5%、10% 的利润，赚 30% 的设计费的时候，别人动不动就几十倍、几百倍，贴个牌就能翻几十倍。从 2019 年，故宫就在和卡迪尔做联展。卡迪尔就说他们之前都是向清朝皇宫学珠宝设计，现在珠宝销量进入全世界前十，中国与之相差太多了。我们卖金子还是赚几分钱、几克的钱，人家已经按照一件东西多少钱来售卖，而不再按照几克来计算。所以我相信我们这个创意最后一定是"创意 = 创意 + 创益"。

陈　平：由于时间关系，遗憾不能让各位老师畅谈。其实每一位导师都有非常精深的研究，有非常多的思想和智慧跟大家分享。感谢所有的导师，感谢你们在百忙之中抽出时间与大家分享自己的智慧。我们今天就设计的教育体系、设计美学以及高科技时代对我们的艺术、创意，包括我们的传统文化的复兴与保护带来的机遇与挑战做了简短的交流。下午正式进入跟导师精神、物我两相忘的探讨境界。谢谢！

嘉宾合影

第六章 交流分享

"粤港澳大湾区创意设计人才（创意 100）培训计划"首批学员认真聆听

"粤港澳大湾区创意设计人才（创意 100）培训计划"学员颁发证书

西班牙 塞维利亚 阿卡萨宫 摄影/Wayne

第七章 他山之石

本章分两部分，第一部分汇编了2009年10月由国际民间艺术组织（IOV）中国策划、国家民委支持、在四川省九寨沟举行的"2009首届中国濒危文化遗产保护论坛：上来自美国、拉脱维亚、波黑、比利时、保加利亚、波兰、菲律宾等国家的专家、学者以及联合国教科文组织官员参加的文化遗产学术交流成果与经验分享；第二部分为暨南大学文化遗产创意产业研究院特别邀请的专家、学者、手工艺传承人为本书提供的专稿。

意大利艺术、手工艺和人文传统的保护与可持续发展

〔意大利〕皮埃尔·弗兰西斯科·傅马利

(Pier Francesco Fumagalli)

摘　要

本文介绍了意大利保护和发展艺术和手工艺的历史,并且从历史和当代社会角度反思经验教训以保护文化遗产的未来。

意大利艺术和手工艺历史悠久,从伊特鲁里亚时期(托斯卡纳)到"麦格纳·格拉西亚时期"(西西里岛、卡拉布里亚、尼帕普)再到若干意大利地区的前罗马文化时期,历经数千年依旧辉煌灿烂。意大利位于地中海的中心,而地中海是绝大部分西方古文明如埃及、巴比伦、克里特、原犹太的摇篮。意大利在保护与发展艺术和手工艺方面有着独一无二的优势,它从古希腊文化中获得了丰富的艺术、哲学和科学财富,并在罗马帝国时期(前1—5世纪)创造出一种新的文明。

古罗马灭亡后,君士坦丁堡-拜占庭帝国继承了古罗马的遗产,作为"第二罗马"(476—1452年),在欧洲形成了一种新的欧洲文明形式;发展到所谓的"中世纪"(8—13世纪),在罗马文化的基础上接受了日耳曼影响和基督教信仰。自7世纪以来,阿拉伯-穆斯林宗教、科学和文学也为欧洲中世纪做出了巨大贡献,尽管有争论、十字军和战争。意大利的城市如威尼斯、热那亚、比萨、阿马尔菲因为其航海中心地位进而成为国际交流中心,伦巴第和托斯卡纳因为其商业、金融、军事力量成为地区首府。

第七章 他山之石

自 14、15 世纪以来，在意大利发生了格拉索 - 罗马、法国 - 德意志、犹太 - 基督教，阿拉伯 - 波斯 - 伊斯兰教文化传统的高度融合，在众多导致文艺复兴运动诞生的因素中，上述文化融合使欧洲历史进入了最具相关性和创造性的时代。对真理 - 美 - 人道主义同情的激情，成为文艺复兴时期的三大支柱。这个时期，开启了现代科学和哲学时代，出现了地理大发现、工业革命和最先进的当代技术应用。尽管取得了积极的进步，但也出现了宗教战争、意识形态极权主义政权、全球帝国主义和殖民主义、社会对抗以及近期出现的生态破坏等矛盾的消极因素。

至少四千年间，意大利未失去历史连续性意识，不论是过去还是现在，依旧是许多文化并肩发展的国家，各种文化会在和平社会中相互交织，促进创造性的对话。1948 年意大利共和国成立之后，意大利宪法承认了许多区域特征和团体的尊严和积

意大利威尼斯

极作用，有时是建立一个更加制度化的管理体制（例如西西里岛、瓦莱达奥斯塔、特伦蒂诺上阿迪杰），有时采用其他的方式，如宣布具体的区域法令（例如伦巴第地区法规）。

我们可以从历史和当代社会中吸取教训，为我们最崇高的文化遗产的未来吸取教训，做到：①尊重多元艺术传统；②研究并教育下一代历史发展的深远意义；③对每一种新形式的团体、对话与合作采取开放的态度；④努力避免非常负面的反人文理论与实践的风险；⑤对全球共同伦理责任充满热情。

作者简介

皮埃尔·弗兰西斯科·傅马利（Pier Francesco Fumagalli），米兰昂布罗修图书馆副馆长、米兰昂布罗修学会副会长、清华大学道德与宗教学院顾问、米兰昂布罗修学院远东研究和近东研究课程主任、米兰天主教大学中华文化专业合约教授、暨南大学文化遗产创意产业研究院高级研究员。出版有《大公运动》《米兰昂布罗修图书馆与中西文化交流》《意大利与中国在元代（1271—1368）的相遇》《信仰、科学与社会和谐：犹太人、基督徒与穆斯林之间的对话》《中国的犹太人与犹太研究》《亚洲的"新文艺复兴"或"新人文主义"》等著作。

第七章　他山之石

拉脱维亚的民间艺术保护经验

〔拉脱维亚〕 艾雅·詹森（Aija Jansone）

摘　要

本文介绍了拉脱维亚民间艺术、民间遗产的当代保护问题。民间应用艺术分成两类，第一类是过去的传统民间应用艺术，第二类是当代民间应用艺术。在今日的拉脱维亚，传统的应用艺术创造形式被称为"传统应用艺术"（Traditional Applied Arts）。本文分析了拉脱维亚手工艺的个人和群体传承遵循的指导原则，也介绍了拉脱维亚的传统应用艺术兴趣小组和工作室的培训课程和展览会促进拉脱维亚手工艺当代传承的方式。

拉脱维亚是波罗的海沿岸的一个小国，人口不足230万。拉脱维亚人民一直非常重视关于保护民族文化和民族特性的问题，因为在现今的拉脱维亚居民中，只有59%是拉脱维亚人。因此，我们非常担心拉脱维亚的民族遗产保护问题。在全球化的时代，在当代传统艺术进程中，关于传统文化的民族认同方面的长期发展和保护需要引起世界遗产专家的关注。无论人口多寡，每一个民族都有自己的民间应用艺术，它既能满足人民对美的渴望，又能体现人民的创造力和实践能力。民间应用艺术是不断变化的艺术，因为它与各民族和整个人类社会经济活动、社会关系和生活方式的发展密不可分。

从理论上来说，民间应用艺术可以分成两类，第一类是过去的传统民间应用艺术，第二类是当代民间应用艺术。传统应用艺术深深植根于传统习俗。它在自然、历史与命运的融合中形成，符合创造者和消费者的审美需求。传统艺术给人们带来愉悦，保持人们的精神健康，并赋予全家一种温馨的家庭气氛。它使家庭和国家都团结起来，并可以改善不健康的习惯。为了更好地了解拉脱维亚在这些方面的发展，我们在研究中参考了以下资料：各种拉脱维亚传统应用艺术展览的材料，在拉脱维亚农村地区进行民族志实地调查时收集的物品，以及名为"当代拉脱维亚传统艺术今昔对比"的对手工艺者的田野调查。

随着我们对民间艺术的了解逐渐加深，我们越发清楚地发现，无论传统民间应用艺术还是当代民间应用艺术，性质都是相同的。它们构成了不同时代文化历史的不同方面，并体现着不同的时代特征。民间艺术由不同的社会阶层创造、消费和传承，满足着不同的需求和品味。因此，应用艺术的门类十分广泛。20世纪下半叶的拉脱维亚传统艺术具有自己的发展历史和经验。它是民族匠人对创造性的自觉追求，其目的是保护历史的记忆和民族自信。在今日的拉脱维亚，传统的应用艺术创造形式被称为"传统应用艺术"。随着社会的发展，它的文化价值也得到了开发，至今仍有许多艺术家致力于弘扬传统艺术，他们的创造满足了更多人的审美需求。

在拉脱维亚，手工艺既可以由个人传承，也可以由传统应用艺术兴趣工作室或小组有组织地经营。如今，个体手工艺者（人数相对较少）分别在城市和乡村展开经营，他们遵循几点关键的指导原则。首先，手工艺者往往独立工作，制作既实用又美观的产品，专供自己或家人使用。其次，他们常通过家人、学校和自学等途径学会手艺。第三，他们倾向于按照自己的审美品味和需要创造出传统的艺术品。第四，这些关于手工艺的传统地方习俗比较常见于农村地区。第五，这些手工艺人的作品不一定用于出售，有时在婚礼、生日等场合作为礼物。最后，农村个体手工艺人自愿参与当地举办的地区或村庄小型展览会。

拉脱维亚第一个有组织的传统应用艺术兴趣小组形成于第二次世界大战之后，在那之前手工艺者一直单独工作。1946年，"传统艺术之家"成立；1981年，E. Melngailis传统艺术和文化教育科研中心成立；2004年，国家机关拉脱维亚国家传统艺术与文化教育科学方法研究中心成立；2008年，国家非物质文化遗产署成立。这些机构的主要任务是为所有希望从事传统工艺个体经营的人提供方法和实践方面的帮助，提高人们的艺术品位和审美感。兴趣小组的成立满足了传统应用艺术爱好

拉脱维亚

者获取和补充专业知识的愿望，以强化人们在艺术方面的常识，因为一些传统的家庭知识已经开始流失，而且50年代之后出生的人们也很少有时间专门从事这类工作。但是，手工艺兴趣小组能够让艺术爱好者们聚在一起工作，有机会学习、分享手工艺材料和工具的使用，并且充分利用这个工作室。

　　参加应用艺术工作室和兴趣小组等组织的手工艺者（目前拉脱维亚有100个应用艺术工作室和兴趣小组，有2000多名成员）遵循以下几条指导原则。首先，参加者需要按照不同的艺术类型，加入固定的兴趣小组——传统艺术工作室和艺术圈。其次，参加者在专业艺术家（师傅/老师）的指导下工作。第三，工作室和圈子里的参加者需要按照指定的课程接受培训。第四，培训的重点是民族志材料，他们同时也对博物馆藏品进行研究。第五，他们的作品既可以自用，也可以用于展览。最后，在传统的框架以内，他们的艺术创造还包括即兴创作。如今，拉脱维亚有组织的传统应用艺术包括七大类：第一大类是纺织艺术，2000名工匠中有62%参与；其他的类别有珠宝（10%）、织布（9%）、陶艺（6%）、木雕（5%）、皮匠（4%）、铁匠（3%）。这些数字都是估算的，因为地区文化部和传统艺术中心没有确切统计过手工艺从业者的人数。

培训课程

传统应用艺术兴趣小组和工作室由专业艺术家领导。这些专业艺术家都是专业美术工艺学校科班出身，具有出众的艺术能力和艺术品位，并通过国家非物质文化遗产署（SAICH）组织的课程、研讨会和展览会增长知识。为了培养上述领域的艺术家，1965年至1990年间，里加的一个文化工作者培训学会开始运作。它提供免费的培训，所有希望获得技能提升的拉脱维亚应用艺术家都可自愿参加。如今，参加SAICH课程的主要是各地的艺术工作室领导人，他们又向各自团体的成员传播知识。

这些研讨会的老师都是来自艺术院校的教师、专业的民族志学者、家庭工艺专家、艺术研究人员和博物馆员工。在这个培训学会存在期间，老师和顾问们致力于传播民间应用艺术发展知识和各个历史时期的传统习俗。因此，属于传统文化遗产的艺术作品经常作为范例，证明了它们在拉脱维亚文化中的作用。在所学知识的启发下，民间艺术爱好者们也开始收集各地的民族文化材料。他们收集以前不为人知的民间应用艺术品，查找制作技巧和原理，然后用富有创造性的方式开发适合当今需要的新作品、新设计，而且特别关注造型的清晰与色调的和谐。

近年来，应用艺术培训课程和研讨会的主题非常顺应现代人的需求和兴趣。为了提高年轻人的兴趣，向下一代传播历史知识和经验，人们做了大量的工作，比如拓展相关领域的知识（如文化历史、构成基本要素、民俗符号的作用）和当前的重要问题（比如对设计范例的保护、拉脱维亚的基本文化政策和民间艺术政策、筹备项目和组织艺术节等应用艺术活动的能力）。另外，由于现代技术的发展，拉脱维亚近年举办的所有民族文化展都留下了影像记录。SAICH已经开始建立文化展的影

第七章　他山之石

像资料档案，它是应用艺术现状的重要记录和教育年轻艺术家的重要工具。

展览会

从民间应用艺术工作室成立的第一年起，应用艺术作品展层出不穷，显示了人们在保护和发展应用艺术方面的努力和进展。这些创办的展览属于地方和国家级别。组织者既有艺术团体，又有文化机构，级别从村庄、城市、地区不等。分门别类的国家级展览越来越受欢迎。"拉脱维亚中央展览"是"拉脱维亚歌舞节"期间组织的应用艺术展，每五年一届。这些歌舞节上展示的作品平均有 3000 件左右。为了确保最优秀的作品都能参展，SAICH 成立了艺术委员会（评判委员会）负责遴选最优秀的展品。作品根据专门拟定的原则挑选，专注于传统民间艺术和高雅文化。

70—80 年代，在拉脱维亚民族感情的影响下，民间应用艺术变得非常流行。艺术家们拿出异彩纷呈的艺术作品参展，希望促进民族艺术的复兴。为了给艺术家提供参展机会，按照艺术门类举办专题展览是相当必要的，比如亚麻绣品、针织服装、披肩、陶器、编织品、金属制品、珠宝等。而且，歌舞节有一条不成文的规矩：三万多名参加者都必须身穿传统民族服装。这也是在 1998 年的歌舞节上，中断了 60 年的民族服装表演和比赛重新举办的原因。这项活动被视为一场特殊展览，穿着民族服饰的人们公开展示他们的传统服饰。这场民间服装表演分三组进行：合唱团穿着民族服装表演、舞蹈团穿着民族服装表演以及个人服饰展演。在个人服饰中又包括保存最完好的历代民间传统服饰、最精确细致的自制民族服饰，还有搭配得宜、适合穿戴者的民族服饰。

这次民族服装展体现了人们对本土服装、家族起源和拉脱维亚物质与精神文化的浓厚兴趣。这也是拉脱维亚文化部决定恢复民族服装展，让它成为歌舞节的一部分的原因。民族服装展歌舞节每隔五年举行一次，其间还不定期有一些展览计划和组织活动，并且确保在这五年内各门类至少有一场国家级展览。如今，为了提高年轻一代的兴趣，促进他们为后代学习、传承和保存拉脱维亚民间应用艺术，新颖的教育形式和展览活动层出不穷。比如，展览用竞赛的形式举办，获胜者可赢得奖金和贵重奖品。在2001年的"国家床毯展览会"上就有两个阶段的比赛。在第一场展会中,参展的500条床毯都被展示出来,从中选出100条最佳作品参加第二场展会,然后由评判委员会从中挑选获胜者并颁发奖品。

调查数据

在农村和城市中居住和工作的人们具有不同的社会背景、专业知识,处在不同的年龄段,这些人都是民族遗产、传统艺术的保存者和发展者。为了更加准确地定义农村和城镇的传统与当代文化表现,了解专业手工艺者、兴趣小组、个体手工艺者对传统工艺和创新在应用艺术中所占的比例,预见传统艺术在工艺流程进展中的前景和SAICH在这一过程中的作用,2007年拉脱维亚设计了一份名为"当代拉脱维亚传统艺术今昔对比"的问卷。问卷包含44个问题,主要分成四个方面:学习从事交易、实践工艺、工艺创造性方面的问题和工艺在全球化环境中的前景。

通过研究的第一阶段,能清晰地观察到传统艺术的发展趋势。根据调查数据,2008年的拉脱维亚和早前一样,无论城市还是乡村,妇女仍然是传统艺术活动的主力军。如果说之前这只是为了养家糊口的经济需要而从事的一种职业(尤其是针织和纺织,因为工业不足以为所有人提供就业机会),那么现在则是在有意识地创造和使用传统艺术。大多数受访者称其为一种业余爱好,有些人说它能带来一些收入(定制作品),只有极少数人把它作为主要工作。有一些受访者的作品用于家用或馈赠亲友——尤其是纺织品和织物,比如针织手套、袜子、毛衣、毛毯、桌布、毛巾、地毯、民族服装所用的布料等。

大多数受访者是在学校上手工课时熟悉了手工艺,在成年时开始比较认真地从事手工艺工作。大多数人在20到25岁之间开始从事手工艺工作,还有人则是从中年(40岁左右)开始做手工艺品,个别人是在退休以后开始做手工艺品,把它当成消磨时间和赚取额外收入的途径。从过去到将来,传统艺术一直是专业人士和业余爱好者们的联合创造活动,它们以传统为基础。大多数手工艺者的灵感来自参观手工艺者和专业艺术家的作品展。许多手工艺者都热衷于研究拉脱维亚博物馆收藏的民族志物品，尤其是在他们希望制作复制品时。手工艺者在出国时都愿意参观博物馆，以了解其他国家的传统艺术。此外，大自然也是他们灵感的重要来源，比如他们会参考自然的色彩和形态的变化，这些都是自然的素材。一些活跃的手工艺者很愿意参加各种类型的研讨会、学习班、会议、进修课程等。从他们的角度来说，这样既可以展示自己的手艺、训练初学者，又可以接受订单，并且还能在拉脱维亚的各媒体发表新颖的作品和技术论文。

但值得注意的是，这些人希望从事自己的爱好，其实有许多先决条件。一个主要的前提是他们的职业、主动性和对拉脱维亚传统艺术的兴趣，他们是否有空闲时间、创造欲和大量尚未实现的创意。另一个因素是工作室，即他们是否有场地、专业导师/教师、一定的物质支持以及建设手工艺工作室的能力。另外，他们是否有赚取额外收入的机会，或对退休者来说消磨时间的机会。妨碍全心全意地实践手工艺的因素也有很多，比如空闲时间不足，付不起昂贵的原材料，运输/旅行成本高，健康状况不佳（许多受访者是老年人）。

对于"你是按照你的导师/团队/工作室的老师要求来做，还是根据你的意愿和兴趣自由选择"的问题，一些手艺工作室的参与者说，在60%的情况下，他们可以自由选择。如果他们正在准备展览，展览的主题、想法以及完成指导人员的任务也很重要，尽管工匠可以自己决定具体制作什么以及如何制作。有组织的手工艺者在很大程度上通过传统作品获得灵感；他们也会根据订单制作复制品，但他们决不忽视当代艺术趋势。熟练的手工艺者宁可在传统框架之内顺应当代应用艺术的趋势进行创作。

对于"传统和现代之间的界标在哪里"的问题，受访者的答案五花八门。受访者提出，需要在保持民族特色的同时逐渐向当代因素过渡。过渡是逐渐发生的，没有清晰的界标。传统与现代处于不断的交融之中。受访者也认为，传统一旦用于当代，当代也可以变成传统。传统价值也可以成为人们需要的新鲜事物。传统是话题性的。传统是影响今天感知的东西，话题性意味着我们感知今天的话题趋势，并在艺术中意识到它们，传统和现代应该共存。今天一些非主流的东西可能仍然会证明自己并成为一种传统。所有从事手工艺的人都强调，如今保护传统艺术至关重要，因为它的魅力，也因为它有助于保持我们的民族特性、提高我们在世界上的可认知度。我们应当为了下一代珍惜传统艺术。深入了解之后，就连年轻人也会对它们产生兴趣。

至于拉脱维亚传统艺术在欧盟和全球化时代的前景，由于当前人们既渴望有形价值，又渴望无形的智能价值，手工艺者承认手工艺已岌岌可危。因此，手工艺应该得到支持和保护。这主要取决于手工艺本身和学校老师，政府的支持也很重要。为了保持传统艺术，我们应该对年轻一代进行教育，建议在中学开设手工艺必修课，还应该组织各种类型的培训课程、培训班、讨论、展览和邻国传统艺术研究等等。在拉脱维亚，应该由SAICH来为手工艺者提供资金、信息等方面的援助，协助他们筹备展览，开办各种新课程和培训班，组织交流专业技术的旅行，发表系统化的材料，开展认证计划。总之，我们应当尽一切努力维持传统艺术的生存和发展。所有受访者一致承认，他们之所以对这一过程感兴趣，是因为每一个人——无论国籍或年龄——都需要传统艺术。知识和品位是最重要的。最主要的一点是踏入这一领域，一切自然水到渠成。

总　结

拉脱维亚的传统应用艺术兴趣小组和工作室有60多年的历史。它们的优势在于兴趣的共同性、闲暇时间的充裕、创造力的开发、传统的代代相传、职业道德和家庭社会生活文化的培养以及爱国情怀的培养。在拉脱维亚，我们还看到这些艺术工作室活动中民间艺术的未来发展，因为它们保持了传统应用艺术的三个重要特征：传统的传承、传统的变化和发展、群体内的创造性活动。专业应用艺术必须和时尚潮流相结合，这在很大程度上取决于小组领导人的专业水平、对民间艺术传统的了解和理解以及艺术兴趣。

第七章　他山之石

当然，拉脱维亚民间应用艺术将继续发展和变化。随着一代又一代的传承，可以利用的信息来源不断变化。现代通信方式和不断扩大的文化联系发挥着重要作用，使应用艺术的形态和色彩组合更加自由。如今，手工艺品的观念功能在许多情况下已经消失，只剩下实用和艺术价值。为了不失去传统艺术，我们必须教育和培养年轻一代。如果缺乏对年轻一代的专门教育，传统艺术不可能自动传承和持续，因为现代社会需要太多时间、精力和活动。家庭也是一样，家族中的主要传承者已经开始失去传统知识，人们没有足够的时间来从事这样的活动。因此，为防止与传统文化遗产的联系被打破，拉脱维亚正在积极制定适合当代需要的新文化政策。此刻，一些非常优秀的老手工艺实践者仍然健在，能够将他们的知识传授给后代。拉脱维亚文化部、非物质文化遗产署和教育部正在按照联合国教科文组织《保护非物质文化遗产公约》的精神共同努力，寻找教育和培养新一代应用艺术家的机会。

作者简介

艾雅·詹森（Aija Jansone），先后担任拉脱维亚科学院历史研究所研究员、国家非物质文化遗产机构传统文化民间装饰艺术理事会主席，暨南大学文化遗产创意产业研究院高级研究员，2012—2014年曾担任保加利亚人种学博物馆、保加利亚科学院和拉脱维亚大学的拉脱维亚历史研究所共同开展的项目"价值观和身份：文化遗产作为建设资源身份"首席研究员。参与国家研究计划"莱托尼卡：历史，语言和文化研究"（2010—2014年）、保加利亚科学院民俗研究所和拉脱维亚大学拉脱维亚历史研究所的联合项目"保加利亚和拉脱维亚：非物质文化遗产问题"（2009—2011年）等重大项目。

克罗地亚的文化遗产

〔克罗地亚〕戈尔达娜·马卡尔（Gordana Makar）

摘 要

本文介绍了克罗地亚文化遗产的历史和现状，以及该国如何开展活动和措施保护克罗地亚的传统习俗。措施包括在克罗地亚各大城市举办各种文化展览，促进年轻人了解和参与丰富多彩的民俗活动，建设文化遗产的生态村落，让人们有机会体验传统民居、认识古老的农业机械和动植物、尝试自制传统家庭食品。世界各地很多有克罗地亚人居住的地区都组织了各种保护和弘扬传统文化的活动。

克罗地亚

第七章 他山之石

克罗地亚，首都萨格勒布，是一个仅有460万人口、死亡率远高于出生率的小国。它地处欧洲东南部，位于潘诺尼亚平原、巴尔干半岛和地中海的交界处，境内有世界闻名的旅游胜地——杜布罗夫尼克。在动荡不安的历史岁月中，克罗地亚饱受战争的侵袭，多次沦为奥斯曼帝国、奥匈帝国、意大利、塞尔维亚等国的战利品。也正因为如此，克罗地亚文化受到了多方面的影响。时至今日，克罗地亚被分成了三个部分，即斯拉沃尼亚（受奥匈帝国和奥斯曼帝国影响）、达尔马提亚和戈尔斯基·科塔尔地区（二者都受意大利影响），它们虽然由同一个中央政府管辖，但均各自保留着属于自己的文化特性。

克罗地亚的很多传统习俗，如服饰、民间歌舞、婚丧仪式、宗教习惯、饮食等，在上述三个地区都截然不同。在斯拉沃尼亚，日耳曼和土耳其文化的印记随处可见。当然，这里也保留了一些斯拉沃尼亚的传统习俗，尤其是饮食方面，如"库兰"（kulen，烟熏猪肉香肠）、斯里伏费扎酒（sljivovica，梅子白兰地）、玉米粥以及按照流传了几百年的传统古方制成的果酱等等。其他著名的斯拉沃尼亚传统习俗还有：drmes舞——一种身着传统民族服饰表演的民间舞蹈，用香草装饰、洋葱皮染色的彩蛋，哀悼期间要着黑色服装等。

在达尔马提亚和戈尔斯基·科塔尔地区，饮食比斯拉沃尼亚地区要清淡得多，通常是以地中海风格进行烹制的。而这一地区出产的橄榄油被公认为烹饪的必备佳品。圣诞节时，人们通常都要为节日准备从意大利传入的乳沫蛋糕。克罗地亚盛产鱼、贝类和螃蟹，丰富的海产品被出口到世界各地。达尔马提亚地区的布拉克岛拥有举世闻名的采石场，这里出产的布拉克石可用于建筑，最著名的建筑实例包括白宫、维也纳议会大厦、布达佩斯议会大厦等。由于不断蔓延的全球化和商业化，克罗地亚儿童和年轻人对克罗地亚传统习俗和文化遗产并不热衷，这方面的教育也有所欠缺。因此，我们做了很多努力来扭转这种局面。

在过去十年间，克罗地亚各地出现了很多生态村落，让人们有机会体验传统民居，认识古老的农业机械和受保护的动植物，尝试自制传统家庭食品，以及参与保护克罗地亚传统习俗的活动。我们还在生态村里为学生们组织野外旅行，让他们亲身体验古老的克罗地亚精神。越来越多的公司在生态村里组织团队建设活动，提醒员工保持和弘扬古老的克罗地亚生活方式。最近几年来，克罗地亚各大城市相继举办了各种文化展览，由于现今克罗地亚的传统习俗仅仅在乡村地区还有所保留，这些展览正是为了让城市的人们更好地了解克罗地亚的传统艺术、建筑、工艺和美食等文化遗产。例如，每年8月，弗尔博韦茨（Vrbovec）市都会举办一次美食节，叫作"我们的祖先吃什么"，你可以做好准备，品尝克罗地亚的各式传统美食。这是一场独特的以游客为主角的烹饪展示和品评大会，每年都会吸引来众多的游客。萨格勒布举办的克罗地亚生态文化节成功推广了来自克罗地亚各地的传统文化和自然遗产、传统工艺以及源自本土的各类产品。另一场展示会是在斯拉沃尼亚的温科夫齐举办的"温科夫齐之秋"。这是一场举国瞩目的民俗节，同时也是欧洲东南部地区同类民俗节中规模最大的一个。四十多年来，它举办了丰富多彩的活动，包括民族介绍、旅游和商业表演、音乐会、科学圆桌会议、白兰地展销会以及顶级库兰评选比赛等等。

这些活动成功还原了过去的生活，并把它和现在联系起来，让年轻人有机会了解和参与丰富多彩的民俗活动。"艾尔卡刺环"是另一项值得称道的传统文化保护活动。每年8月，达尔马提亚地区的辛耶市都会组织这样的活动，以庆祝700位克罗地亚勇士打败60000名奥斯曼侵略者的纪念日。参赛者在跑道上策马飞奔的同时要试着用手中的长矛刺中艾尔卡的中心环，得胜者将受到奏乐歌颂。人们用老式的铜管乐器演奏礼乐，并鸣放旧式传统礼炮来向胜利者表示祝贺。大家可能知道，克罗地亚的官方语言是克罗地亚标准语，但是克罗地亚还有两种方言：Kajkavski（用于萨科尔基）和Cakavski（用于达尔马提亚）。虽然学校教授这三种方言，但年复

第七章　他山之石

一年，人们很容易就会把它们遗忘了。因此，各大城市达成了多个协议，来保护和挽救我们的方言，避免它们消失。

　　由于世界各地的克罗地亚人不断减少，除了克罗地亚以外，世界各地有克罗地亚人居住的很多地区都组织了各种保护和弘扬传统文化的活动。几百年来，生活在海外的克罗地亚人建立了移民区，避免克罗地亚传统文化的消亡。克罗地亚人几乎在世界上的每一个大城市——尤其是美国、澳大利亚和欧洲——组织了克罗地亚人之家。这些社团从很多年以前就开办了克罗地亚学校，教育年轻一代传承克罗地亚文化遗产。成年人参加这些社团不仅是为了保持传统文化，更是为了在海外为祖国略尽绵力。这一点在过去二十年（20世纪90年代以来）中尤为明显，当时，很多克罗地亚人因为克罗地亚独立战争而背井离乡。这场战争还造成了很多经济问题，因此，我们需要一切帮助。我们非常高兴能应邀来到中国这个美丽的国家；我们希望，你们的帮助能使我们为下一代保护好我们的文化遗产。

精心制作传统手工艺的民间艺人

波斯尼亚和黑塞哥维那民族博物馆与黑塞哥维那土著民居建设

〔波斯尼亚和黑塞哥维那〕伊维卡·拉维奇（Ivica Ravic）

摘 要

本文介绍了波斯尼亚和黑塞哥维那（简称波黑）的历史、文化与习俗的现状以及保护的经验和方法。在波黑，婚丧嫁娶、民族节日等传统民俗面临严重的忽视和遗忘，民族传统正在逐渐消失。但是近年来越来越多的民间舞蹈与歌唱团体在波黑不断涌现，维护和发扬着波黑的传统文化和习俗。

文化与习俗保护的经验和方法对少数民族而言尤其重要。少数民族的无同化性，即对他们本民族语言、文化、风俗习惯以及民族特征的保护，值得引起关注。少数民族文化所面临的最大问题，不仅来自其民族本身，同时也受到这个少数民族所归属的国家及其制度的影响。任何以保护和发扬民族文化为出发点的计划或方案都应当得到国家的鼓励。

我们每天都在目睹许多语言和民族的消亡，诚然，阻止文化的融合似乎不大可能，但我们有能力也有责任去促进和维护文化的特异性，尤其是那些濒临灭绝的文化，诸如语言、民间传说、民族服饰、民歌、民族特色食品等等。所有这些异彩纷呈的文化都是这个世界的无价之宝。

我们的祖国——波斯尼亚和黑塞哥维那是一个多民族共居的国家，拥有丰富的文化瑰宝和文化特性。波黑境内生活着许多不同的民族，有波斯尼亚人、塞尔维亚人、犹太人、罗马尼亚人、克罗地亚人等等，同时存有四种宗教：伊斯兰教、东正教、天主教和犹太教。它们使波黑的文化更加丰富多彩。信奉天主教的克罗地亚人是波黑的原住民。这个民族的人口一直在减少；1990年，他们还占波黑总人口的17%，而如今已减少至8%，仅有40万人左右。

由于就业形势日益严峻，年轻人往往在自己的祖国找不到工作，于是他们纷纷

第七章　他山之石

波斯尼亚和黑塞哥维那

离开了波黑，前往西欧各国和克罗地亚。还有很多人在战争中被流放，再没有回来。许多无法解释的政治决策加剧了这种趋势。如今，一部分克罗地亚人仍然生活在黑塞哥维那西部和波斯尼亚中部（但是数量较少）。在历史上的各个动荡时期，信奉天主教的克罗地亚民族和波黑的许多其他民族一样，珍视并维护着他们最大的民族特征。几百年来，他们的民俗习俗虽略有出新和改变，但基本保持着其本来面貌。现今波黑境内的克罗地亚人，他们所生活的地方曾在奥斯曼帝国的统治下经历了四百多年的岁月，因此奥斯曼帝国的文化在他们的民族文化中留下了鲜明的烙印，比如对舞蹈、歌曲、服饰的影响。不仅如此，他们同时还受到了奥匈帝国以及附近其他各民族的影响。令人遗憾的是，在全球化浪潮中，古老的生活方式也只有在乡村地区才得以保留至今。

由于对婚丧嫁娶、民族节日等传统民俗的严重忽视和遗忘，我们的民族传统正在逐渐消失。发觉到这种情况之后，近年来越来越多的民间舞蹈与歌唱团体在波黑不断涌现。这些团体和俱乐部维护和发扬着我们的传统文化和习俗。而我们也更加迈进了一步，开始创建教育中心。许多机构纷纷加入这一工程，包括联邦文化体育部、农林水管理部、旅游与环境部、布里耶格斯洛奇（Siroki Brijeg）和西黑塞哥维那州（Zapadnohercegovacka）。我们的目标是为子孙后代保护我们的文化和自然遗产。我们制定了许多计划，让学生们参与拯救和保护传统文化的活动。同时，许多高校也组织了专题讨论会和讲座，让学生参与保护计划。我们希望在教育中心开展建设民族博物馆、保护土生动植物、维护自然保护区和土生植物园等项目。

在布霍沃－布里耶格斯洛奇（Buhovo-Siroki Brijeg）自然保护区，你可以看到世界上最小的牛，叫作"巴斯"（buše，小山牛），黑塞哥维那小驴，还有我们本地土生的马、羊、狗等等。保护区的选址对于历史学家和考古学家而言显得特别重要，因为它所在的地方有五座土丘，那是伊利里亚复兴时期的古墓，此外还有拥有2000年历史的水罐。在保护区所在地附近还出土过两只古罗马时期用来盛骨灰的瓮。

提到这些内容，是因为我们希望再现黑塞哥维那土著民居，可以让孩子们、学生以及游客们在那里体验传统的生活方式，了解过去的人们是如何在各种不同的作坊里学习纺纱织布、制作传统食品、跳民间舞蹈，以及所有那些应当被保护和发扬的古老工艺。我们还想建造土生植物园和民族博物馆，让游客们见识一些具有民族特色的东西。这项工程的价值很难用物质来衡量，但它却可以帮助我们永久性地保护民族传统，尤其是在我们谈论各地的传统服饰、食品、舞蹈、歌曲和其他习俗时。

我们希望通过这些工程向已经遗忘文化习俗和希望了解文化习俗的人们推广传统文化。这样的项目也意在唤起年轻人对保护和弘扬传统文化的兴趣。一种文化和习俗可以在其部族和国家中得到最恰当的保护和发展，因此，无论本国的还是他国的机构都应当引导人们，做到系统而持久地保护和弘扬这些颇具价值的传统文化，因为它们不只属于某一个民族，它们是整个世界的财富。我们想强调一点，这项工程有一小部分是针对克罗地亚文化，而自然保护区和土生植物园则属于波黑的全体公民，因为我们希望通过这种方式保护自然遗产，阻止许多土生动植物的衰亡。这是一项全民总动员的宏大工程，不分宗教信仰，不分种族，也无所谓你究竟关心哪种特性的文化，所有的民族都应该投身其中。我们希望这个项目能激励人们去寻找更好的途径，为子孙后代留下这份宝贵的礼物。现在，有许多值得称道的项目都在设法永久保护那些祖先留下的财富，诸如传统文化、语言和民族习俗。

大家都知道，我们美丽的祖国波黑曾饱受战乱之苦，经济十分困难，我们不可能在缺乏海外援助的情况下完成我们的项目。今天，我们非常荣幸地在中国这个美丽的国度介绍我们的项目，我们也希望您能伸出援手，帮助我们在这里和我们的祖国波黑保护好我们的传统生活方式。

波兰少数民族文化现状

〔波兰〕金嘉·钦温斯卡（Kinga Czerwińska）

摘　要

本文介绍了波兰在第二次世界大战结束前、共产主义和后共产主义时代三个不同时期少数民族文化发展的不同形态和特征。在第二次世界大战结束前，相对包容的文化与宗教自由使得波兰成为当代欧洲在民族、文化方面最具特色的国家之一。在共产主义时期"一个国家、一个民族"的政策下，波兰从一个多民族、多种族并具有多元文化的国家，变成了目前欧洲最少民族聚居的国家。为改善当代波兰少数民族文化和社会环境，波兰对少数民族群体尤其是吉卜赛人的需求进行评估，并且引进解决教育、失业、健康问题和文化推广问题的试点解决方案。

1. 第二次世界大战结束前（至1945年）

波兰地处欧洲中部，历史发展复杂艰辛，国界经历多次变迁，文化、宗教、民族多样化明显。几个世纪以来，除波兰本土民族外，很大一部分文化迥异的民族也聚居在波兰境内，其中包括德意志族、乌克兰族、白俄罗斯族、立陶宛族、犹太族、吉卜赛族以及其他民族。这种民族多样化使对"外国人"包容与开放成为波兰传统文化中所不可或缺的一部分。纵观波兰长达一千多年的历史，虽然其本土民族对"陌生人"的恐惧显而易见，且现代社会因惧外、仇外而导致的民族主义事件时有发生，在波兰，因宗教和民族差异引起的大范围悲剧性迫害事件依旧甚少。二战前（直至1939年），波兰一直是欧洲其他各国民族逃避迫害的避难所。以犹太人为例，当时波兰境内犹太人占所有人种总数的10%（约350万人），是整个欧洲最大的犹太民族群体。相对包容的文化与宗教自由使得波兰成为当代欧洲在民族、文化方面最具特色的国家之一。

波兰首都华沙

然而，第二次世界大战的爆发使这种状况发生了巨大改变。希特勒强制推行"种族清洗"政策，将灭绝标靶指向了多个民族，包括波兰人、犹太人、吉卜赛人在内的几百万乃至上千万生命被迫致死。此次大屠杀与第二次世界大战，共同造成了欧洲历史上最大的一次"文化"灾难，并对旧大陆当代史产生了巨大的影响。

2. 共产主义时代（1945—1989年）

二战结束后，波兰成为共产主义国家阵营中的一员，开始在少数民族和文化层面推行新的政策。在"一个国家、一个民族"的口号下，波兰东部与西部新边界确立，国家同质化政策开始实行，大量少数民族被迫迁回原国，大批人迁移至从未居住过的地区并被当地同化。据估计，二战期间及战争结束后几年，约有400万人被迫迁移重新定居。随着越来越多的人被迫移居，波兰既有的典型社会结构与传统遭受了毁灭性的打击。

尽管波兰认可国际公约中有关少数民族的规定，但许多来自不同国家的少数民族依旧被推向边缘化。例如，波兰最大的少数民族——吉卜赛人——就被迫重新定居，并被限制在国家控制的公司就业，这一切都导致了这支游牧民族的退化。波兰也因这一政策达到了预期效果，从一个多民族、多种族并具有多元文化的国家，变成了目前欧洲最少民族聚居的国家。2002年波兰全国最新人口普查数据显示，全社会超过96%的人口属于波兰民族。

3. 后共产主义（1989年之后）与当代波兰状况

1989年东欧放弃共产主义，2003年波兰加入欧盟，开启了波兰政治制度和少数民族文化政策新阶段。近年来，随着波兰对外开放以及流动人口与日俱增，开展适当的活动以解决少数民族和少数族裔所处的状况也变得尤为必要。

重新创立的法案对当代波兰少数民族形势产生了深刻影响，并成为波兰共和国宪法的一部分。这部宪法为传承和发展少数民族语言、保护传统习俗、发扬少数民族文化等提供了完整的法律保护，保证了少数民族拥有独立教育和文化研究机构的权利，在必要时建立专门机构来保护宗教信仰的权利以及参与国家认同感建设的权利。与此同时，加入欧洲体系也使波兰必须认可国际公约，同时参与很多具有普遍欧洲特色的规划项目。有鉴于此，尽管很多活动由独立团体和地方政府提出，且在欧洲的资助下，但波兰保护和支持少数民族发展有了国家驱动的性质。

当前，波兰境内聚居着9个外国移居民族——白俄罗斯族、捷克族、立陶宛族、德意志族、亚美尼亚族、俄罗斯族、斯洛伐克族、乌克兰族、犹太族，和4个本土少数民族——卡拉伊米族（最小社区，仅约50人）、莱姆科族（Lemko）、鞑靼族和吉卜赛族。少数民族社区的活动是高度分化的，有些是用于巩固特定群体，有些是群体间领导人的活动，这些领导人制定并展现这些特定群体的需求。活动的开展主要基于两个方面，即：能够在主流社会发挥作用，能够保存及巩固自身团体的传统、历史以及文化差异。

当前，在波兰境内居住的少数民族中，吉卜赛人的联合社区是最大的，这个民族（在个体数量方面）也是整个欧洲特别是欧洲中部最大的少数民族。特殊的少数民族的复杂现状由以下几个因素导致：第一，社区的解体和内部冲突。吉卜赛人内部生活着四个不同的部落：波兰罗马人、"弗拉克"罗姆人（也叫伯吉特卡罗马人）、卡尔德拉什人和劳瓦拉人。第二，整体教育水平低，60%的个体为文盲。第三，失业率高，达90%缺乏专业技术资格；工艺服务与产品（吉卜赛人的传统职业）的需求低，能够提供简单就业机会的国有公司的破产是这个群体高失业率的主要原因。第四，波兰人与吉卜赛人社会团体间缺乏社会与文化上的融合。由于长年共处，两个民族累积的社会旧规与偏见颇深，"坏蛋吉卜赛人""小偷"以及"乞丐"等用来描述吉卜赛人的词汇在波兰人心中早已根深蒂固，致使波兰人对吉卜赛人普遍产生抵触、畏惧甚至敌对情绪。最后，缺乏信任。长期与世隔绝，厌恶"陌生人"、消极、冷漠、缺乏控制与改变生活现状的动力，都是明显存在于吉卜赛人群体并制约其发展的因素。

为改善近年来吉卜赛群体的困境，波兰已采取一系列多层面的计划。首先，通过经验、科学、社会学以及人种学研究，对受社会边缘化困扰的社会团体需求进行评估；其次，引进试点解决方案，并与吉卜赛群体的领袖合作致力于以下领域的改善：

（1）教育上：启动儿童、青少年以及成年吉卜赛人的教育课程（扫除文盲）；开发设计旨在提高容忍度与关注度的活动计划，帮助吉卜赛人适应新环境；为吉卜赛与波兰儿童提供综合课程（可以在暑假期间开展）；建立由双方团体共同赞助的综合性幼儿园；资助学校书本、教学设施以及校内就餐的共同采购项目。

（2）解决失业问题上：开办活动，提高普遍知识水平；启动项目，帮助吉卜赛人学习技能并获得当前劳动力市场上所需的职业资格；为补助就业项目提供资金，在吉卜赛人传统的就业领域如手工业、铁匠、餐饮行业创造就业机会。

（3）卫生健康上：在改善卫生健康、医疗护理、医药以及皮下注射方面提供指导；培训吉卜赛出身的护士（他们身份被吉卜赛人接受，能更好地在吉卜赛人社区工作）。

（4）吉卜赛文化推广上：通过媒体宣传，保留并发展吉卜赛文化；保留吉卜赛民族在第二次世界大战中遭受迫害的地址，维护吉卜赛民族历史，并对二战受害者给予应有的尊敬；继续保留现有吉卜赛乐队，并协助成立新的乐队；组织设立吉卜赛人艺术创作的节日；支持吉卜赛文学作品出版。

以上多层面试点项目均在此前提下展开，即：内部的社会融合与教育活动将增加对吉卜赛人当前生活现状的了解。这种了解包括：了解国家法律及波兰公民应尽义务，了解吉卜赛人作为一个少数民族应享有的权利，了解改革的相关信息，了解吉卜赛人获得教育、心理和社会援助的可能性，了解波兰加入欧盟进程以及对吉卜赛人带来的相关改变。

一旦试点项目取得成功，吉卜赛人形象及其文化将在波兰主流社会得到普及、改变和推广。把吉卜赛人丰富的多元的风俗习惯推广到波兰主流社会，将丰富波兰文化，并消除敌对的社会陈俗旧规。1997年组织的切霍齐内克吉卜赛国际歌曲文化艺术节，就是吉卜赛文化被接受并积极向大众推广的案例。

4. 总　结

以上所有措施，目标均在于保护、保存波兰少数民族文化，并为各种文化交流汇总提供基础。总结1989年后累积的经验，我们可以得出下列结论：第一，所有的项目必须为长期行动，短期项目存在资金问题，效果不佳，还可能增加不信任并导致失望；第二，大型项目需要在特定问题上进行良好的前期调查研究以及全面的精心准备，即使在细节上也要充分重视；第三，具体的经济活动必须与自由市场紧密对应；第四，所有的解决方案必须基于这些少数民族代表的反馈与合作，没有他们的支持与认可，解决方案很少能取得预期的效果；第五，各方团体的合作可增加不同文化之间的对话，以解决民族分歧。

作者简介

金嘉·钦温斯卡（Kinga Czerwińska）博士，西里西亚大学教授，文理学院副院长。她主要的研究兴趣在于艺术人类学、民间艺术、设计和美学。她用波兰语和英语发表了大量学术论文。

联合国教科文组织《保护非物质文化遗产公约》及参与社区或其代表执行公约问题以及保加利亚国家非物质文化遗产与社区清单

〔保加利亚〕 米拉·桑托娃（Mila Santova）

摘 要

本文在联合国教科文组织《保护非物质文化遗产公约》的观照下探究了保加利亚国家非物质文化遗产保护社区中有关参与社区执行公约内容的问题。本文强调"少数民族"的概念代表了更广泛的"社区"概念的一部分，探讨了在联合国教科文组织支持下非物质文化遗产保护的必要性及探讨过程中经历的重要事件。在此基础上，本文探究了保加利亚国家非物质文化遗产清单的执行。

1. 关于联合国教科文组织《保护非物质文化遗产公约》

联合国教科文组织《保护非物质文化遗产公约》第 15 条"社区、群体和个人的参与"指出：缔约国在开展保护非物质文化遗产活动时，应努力确保创造、延续和传承这种遗产的社区、群体，有时是个人最大程度地参与，并吸收他们积极地参与有关的管理。从 2003 年开始，该公约的第 15 条所显示的社区问题引起了特别的关注。与社区或其代表的参与有关的问题在公约的其他条款里得到了处理。例如：

第 2 条　指被各社区、群体，有时是个人，视为其文化遗产组成部分……

第 11 条　由各社区、群体和有关非政府组织参与，确认和确定其领土上的各种非物质文化遗产。

第 12 条　各缔约国应根据自己的国情拟订一份或数份关于这类遗产的清单。

第 13 条　缔约国应确保对非物质文化遗产的享用，同时对享用这种遗产的特殊方面的习俗做法予以尊重。

第 15 条　缔约国在开展保护非物质文化遗产活动时，应努力确保创造、延续和

第七章　他山之石

传承这种遗产的社区、群体，有时是个人的最大程度的参与，并吸收他们积极地参与有关的管理。

在下文中，我不打算详述社区与少数民族概念之间的关系或它们的实质内容。按照设定，"少数民族"的概念代表了更广泛的"社区"概念的一部分。且在联合国教科文组织《保护非物质文化遗产公约》及与之相关的文件准备与制定过程中，国际社会（联合国教科文组织）的兴趣转移到社区所面临的问题上，所以我打算简单概述。为了阐明，我需要补充的是，这是一个关于解决问题，而非关于文化政策与针对保护社区非物质文化遗产最终目标的问题，更不是人类学利益范例中关于社区问题的理论思考。

在联合国教科文组织支持下，非物质文化遗产保护必要性探讨过程经历了几个重要事件。第一个事件发生在1989年，当时联合国教科文组织大会通过了一个重要文件——《保护传统文化和民俗的建议》，这似乎是世界上第一个公开的致力于保护非物质文化遗产（之后被界定）并致力于其世代传承的国际协定。该建议在大会上得到了认可，并掀起了全球范围内寻找保护非物质文化遗产的适合途径与活动资金的热潮，这一活动在20世纪90年代初期得到了很好的规划。联合国教科文组织在这方面给予的帮助可从联合国教科文组织非物质文化遗产会议的日程表中查出。之后具有重大意义的事件，无疑是2003年在联合国教科文组织大会上通过《保护非物质文化遗产公约》。这部法案实际上开启了世界非物质文化遗产保护活动极其活跃的新阶段。

另一重要事件是2008年6月16—19日《巴黎公约》缔约国大会通过执行《保护非物质文化遗产公约》操作指南。第3章"参与执行公约"大部分专门用于解决社区、群体及适当时个人参与问题。实际上，整个文件主要是社区相关的问题。在联合国教科文组织非物质文化遗产会议的日程表中搜索关键字"社区"，结果显示，1994年至2006年有6次专家会议是讨论社区问题，其中有4次（1994年、1994年、1996年、2000年）与东南亚有关，主要处理越南、老挝、泰国与中国少数民族群体问题。讨论的主题主要包括少数民族非物质文化遗产的保护与促进。

另外两个会议则侧重更广泛的目标。2005年3月17—18日，在巴黎举行的非物质文化遗产清查专家会议讨论了与社区有关的清单建立问题。会议的总结文件中除列出联合国教科文组织成员国的部分之外，值得一提的是专家们还列出了根据2003年公约精神，在政府、机构与组织各级进行相关能力的建设；特别是通过保护组织非物质文化遗产的权利与利益（包括利益共享）的探索方法，确保非物质文化遗产的保护以及与有关的组织与团体密切合作。

2006年3月13—15日，以"非物质文化遗产保护的社区参与：致力于2003年公约"为题的执行专家会议在日本东京举行。该次会议设立的目标致力于如下建议：第一，在《保护非物质文化遗产公约》背景下"社区"与"群体"的定义；第二，社区和群体参与非物质文化遗产的定义、确定与清查；第三，确保社区与群体保护活动的广泛参与；第四，确定可使非物质文化遗产作为发展因素的方法。参加此次会议的专家们得出结论，他们需要根据公约目的，将重点关注非物质文化遗产作为普通元素，来定义社区、群体以及个人。由此产生的定义为灵活的工具。

在此基础上，同样有几个常用的、必要的有关"社区""群体""个人"的工作定义，即："社区"是基于实践、信息传递和非物质文化遗产约定的、由共享的历史关系形成的具有身份意识或共通性的人民组成的网络；"群体"由包括或横跨于组织的，共享诸如技能、经验和专门的知识这些特性，并因此在现在或将来的非物质文化遗产实践、再创造和（或）信息传递上扮演特定的诸如文化监管者、从业者或学徒角色的人们组成；"个体"指包括或横跨于组织的，具有独特技能、知识、经验或其他特性，并因此在现在或未来的非物质文化遗产的实践、再创造和（或）信息传递中扮演诸如文化监管者、从业者和学徒这些特殊角色的人。在这里我想提醒大家，这三个概念是2003年公约正文中的基本概念。专家意见中关于社区参与初步清单的准备也有值得关注的：

一、需要对社区、团体及其代表进行适当鉴别；二、确保只有由社区与团体认可的非物质文化遗产可以被记录，或提议列出；三、确保获得了各社区与和团体的记录许可；四、非组织成员参加时需要确保事先得到社区同意；五、尊重习惯做法获得管理非物质文化遗产的途径；六、确保社区与群体能够同意提名它们的非物质文化遗产入选公约名单，且这种同意是自由的、事先告知的。东京的执行专家会议是在国际层面考虑执行2003年公约问题的重要一步。下一步是在操作指南的筹备之下进行专家工作。

在这一重要文件的准备过程中，保护非物质文化遗产的政府间委员会认为有必要建立一个为社区以及其他人参与的可能模式的特别的附属机构（2007年9月）。该附属机构连续举行了三次会议。2007年11月7日，该附属机构在巴黎选出了主席团。附属机构的第二次会议于2007年12月15日在布加勒斯特（罗马尼亚）举行。第三次会议于2008年1月28日、30日在法国维特雷召开。在1月28日下午和29日还组织了同一主题的专家会议。文件（ITH/08/2.EXT.COM/CONF.201/INF.4，巴黎，2008年2月12日）是准备在保加利亚索非亚委员会会议期间（2008年2月18—22日）提交的。附属机构大会报告起草人在报告序言中说："因为非物质文化遗产的核心问题为创造、延续与传承它的社区、群体与个人，因此，这也是公约主要关心的问题。"

这份文件还继续指出社区的角色："由于社区创造了非物质文化遗产，并保持它鲜活的生命力，它们在保护非物质文化遗产的问题上有优先权。传承非物质文化遗产的组织比其他任何人更有资格来确定与保护非物质文化遗产，因此在记录它们的非物质文化遗产的时候，它们应该参与。"同样，"公约中关于非物质文化遗产的定义提醒我们，非物质文化遗产必须由其组织、群体或个人认可；如果没有它们的认可，其他任何人都不可以替他们决定，特定的表现形式或做法就是它们的遗产。因此，如果没有准备进行识别与定义的遗产的所有人组织、群体或个体的参与，记录是不可能进行的。当然，有时组织可能没有能力或方法自己实现这一工作。在这种情况下，国家或机构与组织可能会帮助它们记录它们现有的遗产"。

这提醒我们，"第13条（d）（ii）也强调，各缔约国应始终牢记与非物质遗产提供的有关的习惯做法。在某些情况下，这意味着某些形式的非物质文化遗产不应该被记录，或者已列入清单的某些非物质文化遗产应在一定的限制范围内才可公开。例如，社区可以决定，指示某些知识的监管人是谁，而不是在清单中记录敏感话题的详细文档。在清单中提供非物质文化遗产组成要素的信息会让该组成要素的获取更容易些。根据公约精神，那些拒绝在清单中包含非物质文化遗产组成要素的组织的意愿必须得到尊重"。

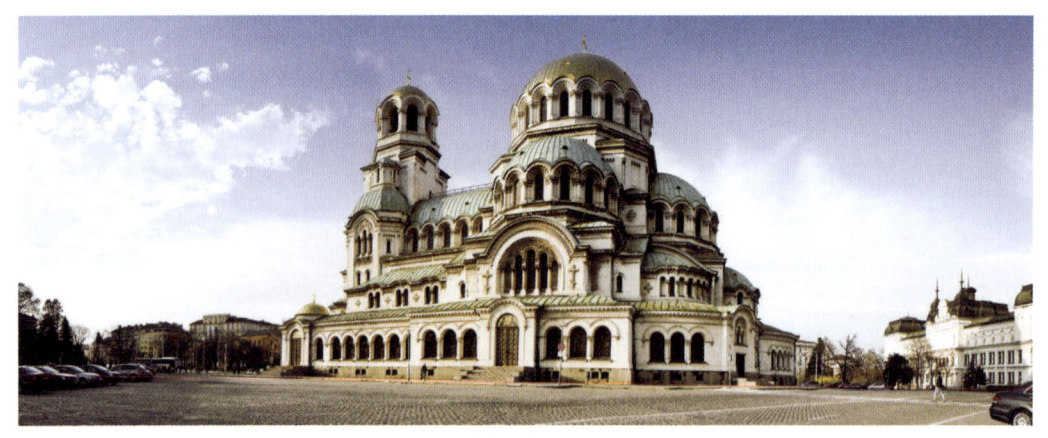

保加利亚

2. 保加利亚国家非物质文化遗产清单

虽然保加利亚国家非物质文化遗产清单与公约文本的最终发展并行，但实际上也适用于这些概念。其产生也结合了区域性原则与类型学原则，在非物质文化遗产领域将各种活动联系在一起。事实上，清单是基于全国范围的，也包括不同社区的问询卡调查所收集来的数据。为此，文化领域以及国家特定的非政府组织体系中，存在着国家机构的分支社区中心，通过社区实际上可以直接分享清单创建的数据。

另一方面，名单中由社区提供的数据分类同样也结合了其他的分类原则。保加利亚的主要人口由东正教保加利亚人构成。保加利亚清单的主要领域通过主要记录这一部分人口的非物质文化遗产来进行定义，而且同样根据区域原则进行保存。然而，在区域原则的应用方面，存在着在全国不同地区居住的各个社区的种族、语言与宗教特点的相似考虑。

对所有地区而言，在清单中应用的仪式系统的模型包含以下基本结构：东正教教堂与民间节日的传统庆祝活动、家庭假日的传统庆祝活动、传统教堂节日的庆祝活动，传统的城市或者村子的纪念日、民族、分种族与宗教组织的传统节日。这个基本结构每次随每个地区按照其内居住的社群特性变得更加丰富。例如，布拉格耶夫格勒州区域包含一个单独的"家系"——一个穆斯林节日的传统庆祝活动，穆斯林人口在该地区占有显著的地位。对于瓦尔纳地区，该地区的基本结构随不同的"家系"变得丰富，例如：天主教节日的传统庆祝活动，亚美尼亚节日的传统庆祝活动，犹太节日的传统庆祝活动，穆斯林节日的传统庆祝活动等。在某些情况下，民族、语言与忏悔（宗教）的标记会被综合考虑，例如加告兹人的组织，按区域划分他们属于东正教，他们说突厥语，并称自己为加告兹人。

关于不同非物质文化遗产群体持有人的标准组合，也同样适用于保加利亚清单的其他部分。其主要目的是"覆盖"尽可能多的文化事件与活动的多样性，其中也包括不同组织的多样性。国家清单提供了一个可概括出特性、列表中的家系被明确表达出来的不变的体系，以"覆盖"社区的整个范围。因此，庆祝仪式体系被罗列出来：家庭礼仪、日历中的礼仪、与工作相关的礼仪、城镇与村庄节日礼仪。这些礼仪和节日对于宗教与民族组织来说是特有的。

作者简介

米拉·桑托娃（Mila Santova），保加利亚科学院院士、国家民族志博物馆民族学和民俗学研究所教授、国际博物馆协会（International Concili of Musumes，简称ICOM）保加利亚主席、世界知识产权组织（World Intellectual Property Organization，简称 WIPO）顾问。她主要关注历史人类学和文化人类学领域的研究，致力于非物质文化遗产保护、遗产可见性与负责保护文化遗产的机构之间的互动问题，是保加利亚国家非物质文化遗产专家，也是公认的联合国教科文组织非物质文化遗产国际专家。她负责制定了保加利亚国家非物质文化遗产名录。

佛兰德斯非物质文化遗产保护机构
——佛兰芒民俗艺术研究所

〔比利时〕马赛尔·奥尔布兰特（Marcel Oelbrandt）

摘 要

本文介绍了西欧的佛兰德斯（Flanders）非物质文化遗产保护机构——佛兰芒民俗艺术研究所的发展、工作形式、组织结构、人员构成、成果形式、合作机构以及未来展望等多方面的信息。

非常荣幸代表佛兰芒民俗艺术研究所，介绍负责佛兰德斯（Flanders）[1]非物质文化遗产保护机构——佛兰芒民俗艺术研究所。佛兰芒民俗艺术研究所的目的可通过三个过程，即人物—过程—作品原理实现。让我们从人物开始。

IVV（全称 Instituut Voor Vlaamse Volkskunst）佛兰芒民间艺术研究所是所有对佛兰芒民俗艺术感兴趣的积极参与者、组织以及个人的合作伙伴。直到目前，所有出版物均为佛兰芒语（荷兰语），但是在不久的将来，编辑工作将寻求在国际合作的水平上进行。IVV 成员由有经验的民俗舞蹈、民俗音乐、表演高潮部分以及传统服饰的实践者组成。IVV 是一个开放的组织，没有人员、政治或地理边界上的限制。那么，这样的工作力可以生产出什么样的作品呢？

我们知道，民俗艺术包括来自现存民族团体的所有珍贵的文化作品。它同样可被认为是来自这个民族团体所有类型的文化。佛兰芒民俗艺术属于佛兰德斯非物质文化遗产范围内的佛兰芒民俗学。"佛兰芒"指的是较大的佛兰芒历史群体（在比利时、法国和荷兰的背景下）中可追溯的部分。IVV 主要致力于传统（至少有 50 年

---

1. 佛兰德斯（荷兰语 Vlaanderen，英语 Flanders），是西欧的一个历史地名，泛指位于西欧低地西南部、北海沿岸的古代尼德兰南部地区，包括今比利时的东弗兰德省和西弗兰德省、法国的加来海峡省和诺尔省、荷兰的泽兰省。

历史的）与当代的民俗舞蹈、民俗音乐、表演高潮部分以及传统服饰的研究。形成稳定产出物的过程要基于四个工作组的工作，包括：①舞蹈与舞蹈音乐研究；②表演高潮部分研究；③传统服饰研究；④在工作组之间进行交流、编辑季刊并负责网页工作。所有工作组每年至少会面六次，在这一领域，成员会做与出版相关的工作。

IVV 是一个非营利组织，包括一个总务委员会及一个会员大会。IVV 已得到佛兰芒政府的官方认可，并每年接受财政拨款。IVV 组织中有兼职工作人员。IVV 的使命包括搜集信息、整理归档、研究、翻译、重新加工、出版以及传授民俗舞蹈、表演高潮部分的圣歌、歌曲以及传统服饰的描绘等工作。研究基于佛兰德斯以及国外的口头与书面的原始资料。IVV 与本领域的其他组织合作进行研究，组织课程与交互式研讨会，并组织相关档案的探索研究工作。

从 1964 年至今，我们出版了 18 本民俗舞蹈方面的书，其中包括 160 种传统的佛兰芒舞蹈。另外，民俗舞蹈组最近还计划出版 10 个舞蹈方面的出版物。其中一个是关于舞蹈方面的专业术语与词汇的出版物。所有出版物都为读者介绍佛兰芒舞蹈方面的历史背景、描述、音乐以及塑像或画像。佛兰芒民俗舞蹈工作组的工作也涉及组织课程与交互式研讨会。活动主要集中在历史元素以及对传统箭术行会中的基本舞蹈（诸如波尔卡舞、苏格兰舞、马祖卡舞、华尔兹和四对方舞）的研究与变形，并编辑新创建的舞蹈。工作组的主要任务是保证民俗舞蹈的魅力与表演质量。与历史背景和表演高潮部分的表现技巧有关的简明手册于 1974 年出版。6 本出版物内容包含具体的表演高潮部分的圣歌。其中，一部分基于历史背景，另一部分包括新创立的组合。此工作组编制了一本关于表演高潮部分的专业术语与词汇的出版物，以及另一本伴奏表演高潮部分的鼓演奏的出版物。

事实上，新的作品受到了关注并得以记录。表演高潮部分的工作小组每年都有教育课程，并与其他组织合作，在这些组织推广表演高潮部分的文化与表现技巧。佛兰德斯本地风格时尚的第一部标准著作于 1994 年出版，其主题是"湮灭的文化遗产"的一部分。它主要与当地传统的服饰有关——一种总是落后 50 年的风格。关于这一服装发展的大量信息来自最近一段历史时期的油画、素描以及人物绘画作品。这本书主要关注 1750 年至 1950 年这段时期，并对 16 世纪与 17 世纪做了简略的回顾。第二本出版物于 2009 年出版，它主要侧重主题方面（特别是服装元素）、服装上的地理学差异和服装的社会角色，并且特别关注多元文化的影响。

交流工作组的主要工作包括季刊的内容部分以及其外部设计的更新。通过优化网页的外部环境并把它的内容翻译成至少四种语言，IVV 可以在欧洲更好地推广相关信息。在调查是否还有开展研究活动的需要上，该研究所做了很大努力。

由于个体、历史以及政治原因，在佛兰德斯从事有关非物质文化遗产工作的组织为数众多。从建立初期，IVV 就与不同的协会与组织合作，并且不受任何约束。这种合作在 IVV 工作组内部以及其会员资格当中都有所体现。直到目前为止，在这一领域，IVV 与其合作伙伴之间不存在任何影响双方合作的机构或理念上的冲突。

2008 年，IVV 向佛兰芒政府提交了一份可行性研究报告，关于 IVV 作为佛兰芒社群的非物质文化遗产组织可行使的职责。此可行性研究报告给我们清晰明确地展示了 IVV 在非物质文化遗产领域的任务与职责。按照被采访者与被询问合作组织的讲法，IVV 被看作传统与当代佛兰芒民俗舞蹈（加上相关歌曲与音乐）、表演高潮部分以及时尚风格方面成绩卓越的研究中心。IVV 有望在组织内部进行研究合作，并通过其合作组织的出版物、形象化（具体化）、课程以及交互式工作组，推广传播其研究发现。一些合作伙伴主动提出在全国以及欧洲范围内，帮助进行研究符号与礼仪的多元文化的推广传播，包括对舞蹈、歌曲、音乐以及风格时尚的发布推广。在非物质文化遗产领域进行合作并取得令人瞩目的成绩对我们来说是一项巨大的挑战。作为专业领域的研究中心，IVV 得到了联合国教科文组织的正式认可。在不久的未来，在国内外范围，IVV 在这一领域联合相关组织机构将取得更大的发展。

作者简介

马赛尔·奥尔布兰特（Marcel Oelbrandt）（已故）生前生活在比利时，从事民间艺术近五十年，是佛兰德民间艺术社区主席。佛兰德民间艺术社区是一个民间艺术团体的联合会，自 1987 年以来一直是国际民间艺术组织（IOV）的成员。他于 1967 年加入民间舞蹈团 Drieske Nijpers，是该团体的领导人（1974—1981），曾在世界 30 多个国家演出。2016 年 11 月奥尔布兰特曾被提名为 IOV 秘书长。

第七章　他山之石

爱尔兰舞蹈和音乐的历史与保护

〔爱尔兰〕唐娜·布雷肯里奇（Donna Breckenridge）

摘　要

本文旨在探讨导致 20 世纪爱尔兰舞蹈和音乐在爱尔兰大量流失的因素，并说明这种文化在拥有众多爱尔兰移民的北美的复兴。如今，爱尔兰舞蹈和音乐经常在传统民间艺术节和现代音乐现场露面。

1. 爱尔兰历史

爱尔兰是一个不易遭遇地震、台风和其他自然灾害的国家。它地处英国西海岸之外的一个小岛上，距离苏格兰不到 21 千米。在历史上，对爱尔兰文化的威胁大都是人为的，比如爱尔兰天主教和英国新教政府之间政治、军事和宗教的紧张化。要了解爱尔兰舞蹈和音乐的历史，就必须了解爱尔兰与各种移民群体的关系史，主要是与英国的关系史。自中石器时代以来，一批又一批的移民踏上了爱尔兰的土地。在公元前 3000 年以前，新石器时代的移民者来到这里定居，随后是青铜时代的人，他们以擅长黄金珠宝的精美工艺和开始建设防御性住所而闻名。他们之后是铁器时代的人，最后是来自欧洲中部的凯尔特人（The Celts）。凯尔特人是第一个把爱尔兰分成 150 个王国的民族，在 150 个王国之上还有更高一级的王国，再上面还有民众选举出的五个省区国王。因为这种制度，爱尔兰出现了统一的文化和共同的宗教——德鲁伊教（Druidism）。

公元 5 世纪，帕特里克（Patrick）把基督教和教育带到了爱尔兰。他是第一个把学习引入岛上并写下盖尔语口头文学（oral Gaelic literature）的人。在黑暗时代（Dark Ages），爱尔兰派传教士到英国和欧洲大陆学习那里的文化，希望借此复兴艺术。公元 6 世纪到 9 世纪是爱尔兰的"黄金时代"。爱尔兰已经十分富庶，挪威海盗开始到岛上劫掠。但他们之中很多人最终在岛上定居了下来，开始从事贸易。虽然有这些"新来的移民"，但爱尔兰文化的强大感染力把入侵者变成了"爱尔兰人"。

然而，到了 12 世纪，尼古拉斯·布雷克斯皮尔（Nicholas Breakspeare）成了罗马天主教廷在英国的唯一教皇，为了感谢国王的支持，他把爱尔兰交给了英国的国王亨利二世。从此以后，英国开始企图征服爱尔兰，并取得了不同程度的成功。1537 年，亨利八世（Henry Ⅷ）与罗马天主教廷决裂，并自立为英国教廷（新教徒）领袖，然后把自己的意志强加给爱尔兰。此前在爱尔兰定居的英国人和世代在此居住的爱尔兰人一样，愿意保持天主教信仰，而后来的英国移民则大多是新教徒。亨利八世死后，他的女儿玛丽女王（天主教徒）把英格兰和苏格兰的新教徒驱逐到爱尔兰北部，但她同父异母的妹妹伊丽莎白（新教徒）改变了这一切。

伊丽莎白认为过去 400 年，英国一直是半心半意地试图征服爱尔兰人，因此她决定不择手段、一劳永逸地征服爱尔兰，哪怕消灭所有爱尔兰人也在所不惜。连续经过几次战役之后，天主教名下的土地被英国议会没收，英格兰和苏格兰新教徒重新大量涌入，本土凯尔特人的生活方式几乎完全消失了。

1695 年，由新教徒主宰的爱尔兰议会开始颁布针对爱尔兰天主教徒的刑法。当时，天主教徒仍占爱尔兰人口的大多数。爱尔兰人不许再学习读、写、说爱尔兰语（盖尔语），不许购买土地、不许参加自己的宗教活动以及表演自己的音乐或舞蹈。他们还必须把自己的土地平均遗赠给所有的儿子，这意味着迟早有一天再也没有人拥有足以糊口的土地。爱尔兰北部的英国人迅速增加，尤其是在工业革命时期；同时，占爱尔兰人口大多数、生活在爱尔兰南部的天主教徒仍然保持着传统的居住和农业耕作生活。

1846 年，马铃薯大饥荒给爱尔兰造成了沉重打击。英国人仍有足够的食物，而贫苦的大批爱尔兰人却被饿死。英国政府利用这种情况焚烧了无力支付租金的人们的房屋，把食物从爱尔兰南部运走，禁止逃荒的爱尔兰移民在英国海港上岸。1841 到 1851 年间，在约 800 万爱尔兰人中有 200 多万人从国土上消失。根据大部分统计，其中 100 万死于饥饿和疾病，另外 100 万移民到了美国或加拿大。在大饥荒慢慢平息之后，英国政府下令，仍然拥有土地的爱尔兰人必须把土地遗赠给长子，于是父母们开始教孩子们英语，准备移民。

与此同时，爱尔兰人大量涌入美国和加拿大，在那里他们可以自由自在地跳舞、唱歌。移民潮直到 20 世纪中叶才结束。如今的北美文化大多深受爱尔兰舞蹈和音乐的影响。讽刺的是，正是英国人对爱尔兰的统治使爱尔兰文化作为一种民族现象走上前台，盛开在异国的土地上。爱尔兰国内试图保护爱尔兰文学和其他文化价值的努力最终演变成政治和军事活动。

爱尔兰舞蹈

2. 爱尔兰的舞蹈

有人认为，爱尔兰舞蹈起源于凯尔特人，还有人则认为它起源于更早的德鲁伊人（the Druids）。传统观点认为，第一次爱尔兰文化艺术节日开始于公元前 1300 年左右。维京人（the Vikings）在公元 795 年左右开始在爱尔兰定居，把他们自己的文化带到了爱尔兰。到了公元 1169 年，诺曼人（the Normans）入侵爱尔兰，带来了"圆圈舞"（circle dance）的概念，这种舞起源于更早的德鲁伊人。关于"颂歌"（Caroling，指一群舞者围着一名歌手）的记录最早见于公元 1413 年市长访问期间。1443 年，在凯利（Kelleigh）举办的一次艺术节引来 2700 多人。15 世纪出现了三种截然不同的爱尔兰舞蹈：爱尔兰问候舞（Irish Hey）、命运殿（Rinnce Fada，长舞）和川奇摩尔舞（Trenchmore）。英国入侵者改编了其中的部分舞蹈，并在伊丽莎白女王的宫廷中表演。随着后来的移民到达爱尔兰岛，他们都为爱尔兰"传统"舞蹈的形成贡献了一份力量。

同样，随着爱尔兰人从一个地区到另一个地区的迁徙，他们也把自己独特的舞蹈形式带到各个地方。这在一定程度上得益于舞蹈教师的出现。18世纪解除对盖尔文化的禁令之后这种职业开始流行起来。这些舞蹈教师在爱尔兰到处旅行，在村子里短暂停留，教授各种舞步。每逢节日，他们经常在公开的舞蹈大赛上互相挑战。获胜者就是最后一个站着的人！他们还负责完善舞步和编写舞蹈规则。舞蹈教师被认为是最先按照特定的曲调设计舞蹈动作的人。

大约在这一时期形成了两个舞蹈流派：交际舞和表演舞。交际舞多由一组一组的舞者表演，对于那些不熟悉这种舞蹈的人来说，在表演之前通常会有"舞蹈课"。表演舞由个别表演者完成，演变成我们现在知道的小步舞，特点是控制手臂和上身、快速移动双腿。我曾听说几个关于爱尔兰舞步背后的故事。最常见的版本是：如果英国士兵路过爱尔兰人的房子时凑巧看向窗内，他不会通过里面人手臂的动作发现他们在跳舞，因为跳舞是非法的。而另一个版本可能比较实际：爱尔兰的房子非常小，挥动手臂太占空间。随着历史的发展，舞蹈也不断演变，形成了快步舞、里尔舞、组舞、角笛舞、波尔卡舞和踢踏舞。

爱尔兰人迁移时也带走了他们的传统舞蹈，并对其他舞蹈形式产生了影响。加拿大和美国的爱尔兰移民区就形成了自己的独特风格，也就是我们现在熟知的木屐舞。它和爱尔兰舞蹈一样，重点在于用脚敲击发出声音。木屐舞者则可以比较自由地运用手臂。

如今，人们穿的爱尔兰踢踏舞服装比过去简单的农民裙精致得多。女人和孩子们虽然仍穿裙子，但现在的服装可以加上裙撑、刺绣、荷叶边、皱褶、亮片和许多其他装饰。为了突出舞步的活力，舞者经常戴着卷卷的假发。很多人还会在肩膀上佩戴类似塔拉（Tara）胸针的装饰和披肩。男人们则穿短裤或苏格兰格子裙，配上衬衫、马甲或夹克和领带。此外，他们还经常在肩膀上披一件斗篷。而鞋子则可以根据舞蹈类型从硬鞋和软鞋中任选一种。硬鞋原来是用木头做的，鞋跟和鞋底有用金属钉钉上的羽毛或木条。现在，鞋头和后跟通常是用玻璃纤维做的。软鞋和芭蕾舞鞋类似，没有硬鞋头，只有妇女穿这种舞鞋。男人则穿有硬跟的羽毛鞋。

今天，世界各地都有很多机会学习爱尔兰舞蹈，也有机会参加比赛。Ceili 指简单的舞会和节日，Feiseann 则是有组织的舞蹈竞赛。舞者的专业级别由低到高，他们可以按照自己的级别参加比赛。地区比赛的获胜者可以获得参加世界锦标赛的资格。实际上，虽然 1970 年第一届世界锦标赛在爱尔兰的都柏林举行，此后也一直在爱尔兰和苏格兰举行，但今年的大赛却是在美国费城举办的。

由于侵略和移民，爱尔兰舞蹈演变和发展了几个世纪，已不再是起先的爱尔兰舞了。200 年前的爱尔兰人是否能认出今天的爱尔兰舞蹈，这是值得怀疑的，但有一点变化不大，那就是伴舞的音乐。

3. 爱尔兰音乐

无论社会经济地位如何，音乐永远在爱尔兰人民的文化中占据着重要角色。针对爱尔兰文化的刑法逐渐解除之后，爱尔兰音乐和舞蹈在 19 世纪后期的民族运动中获得了新生。20 世纪 60 年代，它随着美国民间音乐的复苏重新流行，直到今天。

在过去的五六十年里，爱尔兰传统乐器也重新登上音乐舞台。据有些人说，六孔哨是如今的爱尔兰传统音乐中最流行的乐器，它又可称为爱尔兰哨或便士哨，其历史比有些乐器悠久得多。L.E. 麦卡洛发现流传至今的最古老的六孔哨可追溯到 12 世纪，但"公元 3 世纪的《布里恩法律》（Brehon Laws）曾在对爱尔兰国王宫廷的描述中提到费奥丹（fealodan）演奏者"。16 世纪末期，这种哨子被称为便士哨，因为它们既便宜又容易演奏，经常被乞丐和流浪汉使用。六孔哨通常用铜管或镀锡铜管制作，哨嘴用塑料或带木塞的钣金制成。木哨不太常见。

现在流行的一种比较独特的乐器是宝思兰鼓（bodhran）。它由直径在 25 到 65 厘米之间的圆形木骨架（现在可以收紧和放松）制成，只有一面蒙上山羊皮。骨架的背后通常是一根木横梁，它既方便演奏者以手臂持鼓，又能够用来控制音调和音色。鼓手可以空着手或用一根木鼓槌击鼓。

有书面证据证明，在 1603 年爱尔兰叛乱期间宝思兰鼓曾被作为战鼓。但实际上，由于它是最基本的鼓，其历史可能要追溯到公元前。鼓的名称可能是 bodhor（意思是柔软或单调)、bodhar（意思是耳聋）或 bourine（手鼓的缩写）。宝思兰鼓和几个世纪前的西班牙军鼓有几点类似，这说明曾在西班牙军队服役的爱尔兰人回乡时把这种鼓带到了爱尔兰。还有人认为，宝思兰鼓原本是一种用来装东西的托盘。现在，这种鼓正被全世界的朋克音乐家和传统音乐家使用，而且它的声音可以迎合众多的其他民族。

传统的爱尔兰音乐还包括风笛。它们原本和苏格兰高地大风笛相似，但被称为尤宁风笛。后来，它们的名字和外观都发生了变化，现在被称为肘风笛。它们可以通过右臂下的一个鼓风器给气囊鼓风，带动簧管发声。演奏者不用嘴向气囊里吹气，所以它的乐音更持久，而且演奏者可以边演奏边唱歌。现有的肘风笛可以追溯到 18 世纪初，但它们的历史可能比这更悠久。

爱尔兰长笛可追溯到 19 世纪，是爱尔兰音乐中出现较晚的乐器。当时比较现代的贝姆长笛取代了旧式的木笛，因为它们既便宜又容易演奏，很快便售卖一空。现在的长笛仍然遵循 19 世纪木笛的基本模式，大孔，极少有按键。现在的爱尔兰长笛音色饱满、丰富、流畅。电影《泰坦尼克号》的主题曲就使用了这种乐器。都柏林、科克和沃特福德出土的长笛碎片可追溯到 11 世纪。长笛最初是手工制作的，甚至连孩子们都会制作长笛。它们和哨子类似，在爱尔兰——尤其是爱尔兰中部——非常流行。正是由于它们太常见，所以文献中少有记载。

另一方面，爱尔兰弦乐器竖琴一直颇有美名。竖琴最早的文献记录可以追溯到 7 世纪末或 8 世纪初的石雕。传说公元前 541 年，有位名叫克拉夫廷（Craftine）的乐师曾在爱尔兰弹奏柳条做的竖琴。1074 年，都柏林的第二主教曾提到一架"用六根弦演奏的竖琴"。1851 年，文森蒂奥·伽利雷（Vincentio Galilei）写道，"这种最古老的乐器从爱尔兰来，那里的人们制作出大量而精美的竖琴，多年来一直用它们演奏美妙的音乐。不但如此，他们甚至把它放进王国的怀抱里、把它画在公共建筑物上、印在硬币上，作为他们是高贵先知——大卫——后人的证明"。文森蒂奥·伽利雷是意大利物理和天文学家伽利略的父亲。

我们可以毫不费力地描述古代的爱尔兰竖琴，因为都柏林的三一学院就摆着一件真品。它可以追溯到 14 世纪，是 14—18 世纪存留至今的 14 架竖琴之一。那时的人们用长长的指甲拨动粗铜丝制成的琴弦。爱尔兰竖琴弹奏时放在左肩膀上，和其他国家放在地上弹奏的竖琴不同。

在全世界所有音乐流派中流传最广的乐器是小提琴，在爱尔兰音乐中也是如此。由于爱尔兰的小提琴乐曲是靠听来学习的，所以在这里著名的小提琴作曲家极少。为了体现个人和地区的品味，小提琴的曲调稍有调整，这从今天的凯尔特朋克音乐中可以听得出来。此外，在过去的一百年中，流行的乐器还有手风琴、吉他、班卓琴和曼陀铃。

早期的口头习俗还流传下来一些歌曲。作为一种记录历史的方式，民歌在 18 世纪和 19 世纪的爱尔兰非常流行，它们是今天许多歌曲的基础。爱尔兰歌曲通常有两类：政治歌曲，以及其他所有主题类（包括爱情、饮宴或过去的时光）。音乐通常根据其内容分成悲伤的或欢快的。歌词和节拍可以随着时间、地点和环境而变化，但曲调不变。传统曲调今天仍在被演唱，但爱尔兰音乐已经适应了现在的年轻人和文化。

凯尔特融合乐，是受凯尔特人音乐影响的现代音乐的总称。这类音乐传统最古老的分支起源于 17 世纪初（那是爱尔兰和苏格兰移民大量涌入的年代）的美国南部乡村。美国民间音乐也影响了乡村音乐、蓝调和摇滚。在 19 世纪 90 年代的纽约，为众多爱尔兰移民演奏传统音乐的乐队开始组建"大型乐队"。凯尔特朋克（朋克音乐与传统的凯尔特音乐混合）是凯尔特融合乐的一种，由美国、澳大利亚、英国、加拿大、威尔士和新西兰乐队用爱尔兰传统乐器演奏。你会发现，这些国家都是爱尔兰移民较多的地区。如今，两支比较流行的美国凯尔特朋克乐队是洛杉矶的 Flogging Molly 和波士顿的 Dropkick Murphy。两支乐队的成员主要是爱尔兰裔的年轻人，他们既演唱传统歌曲，也创作凯尔特风格的新歌。歌词通常讲述爱尔兰历史和政治、爱情、饮宴、宗教和家庭关系。Dropkick Murphy 还以支持体育团队、工会和劳动阶级而闻名。

和其他音乐流派一样，虽然音乐的名称和地点会随着时间和地区的变化而变化，但其传统曲调依然很容易分辨。凯尔特朋克比许多老的版本更尖锐、愤怒，但是很有感染力，尤其是你当熟悉早期的版本时。而且它们确实融合了许多传统乐器。

4. 总　结

在过去的 200 年里，原本针对爱尔兰盖尔文化的刑法越来越轻，直到后来被废除。到了 20 世纪，许多从事爱尔兰传统文化的爱尔兰天主教徒都已经去世或移民。像爱尔兰"黄金时期"一样，爱尔兰文化传遍了世界。现在，爱尔兰舞蹈和音乐在北美和爱尔兰本土重新流行。除了在西部岛屿的偏远地区，盖尔语已经消失了。不过，加拿大东部的大学开始教授盖尔语。有趣的是，加拿大移民（来自所有国家的移民）比美国移民的文化特性保持得更加完整。爱尔兰的舞步虽然演变成现在的北美传统木屐舞，但是仍然保持着爱尔兰舞蹈的本色。现在，北美和爱尔兰有许多爱尔兰舞蹈学校，各种比赛、展览和民间舞蹈节更是增添了几分趣味。在史普林维尔世界民俗节（Springville World Folkfest）上，我们邀请了许多当地的爱尔兰舞团参加，但来自爱尔兰的舞蹈团已经多年未见。

爱尔兰音乐也富有崭新的生命力。在 20 世纪中叶，许多音乐家和音乐团体，比如爱尔兰流浪者（Irish Rovers）和修道院酒馆演唱者（Abbey Tavern Singers），开始记录他们在酒吧的表演。他们运用宝思兰鼓、长笛、小提琴、风笛等传统乐器复原了爱尔兰民歌，唤起了人们对爱尔兰音乐的热爱。在今天，从 Flogging Molly 和 Dropkick Murphy 等凯尔特朋克乐队所唱的民歌中，依旧能找出 19 世纪音乐的曲调。

总而言之，一种物质遗产或许容易毁灭，但其精神是不灭的。在"顺应"不同历史阶段政治意识的压力下，传统将以这样或那样的形式突围而出，无论它是在其他地方重现，还是演变成不同的形式。这些无形的传统可以通过教育、鼓舞和机会保持下去。但是，我们不该等到文化岌岌可危时再试图挽救。

作者简介

唐娜·布雷肯里奇（Donna Breckenridge），杨伯翰大学社会学博士、滑铁卢大学历史学硕士，曾任国际民间艺术组织（IOV）美国地区主席、世界民俗节（World Folkfest）组织总干事。

合作、国际公约以及全球灾害与挑战
——从西欧的视角看待非物质文化遗产、政策和联合国教科文组织的相关工具

〔比利时〕马克·雅各布斯（Marc Jacobs）

摘　要

本文探讨了有关非物质文化遗产保护、记忆、少数族群、威胁等问题在遗产政治、政策方面的最新发展和遇到的挑战。本文通过关注全球范围内的非物质文化遗产保护运动和联合国教科文组织政策的联合执行与构建，综合各个文化（遗产）的研究成果和个人对联合国教科文组织各项公约及项目进展情况的意见，从一个西欧联邦制国家（的学者和佛兰芒机构）的角度出发，提出以下六点建议。

1. 佛兰芒的功能以及其他相关信息

佛兰芒（FARO）是一种啤酒的名字，这种啤酒只有在布鲁塞尔（比利时首都）的环境中经过露天自发发酵过程和生物化学过程才得以酿造出来，在19世纪是布鲁塞尔最受欢迎的啤酒。然而到了21世纪，迫于人们对其他口味啤酒的青睐、欧洲出台的更为严格的卫生法规、跨国公司发明的其他工业生产和市场营销方式以及小规模作坊生产在经济成本上所面临的压力，佛兰芒基本上已经在市面上消失了。这种啤酒现在已经变成了一项饮食遗产，虽然仍然可以品尝到，但是价格在日益提升，使得消费者只能要么付更多钱来品尝，要么敬而远之。正如芭芭拉·克申布拉特－吉姆莱特（Barbara Kirshenblatt-Gimblet）所指出的，遗产不仅是一种后文化生产形式，还是一种后文化消费形式。遗产生产、分销和消费是现代化的一部分，如果某个缝隙市场的生产者和消费者能够找到对方，不仅能解决问题，还促进了交易的持续性。

这是将位于布鲁塞尔的遗产组织命名为佛兰芒的一个理由，当然我们还有其他更好的理由。"FARO"这个词在诸多不同的语言中具有相同的意思（比如西班牙语、意大利语、法语和葡萄牙语），即灯塔的意思。它还指代Pharos，即一座在两千多年前由于一场地震灾难而消失的小岛。该岛位于埃及海岸附近，而该海岸上坐落着世界七大奇迹（根据欧洲的传统）之一，即名为法洛斯（Pharos）的大型灯塔。这个带有比喻义的命名表达了佛兰芒（FARO）作为一个遗产合作中心想要在佛兰德斯的文化遗产领域发挥重大作用的愿望：成为一个里程碑以及所有人、政府、组织和机构可以依赖的灯塔。一座灯塔能够帮助尚在路途中和遭遇险境（沉船和迷路）的人们躲避灾难，为他们指示正确的道路、传达信息等。在这里，"人们"指文化遗产领域的那些参与者。在这座古老的法洛斯灯塔后面是缪思（the Muses）神庙所在地亚历山大。这个知识和文化的中心也是在这场灾难中被摧毁的，但是在联合国教科文组织的资助下，目前已经重建起了一座亚历山大图书馆。这不仅让我们感受到了足以让这座建筑在千年以后成为一座在专业知识领域的全新发电站的集体记忆或者（更好听一点）集体想象的力量，还让我们感受到了今天遗产组织所面临的挑战。如何让遗产组织通过相互合作应对这些挑战并全面利用和开发这个遗产范例的潜力？如何确保在保持长久协作的同时促进创意网络机构和混合型人员－网络的发展？这是一个全球性的挑战，在比利时，或者更确切地说在佛兰德社区，这也是一个巨大的挑战。

比利时是一个联邦制的国家，分为社区和地区。在宪法中，"地区"这个词指最广范围内的土壤（或空间）所涉及的资源、事件和问题，而"社区"这个词则指由某种共同官方语言和文化体系而联系到一起的人们。比利时采用三种官方语言，即荷兰语、法语和德语。因此，该地区就包括了佛兰德社区（大部分居民讲荷兰语）、法语社区和德语社区。佛兰德政府和议会共同对这个地区和社区进行全面管辖。它们可以自行颁布法令（比如有关遗产的法令），这些法令同联邦或其他成员国的法律地位平等。这种宪法上的妥协目前所带来的一个问题就是纪念碑、考古和景观（同土壤以及地区相关）政策以及文化遗产（同社区相关的博物馆、档案、可移动和非物质文化）政策被两个不同的管理部门管理。在联合国教科文组织，纪念碑和景观

比利时

（1972年联合国教科文组织出台的公约）之间以及非物质文化遗产（2003年联合国教科文组织出台的保护非物质文化遗产的公约）之间也同样具有类似的差异和争议。这两种情况都是处于近代历史的一个阶段，由一系列复杂的原因和（全球性）发展所引起的结果。在佛兰德社区，出现了文化遗产这个概念，并在21世纪成为一个单独的领域。国际遗产保护运动和制度化也是21世纪才出现的情况，是一个典型的发展案例。

2008年，佛兰德政府颁布了一个综合性的法律文件，将可移动和非物质遗产（博物馆、档案馆、遗产图书馆、专业技术中心、流行文化组织、文化遗产经纪人等）这两个政策领域整合起来。这条佛兰德文化遗产法令于2008年5月23日颁布，它综合了国内和国际上在该领域的最新发展成果，类似于联合国教科文组织2003年颁布的公约。该法令同时将佛兰芒确定为一个（赞助或指导的，但是相对独立的）非政府组织和非营利机构。除了上述解释之外，其名称主要参考的是《欧洲理事会有关文化遗产社会价值的框架性公约》（CETS 199号文件）[2005年10月27日在佛兰芒（葡萄牙）最终定稿]中所创立的模型和情景。虽然比利时（地区和社区）和大部分其他欧洲国家一样尚未认可该公约，但是佛兰德文化遗产法令仍然参考了该公约中许多好的想法和原则。它可以推荐给全世界文化遗产政策的制定者作为参考（大家都应认真参考）。佛兰德社区利用（并通过添加"组织"这个单词而扩大）了"（文化）遗产社区"这一词的定义，指"包括那些珍惜文化遗产的某些方面价值，并希望这些遗产能够在公众行为的框架内受到保护并传承给下一代组织和个人"。这是这部新颁布的佛兰德法令的核心内容，同时它还包含了一些传统的原则，即认可每个遗产主题或方式都有一个固定的管理机构以及所谓的分支机构原则，它要求机构之间进行协商，并允许对文化遗产领域进行重组。举例来说，它非常适用于执行联合国教科文组织2003年所颁布的公约。

2005年欧洲理事会颁布的佛兰芒框架公约的解释报告，对结构定义的结论进行了清晰的说明："遗产社区的概念具有自我定义性：如果一个人珍惜特定的文化遗产并希望在同他人的互动中将遗产传递给他人，则其就成了社区的一部分。一个遗产社区的定义因此可以理解为一个可变的结构，并且与种族或其他严格划分的社区无关。这样一个社区可能具有同某种语言或宗教相关的地理基础，或者具有共同的人文主义价值或历史价值。但是它也可能是基于另外一种类型的共同利益而存在的，比如对古迹的利益就可能创造一个"古迹社区"，其成员仅仅通过文化遗迹而联系到一起，该文化遗迹是他们活动的核心。

新成立的佛兰芒的主要任务是对2005年的佛兰芒公约的内容进行发展并将其在佛兰德文化遗产领域进行传播。佛兰芒公约的不同条款反映了价值概念的不同含义，并对如何稳定社会遗产这个问题进行了说明。对于全世界各地区的人们来说，对这个问题进行探索是未来几年中的一个主要挑战。他们需要认真审视这个公约，特别是其中所表达的想法，并将其同理论研究与实际经验相结合，以进一步发展文化遗产范例。这可以帮助人们解决2009年全球论坛上的一些主要挑战。

2005年佛兰芒公约强调利用诸如ICT等有用的现代化工具鼓励对话、促进合作、努力创新（更好或更多的）方法和力求可持续发展，在寻求解决方案的同时尽可能多地为相关各方创造利益。这是一个双赢的战略。

在本论文中，我从众多相关的条款中引用了三个条款，希望公约的成员国能够尽力执行。第 7 条，文化遗产和对话。该条款要求各方承诺通过公共主管部门和其他有资格的主体，从而做到：鼓励对文化遗产的道德和体现形式进行反思，并尊重人们对文化遗产的多样化解释；建立相应的流程处理不同社区对同一个文化遗产的不同价值解读；加强人们对文化遗产的认识，以增进互信互解，促进和平共处，从而解决和避免冲突；将这些都纳入终生教育和培训。

第 8 条，环境、遗产和生活质量。该条款要求各方承诺采取文化环境中的所有遗产因素，从而做到：通过文化遗产影响力评估和必要的缓和策略来丰富经济、政治、社会和文化发展以及土地使用规划的过程；推动制定有关文化、生物、地质和景观多样性的综合性政策以便实现这些因素的平衡；通过培养人们对生活所在地的共同责任感来强化社会凝聚力；在不危及文化价值的情况下，推动将现代特质融入环境的宗旨。

第 10 条，文化遗产和经济活动。该条款要求为了在经济可持续发展过程中全面利用文化遗产的潜力，各方承诺：提高大家对文化遗产的认识并对其经济潜力进行充分利用；在制定经济政策的时候考虑文化遗产的特定属性和效益；确保这些政策不会破坏文化遗产的完整性，并且不会牺牲其内在价值。

以上三个条款本身就足以让我们清楚怎样制定庞大的规划了（并了解为什么许多欧洲国家仍然不想认可 2005 年的佛兰芒公约）。佛兰德社区内的文化遗产政策制定者已经决定执行其中的一部分（不是全部）策略。佛兰芒的目标是在《文化遗产法令》的框架内强化和支持佛兰德的文化遗产，从而实现该法令的主要目标，包括制定综合文化遗产政策，即推动文化遗产的定性管理、长期可持续性发展和公开；创建文化遗产组织网络以培养、体现、承认和稳定公众参与和感受文化遗产的各种不同方法；促进不同文化遗产活动、博物馆、档案馆和图书馆学科以及人类文化学的发展；在文化遗产政策范围内增进人们对文化多样性的了解。最后一个目标是解决新移民所带来的挑战（少数族裔的另一种解读），特别是通过跨文化对话的方式。

2. 表述、尺度和习俗

为了理解国际范围的交换和对比的困难与挑战，我们必须明白，一些概念在有些国家似乎容易被理解，而在另外一些国家则不然，比如"少数民族"这个概念。与少数民族有关的重要问题如何实现具体化和实在化？当代学术界尽力对其进行拆解以推动大家的讨论并发现未来的解决方案。如果大家找到共同的探讨背景（比如2003年联合国教科文组织有关国际文化遗产保护的公约，因为其中并没有提到少数民族）或者找到问题的解决方案（可以通过不同的方法和比喻来表达），这就不会成为一个大问题了。在对越南最近制定的一项有意义的非物质文化遗产政策进行分析时，我也在尽力表达这种观点，我特别关注位于河内的越南人类文化博物馆的工作。越南人类文化博物馆以一种非常尊敬和平稳的方式将官方对54个少数民族的故事讲述出来：这是从一个特定的角度，为了特定的目的，对文化多样性的一种官方表述。但是（幸运的是）越南人类文化博物馆同时还提供许多方法，比如图片－声音，让人们（为该项目提供图片的人）能够从当地和个人的观点出发来记录流行文化和传统。此外，越南人类文化博物馆还通过展览和出版物的方式来介绍古代的日常生活，但是这些展览和出版物都必须经过严格的审查。我认为这非常好地展现了一座现代化的遗产机构在一位出色的馆长或学者[比如前馆长和教授阮文辉（Nguyen Van Huy）]的带领下所可以取得的成绩。它也为全球范围内有关身份、记忆和非物质文化遗产的博物馆树立了一个非常好的范例。采用具有足够尺度的多层次方式，允许各种不同的方式和声音，这似乎是处理各种记录、官方故事和说法的一个非常有趣而又符合实际的方法。成功的关键在于一个非常投入且具有远见的遗产人员团队，能够进行反思，并利用官方"少数民族"故事所遗留的空间来进行发挥。它同时还允许进行国际合作，并建立最佳行为准则，同时还允许开展对话和相互学习。

少数民族讨论在欧洲进展得如何，在比利时进展又如何呢？这与文化政策有何关系？在这里，我希望提一下2009年7月佛兰芒出版的罗伯·贝尔曼斯（Rob Belemans）的一项研究。这部专著于2009年5月份在卢万（Louvain）天主教大学作为博士论文发表，其主题是文化政策和语言的差异，特别是比利时林堡所讲的荷兰语和荷兰的荷兰语之间的区别。2001年联合国教科文组织的《文化多样性共同宣言》中强调了生物多样性、文化多样性和语言多样性之间的关系,它要求成员国同各个社区一起尽量保持语言系统的多样性,其原因是:"每一种语言的灭绝都会导致特色文化、历史和生态知识出现无可挽回的损失。"联合国教科文组织提供了多种软性工具,比如"语言保留良好行为的注册"以及"世界濒危语言全集"。让西班牙和荷兰政府与人民感到吃惊的是,"林堡语-佛朗克语"(Limburgian-Ripuarian)被纳入了2009年濒危语言全集。比利时人并不理解联合国教科文组织的举措,因为许多比利时人并不认为林堡语处于危机中,他们认为这仅仅只是意识和政治上的操作。"世界濒危语言全集"中的内容非常模糊和不严谨,所认定的问题也不清晰,因此它不能发挥作用。贝尔曼斯还探讨了最近有关尼泊尔温布尔语[Wambule,桑科西河(Sunkosi)和都德河(Dudhkosi)区域的一种基拉尼语言(Kirani),没有文字。这种语言目前受到尼泊尔官方语言尼泊尔语的强大挤压]的研究案例。荷兰语言学家让·罗伯特·奥普金诺特(Jean Robert Opgenort)记录了希莱帕尼村(Hilepani)所讲的方言,并将这些资料用于其博士论文中,最终将温布尔语(2000年有4471个讲这种语言的人)和杰罗语(Jero,2000年有1914个讲这种语言的人)纳入2009年联合国教科文组织的"世界濒危语言全集"。外界的关注以及被纳入官方记录,都将增加这些语言存活的机会。贝尔曼斯想要通过这种比较传达一个信息,不仅仅联合国教科文组织是一种工具(没有进一步的保证),而且应该采用"语言"而不是"方言"来描述温布尔语。到底是采用方言、语言或种族,取决于你的角度以及你的关注程度和动机。

在比利时林堡地区,林堡语被称为方言,而在荷兰的林堡地区,从1997年开始林堡语就被正式称为一种地区语言。对于临近地区的人来说,这不会带来任何实际影响,但是从理解和讨论的角度则出现了明显的差异。在比利时和荷兰交界的一个地区有许多种类似的语言,该地区是在1830年比利时建国的时候被确定下来的(而林堡地区则是在1839年才最终确定下来)。荷兰通过采用《欧洲地区或少数族裔语言宪章》(CETS148,欧洲理事会,1992年5月29日)而承认该语言,而另一边的比利时却没有这样做。贝尔曼斯对其原因进行了研究,其中一个原因在于少数民族这个单词。少数民族这个单词在比利时是一个非常敏感的字眼,因为比利时内讲法语和讲荷兰语的公民之间长期为了语言而斗争。在回顾一个想象的社区（Benedict Anderson）的建构过程时，人们会看到所谓的佛兰德少数民族在比利时国内受到压迫的历史，虽然现在这已经成为过去。居住在佛兰德社区内的讲法语的居民目前倒是经常提及少数民族所面临的威胁，他们拒绝接受以官方语言颁布的许多当地行政规定。这里比较关键的是另外一个文件，即《国家少数民族保护框架公约》（斯特拉斯堡，1.II.1995，nr157）。针对采用该公约的少数民族的批评和讨论，通常发生在（经常是非常偏激的）政治斗争中，因为法语和法国精英团体并没有受到剧烈的威胁。这让政策制定者们或公众对"文化"或"少数民族"这样的字眼非常敏感。除了这种政治因素之外，从理论上来说，人们也拒绝通过提及少数民族而实现对其认可。

简而言之，分析显示，考虑到比利时的文化政策，采用包含"少数民族"字样的国际文件目前在比利时是行不通的。其主要原因除了政治因素之外，更重要的是理论因素，它拒绝采用任何以实质或本质为基础的方式。但是，贝尔曼斯这本书的结论仍然带来了希望，因为在隧道的尽头总是会见到阳光。2003年联合国教科文组织有关国际文化遗产保护的公约允许制定相关的软性政策和工具来重新开始这方面的工作以解决该问题。实际上，2003年的这个公约及其操作指导原则中并没有包含（国际通用）诸如"民间传说""流行文化""民族的"或"少数民族"这样有争议性的文字，让人们可以免于相关的争执并寻求全新的保护方式。2003年公约所具有的一个主要优势，是其允许学者、政策制定者、传统实施者和遗产工作者重新启动之前对民间传说的研究，并开始全新的实践数据收集、SWOT分析和保护机构网络。2003年公约中所采用的"保护"这个词具有广泛的语义范围，这也促进了这方面的发展。

在佛兰德斯，2003年公约对于政府和遗产机构来说有着同等重要的影响。一个巨大的挑战和机会是制定保护计划。我所了解的其中最好的一个案例是有关佛兰德斯（比利时）传统木偶保护的一次非常彻底的分析和可行性研究（2009年完成），其木偶的制作和表演技术以及资料收集和档案都是非常有用的。我们可以从中学到许多重要的经验。要制定一个好的计划需要时间，包括对各个领域的彻底分析、

SWOT 分析以及可行性研究。我们有理由对 21 世纪全球范围内的非物质文化遗产保护浪潮（或者是范例转移）感到兴奋并重新开始解决问题，以便发现这个领域内新的机会、新的参与者，以及更为庞大、实际并且可持续的解决方案。这项为期三年的庞大研究计划是由一家称为 Firemament 的独立机构和专业知识中心发起的，该机构已经根据 2008 年颁布的上述法令重新组织并获得资助。它已经成功地确定、创建和动员了相关的木偶遗产社区并将其相互联系起来。另外，它确定并评估了佛兰德斯地区木偶收集的情况，并保存了相关的档案。该可行性研究包括许多对从业者、学者、政策制定者、遗产专家和国际评估人士的采访，并收集了相关的建议、希望、要求和意见。其中一个结论是，需要成立一个全新的综合性机构，该机构不是博物馆、档案馆、学校、协会、执行平台、研讨会或专业技术中心，而是所有这些机构的综合。该综合性机构的创建是一个国际挑战。未来几年中，Firmament 将利用 2003 年公约以及 2008 年颁布的《佛兰德文化遗产法令》所提供的各种资源来尽力实现这个目标。根据我的观察，其中一个关键要素是它是否能够成功进一步推动该项工程、建立一个国际网络、同类似机构一起共同探讨保护在 21 世纪的实际含义、同类似机构相互交换信息和专业技术，并从联合工程中学习相关经验，比如亚洲的合作伙伴。

3. 保护非物质文化遗产、灾害和记忆

2003 年联合国教科文组织有关国际文化遗产保护的公约，并不是真的聚焦在如何应对灾害（的后果），特别是自然灾害；相反，它更多地是聚焦在与现代化和全球化有关的人为问题上。自然灾害和问题是由 1972 年通过的《世界文化和自然遗产保护公约》来解决的。事实上，它们通过宣布一些世界遗产来让整个世界承担责任。因此，如果某个世界遗产出现了问题，则世界遗产所在国将承受巨大压力；在其他情况下，国际社会将因此团结并组织起来共同应对该问题。《世界濒危遗产名录》是一个非常有意义的文件。在出现灾害的时候，国际社会可能会团结起来。但是在世界范围内，这个义务仅仅适用于非常有限的一些地方。2003 年公约第 16 条似乎不是这样起作用的。在制定运行指导原则时，它们设定了一个专门的限制来让这个

条款生效（经过大量的建议之后），这个条款在很快到来的恶性通货膨胀中注定要遭殃。在对被纳入该名录的效果进行了认真的研究之后，我希望操作指令中能够规定专门执行该非物质遗产保护公约第13、14、29和30条的架构："29.如果委员会认为某个项目已经不再满足相关的某个或多个资格，则应将其从名录中清除"，"30.某个项目不得自动被纳入代表名录和紧急保护名录。成员国可以请求将某个项目从一个名录转移到另一个名录。但是其必须证明该项目能够满足目标名录的所有资格要求，并应根据既定的流程在提名的截止日期之前提出请求"。随着时间的流逝以及第16条的代表名录的通货膨胀效果完全显现出来，如果这些条款能够起到保护或拯救的目的，其重要性就可能获得提升。被纳入某个代表名录可能会对这个显然正在遭受威胁的项目起到积极的作用，比如自然灾害之后出现的威胁。

2003年联合国教科文组织的公约中，有一些条款中提到了同自然的关系，包括非物质文化遗产本身的定义以及第2.2条中提到的"同自然和宇宙相关的知识和行为"。这让人们可以制定一个应对被乌尔里希·贝克（Ulrich Beck）称为"风险社会"的现象的策略（当然，这个可能性也要求有自己的理论和著作）。当然，还有第17条，该条款主要聚焦在保护措施上。应成员国的要求，它被纳入《需要紧急保护的非物质文化遗产名录》。简妮特·布莱克（Janet Blake）在根据起草公约的专家小组的探讨结论而编写的图书中，非常详细地探讨了上述可能性。在2001年制定的该公约的第一份初步草案中，提到了如下对国际文化遗产的威胁："武装冲突、导致相关遗产平凡化的变形、镇压、老化腐蚀或传统文化社区的消失、自然灾害、贫穷、移民和（或）对非物质遗产的法律或情况很重要的地区和（或）自然资源起到影响作用的变化。"最终，可能出现错误的说明性名录被撤销了，因为其整体措辞被认为更具有说服力。其中一个缺陷是，实际上，只有成员国才能够启动这个架构。该名录开始执行的前几年是非常重要的，因为可以看出第17条的潜力到底有多大，以及它是否被限制在联合国教科文组织提供给成员国的资金援助范围内（这不是一个好现象），或者它是否能够促进国际合作与集体（甚至全球性）学习（这是一个好现象）。我明确建议，第17条的每个保护计划都应尽可能被纳入第18条，条件是该条款应进行非常严格的质量控制，不仅仅是出于外交或政治原因，而是为了实现最佳的行为结果。这也许是三个国际名录中唯一一个能够设定真正的质量标准的名录,也是国际专业组织特别是大学内部和外部的研究机构为之奋斗的最重要的名录。此外,第17条的紧急保护名录中的项目,也需要全球范围内的学术和非物质文化遗产社区投入更多的关注,以便实现第16条中提到的功能(知名度、对话和增强意识)。

从2009年9月29日到10月2日,非物质文化遗产政府间委员会第四次会议在阿布扎比(阿联酋)召开。该委员会将首批非物质文化遗产项目纳入紧急保护名录。其中一个被接受的文件是与一个灾难性的事件(2008年汶川地震)有些相关的,当然,还有其他更为结构性的因素:羌族新年。该项保护计划没有对外部观察人士公布,但是它能够动员国际社会采取行动并实现第18条的质量(我指的是真实的经过同行审查的质量,通过可效仿的遗产行为而不是通过外交或实力手段)。一方面,这能够尽快为当地人带来一个最佳的可持续的解决方案;另一方面,它能够促进专业技术的发展、方法的改善以及理论和政策的进步。

在此过程中,让当地社区扮演相应的角色是很重要的。这也是2003年联合国教科文组织公约第15条的观点,同时是导言中的一个考虑因素["意识到社区,特别是本土社区、团体和个人(在某些情况下),在非物质文化遗产的生产、保护、维护和重建中扮演重要角色,因此能够帮助提高文化多样性和人类的创造力"]。

2009年论坛的其中一项重要功能,是促进和扩大(通过和联合国教科文组织的交流部的记忆工程相联系)2003年联合国教科文组织公约第14条中的如下两个项目:告知公众遗产所面临的威胁,以及根据本公约开展的活动;推动有关自然空间和记忆地点保护的教育,这些空间和地点的存在对于非物质文化遗产的表达是必要的。

团体、组织和人们容易记住的事件之一就是灾难。在处理重大自然灾害和其他给人们留下创伤的事件时,所面临的一个关键挑战是如何处理记忆,以及如何记住和遗忘,并使伤口愈合。"困难遗产"行为领域,特别是"记忆领域",以及各种记忆、遗忘和调和行为,都需要人们更多的关注。在典礼和仪式上,非物质文化遗产可以扮演重要角色。

我参加了起草国际文化遗产公约的专家委员会举行的所有会议。我也经常参加制定运营指导原则的政府间委员会的会议（代表委员会成员国比利时）。在参加了七年之后，对我后来影响很大的其中一件事，是"记忆"这个词（几乎）从来没有被使用过，这是一个很大的盲点。在这几周的谈判和探讨过程中几乎没有使用过这个单词，我在另外一篇论文中对这个现象进行了探讨。其中一个原因，是联合国教科文组织的内部组织有一个替代性计划，不是在文化领域而是在交流和信息领域。记忆项目，特别是世界记忆工程，正是在这个领域运行的。目前，国际上大家所关注的是一系列的议题和档案。很有意义的是，诸如压迫、灾害（通常是人为的）和创伤性事件、强权和反抗获得了名录所选取的"记忆"档案中心的大量关注。想想资料收集和档案，记住奴隶贸易、谋杀等等问题……如果能够将其他形式的记忆也纳入在内，并从记忆的角度来解决问题而无需采用书面或电子交流或信息载体的形式，就能够对该项目起到很好的发展和扩充的作用。由于2003年联合国教科文组织公约的影响，特别是口头或有形的记忆形式值得引起人们的关注，人们将面对各种挑战并需要提出解决方案。我建议从最近一些研究结果的方向出发来开展工作。对这些观点进行探索并提供理论和方法框架是一条值得尝试的道路，特别是为了能够创建最佳的行为方式。最近有关记忆或电子文化和实质的研究以及非物质文化遗产的保护之间的交叉点似乎受到了阻碍，阻碍的原因是国际文化遗产和世界记忆分属于不同的领域，即便是在同一个建筑和机构内部也是如此。

4. 六项建议

第一，考虑一下《欧洲理事会有关社会文化遗产价值的框架公约》（佛兰芒，2005），特别是那些采用现代化因素来强化和推动文化遗产可持续发展和自发培养的想法。或者换句话说，采用柔道中的借力使力的技巧（出于好意或者在危机情况下），并利用政策文件来强化这种效果以便对文化遗产产生积极的效果。

第二，要注意对诸如少数民族或少数文化等概念的本质主义解释，并在讨论、选择比喻和公约中确保足够的尺度以便能够允许选择性方式和网络的存在。不要认为"少数民族"的观点是明显的或没有问题的。并不是在全世界任何地方都以同样的方式对此进行理解的。我对"种族是 21 世纪干预的合法化和组织的关键因素"的说法感到怀疑。被纳入"少数民族文化"这个保护伞下的问题完全可以被忽略掉或拆穿，但是也许可以以其他方式来解决这些问题。2003 年联合国教科文组织的公约则提供了一个很好的替代途径，它尽可能地避免提及"少数"这个概念。

第三，同相关的文化遗产社区密切合作，尽量制定良好、开放性并且可执行的保护计划，并重视能够支持和传递计划执行成果的网络。

第四，联合国教科文组织 2003 年公约第 17 条和第 18 条可能是处理灾害的最重要的条款。第 16 条在十年之内可能会有太多的建议，因此可能失去其潜力 [除非在出现结构性问题或灾害的情况下对名录 16 和 17 中的转移适用（第 13、14、29 和 30 条）]。

第五，通过维持极高质量控制标准来确保 2003 年联合国教科文组织公约中的至少一个国际条款具有完全的可信度：第 18 条的最佳行为的记录。这也是在 21 世纪前十年中让 2003 年的这个公约满足各方期待的一个主要因素。在这里，国际学术界、专业技术中心和政府都应扮演重要角色，而不应该让外交、政治或赤裸裸的权势起到决定性的作用，特别是保护计划和行为都应具备非常高的质量、创意和（适当的）效率。我呼吁国际学术界能够对第 18 条所记录的项目进行系统的分析、批评和监督，拆穿"带有政治色彩"的建议，并让那些被纳入清单的项目付出非常高昂的代价。当然，还应该对真正令人感兴趣的建议进行评论甚或表扬。由于在联合国教科文组织内工作受到很多全球性的政治干扰，很可能政府间委员会（虽然其原则上由专家组成）无法摆脱严格遵循相应流程的命运。这也是由各个专家和专业技术中心（该单词最广泛的含义）组成的国际遗产团体为什么需要快速采取非常紧急的措施来帮助保护 2003 年公约的原因。这也许是停止第 18 条中所提到的通货膨胀或外交效应的唯一方式了，否则该条款很快就会变得毫无用处。

如果该条款的执行确实能够取得这个效果，我希望可以将紧急保护名录上的一些项目纳入第 18 条的名录，这将极大地提升 2003 年联合国教科文组织公约的潜力和影响力。可以预计的是这需要全球（或北—南、东—西）的合作。

第六，让记忆起作用。最为紧迫的是在位于巴黎的联合国教科文组织内部的世界记忆工程和国际文化遗产部门之间建立沟通的桥梁。首先，世界记忆工程需要进行修订、强化和发展。这也是从文化角度"处理"灾难的方法。世界记忆工程不仅应包括档案遗产，还应包括有形记忆技巧和成果，同时还应包括口头历史或各种其他讲述和记录故事的自发性的表演和技巧。有一些优秀的遗产实践能够帮助人们解决问题并记录下发生的事情以及个人和团体是如何处理它们的。之后应建立一个项目，以在"记忆"和"保护非物质文化政策"之间建立一座桥梁，并特别关注如何处理精神伤害、问题和灾害（的经历）。尊敬的伊琳娜·博科娃（Irina Bokova）女士将文化部门和信息与沟通部门之间的工作联系起来并进行了强化，这是未来十年中最让人感兴趣的挑战之一：记忆和文化遗产项目之间相互融合。对于全球高等教育中的遗产项目、政策制定者以及全球范围内的所有遗产机构和社区来说，也存在同样的挑战。保护文化遗产吧，它确实能够改变这个世界。

作者简介

马克·雅各布斯（Marc Jacobs），历史学博士，遗产研究、民俗学研究专家，文化政策顾问和分析专家，布鲁塞尔弗里杰大学（Vrije Universiteit Brussel）批判遗产研究教授，联合国教科文组织批判遗产研究和保护非物质文化遗产教席主持人。自2008年起任FARO总干事，专门从事非物质文化遗产和保护、博物馆、档案馆、文化经纪、文化政策、食品研究以及跨学科研究。2001年以来，他以比利时联合国教科文组织代表的身份参加了2003年公约的起草工作，参加了许多关于执行问题的专家组，并代表比利时参加了非物质文化遗产公约第一届政府间委员会（2006—2008年）以及2012—2016年间的政府间委员会。他为许多国家的许多社区、非政府组织、城市和其他利益相关者提供关于保护非物质文化遗产和2003年公约的建议。

文化事业（产业）的发展

〔菲律宾〕加布里埃尔·马·J. 洛佩兹（Gabriel Ma. J. Lopez）

摘　要

本文在全球化背景下探讨了文化事业、文化产业的发展，并分析了菲律宾文化产业的发展。作者首先梳理了联合国教科文组织有关文化产业的定义、分类和社会意义，以及文化产业如何为国家以及全球经济做出重要贡献。本文以菲律宾为例，介绍了菲律宾文化产业的发展现状，政府机构和部门如何促进该国文化产业的发展；在私营领域，基于社区的中小企业如何发展该国的文化产业。

一、背　景

在全世界范围内，文化已成为（或正在成为）一项利润丰厚的生意，创造就业与实现利润的机会使不同的投资人都可以获得收益。大多数城市都有商店销售"本地特有的"手工艺品与艺术品，同样也有饭店提供"本地特有的"特色食品与美味佳肴以及整套文化饮食。一些活动得到精心策划与组织，然而另一些活动却缺乏系统性与长久性。

联合国教科文组织把文化产业（事业）定义为"生成物质与非物质的艺术与创造性成果的，以及通过文化资产的开发和基于知识的商品和服务（包括传统和现代）的生产具有创造财富和产生收益潜力的产业"。然而文化产业之间，例如表演艺术与手工艺品，有明显的联系与连续性，名称标志着潜在商业活动的历史变迁，这种变化直至最近才在非经济方面得到关注。

二、文化产业 / 事业

文化产业 / 事业带来可以在市场上自由买卖的文化产品与服务。"文化产品同样也是体验商品，其价值可随时间改变，比如通过消费者口碑或专家的评价而改变。这使得它们的价值取决于从它们的价格分离出来的信息。文化产品指的是传播生活理念、符号与方式的消费品。这给它们一个社会价值与品质价值，而这种价值是难以通过市场价格获取的。它们同样也传达信息、提供思考并为建立集体认同感、国家凝聚力和社会认同感做贡献，同时也影响文化习俗。文化产品消费因此可产生若干重要的外部影响。"

联合国教科文组织的文化产业／事业包括以下种类：表演文化（音乐、歌剧、舞蹈、表演艺术，以及所有相关的产品与服务），视觉艺术（油画、雕刻、装置艺术、摄影学、视频艺术、图形设计，以及所有相关的产品与服务），文学作品与出版物（书籍、杂志、报纸、电子图书、印刷广告，以及其他印刷、电子材料及服务），建筑、工艺与设计（建筑及景观设计、时尚、服饰、家具、装饰，以及其他设计产品与服务），音像作品与新媒体（电影、电视、录像、广播、娱乐软件、网络活动场所、电子媒体广告，以及其他产品与服务），文化遗产（文物、博物馆服务、档案服务、文件记录与保存服务、研究，以及其他产品与服务），文化活动[社会文化活动与设施、娱乐与体育服务、烹饪产品（食品）与服务、文化旅游，以及其他文化商品与服务]。

三、文化产业／事业的全球形势

在这个更为全面定义与不同分类的情况下，文化产业／事业已成为国家以及全球经济重要的贡献部分。在全球范围内，创意产业估计占到了全球GDP的7%以上，预计每年平均增长10%。这些活动，使用创意、技巧以及知识产权来提供具有社会与文化意义的产品与服务，实际上可为世界经济做出大约1.4万亿美元的贡献。在发达国家，尤其是欧洲与北美，这一产业是一个非常重要的经济贡献因素，它对就业也有非常广泛的影响。值得注意的是，发展中国家在全球文化产业／事业领域的比例非常小，只有世界总出口额的1%。

2002年中国作为第三大核心文化商品出口国迅速崛起，总出口额达到52亿美元。2009年，中国进出口银行调拨200亿元人民币（29.4亿美元）用于支持下一个五年规划期内的文化事业。在出口领域，2003年中国（大陆）最大的贸易伙伴是美国、中国香港以及荷兰；就进口而言，主要合作伙伴为美国、德国与中国香港。

表1 1994年至2002年核心文化商品贸易

核心文化商品	2002年价值（百万美元）	2002年份额	1994年至2002年之间份额的变化
遗产商品	2.2	3.8	-13.9
印刷媒体	18.2	30.0	-16.6
书本	11.3	19.1	-14.4
报纸与期刊	4.5	7.7	-23.1
其他印刷物	2.4	4.0	-13.2
记录媒体	19.0	32.0	-1.0
视觉艺术	11.3	19.1	-3.6
音像制品	8.5	14.3	117.4
核心文化商品总计	59.2	100	

四、菲律宾的文化产业/事业

文化产业/事业在菲律宾发展得欣欣向荣，参与者包括手工艺品和艺术工艺品制作者、手工艺品商店、传统的食品商店、艺术表演团体、文学作品的创作者和承办商、音乐唱片以及电影制片人，等等。从1997年到2001年，工艺产品如草编、假日装饰品、高档珠宝、人造珠宝、装饰陶瓷以及家具的出口总额达到29.6亿美元的总离岸价值，其中家具行业的出口贡献最大，约为16.7亿美元。

在菲律宾，积极促进推广文化产业/事业发展的主要政府机构为贸易与工业部（DTI）、旅游部（DOT）、科学与技术部（DOST）以及全国文化与艺术委员会（NCCA）。在私营领域，有菲律宾手工艺品行业商会、菲律宾出口商联合会、菲律宾家具业商会、陶瓷出口商制造商协会公司、菲律宾玩具和小饰品制造商协会公司、菲律宾切花与观赏性植物种植者联合会公司、菲律宾自然健康与环境友好组织联合会公司、木制礼品与饰品制造商协会公司、菲律宾本地口音集团公司、手工纸制造与转换企业联合会、菲律宾手工纸业商会、菲律宾圣诞节装饰品生产商与出口商协会、菲律宾家具业商会、菲律宾皮革制品出口商与制造业协会、菲律宾食品加工商与出口商组织公司、菲律宾饰品制造商与出口商协会、时装饰品制造商协会、菲律宾时尚珠宝及饰品协会、菲律宾珠宝商行业商会公司，等等。

菲律宾的文化产业/事业种类繁多，这里有基于社区的中小企业，包括营利与非营利的（例如非政府机构、基金会、协会）；也有资金雄厚的大型私营商业公司，它们的商业投资涉及这一行业的重要领域，例如电影制作、唱片公司、旅游经营商、制造集团等等。此外，国家、省以及地方各级政府也有各自的组织和机构来以促进和推广菲律宾的文化产业。

五、菲律宾文化企业的案例分析

"文化与艺术道基金会"（TAO Foundation for Culture and the Arts，以下简称道基金会）是菲律宾的一个小规模的文化企业。该基金会是1994年在证券交易委员会注册的非营利、非政府机构。它是由艺术家、教育家、社会工作者以及文化爱好者创办的，由著名艺术家、歌唱家格蕾丝·艾维斯·诺诺（Grace Aves Nono）领导。道基金会的组织目标是研究、记录、促进与帮助发展推广各种菲律宾本地的文化与艺术传统。它通过教育、出版发行以及大众媒体向公众传播并提供研究成果，开发能加强菲律宾文化特征的艺术形式与文化实现方式，在艺术家、文化工作者、文化社群（群体）、政府与非政府机构、私营与商业部门之间建立联系，同时鼓励菲律宾同胞保持文化传统，帮助他们适应现代教育与各种社区倡议活动。

目前，道基金会有三个正在执行的计划，即：菲律宾本地音乐系列，迄今已出版发行了Maguindanaoan kulintang音乐的音频与印刷品材料，包括马拉瑙史诗赞歌与器乐；Hanunuo芒扬民族器乐及诗歌吟唱，Manobo、Higaonon与Banwaon文化音乐，以及T'boli社群的史诗赞歌与器乐；举办亚洲艺术研讨会，包括关于菲律宾音乐与艺术的演讲示范。道基金会还设置了文化社群青年奖学金计划。这项奖学金计划开始于1999年，目标在于把本地社群值得资助的孩子送到高中或大学，使他们能够保护并推广他们本地现存的文化传统。最后，期待他们能够成为保存、传播与进一步发展他们本地文化的领导者与捍卫者，同时期待他们有能力利用正规教育系统学到的知识更好地为本地的文化事业做贡献。

2006年，道基金会与菲律宾公平贸易倡导公司（APFTI）——菲律宾一家主要的公平贸易方面的非政府组织（NGO），在棉兰老岛的卡拉加地区的南阿古桑省选定的土著社区进行经济民生项目的合作开发。

这个项目——艺术、手工艺与环境的传播与推广（P.E.A.C.E.），在南阿古桑的拉巴斯与埃斯佩的布纳万村进行推广。项目主要由菲律宾－澳大利亚社区援助计划（PACAP）以及澳大利亚国际开发署的澳方机构提供资金，并获得联合国教科文组织菲律宾全国委员会的小笔赠款。

1. 项目目标

此项目的整体目标是通过提供基本的生产性财产与要求使用这些财产的知识，授权目标群体有效地参与他们自己社区的经济发展。这使他们能够利用自己的传统技能，借助本地材料来生产市场能够接受的产品。市场将会给他们创造更多的收益机会。因此，这将带来他们经济条件的改善与提升，为他们创造更多的机会来参与自己社区生活其他方面的开发建设。具体而言，这个项目能够通过提供包括基本工具与设备在内的公共服务设施，协助传统的艺术家社群启动社区级创意产业，通过提供商业开发服务，例如培训与技术援助，提升传统艺术家社群的能力，通过支持参加贸易展示交易会与其他展会，提供参与市场竞争的机会。

2. 项目背景

在南阿古桑（该项目的受益区域）地区土生土长的农村男女老幼中，绝大多数人一生的大多数时间都生活在贫困和边缘化当中。此项目的本地受益者——87名妇女与33名男子均为在传统艺术方面有能力、有才华的人，他们也同样有能力使用本地的材料（进行相关的文化创作），进而改变他们的生活与社区。然而，贫困限制了他们改善生活、改变命运的机会。

这个项目使他们认识到通过利用他们传统的艺术与手艺以及他们对自身环境的熟悉，他们能够摆脱贫困并走出不平等的泥潭。从受益人的角度出发，该项目为这些处于困境的人们架起一座连接他们日常生产生活与市场自由交易（商品交易会）的桥梁。大多数涉及当地土著人（生活生产）的项目总是单独地去解决这些问题，事实上这些项目很多是政治性的——仅仅是用来聆听抱怨。与之前项目不同的是，这个项目更侧重经济方面，以文化与环境作为项目的出发点。该项目的目标合作伙伴群体的情况与其他社区类似，因此这个项目很容易被复制并在更大的区域与受益者群中进行推广。

3. 项目结果与影响

一年后，该项目已向受益者提供了公共服务设施、商业知识与技能、市场（销售）渠道。这些因素可成为创意产业建立的基础，而创意产业是社区收入与活力的不竭源泉。该项目结束时，在项目最终评估的过程中，将有一个由受益者展示热情与自信来证实项目授权启动的活动。与之前的活动相比较，现在的每一项活动都可以展示他们信心、态度和产品质量的改善。但是，这能否转化为他们经济状况的持续改善，要做出论断还为时尚早。其他外部因素对该地区的发展与受益人生活条件的改善有着重要的影响。

我们为当地生产者购买了七套生产设备，包括陶瓷窑、高速缝纫机、织布机、电机、蜡烛模塑、手工纸模塑、蕉麻纤维剥皮器，以及工具——木材加工与造纸所用的小型手持设备与工具。这些设备是建立在生产者群体处的公共服务设施（CSF），其他设备则建立在道基金会的南阿古桑布纳万村的巴莱阿古桑的房产处。后者的理由是由于与生产者群体之间存在着组织问题，公共服务设施相关的土地存在某些所有权问题。把公共服务设施选择建在巴莱阿古桑房产处的生产者群体是蜡烛制造商、制陶艺人以及高地地区的织布工。

该项目进行了以生产者群体经营管理能力为重点的三个培训，包括公平贸易的机会与战略、基本的商业管理技巧、基本的企业经营活动。生产者群体的协调员与其他代表参加了这些培训。每个培训平均 30 人参加。所有群体都已经完成了产品开发活动。菲律宾公平贸易倡导公司的设计师前往生产区或社区直接与生产者一同工作。由于安全原因，只有一个生产者群体没有设计师直接访问。取而代之的是，设计师与此低地社区的特定工匠/手工艺人合作，进行设计与原型开发工作，但实际生产由本地社群完成。他们根据设计制作了 56 个原型（额外设计：金塔拉蜡烛与 Higaonon 族的传统盒子）。

在项目开始时，生产者们把他们的手工艺品制作当成一种业余爱好或辅助活动。他们并不把这项工作当成一项真正的商业活动。因此，该组织是有着同样技能的、相同兴趣的人的简单联合，他们的技能水平并不高。培训的重点在于提高他们的业务技能与技术技能，使他们的这种联合更加专业。

培训结束后，参与者塑造的能力包括：改进与获得新的技术（例如编织、整理技术等），增强销售与市场营销技巧，形成簿记与会计技能，增强沟通技巧。生产者参加了总共 4 个贸易交易会与产品展览会。展览会期间，他们被介绍到当地的手工艺品市场。崖芒（Yamang）棉兰老岛交易会把生产者介绍到区域性的市场，因为它是一个（棉兰老岛的）区域性交易会。生产者能够亲身体验如何处理与买家、贸易商以及消费者的关系。他们能够出售一些产品，虽然销量不是很好（不足以支付成本费用）。对他们来说，这次活动是一次很好的学习经历。在实际销售方面，贸易会不是很好的选择。然而，作为生产者学习经验的累积，它还是实现了这一目标并且为他们提供了（可能）产品的新思路。其他较小的本地交易会上，生产者能够销售一些产品，并遇到了潜在的购买者。这些也都是很好的学习了解市场的场所，同时生产者也可以知道如何进一步改善其产品与工艺。这些活动打开了本地（市级）与省级的市场。

2006 年 7 月 14—17 日在桑托斯将军城举行的崖芒棉兰老岛商品交易会与其他他们参加的商品交易会上，生产者所展示的产品受到了参观者的一致好评。参观者非常赞赏产品的设计与生产者的热情。考虑到所提供的产品在设计与用料方面的品种，生产者意识到，他们已挖掘了（部分）市场潜力，在主流市场上他们的工艺品有一定的竞争潜力。但是，只有当他们提高自己产品的质量与价格的竞争力，这种潜力才能转化为实际的销售量增长。

生产者与购买者通过互动产生联系。比如，皮纳汉·提科格（Pinahan Tikog）垫编织协会与联合国教科文组织建立联系，讨论会议文件夹的供应。布纳万村蜡烛制造商协会（Bunawan Candle Makers Association）与布纳万村教区建立联系，他们有机会提供教区内所有 21 座教堂的降临节蜡烛（估计销售额是 9000 比索）。圣特奥多罗妇女自我就业协会（San Teodoro Women's Self-employed Association）与 CCP/联合国儿童基金会建立联系，获得了价值 600 比索的手工卡纸订单；还与日本亚升公司（Rise Asia）建立联系，初始订单为25个折叠袋，价值2000比索，后追加500个袋子的订单；通过菲律宾公平贸易倡导公司（APFTI）推销。当APFTI参加商品交易会与集贸市场时，选出产品进行市场推销。除项目中阐明的市场营销活动外，这是APFTI向客户提供的一项额外服务。APFTI将不断进行这一活动。通过道基金会还选择了一个日本买家。格蕾丝·艾维斯·诺诺女士也经常在她国外演出中购买这些产品，并在不同的菲律宾大使馆展示。

六、文化产业经营的考虑事项

文化产业正日益被视为经济发展、减少贫穷与文化多样性的有效工具，更好地开发文化资源势在必行。因此，作为实现可持续发展的手段，更多的国家考虑把主流文化产业纳入国家发展计划的可能性。这一新的跨学科发展方式汇集了不同的合作伙伴，诸如城市开发者、教育工作者、文化开发者、贸易与版权官员等，并代表了新的全面综合的发展模式。通过制定国家发展政策，这些政策要考虑到文化产业与日俱增的重要性，亚太区域国家可以很好利用文化与发展之间的战略关系的变化来发展它们的经济。因为创意产业可以促进社会经济发展并减少贫困，同时也是个体与社区的文化特性的重要资源，联合国教科文组织的目标是在地区与国家的社会与经济目标、战略与发展计划中坚定不移地推行文化产业。

虽然文化产业与相关贸易可能不会在各产业行业中形成最高的利润，但如果在就业方面衡量"利润"或"社会利益"，它们可以说是所有行业中最赚钱的行业之一。国际经验表明，文化产业在地方社区的创收与振兴发展方面有着重要的意义。由于文化产业的规模较小以及它们与社区的紧密联系，"农舍式"的文化产业为地方社区提供了一个特别的机会，来抵制以提供工作与商业机会为背景的城市移民。通过为那些从事文化产业的人提供持续就业以及公平的报酬与工作条件，文化产业的推广活动可以为其他（更穷的）地方带来消费增长与收入增加，并使更多的本地人参与地方的建设与治理。发展文化产业也可以促进传统知识的使用与保护，并通过创新和贸易推动这些知识的进一步发展，可在个体与社会的认同感和方向感方面做出积极的贡献，特别是如果这些社区的知识资源受到知识产权保护制度的保护时。

七、从事文化产业/事业时的重要考虑事项

在 2003 年由联合国教科文组织艺术和文化产业处在巴黎举办的全球文化多样性联盟上，亚里·卡马拉（Yarri Kamara）做了题为"发展中国家文化产业成功的关键"的报告。他在报告中总结了文化产业/事业面对的挑战以及应对这些挑战的可能方法。

关键问题与挑战	可能采取的对策
文化企业的高风险特点造成了获得主流资金支持的困难以及长期战略规划的困难。	文化企业必须利用它们的知识产权（它们还必须保护这些知识产权）为杠杆，获得主流资金来源。
由于其产品与服务的非大众性，文化企业很难估计市场需求。	文化企业可以通过积极主动的营销与推广活动，包括教育公众，来建立它们自己的市场。
因为它们的无形价值，定价文化产品与服务非常困难。	仔细研究，并使用类似产品与服务的交易作为参考基准。
艺术与创作的力量往往会控制文化企业的经营者，使他们不关心企业业务方面的问题。	如果文化企业的主要合作伙伴学习基本的商业知识或聘请具有商业头脑的合作伙伴，会是实用与有帮助的。

任何一个渴望成为成功的商业企业的文化企业，都必须面对以下现实：它需要像做生意一样运作企业，考虑底线与利润率；需要进行专业实践，开发专业特长，克服生存心态与避免战略眼光短视；需要培养良好的业务技能与实践，培养企业家的自信心与坚强的意志，开发商业信息技术，培养有效的营销技巧；还需要开发有用的资金网络与资金来源。

为使文化企业像商业公司一样发展而取得成功，一些初期的组织干预是有必要的。这些措施包括：进行有效的商业惯例培训，特别是营销与融资方面；利用专业人士关于业务与组织发展方面的咨询服务，继续开发提升机构能力；与学术及专业机构建立伙伴关系并参加其活动，这些机构可为产品与服务的开发、包装、生产改进、营销与销售、融资、地方与全球贸易提供合适的资源；游说以期从社会经济与政治组织获得激励性政策以及其他支持。

八、公平贸易与文化企业

公平贸易是一个过去 30 年内在国际上已经成为主流的现代运动。它的基本目标是：通过改善市场销售渠道，加强生产者组织管理，争取更好的价格以及提供长期连续的贸易关系，来改善生产者的生计与福利；改善弱势生产者的发展机会，特别是妇女、本地人、残疾人，并避免在生产过程中出现使用童工现象；提高消费者的意识，使他们认识到他们购买的产品对生产者的影响，从而使他们可以积极行使其购买权利；通过对话、透明的机制与尊重，建立贸易伙伴关系的良好榜样；改变传统的国际贸易规则与惯例，提供公正、良好与安全的社会环境来保护人权。

大多数支持公平贸易的国家已加入世界公平贸易组织（World Fair Trade Organization，其前身为国际公平贸易协会 IFAT），建立一个公正与公平的国际贸易体系已成为全球范围内的强大呼声。公平贸易的关键要素为：产品与服务的公平价格；发达国家向发展中国家的生产者支付预付款；建立长期合作关系，以确保各方业务发展的连续性并实现可持续发展；企业内的公平劳动实践，这一项包括公平的工资（至少达到法律规定的最低工资或合适的生活工资）、合理的雇佣条件（健康的工作场所）；没有雇用童工。此外，两性平等、符合环保要求也是关键要素。

上文提及的菲律宾文化与艺术道基金会，是文化企业使用了公平贸易原则与实践来加强其业务能力并提升其经营业绩的成功范例。公平贸易与文化企业尤其是中小型文化企业的增长与发展的一致性，似乎是自然而然且符合逻辑的。公平贸易促进良好的经营行为，使企业实现长期盈利与可持续发展。公平贸易有助于社会责任型且具有竞争力的企业发展，这对生产者、供应商、贸易商以及消费者都是有利的。

作者简介

加布里埃尔·马·J. 洛佩兹（Gabriel Ma J. Lopez）博士，菲律宾发展学院公共与发展管理研究生院和马尼拉大学罗约拉管理、政府和人文学院教授，是一名获得执照的菲律宾环境（区域城市）规划师，人力资源和组织发展专家。他在菲律宾和美国的企业、政府和非政府组织中拥有 30 多年的专业经验和管理经验，曾在英国、非洲、拉丁美洲、亚洲和加勒比地区任职。

美国西南部的印第安传统文化：在瞬息万变、充满挑战的世界中雅基族、阿帕奇族和霍皮族的持续性

〔美国〕 佛劳伦斯·奈保尔（Florence Neubauer）

摘 要

作为美国西南部的土著民族，帕斯夸雅基族（Pascua Yaqui）、怀特山阿帕奇族（White Mountain Apache）和霍皮族（Hopi）全都证明了文化持久性的力量。面对一个瞬息万变甚至有时危机遍布的世界，他们各自显示出与众不同的应对方法。雅基族传统的习俗融入了西班牙基督教仪式，因此避免了可能消亡的结局；阿帕奇山神舞在不断发展的社会中维持了传统的礼仪；霍皮族仪式证明了礼仪和历史的持久。这三个部落的文化是历经其他文化的征服、压制和统治而屹立不倒的典型。坚决保留传统仪式和典礼舞蹈激起了这些土著民族最有力、最持久的民族情感。

1. 雅基族复活节庆典

对于17世纪生活在墨西哥的雅基族人来说，西班牙征服者的到来和基督教传教士的降临彻底改变了他们的世界。由于教廷领导人鼓励把传统礼仪移花接木到新的礼拜活动中，雅基人皈依了基督教，并由此避免了一场文化冲突。其中最突出的事件是复活节庆典。到19世纪末，一次反抗西班牙征服者的起义失败后，部分雅基人移民到亚利桑那州。他们不敢在新的家园继续开展自己的宗教仪式。后来，他们认识到美国承认信仰自由，便恢复了独特的复活节庆典。亚利桑那州的帕斯夸雅基族有一项特殊的复活节庆祝仪式，穆里尔·泰尔·潘特（Muriel Thayer Painter）曾对此做过详细的记录和说明[1]。

---

1. 引用自 Painter, M.T.（1971/1983）. *Yaqui Easter*. Tuscon, Arizona: The University of Arizona Press.

雅基族面具

　　雅基族复活节（Yaqui Easter）是四旬斋（Lent）和复活节（Easter）的综合体，参与者众多。参加复活节庆典的人主要是许多礼仪团体，其中包括由献给圣母玛利亚的男人和男孩组成的玛塔契纳（Matachin）舞蹈团。他们和包括妇女在内的教会组织共同开展复活节庆祝活动，表演基督教礼拜仪式，在耶稣受难剧中扮演耶稣和玛利亚。他们和反对派相反，比如法利赛人/步兵（Fariseos）和骑兵（Caballeros）都是模仿逮捕和钉死耶稣。法利赛派/步兵和骑兵一起进行宗教游行，两队都是32个人。法利赛人/步兵还在有些场合表演舞蹈。

　　玛塔契纳舞蹈团由西班牙人出资，拥有"西印度－西班牙"音乐、土著鼓和拨浪鼓，还有吉他和小提琴[1]。他们在服装和舞步方面与欧洲的这类舞蹈类似，但成三列队形。玛塔契纳舞蹈团在许多节日场合表演，其中最重要的是复活节[2]。他们在游行中护送圣像，还在"圣星期六"（Holy Saturday）跳舞，他们的花冠能打败"荣耀经"中的恶魔。除了这些之外，他们还在复活节主日表演五朔节花柱舞（Maypole）。

---

1. 引用自 LaMadrid, E. & Berry, E. G.（July, 1991）. *Los Matachines: An Indo-Hispano celebration, Spanish Market*, Vol. IV, 14–15. Santa Fe, New Mexico: Spanish Colonial Arts Society, Inc.

2. 引用自 Forrest, J.（1984）. *Morris and Matachin: A study in comparative choreography.* Sheffield, England: The University of Sheffield Printing Unit.

第七章　他山之石

除了玛塔契纳舞蹈团以外还有两组表演者,一组是"老者"(Pascolas),包括三名乐师、三名歌手和鹿舞者。他们的作用是在某些节日场合跳舞[1]。老者在神圣星期六那天边跳舞边撒鲜花,帮助打倒法利赛人[2]。在雅基族传统文化中,鲜花可以净化邪恶,在欧洲传统中还代表耶稣的生命之血。

"鹿舞者"(Deer Dancer)通过他的服装和音乐特别说明土著文化和西班牙文化的融合。舞者头戴鹿首(真正的鹿首或道具),两手各拿一只葫芦,腰和脚踝分别拴着鹿蹄做的铃铛。鹿舞者在棕枝全日的前一晚表演舞蹈,在耶稣升天节表演独唱。复活节时,鹿舞者表演十字舞。他的舞蹈、歌曲和鲜花赋予他们打败法利赛人的能力。歌手手持葫芦制成的传统乐器,唱着西班牙时代以前的歌曲。他们的复活节歌曲推崇鲜花。

最后一组表演者是"恶魔小丑"(Chapaykas),扮演法利赛人士兵。他们的服装非常切合雅基族的故事和信仰:面具,带铃铛的腰带,身披折叠的毛毯,赤裸的胸膛挂着珠链,腿上绑着摇鼓。古老的面具长耳短角,鼻子又长又尖,涂成白色,可以改成蝴蝶、公牛、山羊、猫头鹰、蝙蝠、兔子等形象[3]。后来的面具更像人类,舞者除了面具之外还穿着上衣。最受欢迎的角色可能是墨西哥士兵和警察、美国士兵、流浪汉和赌徒[4]。舞者的动作是为了表现适当的角色,他们最后都会被善良的力量所感召。

伴着耶稣复活的好消息,人们一起庆祝战胜死亡和邪恶的胜利生活。在圣星期六那天,玛塔契纳、鹿舞者和老者在教堂前面跳舞,庆祝战胜邪恶。他们在复活节当天彻夜歌舞。当庆典到达高潮时,玛塔契纳表演五朔节花柱舞,柱子顶端装饰着鲜花。在复活节庆典上,玛塔契纳在舞蹈中解开五朔节花柱的丝带,鹿舞者和老者的舞蹈全部结束后,人们开始从教堂绕着广场进行最后的游行,把圣像送回教堂。最后,人们聚拢在教堂的十字架附近,中间是玛塔契纳的领舞和教会领袖。

1-4. 引用自 Painter, M. T.（1971/1983）. *Yaqui Easter*. Tuscon, Arizona: The University of Arizona Press.

雅基族人其实是清楚生命的延续的。帕斯夸雅基族虽然努力适应变化多端的世界，但仍然重视他们的传统习俗和希基语（Hiaki）。现在，还有许多雅基人在讲希基语。他们的传统仪式体现了他们顽强的生命力。雅基族克服了挑战，并仍然作为重要的文化力量活跃在墨西哥、新墨西哥和亚利桑那。

2. 阿帕奇山神舞

与雅基族通过基督教仪式求生存的做法相反，阿帕奇人拒绝传教士的传教，反对白人的统治。但是，他们也吸收了其他土著民族的传统习俗。阿帕奇人从亚利桑那州移民到加拿大，在迁徙道路上借鉴和吸收了很多其他民族的因素，比如，基奥瓦阿帕奇人（Kiowa Apache）在大平原上学会了捕猎野牛的经验。阿帕奇人在西南部定居之后，从普韦布洛印第安人（Pueblo Indians）那里学会了农业知识。亚利桑那西部的阿帕奇人还形成了一套独特的祭祀舞蹈，舞者在舞蹈中扮成山神，并赐福于部落。

山神舞（Mountain Spirit，又称Crown）的舞者被赋予了神圣的权力。巫师（Shaman）负责监督他们的打扮。他们身穿苏格兰格子裙，胸膛上画着彩绘图案，头戴面具头饰（十字表示四方），挥舞着十字木剑。山神舞者可以和身穿缩小版舞蹈服装

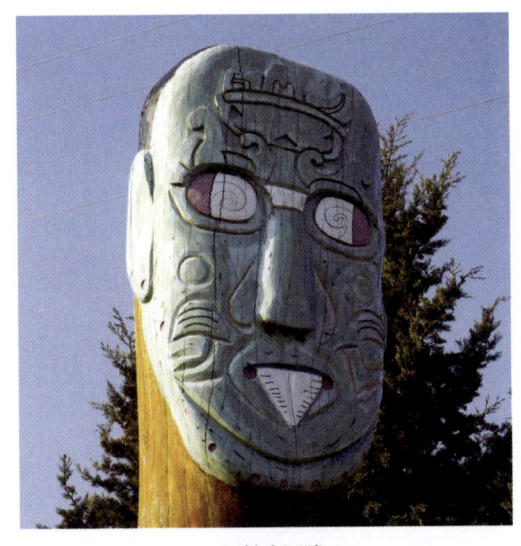

阿帕奇图腾

的丑角共同起舞。他们的舞蹈可以驱邪、求雨、治病。他们的职责还包括在成年或日出仪式上表演。这是阿帕奇女孩向女人过渡的成年仪式，为期四天。

阿帕奇族吸收其他民族习俗的能力可以通过电影中的山神舞（Tatge，2989）窥见一斑。为了迎合非族人的观点，舞蹈中去除了神圣的部分。四名舞者胸膛上画上象征白人权力的符号，以此表示与白人文化的融合。这个符号类似于法官徽章上面的五角星。这颗星代表把罪犯——换句话说，也就是邪恶势力——送上争议审判庭的司法权力，并与阿帕奇人彻底摧毁恶灵的精神力量自然融合起来。

这种与时俱进的文化传统的另一个范例是为企业进行山神祈福。穿着祭服的山神舞者把剑指向东方，随着巫医的吟诵起舞；他们的祝福降于部落新建的一座超现代购物中心[1]。比尔·赫斯（Bill Hess）提出以下观点：我们必须吸收白人社会的精华，把它们融入我们的文化。同时，我们还必须开发自己的资源，发展壮大。只有这样，我们才有保持传统习俗的希望。强大的人能开辟自己的道路[2]。

阿帕奇人通过取他人之长以维持文化完整性的做法，使他们成功地壮大起来。他们在迈入现代社会的同时保持了自己的传统价值观，同时包括他们的语言。这一点在西部阿帕奇人身上尤为明显：他们拥有兴隆的部落企业，同时继续保持自己的祭祀仪式，是西南部最先进的部落之一[3]。

3. 霍皮族仪式

霍皮族是普韦布洛印第安人的一支，是阿纳萨齐人（Anasazi）的后裔，也是美国最古老的土著部落之一。自公元1150年以来一直在奥拉维（Oraivi）生活[4]。他们的古老文化具有礼仪持续性，皈依基督教的霍皮人和他们的古老生活方式并无冲突。

---

1. 引用自 Hess, B. (1980, February). *The White Mountain Apache: Seeking the best of two worlds. National Geographic.* 272–290.

2. 引用自 Hess, B. (1980, February). *The White Mountain Apache: Seeking the best of two worlds. National Geographic.* 272–290.

3. 引用自 Bahti, T. (1968). *Southwestern Indian tribes.* Flagstaff, Arizona: KC Publications.

4. 引用自 Marshall, A. (Editor) (2005). *Home: Native People in the Southwest.* Phoenix, Arizona: Heard Museum.

霍皮族礼仪生活的主要部分是卡奇那神灵（kachinas，意为雨神）的祭祀活动，面具舞者扮演自冬至日起和人民共同生活六个月的雨神。卡奇那舞者聚集在地下礼堂；他们的面具、身体彩绘和服装（包括一条格子裙和其他装备，比如铃鼓）把他们变成为人们赐福的超自然存在。从冬至日到"尼曼"（Niman，自夏至日后五天开始，持续16天），超自然的存在寄宿在卡奇那神的身上。

卡奇那神有各种责任。每年2月，6到8岁的男孩在歌舞和祈祷中"开蒙"，皈依宗教（他们被引荐给卡奇那神，得到玩具和卡奇那玩偶；在最后一天晚上，卡奇那舞者摘下面具；女孩子们也会收到卡奇那玩偶）。卡奇那舞者还在村子里排队跳舞（从3月一直跳到初夏），祈求风调雨顺、丰收富足。尼曼期间的舞蹈有两队卡奇那。一队是男性卡奇那舞者，另一队是同样由男性扮演、装饰略为朴素、手拿不同法器的"卡奇那侍女"。两队舞者彼此相对。他们还摇动铃鼓、跺脚、唱歌，祈求甘霖。

卡奇那神回到他们的圣殿之后，为期九天的蛇祭（Snake Ceremonial）就开始了。蛇祭在每年8月，目的也是求雨。这场舞蹈还包括四天的沙漠捕蛇行动。在第八天有一场象征性的婚礼，扮作新郎和新娘的童男童女分别代表蛇勇士和处女。然后由羚羊队的男子们表演舞蹈，他们以脚跺地，唤起上帝的注意。第九天时人们把蛇从地下礼堂带来。羚羊队和蛇队的男子先后吟唱，然后把蛇衔在口中，围着村子的广场绕行一周。之后，蛇被放回沙漠，向上帝求雨。

霍皮族每年的其他舞蹈既有男人参加，也有妇女参加。1月是交际舞（Social Dance）和野牛舞（Buffalo Dance，扮演野牛的男舞者各戴一只牛头）。秋季有妇女们的舞蹈：篓子舞（Basket Dance）和蝴蝶舞（Butterfly Dance）。妇女们还负责为宴会准备食物、看管祭祀物品、协助表演者。

霍皮族生活和礼仪持续的重点在于把民族文化传给下一代。美国联邦教育政策要求西南部的土著儿童上教会学校和寄宿学校，其目的在于教育他们，使他们融入白人社会。但实际上，这种做法切断了他们和民族文化的联系。年轻人无法参与本民族的礼仪生活。这种根除语言和宗教联系[1]的企图被霍皮族高中的建立打碎了。霍皮族特瓦人阿尔伯特·辛夸（Albert Sinquah, Sr.）的意见阐明了这种观点：更多年轻人常年处于民族文化的包围中，不再像以前上寄宿学校时一样只有夏天才能回家[2]。年轻人接近民族文化并参与社会生活确保了民族文化遗产（包括语言、自治政府、艺术表现力和礼仪）的持续。霍皮人保护和表达民族文化的决心堪称文化持续性最激励人心的榜样。我们的生命和文化正是通过我们的子孙世代相传。

4. 结 论

雅基族、阿帕奇族和霍皮族人民是在逆境中坚持民族传统文化的典范。他们通过各自不同的方式完成了生存和繁荣的斗争，树立了文化持续力的榜样。这些土著部落的遗产为世界打开了一扇充满无限可能的窗口。更重要的是，他们的遗产为挣扎求生的其他文化创造了一个令人充满希望的前景。

作者简介

佛劳伦斯·奈保尔（Florence Neubauer），德克萨斯女子大学博士、研究员，精通英语、挪威语、希伯来语，佛罗里达州罗林斯学院舞蹈及人文兼职教授，佛罗里达州奥兰多瓦伦西亚社区大学舞蹈及人文兼职教授，美国民俗协会理事会理事，IOV 美国学术委员会委员，拉班舞、莫里斯舞认证舞蹈家，民族学和舞蹈历史专家。学术研究领域包括民间礼仪节日、非洲舞蹈形式研究、中东传统舞蹈形式研究。

1.2. 引用自 Marshall, A.（Editor）（2005）. *Home: Native People in the Southwest.* Phoenix, Arizona: Heard Museum.

埃及手工艺：艺术与遗产

〔埃及〕奥赛马·阿卜杜勒·哈森

(Ossama Abdel Wareth Abdel Meguid Hassoun)

摘　要

本文介绍了埃及手工艺面临的挑战与危机，以及政府如何施行特定文化保护计划拯救埃及的传统手工艺，包括实施项目的做法、目标、评估方式以及未来的发展战略。

埃及人在维护文化和传统生活方式包括谋生上面临着无数挑战。在重新调整的过程中，随着社区改变生活方式，当地社区的丰富文化遗产遭到了破坏，特别是艺术和手工艺品遭到普遍忽视。

埃及的艺术、手工艺和民俗已经被具象化并反映了古代人的历史和信仰。如今，埃及二十岁以下的人已经很少知道这些传统艺术及其相关的民俗和历史，具有知识和技能的老一辈手工艺人已经过世。政府意识到随着老一辈人的逝世，文化财富将遭受重大损失，正寻求有效的方式予以遏制。

一个可行的方法是为老一辈人提供机会，对年轻一代中感兴趣的成员进行教育和培养。为了复兴埃及工艺品技能，让年轻的埃及妇女参与创收活动并提高基础素养，该项目提出进行为期9个月的试点计划，将技能和传统知识从年长者转移到年轻女性。

该项目旨在克服贫穷和社会不公正，在国际合作和团结协作方面开展业务。具体体现在：提高当地居民生活质量，确保机会均等，促进当地社区发展，支持民间社会，让所有合作伙伴参与发展以及集中参与和赋予权力并促进信息沟通。注重社区工艺品生产者和市场，意为将工艺生产者从边缘社区连接到公平的国家和国际市场。该项目由意大利合作基金（COSPE）、北南咨询交易所（NSCE）、埃及工艺中心（ECC）/埃及贸易博览会（FTE）和其他捐助者共同资助。该项目获得埃及社

会团结部 / 生产性家庭总局认可，由意大利合作基金（COSPE）、北南咨询交易所（NSCE）、埃及工艺中心（ECC）/ 埃及贸易博览会（FTE）执行。

它的主要目标有：赋权社区，促进经济发展，支持工匠生产，改善工作条件，促进公平贸易网络，全球化世界的本地知识，保护传统工艺品和文化遗产，可持续发展，现代化与全球化。它的主要成果将集中在：能力建设，生产管理，产品开发，质量控制，公平贸易网络，改善工作条件，对健康和卫生的影响，增加销售额，成本和定价政策，信息和文件。

项目活动包括通过 ECC/FTE 对所有工匠团体和个人进行当前市场评估；公平贸易顾问，为 ECC/FTE 和工匠进行当前实践和发展潜力进行评估；通过 ECC/FTE 研究旅游部门和潜在的新客户作为工匠产品的营销渠道；财务和组织结构管理；支持 ECC/FTE 管理营销策略、成本核算和定价、产品开发，培训和员工发展；向工匠团体和个人提供技术援助，以提高生产能力、产品质量、销售和公平贸易实践；组织文化活动，促进区域一级传统手工艺品的知识传播和价值提升，如阿斯旺、法娃、西奈、思瓦。

我们未来的战略是：巩固和支持工匠团体和个人工作坊；发展新市场，如博览会、旅游、贸易博览会；加强 ECC/FTE 作为埃及贸易博览会协调中心的地位。

作者简介

奥赛马·阿卜杜勒·哈森（Ossama Abdel Wareth Abdel Meguid Hassoun），2004 年博士毕业于荷兰莱恩大学的莱因沃特（Reinwardt）学院，2005 年获得波士顿艺术博物馆富布莱特学者研究资助访客学者项目"美国的努比亚收藏品"博士后。埃及儿童文明与创造性中心（儿童博物馆）主任、阿斯旺当地博物馆前任馆长、埃及努比亚博物馆前任馆长、国际博物馆委员会阿拉伯分会副主席、联合国教科文组织创意工艺和民间艺术城市阿斯旺代表，JNU ACC 高级研究员、暨南大学文化遗产创意产业研究院高级研究员。

近代以来的汉字危机与文化传承

全根先

摘 要

汉字是中华文化的基础与根本。近代以来，在西方列强的侵略和欺凌下，汉字与中华文化面临着前所未有的传承危机。在一片废除汉字的声浪中，汉字改革与拼音化仓促启程。随着计算机时代的到来，汉字再次面临危机，所幸危机被以王永民为代表的科学家们成功克服。然而，在信息化和全球化的浪潮中，汉字危机与文化传承问题并未彻底消失。坚持文化自信，强调汉字对于中华文化传承的重要意义，仍是一个值得关注的重大课题。

关键词

汉字危机；中华文化；文化传承；五笔字型；非物质文化遗产；宣纸；湖笔

以汉字为载体传承至今的浩如烟海的文化典籍，积淀着中华民族最深层的精神追求，代表着中华民族独特的精神标识。没有汉字就没有中华文明，汉字是中华文化的基础与根本。"在中华民族的形成过程中，汉字作为汉语的最重要的交流手段，作为记录汉语信息的载体和传媒，在汉民族和以汉民族为中心的整个中华民族的政治、文化、经济生活中，一直起着无可替代的重要作用。"[1]近代以来，在西方列强的侵略和欺凌下，中华民族曾陷入亡国灭种的危险境地，汉字及以汉字为载体的中华文化亦面临前所未有的传承危机。中华人民共和国成立以后，"中国人民从此站起来了"，汉字踏上了改革和拼音化历程，在以王永民为代表的科学家们的努力下，再次克服了传承危机。然而，随着信息化和全球化时代的到来，汉字危机及其文化传承问题并未全然消除。在当今复杂的国际环境下，坚持文化自信，强调汉字对于中华文化传承的重要性，具有重大的现实意义和深远的历史意义。

一、近代以来的汉字危机

文字的命运总是与国家和民族的命运紧密相连，汉字也是如此。中华文明在世界历史上曾长期处于领先地位，汉字被周边许多国家所接受，形成了"汉字文化圈"。鸦片战争以后，以甲午战争为界，近代中国对于西方文化的态度大致经历了由"师夷长技以制夷""中学为体，西学为用"转为"全盘西化"的过程。伴随这一过程的，则是文化自信的逐步丧失。汉字作为中华文化的载体与最重要的媒介，自然难逃厄运，甚至被当作"野蛮文字"。

西方学者的一些观点与理论直接影响到国人对于汉字的评判。德国哲学家黑格尔认为，中国"文字很不完善"，"他们的文字对于科学的发展，便是一个大障碍"[2]。受西方学术思想影响，晚清汉字改革者也开始用西方的标准来评判汉字。黄遵宪说："泰西论者，谓五部洲中，以中国文字为最古，学中国文字为最难，亦谓语言文字之不相合也。"[3] 梁启超认为："稽古今之所由变，识离合之所由兴，审中外之异，知强弱之原，于是通人志士汲汲焉以谐声增文为世界一大事。"[4] 可见，在当时汉字落后、必须改革几乎成为人们的共识。

新文化运动时期，陈独秀说："中国文字既难传载新事新理，且为腐毒思想之巢窟，废之诚不足惜。"[5] 瞿秋白说："汉字真正是世界上最龌龊、最混蛋的中世纪茅坑。"[6] 钱玄同在《今日之文字问题》一文中说："欲使中国不亡，欲使中国民族为二十世纪文明之民族，必以废孔学、灭道教为根本之解决；而废记载孔门之学说及道教妖言之汉字，尤为根本解决之根本解决。"[7] 鲁迅先生也说："我坚决主张用新文字来代替这种障碍大众进步的文字。"[8]

总之，近代以来，一些爱国知识分子、仁人志士，为了启发民智、救亡图存，改变中国人被压迫、被奴役的处境，将落后挨打的原因归结于广大民众的愚昧无知，而汉字的难识、难写，加上汉字中所记载的一些封建文化，则被认为是造成这一局面的"罪魁祸首"。不过，他们更多是出于政治考虑，而不是学术探讨。

二、花样百出的汉字改革方案

在西方文化的强烈冲击和文化自信丧失的情况下，为了开启民智、救亡图存这一政治主题，关于汉字改革的方案层出不穷，花样不断翻新。由于汉字改革并非源于文字发展的客观需求，因此，持续百年的汉字改革虽然取得了一些成绩，然而也有许多的教训。

近代以来的汉字改革运动，始于光绪十八年（1892）卢戆章出版的切音新字读本《一目了然初阶》。其后，王照、劳乃宣、蔡锡勇、朱文熊、江亢虎、刘孟扬、黄虚白等相继加入这场"切音字运动"。中华民国成立后，继续推行文字改革，为普及教育，开始了"注音字母运动"。与切音新字不同，注音字母只是一种注音符号，只为识字注音，不是作为文字使用。注音字母方案是古代反切法的演进，也是现代汉语拼音方案的先驱。五四运动前后，钱玄同、赵元任、黎锦熙等积极推行拼音文字方案——国语罗马字，这是汉字"拉丁化运动"中相对成熟的一种方案。由于汉语方言较多，实施起来困难重重。

1927年"大革命"失败后，流亡到苏联的中共党员在瞿秋白等人领导下，大力提倡汉字拉丁化。1931年9月在海参崴通过的《中国汉字拉丁化新文字的原则和规定》，根本精神就是要用拉丁文字代替汉字。在他们看来，汉字是"古代和封建社会的产物"，是"统治阶级压迫劳苦群众的工具之一"[9]。在陕甘宁边区等革命根据地，在中国共产党领导下，汉字改革被当作一项重要的政治任务，新文字得到大力推行。

与此同时，一些爱国民主人士在国统区也大力倡导汉字改革。1936年5月，由蔡元培领衔，六百多位知名人士签名发表了《我们对于推行新文字的意见》。意见指出："中国文化界现阶段最重要的工作是普及民族自救的教育，我们要动员一切工具来进行这个工作。但是在选择工具的时候，我们是必得指出新文字的特大效力。"[10]在他们心目中，新文字是动员民众、进行民族自救的重要工具，选择新文字乃是政治的需要。

中华人民共和国成立后，汉字改革运动在中央政府的领导下迅速推进，汉字改革主要有两方面内容：一是汉字整理，即汉字的简化与规范化；二是汉语的拼音化。1954年12月，中国文字改革委员会成立，吴玉章任主席。1956年1月，国务院通过《汉字简化方案》，并正式公布。1958年1月，第一届全国人大第五次会议正式通过《汉语拼音方案》。1977年12月,《第二次汉字简化方案》颁布。由于这套汉字简化方案违背了汉字发展规律,1986年6月由国务院明令废止。

有必要指出,一百年来的汉字改革运动,始终存在旨在彻底废除汉字的理论倾向。有人这样设想:"这时候拼音文字应当开始争取'法定文字'的地位。这一斗争可能需要较长时间,但如拼音文字运动者主观努力加强,也可以把时间尽量缩短的。其中最重要的战术,是把文字的实用领域掌握在拼音文字的手中。最后必定有一天,活的拼音新文字成为中国的'法定文字',而汉字宣告死亡,成为历史上的'古字'。"[11] 当然,对于这样的主张,我们是坚决不能赞成的。正如周恩来总理1958年1月在政协全国委员会举行的报告会上所说:"拼音方案是用来为汉字注音和推广普通话,它并不是用来代替汉字的拼音文字。"[12]

三、"五笔字型"的重大意义

1946年,世界上第一台通用电子计算机(ENTAC)在美国宾夕法尼亚大学诞生,这是人类历史上具有划时代意义的一项伟大发明,标志着人类从此进入信息化时代。20世纪70年代,集成电路技术的应用极大地提高了计算机的运算速度;1980年以后,微电脑兴起并迅速进入学校与家庭,席卷世界各国和各行各业。当新一轮世界科技革命浪潮席卷全球时,计算机几乎成为"文明"的同义词。然而,对于国人而言,成千上万的汉字能否进入计算机,却成为中华文化面临的"卡脖子"的最关键、最核心的一个技术难题,以至有人说:"要实现科学技术现代化,必须首先实行汉语拼音化,不能让汉字拖四个现代化的后腿。"[13] 甚至还有人断言:"历史将证明,电子计算机是方块汉字的掘墓人。"[14]

世界各国计算机专家公认,对于数据处理和计算机系统来说,主要的输入装置是靠手指操作的键盘。文字输入的首要方式,主要靠键盘来完成。然而,怎样才能造出适合汉字输入计算机的键盘呢?正在人们对这一世界性难题束手无策、对汉字命运感到担忧之时,1983年8月28日,王永民发明的"五笔字型"汉字输入法在郑州宣告诞生。这一发明,被国内外专家评价为"其意义不亚于活字印刷术"[15]。在河南省科委组织的成果鉴定会上,《英华大字典》主编郑易里看了现场演示后,激动地说：“从今天开始，汉字输入不能与西文相比的时代一去不复返了……这个发明的巨大意义，一时还难以估计。”[16]

20世纪70年代，汉字能否输入计算机，已成为有关领导和科学家普遍关心的重大课题。据说，世界上为此倾其全力从事研究与奋斗的学者、专家多达上万人，发表的研究报告、试验成果或者专利多达一千余种。那么，为什么最后摘取这颗皇冠上璀璨宝石的人，会是中国人王永民呢？

回顾汉字键盘的发展历程，有几个关键节点：整字大键盘（1950—1978），2000多个字，一个字一个键，像一张桌子似的，需要哪个字，按一下就"输入"了；主辅键输入方式（1970—1980），这是对整字大键盘的改进，每个按键上印有9—16个甚至24个汉字，作为辅键，左右手交替按键，即可把主键上的某个字"输入"；"拼形组字"256键中键盘方案（1978），由北京大学王选教授领导研制，该方案选定一千来个构成汉字的"部件"，分组安排在256个键位上，依照汉字的"结构"，积木式地"拼合"出所要汉字，其优点是组合输入的汉字可以有很多，设备成本比大键盘低，缺点是效率不高，需要掌握拆字的部件和规则。

自1978年起，王永民带领他的助手，把《现代汉语词典》中的12000个汉字逐一分解，做成12万张卡片，从数以百万计的统计记录中，归纳出600多个组成汉字的字根。在对海量数据进行分析的基础上，王永民在世界上第一个研制出定量的字根频度表，创立了汉字键盘设计"三原理"及其数学模型。再考虑字根（部件）的组字频度和实用频度，首先优选出两百来个"组字字根"（或称"码元"），然后运用键盘设计"三原理"，实现最佳的键位组合。在三年多时间里，王永民可以说摸透了每一个字根的"脾气"，从180键、90键、62键、36键，最后直接使用英文26个键盘，达到了这一领域世界最高水平！

在王永民发明"五笔字型"的过程中，他提出的汉字键盘设计"三原理"及其数学模型尤为重要：一是相容性原理。在只用25个按键的情况下，把200个字根分为多少不等的25个"家庭"，每一"家"对应一个键位。分组困难在于：这些字根谁跟谁能"和平共处"在同一个键上，键入时能够互不影响，重码字最少。为了这个"相容性原理",需要做千百万次的"字根组合"试验,才能从无数种组合中找出最佳组合。二是规律性原理。字根安排在键位上"各自有家"之后,还要根据笔画特征分区划位,使其有规律性,便于记忆。然而,为了追求规律性,往往又要打乱原来初步实现的"相容性",甚至要推倒重来!这是一个更高、更难的目标。三是协调性原理。在初步实现"相容性"与"规律性"的基础上,要计算出"用这样一个键盘",按照"编码规则"输入"所有汉字"时,左右手每个手指的负荷量。这个负荷量,必须与各个手指的灵活程度相匹配——"能干的"食指负担要重些,而"无能的"小指的负担要轻得多,这样才能保证打字时"顺手"不累,越打越快。如果出现严重不符,就要重新调整各个键上字根位置,让字根搬家,而这势必又要部分打乱原已设计好的"相容性"与"规律性"……

这个"三原理",三个目标,它们既相矛盾,又要统一,要同时达到最佳值,这是一个"信息爆炸"的实验过程,达到目标谈何容易!为了实现"多目标的统一",王永民在积累大量统计数据的基础上,经过无数次试验,建立了数学模型,最终完成了汉字输入键盘的最佳设计,成功地与英文输入键盘"无缝对接"!王永民说,不运用这样复杂的数学方法,是根本无法设计出五笔字型键盘的。而五笔字型之所以能从数以千计的汉字输入法中脱颖而出,正是因为有科学理论与试验方法做支撑。曾有人做过两个重要的假设:其一,如果没有五笔字型,中国人的办公桌上,每台电脑都拖带一个专制的汉字键盘,会是一种怎样壮观的情景?其二,如果五笔字型是外国人的专利,我国的计算机产业将是一种什么局面?

王永民发明的"五笔字型"输入法,使汉字摆脱了被信息时代抛弃的严重危机,可以说彻底改变了汉字的命运。1985年12月,国家将成立三十余年的旨在实现"汉字拼音化"的中国文字改革委员会,正式更名为国家语言文字工作委员会。1999年,中国科学院院长路甬祥院士在其主编的《科学改变人类生活的100个瞬间》中写道:"1983年8月,南阳有一位叫王永民的奇人发明了五笔字型,汉字输入的难题得到了根本性的解决。"[17] 在该书中,王永民被誉为"把中国带入信息时代的人"。2003年，国家邮政总局发行"当代毕昇——王永民"纪念邮票。2018年12月18日，中央庆祝改革开放40周年大会在人民大会堂隆重举行，表彰了一百位"改革先锋"，王永民荣列其中。

四、汉字书写中的文化传承

汉字的应用与传承离不开书写，在历史的长河中，书写本身也成为一种文化。在西方人看来，中国古代的"四大发明"中，与汉字书写有关的就占两项：造纸术与印刷术。由汉字的书写还形成了中国独有的两个艺术门类，即书法与篆刻，2009年两者同时入选联合国人类非物质文化遗产代表作名录。汉字发明以来，与汉字书写关系最密切、与人们生活息息相关的，当属笔、墨、纸、砚，即"文房四宝"。"文房四宝"之名究竟始于何时，现在已无法确定。北宋时，苏易简所著《文房四谱》对这四种文具多有介绍；梅尧臣在《九月六日登舟再和潘歙州纸砚》诗中写道："文房四宝出二郡，迩来赏爱君与予。"可见当时它们已成为书房中必不可少的书写工具。根据考古发掘，福州市鼓楼区茶园山发现的南宋许峻墓中，有整套"文房四宝"作为随葬用品；张家口市宣化区辽代张文藻家族墓葬中，有不少将笔墨纸砚绘于一处的壁画。

然而，千百年来人们生活中不可或缺的"文房四宝"，在现代化、信息化的浪潮中，其产业正日趋萎缩、传统生产工艺濒临失传，却是令人担忧的现实问题。截至2014年12月，在国务院公布的共四批国家级非物质文化遗产名录中，与文字相关的项目有47项。其中，列入联合国教科文组织人类非物质文化遗产代表作名录的除书法、篆刻外，还有宣纸传统制作技艺、雕版印刷技艺和活字印刷技艺等。这些项目的入选，恰恰反映了它们正面临文化传承的艰难处境。自宋代以来，"文房四宝"中，以宣笔（安徽宣城，元代以后湖笔渐兴）、徽墨（安徽徽州歙县）、宣纸（安徽宣城泾县）、歙砚（安徽徽州歙县，广东肇庆端砚、甘肃卓尼县洮砚与之齐名）为代表，其产品畅销海内外。然而，即便是这些传统品牌，于今也面临传承危机。兹以宣纸与湖笔传统制作技艺为例加以说明。

第七章 他山之石

1. 宣纸工艺需要保护

明清以来，中国书画在很大程度上可以说是"宣纸上的书画"，书画艺术自然在很大程度上是"宣纸上的艺术"。有人说："中国人提起宣纸，就如同日本人提起茶道，那是一种不可言说的亲切温暖的感觉。因为，宣纸实在是中国文化不可分割的一部分，它和京剧、中医，还有《红楼梦》一样，简直就是中国文化的一个象征。不可想象，假使没有宣纸的话，文徵明、石涛的名作如何存世，朱耷、郑板桥的愤世嫉俗如何表现；不可想象，没有宣纸的话，齐白石如何泼墨群虾，徐悲鸿又如何驰骋骏马。大师们的书画艺术一旦失去最好的物质载体，其天才表现将会大打折扣，那么我们看到的，也许只是八分的刘海粟，七成的李苦禅。"[18] 由此可见宣纸作为中国造纸术发明以来受到历代文人特别是书画家所青睐的一个文化产品的重要地位。

据考证，"宣纸"作为一个表示纸张的专有名词，大概始于唐代画家张彦远。他在《历代名画记》中第一次提到"宣纸"。该书写成于唐宣宗大中元年（847），唐僖宗乾符元年（874）刊行。其卷二上云："江东地润无尘，人多精艺，好事家宜置宣纸百幅，用法蜡之，以备摹写。"[19] 张彦远所说"宣纸"，当为宣州所产之纸。唐代以来，宣纸一直为人们所爱好，历代封建王朝都把泾县宣纸列为贡品。光绪十二年（1886），宣纸还获得巴拿马万国博览会金奖，产品远销日本、东南亚与欧美诸国。宣纸作为书画艺术的重要载体，其制作技艺已成为中国手工造纸技艺的"活化石"。2006年10月"宣纸制作技艺"被国家列入首批非物质文化遗产保护名录，2009年10月又被联合国教科文组织列入人类非物质文化遗产代表作名录。

宣纸的制作有严格的技术标准和质量要求。国家质量监督检验检疫总局、国家标准化管理委员会于2008年6月发布并于2008年10月起实施的《地理标志产品 宣纸（GB/T 18739-2008）》对宣纸的定义是："宣纸：采用产自安徽省泾县境内及周边地区的青檀皮和沙田稻草，不掺杂其他原材料，并利用泾县独有的山泉水，按照传统工艺经过特殊的传统工艺配方，在严密的技术监控下，在安徽省泾县内以传统工艺生产的，具有润墨和耐久等独特性能，供书画、裱拓、水印等用途的高级艺术用纸。"[20] 根据传统宣纸制作工艺要求，整个宣纸生产过程要经过一百多道工序。

可见，要掌握这一套复杂的生产工艺，不但需要师徒之间的代际传承，还要制作者长期的实践和不断摸索。由于这种手工制作程序大多仍不能被机器制作所取代，对于学习这门技艺的人来说，不仅需要掌握技艺本身，在当今时代还要克服原材料缺乏，承受清贫、工作枯燥等许多外在因素干扰。宣纸制作技艺的传承令人担忧。

2. 湖笔制作后继乏人

湖笔作为"文房四宝"之一，素有"笔中之冠"的美誉，其制作历史十分悠久。西晋学者崔豹在《古今注·问答释义》中说"蒙恬造笔，即秦笔耳"，认为秦朝大将蒙恬发明了毛笔。五代学者马缟在《中华古今注·牛亭问书契所起》说，蒙恬"用枯木为管，鹿毛为柱，羊毛为被，所谓苍毫，非为兔毫竹管笔也"。根据现代学者研究，毛笔使用的历史实际要早得多，甲骨文时代已有毛笔书写了。人们把毛笔的发明权给予蒙恬，可能只是为了表达对他的敬重和怀念。这样的例子在中国古代并不鲜见。不过，至今在湖笔的主要产地湖州市南浔区善琏镇仍有蒙恬庙供之，却是事实。每逢蒙恬和笔娘娘生日（相传为农历三月十六日和九月十六日），都要举行盛大的纪念活动。他们膜拜"笔祖"，企盼事业兴旺、生意兴隆。

湖笔的发源地善琏镇制笔业约始于晋代。据清代同治《湖州府志》记载："（善琏）一名善练，以市有四桥，曰福善、保善、庆善、宜善，联络市廛，形如束丝，故名。居民制笔最精，盖自智永僧结庵连溪，往来永欣寺，笔工即萃于此。"智永即"书圣"王羲之七世孙王法极。千百年来，湖笔生产在善琏绵延不绝，其技艺亦不断进步，涌现出众多的制笔巧匠。语云："吴兴冯笔妙无伦，近有能工沈日新。倘遇玉堂挥翰手，不嫌索价似殊珍。"[21] 一般认为，元代以前以宣笔最为有名，唐代柳公权、北宋苏东坡都喜欢用宣笔；元代以后宣笔逐渐取代湖笔地位，这与元代大文豪赵孟頫密切相关。赵孟頫生于浙江吴兴（今湖州），系宋太祖赵匡胤第十一世孙，位极人臣，又是书画名家，流风所及，湖笔身价自然倍增。相传赵孟頫对制笔技艺十分重视，一管不符合要求，即要求拆了重做。

湖笔之所以能够取代宣笔而独占鳌头，当然不仅是因为赵孟頫的"名人效应"，主要是因为其长久以来保持质量上乘。湖笔由纯手工制作，制作工艺十分复杂。

据统计，湖笔制作一般要经过择料、水盆、结头、装套、蒲墩、镶嵌、择笔、刻字等12道大工序、120多道小工序，其质量标准有所谓"三义四德"之说，"三义"即"精、纯、美"，"四德"即"尖、齐、圆、健"。只有达到这个标准，才是可以面世的合格产品。湖笔品种繁多，有软毫、兼毫、硬毫三大类300多个品种。以羊毫为例，传统上只选取浙江省杭、嘉、湖地区所产优质山羊毛，以其羊毫锋嫩质净。笔工们将这些优质笔料再按质量进行分类，分出"细光锋""粗光锋""黄尖锋""白尖锋""黄盖锋"等40多个品种，每个品种之下还可以分出若干小类，可见其精细程度。正是有如此严格的质量要求，才打造出湖笔持续千百年的文化品牌。

在现代化、信息化浪潮的冲击下，随着社会文化的不断转型、书写习惯和工具的重大变革以及某些商家对经济利益的片面追求，湖笔制作的生态环境已发生了极大改变，湖笔生产面临工匠流失、传承乏人、青黄不接的情况。2006年，"湖笔制作技艺"被列入第一批国家级非物质文化遗产名录，其代表性传承人为邱昌明。邱昌明16岁便进入善琏湖笔厂，数十年来熟练地掌握了湖笔生产的所有工序，他做出来的笔，笔头锋颖清晰，笔身光白圆直，使用的人无不感到得心应手。然而，如今他也是年届七十的老人了。2014年，国家图书馆中国记忆项目中心在开展"我们的文字——非物质文化遗产中的文字书写与传播"记忆资源建设项目时，专程赴湖州采访了邱昌明，并请他到北京参加了当年12月在国家图书馆举行的"我们的文字"大型展览。根据我们所了解的情况，目前湖笔厂的工人中很少能见到年轻人的身影。

20世纪50年代，美国学者斯图尔德（Julian H. Steward）在其《文化变迁理论：多线性变革的方法》（*Theory of Culture Change: The Methodology of Multilinear Evolution*）一书中，首次提出了"文化生态"（cultural ecology）的概念，并很快被学术界接受，成为一个热点问题。有学者指出："文化生态理论对解决人类文化危机特别是对当前的非物质文化遗产保护提供了理论支持和方法论指导。"[22]我们认为，在对文字书写相关的非物质文化遗产项目保护中，应当统筹兼顾，重视"文化生态"建设，只有这样，才能使优秀中华文化世代相传，历久弥新。

五、余论：汉字危机尚未完全消除

中华文化是中华民族的精神命脉，是涵养社会主义核心价值观的重要源泉，也是我们在激荡的世界文化中站稳脚跟的坚实根基。汉字是中华文化的血脉之根、文化自信的伟大基石。改革开放以来，特别是党的十八大以来，随着我国综合国力的迅速提升和"一带一路"倡议的大力推进，国内"国学热"与国际"中华文化热"相互激荡，汉字的国际影响力得到大幅提升。然而，这并不意味着汉字危机已彻底消除。如果说宣纸、湖笔这些传统制作工艺主要是服务于汉字书写艺术，那么，汉字在社会生活中被有意无意淡化、"去汉字化"现象却不能不令人警惕。

在王永民发明"五笔字型"、中文输入速度早就超越西文的21世纪，仍有人感叹："汉字是一种低效率文字，这个事实没有发生变化。它依旧是文化发展的包袱。"[23]不知这个感叹从何而来？与此同时，随着电脑、手机越来越普及，人们对汉字书写正变得日益生疏，"提笔忘字"现象异常严重。在相当一部分国人心目中，汉语的地位似乎没有英语重要。在一些公共场所，汉字遭到冷漠对待，取而代之的则是亮丽炫目的外文字母，使人感觉仿佛置身于异国他乡。这些现象如果任其蔓延，势必对汉字文化造成新的传承危机。

习近平总书记指出："不忘历史才能开辟未来，善于继承才能善于创新。优秀传统文化是一个国家、一个民族传承和发展的根本，如果丢掉了，就割断了精神命脉。"[24]汉字承载了博大精深的中华文化，是中华民族砥砺奋进、开创未来征程中取之不尽、用之不竭的精神源泉。我们一定要以史为鉴，以汉字文化传承为出发点，增强文化自信，为中华民族的伟大复兴而努力奋斗！

参考文献

1. 鲁毅：《汉字：中华文明的历史丰碑》，《光明日报》，2007年4月6日。
2. 〔德〕黑格尔著，张作成、车仁维编译：《历史哲学》，北京出版社，2012年版，第177页。
3. 黄遵宪：《日本国志·学术志·文学》，见贾文昭：《中国近代文论类编》，黄山书社，1991年版，第208页。
4. 梁启超：《沈氏音书序》，《时务报》，1996年11月11日。

5. 陈独秀：《陈独秀答钱玄同书》，《新青年》，1918年第4期。
6. 瞿秋白：《瞿秋白文集》（二），人民文学出版社，1952年版，第690页。
7. 钱玄同：《今日之文字问题》，《新青年》，1918年第4期。
8. 鲁迅：《1936年5月与〈救亡情报〉访员谈》，《鲁迅论文字改革》，时代出版社，1949年版，第11页。
9. 吴玉章：《文字改革文集》，中国人民大学出版社，1978年版，第58页。
10. 李敏生：《汉字哲学初探》，中国社会文献出版社，1997年版，第263页。
11. 周有光：《中国拼音文字研究》，上海东方书店出版，1952年版，第5页。
12. 周恩来：《当前文字改革的任务》，《人民日报》，1958年1月13日。
13.14. 全国高等院校文字改革委员会：《语文现代化》（第一辑），知识出版社，1980年版，第12、71页。
15. 李林河：《二十六键五笔字型汉字编码方案研制成功》，《光明日报》，1983年9月27日。
16. 关涛：《神奇的演示》，《河南日报》，1983年8月31日。
17. 路甬祥：《科学改变人类生活的100个瞬间》，浙江少年儿童出版社，1999年版，第285页。
18. 祝晓风：《纸寿千年举世珍：有感于〈中国宣纸〉的出版》，《博览群书》，1994年第4期。
19. 张彦远：《历代名画记》，京华出版社，2000年版，第23页。
20. 中华人民共和国国家质量监督检验检疫总局、中国国家标准化管理委员会：《标准地理标志产 宣纸（GB/T 18739-2008）》，中国标准出版社，2008年版，第1页。
21. 程建中、王文章、郑长铃：《湖笔制作技艺》，浙江人民出版社，2012年版，第5页。
22. 朱以青：《文化生态保护与文化可持续发展——兼论中国的非物质文化遗产保护》，《山东大学学报（哲学社会科学版）》，2012年第2期。
23. 王开扬著、周有光序：《汉字现代化研究》，齐鲁出版社，2004年版，第1页。
24. 习近平：《在纪念孔子诞辰2565周年国际学术研讨会暨国际儒学联合会第五届会员大会开幕会上的讲话》，《人民日报》，2014年9月25日。

作者简介

全根先，国家图书馆研究馆员、中国记忆资源总审校，中国红色文化研究会常务理事，北京师范大学影像史学研究中心客座教授，北京大学习近平新时代中国特色社会主义思想研究院特邀专家、JNU ACC 高级研究员、暨南大学文化遗产创意产业研究院高级研究员。

中国园林花窗的寓意和审美

潘 鹏

摘 要

中国文化博大精深，丰富多彩的花窗纹样图案里蕴藏中国独有的美学和文化内涵。本文探究了中国园林花窗的发展变迁历史以及中国花窗图案纹样的艺术形象、思想体现、情感表达、文化积淀。中国的"窗"最早记录于周朝，东汉时期对其有更精确的定义。历代文人墨客对"窗"这一意象有众多创作，古人对"窗"有着独特情感和审美倾向。"窗"在中国传统建筑和古典园林中往往遵循着"巧于因借、虚实相生"的理念，其间包含的对立统一法则和辩证关系体现了国人特有的对现象与本质的深刻认识，反映了人们的思想、意志和情趣。

中国文化博大精深，一个"窗"字背后就有几千年的变迁史：《周礼·考工记·匠人》记录的关于王城规划的制度，有"夏后氏世室"，"四旁两夹窗"[1]（注：窗助户为明）等记载；大致的意思是，夏后氏的宗庙，门的两边设有窗，每居室四户八窗（户即门），设置窗是为了补充门的不足，使室内更明亮。可见我国早在夏代（前2070—前1600）就有了完整意义的"窗"。

东汉许慎所著《说文解字》中说："牖，穿壁以木为交窗也。""在墙曰牖，在屋曰囱。"段注："交窗者，以木横直为之，即今之窗也。在墙曰牖，在屋曰窗。"对"牖"与"窗"做出了更加精确的定义。

历史上的"窗"字也曾有过不小的变迁，最早的小篆字象天窗形，在屋顶留个洞，可以透光，也可以出烟，叫作"囱"，后来加上代表"家"的"穴"字头构成现在的形声字"窗"。历史上与"窗"字同义的还有窓、窻、牕、牖等。

---

1. "世室"可当"宗庙""大室""大庙""明堂""宫殿"讲，祭祀、飨功、养老、教学、选士皆在其中。参戴吾三编：《考工记图说》，山东画报出版社，2003年版，第80页。

第七章 他山之石

历代文人墨客对于"窗"这个题材绝不吝惜笔墨：六朝时期，中国最早的山水诗人们就已经敏感地发现了"窗"的审美意义并在他们的诗歌中描写窗所独有的空间意味。到了唐宋时代，建筑史进入一个重要时期，一切变得更加精致，留存于世的唐诗宋词中也出现了大量颂窗喻窗的作品。有人统计过，唐诗中有近两千首、宋词中有近一千九百首提到过窗或干脆以窗为主题的作品。甚至还有很多直接以窗字为名的词牌，如"琐窗寒""红窗迥"等。很多著名的词人更以窗为自己的字号，如吴文英字梦窗，周密字草窗……这些都显示出古人对窗的独特情感和审美倾向。

宋代仍大量使用传统的、不可启闭的直棂窗，但也出现了可启闭的窗——阑槛钩窗，窗的下槛变成了带靠背的"坐槛"（也就是后来的美人靠），人们可临窗倚坐，晒太阳取暖，呼吸新鲜空气，欣赏窗外风光。这种窗的出现完成了通风、采光、观赏、享受的多种功能，北宋《营造法式》中还给出了这种窗的图样[1]（图1），可见宋代时这种多功能的窗已经发展得非常成熟。

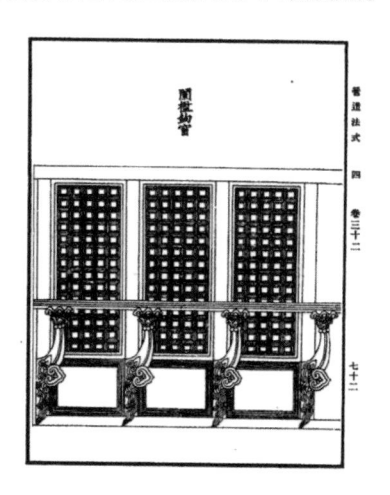

图1 宋《营造法式》插图：阑槛钩窗[2]

到了明代，崇祯七年（1634年）苏州吴江同里人计成著成世上最早的造园大作《园冶》，其中用较大篇幅讲述各种门窗款式以及相关纹样图案，尤其在"装折""门窗""墙垣"[3]诸节还给出了很多具体的图样。

1.〔宋〕李诫撰：《营造法式》四，卷三十二，商务印书馆1925年宋绍兴刻本（影印版），第72页。

2. 图片摘自李诫《营造法式》卷三十二，商务印书馆1925年宋绍兴刻本。

3.〔明〕计成撰：《园冶》，日本国立图书馆藏华日堂版（影印版）。

文明的回响

清代李渔所著《闲情偶寄》"窗栏"小序一节曰："吾观今世之人，能变古法为今制者，其惟窗栏二事乎？窗栏之制，日新月异，皆从成法中变出。腐草为萤，实具至理。"[1] 意思是：我看今天的人，能把古代的方法变为今日时尚的，大概只有窗和栏这两件了吧。窗栏的式样日新月异，都从原来的样式变化而来。就像腐烂的草中生出萤火虫，其实包含着重要的道理。李渔这位风流才子，吃喝玩乐样样精通，对于"窗"的研究也相当有深度，确实达到了"腐草为萤"的境界，兹将一个小例译录于后。

李渔在《闲情偶寄》"窗栏""取景在借"一节讲了几个关于窗的创意，其中一个特别有意思，若意译成当今的语言，大概是说：开窗最妙莫过于借景（笔者注：其实也是"框景"），而我对于借景（框景）的方法造诣颇深，一向保密，现在痴迷者多了，将来一定有依样照抄的，不如现在就向世人公开，使物尽其用、人尽其乐，只希望你们快乐之余高呼几声我的字号笠翁，使梦魂得以相伴，能分享别人的快乐，我也满足了。

李渔接着说他的创意：以前住在西湖边，想买一条游船（湖舫），大体上跟别人的一样，没有差异，只是在窗格上要有区别。有人问我具体做法，我说把四面都封严实，中间留空，做成"扇面"的形状，严实处用板，蒙上灰布，不要透光，虚的地方做成木框，上下两边是弯曲的，两旁则是直的，就像"扇面"的形状。窗子透亮，没有遮挡，船的左右只有两个扇面，没有别的东西（见图2）。

接着李渔介绍其妙处：坐在船中，两岸的湖光山色、庙宇佛像、云烟竹树以及往来的樵夫牧童、醉酒的老翁、游玩的女子，连人带马，都收入扇面中，成为我的天然图画，不停变换。还不只是行船时摇一橹撑一篙就换一景，就算是缆绳系住后风摇水动，风景也时刻不

图2 李渔的扇面湖舫[3]

1.〔清〕李渔撰：《闲情偶寄》，中国社会出版社，2005年版。

3.图片摘自李渔原著《白话闲情偶寄》，天津古籍出版社，1993版。

同。一天之内，百千万幅山水图画，都收入扇面中。扇面的制作不用花费太多，不过两条曲木、两条直木罢了。世人用尽金钱追求新奇，还有比这更新奇的吗？这种窗子娱乐自己，还可以娱乐他人。不仅把船外无穷景色都摄入船中，还能把船中人物和席面杯盘都射出窗外，以供来往游人玩赏。为什么呢？从里往外看，俨然一幅扇面山水，而从外往内看，也是一幅扇形的人物图画。譬如拉妓邀僧、呼朋聚友，与之弹琴作画、吟诗写字、饮酒唱歌，想睡就睡，想起就起，从外面看进来，没有一样不像图画。同一样东西，在没有这种窗子前，只被当作一种东西看；一有此窗，不用指点，人人都把它当作图画看了。扇面不是什么了不起的东西，照扇面的样子做窗子，也不是难事。

　　除了上述游船上的扇面型窗户之外，李渔在《闲情偶寄》"窗栏"一篇中还介绍了诸多关于窗的心得与技巧，譬如用枯木做成酷似天然的梅花窗、扇型的花卉窗、虫鸟窗、山水图画窗、尺幅窗等等。仔细阅读他的这些文字，"借景"（框景）和"虚实"的概念贯穿始终。没有生命的窗（框）加上窗外有意无意的天然景色，窗就不再是原先的窗，成了图画。这是一个"借"字，借的是窗外之景。窗四周的遮挡物，无论是墙体、木板、灰布均为"实"，窗洞内呈现的天然景色为"虚"，这就又有了"虚实"二字。国人自古以来就以为"虚实之间可生出妙趣无限"，无论诗文中的"实处写景，虚处言情"还是绘画中的"机趣所至，妙有虚实"，到造园章法里的"或藏或露，实不离虚"，无不以虚实二字贯穿始终。

　　提到"虚实"，又想起《浮生六记》卷二中，沈复老先生一段有关虚实藏露的文字，也是精辟之至，意译如下[1]：园中亭楼阁相连，回廊曲折，堆成假山，栽花得到美景，要领在于大中见小，小中见大，虚中有实，实中有虚，或藏或露，或浅或深。不仅仅在于"周回曲折"这四字，也不在于地方大石头多，消耗劳力工费。只要掘地堆土成山，间以块石花草，用梅花编成篱笆，以藤条牵引成墙，本来没有山的地方就变成了山。所谓大中见小，即在空地种上容易生长的竹子，用容易枝叶繁茂的梅花编起来作为屏障。所谓小中见大，就是把院子狭窄的墙头做成凹凸起伏的形状，用绿色藤蔓覆盖，镶嵌刻了字的大石块；推开窗户就像面临石壁，便觉得峻峭无穷。

1.〔清〕沈复著：《浮生六记》，译林出版社，2006年版。

所谓虚中有实，就是到了山穷水尽之处，一转折便豁然开朗：在一些轩房阁楼厨房等处开一道门，通往别的院子。所谓实中有虚，就是在没有通道的院子里开一道门，用竹石掩映，好像另有院落，其实是没有；在墙头设置矮栏杆，就像上边有月台，其实也是假的。

沈复文中"大中见小，小中见大，虚中有实，实中有虚，或藏或露，或浅或深"这廿四个字，不正是江南私家园林的造园真谛吗？从明代造园家计成的"虽由人作，宛自天开""巧于因借，精在体宜"，到李渔"取景在借""虚实相生"的窗景、沈复的"大小深浅、虚实藏露"的造园章法，他们异体同心、殊途同归，无不体现出古人造园的思想方法、聪明智慧和其中的文化含义。细细追究起来，其间"虚实相生"的概念可以上溯至春秋时期老子《道德经》中"有无相生"的理论……

回到《浮生六记》沈复的"大小深浅、虚实藏露"。所谓虚实，可以体现在许多方面，如以山与水来讲，山为实，水就为虚；以山本身来讲，凸出的部分为实，凹入的部分就是虚。再如果把水看成实，岸边景色在水中的倒影还有潺潺水声都是虚的。以建筑来讲，粉墙为实，廊以及门窗孔洞等为虚……虚与实既互相对立又相辅相成，只有虚实之间互相交织穿插而达到虚中有实、实中有虚，才是我们心目中的完美境界，这种美学乃至哲学观是中国人所独有的。

"窗"在中国传统建筑和古典园林中只是一个小小配角，然而同样遵循着"巧于因借、虚实相生"的理念：花窗独有的框景、借景、泄景、导引等诸功能自不用多说，只说窗框为实，窗棂就是虚；若以窗为实，窗中之景即为虚；又以窗为实，窗花蕴含的象征寓意也是虚；再以窗为实，透过窗棂投射到粉墙地面的斑驳光影同样为虚……"大小深浅、虚实藏露"间所包含的对立统一法则和辩证关系形成了国人特有的对现象与本质的深刻认识，形成了独有的思维和审美方式，这些也同样体现在园林花窗之中。

现代建筑学里的"窗"就是开设在墙面或屋顶，用来通风透光的洞口，通常都配有可开启闭合的窗扇。现代科技昌明，窗子的材料已不再限于砖瓦竹木石料，常见的有铝合金塑钢之类、平移对开折叠等式，不过有限的几种，框宕横平竖直，玻璃晶莹剔透，遮风挡雨透光的功能比起前述计成、李渔、沈复们的窗户强了太多，

第七章 他山之石

外观却大同小异或千篇一律，实用功能出色，缺的是艺术内涵，更别提植入寓意希冀、文化元素了。回首再看中国传统建筑与古典园林中的窗，内容就要丰富得多了，仅百姓口中的"花窗"就可分成十多个大类，每个大类还有若干分支，每个分支又有不同的形状图案，每种形状图案又有不同的寓意，不同的寓意还有对应的希冀、适用于不同的场合和人群，多种不同寓意的图案还能组合出无穷尽的新寓意……这一切，形成了中国特有的"窗文化"。

百姓口中的"花窗"，包含了诸多不同材料、不同工艺、不同外观种类的、广义的窗型构造，以区别于平时生活中常见的横平竖直了无个性的窗。传统园林中的"花窗"按照大类，大概可分成空窗、漏窗、捏塑窗、瓦搭窗、水磨砖细窗、砖砌窗、预制花窗、预制花格、石窗、木质花窗、砖雕花窗、什锦窗等十多种（图3至图16）。如百姓称"花窗"的传统木质带花格的一类，按形状和特征还可细分成长窗、短窗、半窗、地坪窗、横风窗和合窗（支摘窗）、景窗等等。又如漏窗一类，还可细分为砖瓦木搭砌漏窗、堆塑窗、水磨砖细花窗、砖砌花窗、瓦搭花窗、盲漏窗等等；按材料和工艺还可分成砖瓦木的、混凝土的、陶瓷的、琉璃的等等。每一种还有几十款乃至几百款不同的纹样图案，琳琅满目、五花八门，这在世界上都是独一无二的。丰富多彩的花窗纹样图案里蕴藏着中国独有的美学和文化内涵。

图3 空窗（洞窗）

图4 漏窗（花墙洞）

图5 塑窗（捏塑窗、堆塑窗）

图6 盲花窗（假窗）

图7 瓦搭花窗（瓦花墙）

图8 水磨砖细花窗（砖细花窗）

图9 砖砌花窗

图10 石窗

第七章 他山之石

图 11 混凝土预制花格

图 12 琉璃花格

图 13 混凝土预制漏窗

图 14 木质景窗

图 15 什锦窗（北方）

图 16 木质长窗

南方古典园林，特别是苏州的园林，业主中有不少是退休官僚、失意文人，他们接受过良好的教育，懂一些诗画技艺，有些甚至是个中高手，表达自己的愿望与感情时讲究雅致含蓄、委婉曲折、借象表意。跟一般民居不同，苏州园林建筑中，升官发财、黄金万两一类过分俗气的纹样图案绝非主流，更多的是祈求清静平安、克邪扬善、琴棋书画、花花草草、万事如意、子孙多福等比较高雅的一类。

试把长江下游历史上富庶繁华之地三十多个知名园林的花窗拿来做个研究，很容易发现，这些花窗通过图案语言在向我们讲述它们的历史，讲述它们主人的进退得失、荣辱喜悲或无奈郁闷、失落彷徨甚至自我宣泄、粉饰太平、祈祷向往，同时也能看出当年的社会文化百态。细细品读花窗图案中隐含的寓意是非常有趣的事情。

传统图案源远流长、丰富多彩，虽原始而古老，却历久而弥新。中国民俗吉祥图案的渊源可以追溯到原始氏族社会的图腾，祖先们把日月星辰、云龙凤夔等纹样作为保护神的象征，逐渐发展成一个完整的"民俗吉祥图案体系"。生活在这个体系里的大众，对常见的民俗图案以及它们蕴含的寓意心领神会、印象深刻，几乎所有的建筑物、实用品、工艺品上都会有意无意地以民俗图案做点缀，民俗图案充满人们的现实生活，也在花窗里左右着千百年来的民风民情。可以说，民俗吉祥图案已经成为我们群体的共同信仰，寄托着群体共同的情感和价值观，反映着我们的道德思维方式，是我们群体凝聚力的重要黏合剂之一。

独立完整的"民俗吉祥图案体系"在唐代与经济繁荣的两宋时期得到了快速的发展。到了明代中叶，社会相对稳定，人们的物质生活和文化生活水平得到大幅度提高，出现了不少百万人口的城池，刺激了建造业的发展，私家园林也应运得到较快的发展，带动了长江下游一带富庶之地造园业的兴旺，促使一帮文人雅士与匠师们合作，共同设计修造了大批私家园林。从这些园林的细枝末节都可以看出文人雅士们在追求物质生活的同时更注重精神生活，点点滴滴中无不体现高雅脱俗的情调与生活品味。他们对门窗屋顶、墙面铺地、栏杆罩槅、家具陈设等每个细节无不精心设计，植入了数不清的迎祥祈福、高贵典雅的纹样图案，留下了一大批宝贵的文化财富。

追本溯源，自然崇拜和图腾文化是各类纹样图案的起源。自古以来，我国的装饰纹样几乎都有一定的寓意。陶器、瓷器、青铜器、玉雕、石雕、木雕、丝绸等各种各样的工艺品，"物必饰图，图必有意"，有象征吉庆的，有祈求平安的，有避邪趋利的，有附庸风雅的，当然还少不了祈求生意兴隆、日进斗金、夫妻恩爱、子孙满堂、平步青云、升官发财的……可以说，人们有多少种不同的愿望，就有多少种寓意的纹样图案。

但总体上，依中国人的审美文化心理，逐渐形成了以"吉祥"为主的图案特色。所谓"图必有意，意必吉祥"，如两个"喜"字并列形成"双喜"，一龙一凤代表"龙凤呈祥"，莲花和鲤鱼组成"连年有余"，喜鹊站立于梅花树上是"喜上眉梢"，五只蝙蝠围住一个圆形的寿字叫作"五福捧寿"，两个小童放爆竹是"竹报平安"，类似的还有"双凤朝阳""天女散花""麒麟送子""状元及第""麻姑献寿""连生贵子""平步青云""春风得意""九阳开泰""三星高照""欢天喜地""一路连科""松鹤长春""太平有象""金玉满堂""喜在眼前""福寿双全""龟鹤同寿""麒麟献瑞""连升三级""必定平安"……大多数国人看到这些，都能说出点其中的寓意希冀。

中国的图案纹样（包括花窗图案）不仅是一种艺术形象，更是一种思想的体现、情感的表达、文化的积淀，反映了人们的思想、意志和情趣。大量约定俗成的纹样图案甚至形成了"官定形制"，规定了百姓能用的纹样和只有皇家、庙观与某些等级的官僚专用的纹样。可以说，纹样是民族意识形态的显现和文化灵魂的流露，它们甚至跟语言、文字一样，成了民族认同和民族凝聚力的重要组成部分。常见的花窗纹样寓意表现手法大致有以下几种：

1. 象征：园林花窗中用象征来表达寓意是最常见的手法之一。我们常用具体的事物特征来表示某种特定的意义，这种手法所传达的寓意已经被民间广泛认可。譬如松、竹、梅来象征人品高洁，牡丹象征富贵，桃和仙鹤象征长寿，喜鹊象征喜庆。还可以把各种具有象征意义的物品组合起来，综合表现更加复杂的寓意，譬如把松、鹤组合在一起，寓意"松鹤延年"；将牡丹和桃放在一起，寓意着富贵长寿等等。

2. 借喻：借喻是比喻的一种，它与象征有一定区别：象征是"以物示意"，也就是以具体的表示抽象的，具有含蓄性；而借喻是"以物喻物"，以具体的比喻具体的，结果就更加鲜明。譬如用葫芦、石榴、葡萄象征多子多孙等，这种寓意手法也常见于园林花窗图案中。

3. 比拟：比拟就是把一个事物当作另外一个事物来描述。譬如，中国人对腊梅素有敬畏之心，它傲骨铮铮、不畏严寒、迎风斗雪，所以历来被文人墨客们所歌颂，通常用来比拟为人正直、不畏强暴的品质，它也时常出现在花窗图案里。

4. 直接：最直接的表达方式就是用文字或实物来传递信息。"福""禄""寿""喜"四个字最为常见，还有用元宝、铜钱来代表财富，用花篮、灯笼表示喜庆，用琴棋书画来代表高雅脱俗……在所有古典园林中都可以找到大量类似的寓意应用实例。

5. 替代：替代是将一些题材当作代表某种特定意义的记号。如中国人熟知的八仙，因为图案复杂，很难直接应用，聪明的先辈们就用八位神仙日常手执的器物分别代替他们，称为"暗八仙"。这种已被大众认可的替代方式在园林花窗中还有很多。

6. 谐音：谐音是借用与题材名称同音或读音相近的字、词，拼成某种吉祥语。谐音是中国文化中使用最广泛、最接地气、最常见的寓意表现手法。"蝙蝠"的"蝠"与"福"同音，于是就可以用美化了的蝙蝠代替幸福；"鱼"跟"余"谐音，于是差不多每个中国人都知道年画里的"鱼"表示"年年有余""富足有余"的意思；古代官员的薪酬称为"俸禄"，而"鹿"与俸禄的"禄"同音，有追求官禄的寓意；"瓶"与"平"谐音，寓意平安；"戟"与"吉"谐音，祈求万事吉祥如意，"戟"还可以它的谐音寓"及第"的"及"，瓶中插三戟，寓意平升三级，此时的"戟"又被替换成了同音的"级"；瓶中插月季花，寓意月月平安、四季平安……在园林花窗图案里可以看到大量类似的应用。

7. 组合运用：有些纹样元素既有象征比拟等意义，又可以通过谐音组成吉祥题材。如莲花是佛教圣花，又是君子之花，一向为人们所喜爱，又因莲与"连"是谐音，常与鱼组合寓意"连年有余"。古钱象征财富，又因钱与全谐音，两枚古钱为"双全"，十枚则称"十全"。"笔"与"必"同音，常常用来与其他具象的物体组合成"必定平安""必定高升"等等。

从下面二十多幅照片中即可看出古典园林花窗图案中蕴含的深刻寓意和高度概括的美学表现手法。

第七章　他山之石

平升三级（沧浪亭） 　　　花篮纹（拙政园） 　　　汉瓶纹（拙政园）

八卦纹（沧浪亭） 　　　蝴蝶纹（虎丘） 　　　方胜纹（沧浪亭）

盘长纹（沧浪亭） 　　　芝花纹（环秀山庄） 　　　海棠纹（拙政园）

四全方胜龟锦 　　　寿字纹（狮子林） 　　　如意纹（拙政园）

文明的回响

瓶花（网师园） 　　　福在眼前（拙政园） 　　　吉庆有余（网师园） 　　　豹脚纹（虎丘）

春梅（沧浪亭） 　　　夏荷（沧浪亭） 　　　秋桃（沧浪亭） 　　　冬石榴（沧浪亭）

蔓草缠夔龙（留园） 　　　　　　　　　　菩提纹（沧浪亭）

　　在大量的园林花窗实例中能看到上述七种不同寓意表现手法的组合运用。想要准确判读出一幅花窗图案的完整寓意和希冀并不容易，也并不是每次都能成功，而这也正是乐趣之所在。下面举一些例子来说明如何判读花窗图案的寓意，这些方法也可用于其他领域的纹样图案。譬如：

　　凡是图案里有花瓶形状的纹样，大多可以"瓶"谐"平"，瓶形的纹样可以用来寓意平安，也可以寓意"平升三级"。到底代表什么意思，还要看图案的其余部分和花窗主人的身份、花窗创建的时间背景、花窗在建筑中的位置等因素。

笔（当然是毛笔）可以往其谐音"必"的方向去考虑。如果图案中除了笔以外还有银锭、定胜，就可以看成"定"，跟笔合起来就是"必定"。至于"必定"什么，要看图案里其余的部分。如果还有一个几案（安）（几案是一种矮桌），组合起来就是"必定平安"了。如果图案里有寿石、绶（寿）带或桃一类的物件，就可解读为"必定长寿"的意思。

牡丹通常有"富贵""美好"的寓意，海棠有"尊贵""美满"的含义，但如果牡丹跟海棠出现在同一幅花窗图案里，解读起来，并不是把它们原先的寓意相加，此时的海棠要当其谐音"堂"来讲，合起来就是"满堂富贵"的意思了。同样的道理，玉兰花、海棠、牡丹在一起，寓意"玉堂富贵"。一幅花窗里同时出现金鱼（金玉）和海棠（堂），就是"金玉满堂"。

葫芦和蔓草经常一起出现。葫芦的形状如两个球形合卺相伴，寓意夫妻相携相爱，葫芦里的很多籽又有子孙众多的含义；蔓草在此时要用"蔓"的谐音"万"来理解，组合起来就是"子孙万代"的意思。不过葫芦在花窗图案中的功能还远不止此，葫芦的谐音"福禄"也常被组合出跟福气、俸禄有关的吉祥寓意。葫芦在很多民间故事、民间传说中还有更广泛的意义，譬如铁拐李的葫芦能"存五福救众生"。破帽破扇破鞋破衣，貌似疯癫实际行善积德的高僧济公活佛，有一个重要的标志就是系在腰间的葫芦。在道教文化中，葫芦更是与炼丹制药、长生不老、避邪镇妖、逢凶化吉联系在一起。所以，花窗图案里的葫芦纹到底在暗喻什么，也要把整幅花窗图案放在一起来分析，免不了还要把业主的身份、时代背景和业主的处境、花窗所在的位置等综合在一起来分析。

蝙蝠形的纹样，在园林花窗乃至滴水铺地、夹樘罩楣、家具陈设等任何地方出现，几乎只有一种寓意，就是以"蝠"谐"福"，不过蝙蝠数量的多少以及跟蝙蝠配合的其他纹样可以组合出很多跟"福"有关的吉祥寓意，如五只蝙蝠围成一个圆形，叫作"五福"。把蝙蝠纹跟有孔的古钱放在一起，有多种表现方式，意义都差不多：蝙蝠仍寓"福"，古钱之孔喻"眼"，又以"钱"音谐"前"，组合起来就是"福在眼前"。五只蝙蝠围住一个圆寿或桃子，叫作"五福捧寿"，等等。

三个元宝垒在一起，通常可以解释为"三元及第"（解元、会元、状元）。花窗的制作工艺很难做出三个元宝的逼真图案，经过简化，可以用三个圆（元）来代替三个元宝，意思也是"三元及第"或者"连中三元"。

龙纹是中国传统图案纹样中的重要角色，象征的意义也很复杂，可以是天子皇上的象征，也可以象征风调雨顺，还有求变化的寓意。老百姓用它的形象创造龙灯、火龙、草龙甚至板凳龙，用于庆丰收迎吉祥的活动。赛龙舟，除了有纪念屈原的含义之外，还是一种民间的体育竞技活动。在道教的概念里，青龙白虎朱雀玄武被称为四象二十八星宿，龙代表了东方七宿。把龙与虎画在一起就是所谓的青龙白虎，又代表了夫妻和谐恩爱。园林花窗图案里跟龙纹有类似意义的还有夔龙纹、九子纹，它们与其他纹样结合在一起，寓意的内容就更丰富了。

花窗中的卍字纹样，也可能有多种不同的判读方向。一是卍字在佛教中所直接代表的明确寓意，在有佛教背景的园林里常见。还有一个寓意判读方向是卍字的谐音"万"，此时的卍跟佛教的关系就不大了，通常跟吉祥语"万事如意""万事吉祥"中的"万"有关，甚至可以寓意数量无限，譬如卍字同时出现在一只或者多只蝙蝠之间，就可以解读为"福寿万代"。某花窗中的卍字纹究竟代表什么意思，同样需要跟图案中的其余部分乃至花窗主人的地位与花窗在建筑中的位置联系起来判读。

用相同或不同曲率的瓦片可以方便地构筑成如意头的优美曲线，实现起来相对容易，又有美好祥瑞的寓意，所以如意纹也是花窗图案里出现得较多的纹样。如意纹可以轻松变形成祥云如意、海棠如意、葵花如意、金钩如意等很多种漂亮灵动的纹样，它们可以作为花窗的当家主题纹样，也可以成为其他主题的配角。如意纹无论是在用作主题抑或配角时候的寓意，在大多数情况下都是"称心吉祥"，但是有一种情况除外：当花窗中出现很多个如意纹的时候，还可以当作"九如"来理解。"九如"一说源自《诗经》中的祝寿颂君之词："如山如阜，如冈如陵，如川之方至，以莫不增……如月之恒，如日之升，如南山之寿，不骞不崩，如松柏之茂，无不尔或承。"在这组颂词中，前后一共出现了九个如字，所以称为"九如"。这种图案以很多个如意纹（不一定正好九个）来颂扬主人家人格高尚、上苍眷顾，祝愿幸福长寿、世代相传。这种雅致含蓄、委婉曲折的表达方式恐怕全世界也只有中国古代熟读四书五经的文人们才想得出来，用足了差不多所有的寓意手法，转弯抹角、七曲八拐，然后跟匠人们合谋实施，弄出一些看起来像是如意纹其实是"九如"的花窗；同样饱读四书五经的主人家当然心领神会、喜在心头、欣然笑纳。细思之余，我们不得不钦佩中国古代文人们的智慧幽默。

第七章 他山之石

点点滴滴的沙石和涓流汇聚成民族文化的山与河，中国的园林、中国园林里的花窗就是这些沙石与涓流中的一部分。苏州的沧浪亭、狮子林、留园、拙政园、网师园、环秀山庄、退思园、艺圃、耦园这九座园林和"苏州香山帮传统建筑营造技艺"早已纳入世界文化遗产名录，扬州的"园林营造技艺"也入围国家级非物质文化遗产。这些已经纳入各级非遗名录的园林，在平面布局、建筑规划、建筑形态、室内陈设、叠石掇山、水体水景、地面铺装、花木配置……每个方面都有值得细细分析、大书特书的余地。不过这篇小文只限于聊古典园林里的花窗这个小角色，它同样是非物质文化遗产中的一部分，从某种意义上看，它也许还是文化成分偏多的那一部分。

楼阁厅堂、亭榭画舫、门楼照壁、斗拱吻兽、挑檐翘角、雕梁画栋、朱牖丹柱……都是中国传统建筑文化的一部分，可惜并不是所有的现代工程都适合引入这些中国特色的文化元素。在众多传统建筑特色里，花窗是投入最小，最适合在现代建筑中广泛应用的中国元素，所费很少（造价甚至比同面积的砖墙更低）却能获得画龙点睛的效果。贝聿铭曾说："在西方，窗户就是窗户，它放进光线和新鲜的空气。但对中国人来说，它是一个画框，花园永远在它外头。"在我国南方一些地区，花窗已经逐渐成为建筑和景观设计师们不可或缺的选项。贝聿铭还赞叹道："中国的窗子不仅有着实用性，它更是一门艺术，是一种文化。"园林花窗的确是中国历史文化的一部分，催人遐思、耐人寻味，具有丰富深刻的内涵外延。它也是中国传统建筑和古典园林的重要元素。

作者简介

潘鹏，设计学硕士、高级工程师，暨南大学文化遗产创意产业研究院特约研究员，中央美术学院城市设计学院设计总监，北京"设计之都"核心区创意总监，北京设计学会设计教育平台专家，中国管理科学研究院智库专家，中国城市发展研究会文化和旅游工作委员会执行委员，广东外语外贸大学艺术学院客座教授，创意中国设计联盟（CCDC）秘书长，国际商业美术设计师协会（ICADA）专委会秘书长，SketchUp ATC（中国）授权培训中心主任。

"一带一路"倡议背景下丝绸之路东端乡村遗产的保护和传承

杨东昱

摘 要

丝绸之路东端不仅是中国古老文明的诞生之地,还是古代商业和文化交流大动脉"丝绸之路"的出发点和东西方文化融合和对话之地。多元文化在这里交融、碰撞、相激相荡,使其成为新文化的活跃之区。丝绸之路东端的乡村遗产类型丰富、地域特色突出。乡土建筑携带着当地地理环境的印记,非物质文化遗产携带着古老的历史文化基因并呈现厚重的地域民俗特色。在"一带一路"倡议背景下,需要重新认识并挖掘这些乡村遗产的价值,做好乡村遗产的保护和传承。对这些价值突出的乡村遗产从整体保护、活态保护、特色保护以及开展丝路遗产保护利用平台等方面探索保护与传承的路径,以发挥其独特的魅力和吸引力,扩大影响力和知名度,使乡村遗产活起来并带动地区经济的发展,是历史的丝路赋予当代的任务。

关键词

乡村遗产;保护;传承

在"一带一路"倡议背景下,对丝路沿线历史文化资源的发掘和再现,是唤醒丝路记忆、重振丝路精神的重要途径,也是重新审视人类文明历史进程的重要方式。在 2014 年第 38 届世界遗产大会上,"丝绸之路:起始段与天山廊道的路网"跨国系列申遗项目成功列入世界文化遗产名录。丝绸之路是古代欧亚大陆商贸往来和文明交往之路,是一条连接东西方文明的文化传承道路,沿线的文化遗产众多且价值颇高。这些多样的自然风光、世代传承下来珍贵的文物古迹和历史遗存、形式多样的非物质文化遗产等,串连起丝绸之路东西方友好往来、互学互鉴的历史记忆。

在丝绸之路的东端，众多历史悠久的古村落就像散布在丝绸之路上的明珠，同其他文化遗产一起记录了丝绸之路上商业贸易与文化交流、东西方文明与文化融合的辉煌历程，共同勾画出丝绸之路完整的历史脉络。

一、丝绸之路东端的历史地位

丝绸之路东端，自古以来就是中华民族最密集的聚集地之一，是华夏文明的重要发祥地，历史上产生了辉煌灿烂的文化。在旧石器时代，这里就是人类活跃之地。裴李岗文化遗址的发现证实了此地在新石器时代早期就有人类聚落的存在。其后，仰韶文化、龙山文化聚落遗址如雨后春笋般出现，古文化遗址鳞次栉比、内涵丰富，孕育了中国最早的文明。以偃师二里头遗址、偃师商城遗址为代表的夏、商文化，奏响了中国大地文明的先声。西周周成王继承周武王遗志营建的成周雒邑，是"中国"一词的发源地。从夏代到北宋，这里一直是我国政治、经济、文化的中心区域，文化发展水平的高度为东方乃至世界之最。金元明清时期，各方文化碰撞于此，谱写了中华文明的瑰丽诗篇。

东汉永平十六年（73年），汉明帝派班超从帝都洛阳出发出使西域，宣告着西域与东方连通的丝绸之路在隔绝半个多世纪后重新开通。洛阳作为丝绸之路的东方起点和世界大都会，历史上对开展、促进商业贸易与文化交流、东西方文明与文化的融合，对促进沿线亚欧国家和地区经济社会发展发挥着重要作用。从洛阳出发，向西经河南三门峡、陕西潼关抵达西安的道路是东汉之后丝绸之路的起始路段，是历史上东西两京经济往来、文化沟通的"两京驿道"，是中国古代最有政治影响和军事魅力的政治通衢。

丝绸之路东端在中国人居发展史上具有重要的历史地位，因政治、经济、交通和地理环境的优势，众多人居聚落、集市村镇因地制宜、因势而造地在此营建。古丝路见证了沿线各地区的发展与进步，丝绸之路东端的乡村携带着丝绸之路文化传承的基因，见证了人类文明的交流与互鉴。

二、丝绸之路东端乡村遗产概况

1. 丝绸之路东端乡村的地貌环境

丝绸之路东端位于中国第二阶梯和第三阶梯过渡地带以及黄土高原地貌的东南缘，大部分被秦岭余脉所占据，拥有山、岭、塬、川、盆地、平原等多种地貌类型。丝绸之路东端的乡村周围拥有河谷平原地貌、黄土丘陵地貌、黄土台塬地貌、山地丘陵地貌等。这里既有特点各异的山脉、丘陵、河谷、沟壑，又有经长年雨水的冲蚀而形成的黄土台塬和黄土阶地。山地和丘陵中发源的河流，形成了密集的水网。据《水经注》记载，该地区大小河流多达170条，较大的河流有洛河、伊河、涧河等，都为黄河的重要支流。众多的河流汇聚在一起，形成了广阔的冲积扇，这种扇形的冲积平原平坦广阔、温暖湿润，非常适宜人类生存与发展。从古至今，人居聚落星罗棋布般分布在这片山川、岭塬、盆地和冲积平原上，各自上演着精彩纷呈的文明戏码。

2. 丝绸之路东端的乡土建筑类型

丝绸之路东端因地貌类型丰富，形成的乡土建筑结构类型各有不同、建筑材料多种多样，具有地域多样性特点。

丝绸之路东端位于河谷平原地带的乡村，建材运输便利，建筑文化交流频繁，乡土建筑以传统的木构架体系为主。承重构架以木柱、木梁以及檩、枋等木构组成，使用灰瓦覆顶。封护材料则多种多样，一般使用烧制而成的青砖或坯泥打造的土坯砖，还有的使用近处山地开采的块状石料、河滩地的鹅卵石等易取易得的材料。大多数乡土建筑采用多种材料混合砌筑墙体，质地坚硬的砖石类建筑材料使用在墙基处，保暖性能好的材料砌筑大面积的墙体，建材的特性被充分发挥。

《诗经·大雅·绵》载："陶复陶穴，未有家室。"陶穴，即下沉式地坑庄；复穴，即坡崖半敞式窑洞庄。这段记载说明西周时就已经产生了下沉式和靠崖式的窑洞形式。黄土丘陵和黄土塬地地貌是丝绸之路东端覆盖面积较广的地貌类型，这种"陶复陶穴以为居"的古老建筑为当地传统的乡土建筑形式。位于黄土丘陵和岭川交汇地区的古村落，往往利用坚固致密且粘结性好的黄土崖壁，因地就势地营建靠山窑作为居住之所。有的还在靠山窑前面营建木构建筑，组合形成靠山窑院。组合院将窑洞建筑冬暖夏凉的特点和木构建筑通风、采光性良好的优势都体现出来。位于黄土覆盖的台塬地貌地区，衍生了众多"穿土为窑"的村落。平坦的塬面提供了广阔的场地，勤劳聪明的住民依据地貌特点建造地坑院。从黄土塬面上向下挖深约6—8米的深坑，然后在坑的四壁挖窑洞，四壁围合，形如四合院，所以又被称为"地下四合院"。地坑院充分利用自然地形因地制宜而建，相对地上建筑，有节省材料、保护环境、冬暖夏凉等优点。三门峡陕州区的"庙上村地坑窑院"作为古建筑类型遗产，被国务院公布为第七批全国重点文物保护单位。

丝绸之路东端山林谷地的村落多依靠大山，村民们就地取材地，利用石材资源建造石构民居。匠人们在选石、开采、运输、备料、垒砌等方面经验已经十分成熟，营造技术也较为精湛。石构民居建筑随形就势、布局井然有序，同山石环境和谐统一。建筑形式多为硬山坡屋面，从基础到墙体皆以石材砌筑，块石间使用黄泥或白灰作为粘接材料。前后檐墙上置梁，梁上步檩，檩上搁椽，椽上铺芭席、木片、高粱秆或藤条等，上面覆以黄泥，屋面用青瓦或石片覆盖，上下彼此搭接，相互垒压。居于山区，山风较大，往往开窗较小。这种块石所建的乡土建筑造型古朴、坚固耐用。

3. 丝绸之路东端乡村的非物质文化遗产

丝绸之路东端古老的乡村历史文化积淀深厚，非物质文化遗产地域特色鲜明。人们在千百年的生产劳动中创造了古朴的民间艺术，有社火、民间舞蹈、管弦民乐等民间文艺，有剪纸、刺绣、编织、面花、皮影、烙画、蛋雕、布制工艺品等民间工艺，有洛阳的"水席"和三门峡地区的"八大碗""十大碗"等特色美食，还有因地制宜的建筑营造技艺，内容丰富多彩。其中，地坑院营造技艺、黑色剪纸、虢州澄泥砚等多项入选国家级和省级非物质文化遗产名录。

历史上因丝路古道的便捷，沿线古村镇的商贸活动较为兴盛。商业集会定期举行，十里八乡的人们从四面八方赶到集会中心，在进行商品的销售和采购的同时又可以观赏精彩纷呈的传统民俗表演。铿锵的锣鼓声中，龙灯舞、扇舞、高跷、旱船、竹马等轮番上场，其中"垛子表演"为这个地区民间传承已久的非物质文化遗产，玄妙、惊人的表演和整体恢宏的气势展示出古老民间文艺的魅力。

剪纸的风俗在丝绸之路东端的古村落中广为流行，诸多传统节日和民俗活动都以各式剪纸来装饰和烘托。人们把对生活的理解和期盼，通过剪贴的形式表达出来。这些剪纸构图简洁、厚重凝练、内涵丰富，极其生动地体现了中原农耕文化的美学特征。丝绸之路东端为夏文化的衍生地，在三门峡的村落中传承崇尚黑色的理念，融入剪纸艺术，形成了独特审美内涵的黑色剪纸。陕州剪纸艺人边唱边剪、纸随剪动、剪落曲终的艺术行为成为地坑院人家的特色。陕州的民间剪纸因质朴灵秀、生动传神、乡土气息浓郁而著称，现为河南省非物质文化遗产。

三门峡陕州区拥有地势空旷而高敞的黄土塬面，土层堆积深厚，土质结构致密，孕育了黄土窑洞式民居，为全国分布最广、保存最为完整的地坑院分布区。天然而深厚的黄土层上，一片一片地分布着以地坑院为主要居住类型的古村落。2011年11月，三门峡市陕州区的"地坑院营造技艺"被文化部列入第三批国家级非物质文化遗产名录。

三、丝绸之路对古村镇的影响和促进

洛阳至潼关的古道历史上被称为"崤函古道"，丝绸之路与"崤函古道"基本重合。"崤函古道石壕段遗址"位于河南陕州硖石乡车壕村西南，是古丝绸之路东端的一处极其珍贵的文化遗存，已被列入丝绸之路遗产点。丝绸之路是沟通东西方文明的桥梁，在频繁的交流中，促进了村镇的产生，影响了古村镇的商业形态，还从诸多方面影响着古村镇的格局和乡土建筑的形式。

1. 丝绸之路促进了古村镇的形成

丝路贯通之后，连接两京的古道一方面为商品贸易的经济通道，另一方面便成为东西方文化传播的走廊。在这条走廊上佛教、基督教、伊斯兰教等宗教被广泛传播，并在中原大地上落地生根。公元1世纪，汉明帝遣使入西域求法，佛教沿商人

和旅者的足迹经丝绸之路从印度传至中国，从而对民众的精神世界以及文学、艺术等上层建筑产生了深远的影响。

丝绸之路东端的古村落受佛教文化的影响较大。丝绸之路沿线佛教文化遗产十分丰富，尤以石窟造像数量较多。北魏佛教盛行，大规模地开凿石窟，丝路东端以龙门石窟、鸿庆寺石窟、西沃石窟等为代表的著名石窟便开凿于那个时期。石窟往往是佛寺所在，石窟和佛寺惟妙惟肖地展现了内涵丰富的佛教文化并对沿线村镇人们的精神生活产生着较大影响。鸿庆寺石窟开凿于北魏晚期，依岩建寺庙，刻石诵经，弘扬佛法。圣历元年（698年），女皇武则天偕同孙女安乐公主莅临此地，见到数量众多的大雁云集白鹿山峰并栖息于寺院中的壮丽景观后赐名为鸿庆寺，并命扩建寺院。从北魏至宋，伴随佛教的盛行，鸿庆寺经历一次次扩建而成为规制恢宏、香火鼎盛的民众礼佛活动的中心。因道路交通的优越，鸿庆寺东侧围绕礼佛活动渐渐形成服务功能性聚落，便是之后的石佛村。石佛村之地古称"轵谷"，位于涧河河曲凸岸的位置，依山向阳而建，选址优势突出，紧邻村南的古丝路现在仍为村落对外交通联系道路。丝路古道不但完成了宗教文化的传播，影响了沿线村落人们的宗教信仰等精神生活，还促进了诸如石佛村这种村落的形成并联通着古村的历史和今生。

2. 丝绸之路对古村镇商业形态的影响

丝路的畅通，使古代东方的丝绸、瓷器、玉帛、茶叶远销西域各国直至进入欧洲社会，西方的宗教信仰、建筑风格、艺术样式、器物用品也深刻影响了东方世界。其中，大量域外作物被陆续引入，不仅增加了东方古国的作物种类，还促进了商业形态的革新。

宋元之际，棉花由西域传播到黄河流域。明清时期，伴随经济作物的商品化生产加强，棉花在中原乡间的各个村落中被广泛推广种植。孙都村位于洛阳新安县，地处古丝绸之路必经之地，明清时期丝绸棉纺业发达。据《孙都王氏族谱》和《王尚仁墓志》记载，孙都王氏始祖王安道是山西太原商人，朱棣发动"靖难之役"时，太原大乱，王安道举家迁往孙都。其子孙王尚仁一边带动村人广植棉花，从事棉花收购和棉布贸易，一边在鲁山、宝丰广置田地，令当地百姓大规模植桑养蚕，以做家族纺织厂的原料保障。孙都王氏依靠古道商品交易和运输之便，将生产的丝、棉制品销往西方，"家业日充，声价日隆"，逐渐带来家族兴旺和村落的繁荣发展。

3. 丝绸之路对古村镇格局的影响

交通的便捷，促进了丝绸之路东端古村镇频繁的贸易交流，长期的商贸活动带来了村镇的勃兴并对村镇的格局产生了较大影响。

千秋村原为千秋镇，位于三门峡义马市，丝绸古道穿村而过，自古以来为东京洛阳和西京长安之间重要的驿站和商贸集散地。战国、汉朝时期，千秋古村叫千秋亭。公元292年，西晋著名文学家潘岳在从洛阳去长安就任长安县令时路过此地，留下名篇《西征赋》，中有"亭有千秋之号，子无七旬之期"的诗句。北魏时期的伟大地理学家郦道元在其名著《水经注》中记载："谷水又东，经千秋亭。其亭垒石为垣，世谓之千秋城也……"说明当时千秋之地已经具备相当规模。隋唐时期，千秋村的商业颇为繁华，武则天携同文武百官从长安到洛阳观赏"伊阙石窟"（即今龙门石窟）路经千秋，一行人曾被古镇巍峨的山陕庙所吸引并大加赞叹。明清时期，千秋的商业经济达到鼎盛，物资丰富，商贾云集。当时，村北建有关帝庙，村东建有山陕会馆，以供商人们进行传统的商贸习俗活动。民国时期，长1200米、宽6米的中街仍为古镇商业活动中心，两侧商铺鳞次栉比，多达70余家。村落依据商业的需求发展，商户们竞居中街，往往一铺难求。中街两侧院落的面阔都较为窄小，从而形成窄脸深院的形态。院落多为前商后宅、前店后坊、店宅合一、店坊合一的形式。经济的繁盛，使古镇成为匪患经常骚扰之地。为了古镇商户和居民的安全和保障商业活动的正常进行，古镇四周垒砌了高大的寨墙。因为丝绸之路和古镇相依附的关系，逐渐形成了以中街为轴线，商业店铺紧密地布置于主街南北，商贸习俗活动和居民生活围绕主街进行的格局。现在千秋村的人们已经搬至北边新区，古村尽显颓废之态，仅能从航拍图片上看到千年古镇当年宏大的规模。

四、丝绸之路东端乡村遗产的特点和价值

1. 乡土建筑携带当地地理环境的印记

丝绸之路东端的乡土建筑折射出建造时期社会生产力发展水平和人居传统文化，乡土建筑的结构类型和建筑材料携带有当地地理环境的印记。

丝绸之路东端自东向西有冲积平原、河谷盆地、黄土沟壑、黄土台塬、山地丘陵等地形地貌，古村镇同环境密切结合，产生的乡土建筑具有内外兼容、与自然和谐统一的传统风貌。从洛阳至三门峡，随着地形地貌的变化，乡土建筑的形式发生了从河谷平原地带的地上木构建筑组成的各种合院到黄土丘陵地带的靠山窑院再到黄土塬地的地坑院的有趣变化。另外，山区还分布着石头垒砌的民居建筑，与周围山体环境融为一体，浑然天成。这些乡土建筑融于自然，有利于环境保护和生态平衡，形成与自然环境相协调的人文生态系统，体现了"天人合一"的中国传统价值观。

2. 丝绸之路东端是各类型生土建筑集中研究区域

丝绸之路东端的乡土建筑呈现出同黄土的不解之缘。从洛阳北部的邙岭开始到三门峡的黄土塬地，靠山窑、地坑窑和土坯砌筑的箍窑，各种形式的生土建筑在该区域都有分布，其中靠山窑、地坑窑分布较为广泛。生土建筑的特点是易于施工、造价低廉、冬暖夏凉并节省能源，具有较强的生命力。作为独具特色的居住形式，生态、绿色的优势得到凸显，是研究该地区民情、民俗、民生不可或缺的珍贵实物资料。

三门峡陕州区地坑院组合形成的"下沉式窑居村落"，承载着厚重的历史，裹挟着质朴的民风，蕴含着丰富的文化，成为地坑院乡土建筑营造、传承的主要地区。20世纪前期，德国建筑大师伯纳德·鲁道夫斯基在《没有建造师的建筑》一书中，称地坑院建筑为"大胆的创作，洗练的手法，抽象的语言，严密的造型"。地坑院建筑营造技艺展现了这种乡土建筑的灵活性、经济性和实用性，所蕴含的经验、技术和营建方式，在乡土建筑遗产研究领域中越来越受到重视。丝绸之路东端生土建筑类型丰富、分布广泛并保存情况较好，现已成为各类型生土建筑集中研究区域。

3. 非物质文化遗产携着古老的历史文化基因并呈现厚重的地域文化和民俗特色

丝绸之路东端古村落中的非物质文化遗产受地缘、经济和文化背景等方面的影响，独特性和多样性明显。以民间文艺、民间工艺、特色美食制作以及建筑营造技艺等为主要内容的非物质文化遗产反映了丰富多彩的地方文化、民族习性、生活习惯以及古老文化的传承历史，既是村落历史发展的沉淀，也是村落社会的重要体现。该区域的非物质文化遗产传承历史久远、形式多样，呈现着厚重的地域文化和民俗特色、朴实的社会伦理和审美意识。

五、对丝绸之路东端乡村遗产保护传承的一些想法

1. 整体保护，保留乡村遗产的真实性、完整性，延续其价值

保护乡村景观和保护古村落物质遗产一样重要，"兼容并纳，各美其美"，二者间是和谐共存的关系。在对古村落历史价值和文化价值研究的基础上，对古村落实施整体保护，保护乡土建筑、乡土文化的同时保护乡土环境，对促进该地区的传统文化、传统艺术的良性传承和展示利用能起到重要作用。

重视乡村遗产真实性、完整性的保护。对生态环境和农业景观进行修复，使青山绿水逐渐回归、乡村景观返璞归真；对古村落的空间格局、街巷尺度进行修复，完整保持历史风貌并延续整体格局；对乡土建筑进行妥善修缮，真实再现和谐宜居的传统风貌；对非物质文化遗产展开系统的保护和传承工作，优良、淳朴的民风也是乡村整体风貌的组成部分，应该同时加以引导和推崇，实现古村落历史文化和传统气息的良好延续。

2. 对丝绸之路东端乡村遗产应进行"活态保护"

对丝绸之路东端乡村遗产应进行"活态保护"，加强古村落民俗民艺及原住民生活的活态保护方式和活态利用策略的研究。从完善古村落的基础设施、公共服务设施，改善原住民物质生活入手留住原住民，将当地风俗、生活习惯等乡村文化"活态"地保护起来，避免失去乡土建筑的精神源泉与非物质文化遗产载体的后果。对

乡土建筑进行修缮保护的过程中，以保障乡土建筑地域特色为前提，根据乡土建筑的功能进行合理的空间改造和基础设施的完善，更好地满足使用者的要求并赋予建筑更长的使用寿命。

对非物质文化遗产的保护应重视传承人保护体系的建设，采用活态传承，构建有继承性的保护传承模式。保护乡村非物质文化遗产的多样性和不同文化群体的传统、个性及认同感，让更多的相关文化群体接受它，愿意传承它。同时，结合时代发展，赋予传统的非遗技艺、非遗产品新的活力。建立由非遗传承人参与的非遗产品的创新工作，提炼非遗的精髓，以传统非遗介入现代生活，使非遗产品成为具有高附加值和文化价值的流通产品，发挥非遗的传承价值和魅力。

3. 加强地域特点保护，注重乡土建筑营建技艺的保护传承

丝绸之路东端乡村建筑类型丰富、价值突出，在实施乡土建筑保护计划中，应重视对传统营建技艺的完整保护。特色即为价值，尊重文化特色，高度重视区域内几大类型乡土建筑营造技艺的发掘、整理与研究。建立丝绸之路东端乡土建筑特别是生土建筑营造技艺的传承机制，建立乡土建筑保护技术指导和管理机制。

对乡土建筑营建技艺的保护传承内容包括：挖掘拥有地方手法建造技艺的老工匠，使其主持乡土建筑的维修，并参与保护工作；定期组织当地高水准的乡土建筑营造技艺传承人切磋技艺，传授徒弟；收集整理营造技艺方面的文字、图片和影像资料，建立对营造技艺传承信息的保护。

4. 联合丝路沿线各区域，共同搭建丝绸之路沿线乡村遗产保护利用平台

在"一带一路"倡议背景下，利用已经建立的丝路遗产协调管理体系和机制，联合丝路沿线各区域，共同搭建丝绸之路沿线乡村遗产保护利用平台，传承地区之间乡村文化的精华。

我国提出"一带一路"倡议，给丝绸之路沿线遗产保护和利用带来了新的历史机遇。要发挥丝绸之路东端乡村遗产的资源优势，发掘丝绸之路东端乡村遗产的历史、文化价值和地域特色，做好保护并展开宣传。将丝绸之路沿线乡村遗产引入丝

路沿线文化遗产展示利用、旅游开发系列，积极开展展示利用策划。加强文旅融合，以文促旅、以旅彰文，为旅游体验增添故事与温度。积极推进法律保障、管理体系建设，针对丝绸之路东端乡村遗产进行保护展示、遗产监测、研究传播等保护和传承的各项工作，努力打造成为丝绸之路乡村文化遗产的精品和有影响力的文化品牌，发挥其独特魅力和吸引力。

六、结　语

古代丝绸之路记录了千百年来跨地域、跨国别的物产远播和文化融合，乡村遗产同其他遗产一起记录了丝绸之路历史上的人群往来和不同文明间的风云际会。这些乡村遗产为丝绸之路上的重要文化符号，是"一带一路"倡议中重要的文化品牌，是重要的文化旅游资源，是我们民族发展中不可缺少的软实力。在"一带一路"的背景与视阈下，对华夏文明的重要发祥地——丝绸之路东端乡村遗产进行保护和传承，是对古丝绸之路历史文化的追忆、依循和拓展。通过丝绸之路这条文化纽带，加强丝路经济带区域之间的文化交流合作，把中原的优秀历史文化和现代发展成果推向全国、推向世界，扩大影响力和知名度，使乡村遗产活起来并带动地区的经济的发展，是历史的丝路赋予当代的任务。

镌刻历史，关照现实，启示未来，再现辉煌。

作者简介

杨东昱，现为河南省文物建筑保护研究院副研究员。国际民间艺术组织（IOV）研究员，1993年参加工作以来一直从事文物建筑保护与研究工作，曾主持和参与完成50余项文物保护单位的勘测、维修保护和保护规划项目。在国家级和省级专业刊物上发表论文30余篇，主编《豫西古村落》一书，并参加《社旗山陕会馆》《中原文化大典》《文物保护规划案例》《万里茶道河南段文化遗产调查与研究》《中原建筑大典·古代建筑》等图书的编写。近十年来，专注于历史文化名镇名村保护研究并主持多项河南古村落、古民居专项课题调研工作。

碧山工销社：行动与思考

左 靖

摘 要

本文分析了碧山工销社作为一个乡村社会工程的案例。以碧山工销社为例，作者针对碧山村的特定情况，动员一切可能调动的社会力量，创造性、策略性地为之提供一整套符合地方生态的系统方案，为碧山在现有情况下嫁接更多的可能性。

一、背景及缘起

2017年5月，由刘庆元策划的"物是人为：考工、立异与斜出"在广东美术馆展出，我和顾青的作品"线索与节点：从黟县百工到碧山工销社"参展，对应其中的"考工"，即"对中国传统文化、生活方式和在地个案的研究以及建设"。"线索与节点"以时间为轴线梳理、还原出的工作过程，从中可以延伸出一个似乎无法做出明确回答的问题：中国的乡村建设这条路该如何走？艺术应该如何介入乡村建设？在碧山的种种实践之中，我们意识到百工的复兴是乡村工作整个系统中的一个关键环节，百工是乡村建设的最佳切入口之一。

2011年7月至2013年10月，我带领安徽大学的10多位学生历时两年多，经过近10次田野寻访，记录下90项安徽省黟县的民间手工艺（百工）。2014年6月，《黟县百工》由金城出版社出版，并获得当年"中国最美的书"称号。在随后的几年时间里，黟县百工项目参加了包括第15届威尼斯国际建筑双年展中国馆在内的数次国内外展览。从百工的调研、出版到展览，被我视为中国民间工艺复兴的最基础的工作。出版和展览属于传播范畴，通过传播搭建桥梁，勾连起设计师与手艺人，提出设计和工艺改进的理念，以及在地化等问题，实现价值的融会与转换。这在《黟县百工》序言中我就有提及。也就是说，碧山工销社的落地，本就是2011年黟县百工调研伊始的应有之义，每一步都是之前的预设，这也是我在贵州的茅贡计划中提到的，关于乡建的三个生产中的第一项——所谓的空间生产。这便是碧山工销社的缘起。

碧山工销社位于安徽省黄山市黟县碧阳镇碧山村，原址为建于1964年的碧山供销社，同时也是村祠堂——尚义堂的遗址。2015年5月，我的合作伙伴上海汉室设计管理机构正式租赁下这个供销社，并改名为"碧山工销社"，希望能以"新百工，新民艺"的理念，保留并激活这座拥有60多年历史的供销社在碧山当代乡村生活中的可持续性的经济、文化和社会功能。

二、空间生产：碧山工销社的改造

碧山工销社的改造由上海汉室设计管理机构的沈润设计，布局为前店后坊，除了彰显"百工"主题外，我们还将其定位为"碧山村的会客厅"。施工由碧山本地工匠——黟县能工巧匠古建公司完成，前后历时18个月。在工销社临街风貌的改造上，我们采取了最少干预原则，门脸和外墙依然保留历史的原貌和记忆，导视系统的标牌采用铝材和木质，设计内容则用传统书法的形式，尺度和比例以低调内敛为原则。前店地面因毁损严重，则采用了传统水磨石工艺。柜台、橱窗和天花板全部保留，清洗干净，一一整修。为了保证展示效果，原货柜的玻璃隔板改为上漆木隔板，并装设灯带。前厅放置了两张八仙桌、若干条凳，并备有免费茶水，供村民歇息聊天，以示"会客厅"之意。前店的改造在最大程度上保留了原来的面貌，并通过灯光的精心设计进行了较强的视觉优化。整个改造下来，传统供销社的神韵与之前相比不仅毫不逊色，相反有很大的提升，几代人的历史记忆也因之得以延续。正面货柜陈设民间工艺品、设计师作品、无公害农产品以及工销社研发、包装、推荐的本地产品；左侧布柜摆设的是"乐与永续"品牌的植物染系列布品和崇明土布系列产品；右侧货柜保留原供销社功能，依旧服务于柴米油盐等乡村日用，并对商品进行筛选，拒绝低劣、山寨产品，售卖、推介并支持开发无公害及环保产品。前店还设有便民服务功能——便民服务站，我们希望在此为村民提供物流中转、电信等服务。在我看来，为社区服务、为村民服务是我们在乡村工作的第一要义。

既为满足功能所需，又为获得自然与人文交汇的景观，在不改变原供销社主体建筑高度的基础上，设计师创造性地把前店的后半部分平剖出两层空间，一层为休息区，二层为设计师工作室。工作室两端则安排了具有住宿功能的数个小间。从二

第七章　他山之石

碧山工销社

层的回廊往北望去，近景，由俯瞰处的院落朝上，过渡到横竖数幢参差高低的两披檐黛瓦屋顶；中景，两幢高大的徽派民居，赫然矗立，气势俨然；远景则见碧山常卧，仿佛可听枧溪奔流。从新旧建筑到自然山体，风貌融为一体，层次丰富，比例恰当，浑然天成。穿过联结前店和休息区的小门，可望见100多平方米的内院，便于在此栖居的人们轻易到达户外顺畅呼吸。内院左右便是后坊，改造则依据功能需求，并协调周边景观环境。金工工坊、木工工坊、织染工坊、柴窑和陶瓷工坊分列两边，分别对应金木水火土，形成一个平衡的体系。其中木工工坊因为层高较高，辟有二层，与设计师工作室通过回廊相连，作为收藏民间手工艺相关书籍的百工书屋。院落正前方的平房原为供销社的员工宿舍，内凹的正立面被改造成往外延伸的一个戏台空间，戏台两旁的墙面特意留下左右对称的镂空窗棂，全部由"工"字组成，巧妙地对应了"百工"主题。戏台后置一小型展示空间，与工坊、院落和前店一起形成前店后坊的四合院式的复合建筑群体，集各类演出、百工体验、艺术展示、文化交流功能为一体。

综上，碧山工销社所设的各个功能空间，包括但不限于《百工》杂志书社、百工书屋、设计师驻社、讲习所、百工坊、柴窑、百工店、展厅等，形成了以"百工"为主题的自调研出版、讲习交流、工坊体验至百工产品的设计、研发、销售与展示的立体全感式体验。体验者不仅有外来游客，还包括入驻设计师、当地手工艺人，乃至工销社的经营管理者。

三、百工十条和工作框架

2017年11月，我参加了在清华大学举办的清华文创论坛，论坛主题是"文化遗产：连接过去、现在与未来"，论坛旨在倡导遗产的"文创+"，传播遗产保护领域中让人振奋的国内外文创实践与畅想，搭建联通行政管理、学术研究和实践运营的交流平台，探索通过文化遗产连接历史、现在与未来的可持续发展模式，为当下的文化遗产保护与发展事业注入新活力。

在这次论坛上，我提出了百工计划的十条原则：

一、传统家园：寻找重返传统家园之路。二、服务社区：立足社区，结合实际需求，利用团队优势提供服务。三、地域印记：寻找发现具有乡土或民族等地域印记的产品。四、百工习得：提升消费者对民间工艺的认知与理解。五、日用之道：坚持只做日用产品，不做奢侈品。六、当代美学：产品设计既有本土关怀，又要具备国际视野，源自传统但不失当代感。七、环境友好：不给自然环境造成污染，不过度消耗自然资源，不过度生产和消费。八、联结城乡：促进生产者之间、消费者之间、生产者与消费者之间的互动交流和社群营建，勾连城市和乡村的物质及精神需求。九、公平贸易：符合公平贸易的各项准则。十、良品良工：符合相关质量标准体系，追求工艺细节，体现匠人精神。

以上十条原则，简称"百工十条"，既有抽象的理念，又有具体的准则，以替换最初提的"新百工，新民艺"的说法。后来，随着乡建实践的深入，我又把十条原则中的"服务社区""地域印记"和"联结城乡"总结为我们从事乡建工作的三条最重要的原则；并把"空间生产""文化生产"和"产品生产"组成循序渐进的三个步骤，"往乡村输入城市资源，向城市输出乡村价值"作为双向的工作路径；

在工作方法上，强调在地的调查研究和传播（展览＋出版＋讲座），并把创造性、可持续性作为工作首选；最后，我们从事乡建的目的，在于培养社区的文化自觉、改善地方的文化环境和丰富居民的文化生活。

四、在地升级和城市窗口

2012年我去了北川富朗策划的越后妻有大地艺术祭，很受触动。大地艺术祭的形式跟我这些年的工作方向最为接近，所以我很希望它能够在中国实现。后来经过很多尝试，发现特别困难，因为大地艺术祭这种模式需要依托的资源我们根本没办法获得。2014年去东京时，很偶然地跟日本朋友约在了长冈贤明在涩谷的d47（日本有47个都道府县）综合体，看到了他策划的d设计之旅的出版物，我被深深打动。我觉得这是我应该做的事情。后来了解到长冈贤明发起的D&DEPARTMENT PROJECT，我一下子觉得找到了方向。

作为日本的设计活动家，长冈贤明的核心理念是"长效设计"。他认为现在的设计是过剩的，建筑师、设计师或制造商经常更新换代，设计的模板化只能让淘汰的产品越来越多。所以长冈贤明就选择那些具有普适性、高品质、耐用的设计品在店内出售，其中很大一部分是回收再生品，这跟我们在"空间生产"中提到的"改造废弃建筑而不新建"是类似的理念。还有一个日本建筑师松田直则，他的建筑理念是"不建造新建筑"。我想这些都反映了东方思想对于物的态度，以及日本泡沫经济后对于消费的反思。中国当下是消费主义盛行的时代，这是我们需要警惕的。其实，我这一代人都是在父辈惜物的传统教育下长大的，而今天，这一传统正在被抛弃。

2017年底，我们邀请长冈贤明到碧山，他没想到在中国这样一个交通不便的偏僻山村里，有碧山工销社这样一个被人精心设计的空间，有这样一些人在这里做事情。他觉得我们之间的工作很相似，就这样一拍即合，他决定把海外的第二家、中国第一家店铺放在了碧山村。

德国艺术家博伊斯在讲雕塑社会的概念时曾提道："任何人都能用自己的创造力为社会的未来做出贡献，也就是说谁都可以面向未来雕塑社会，而且必须这么做。"长冈贤明的好友安藤雅信也说过类似的话，他认为长冈贤明追求的是设计社会，而不是设计单个产品。"可持续发展构想在社会设计的过程中转化，在日常生活中时时思考如何进行这种不设计的设计，这样的设计就可以变成一种创造力，为社会做出贡献。"恰恰是这一点非常吸引我，我希望在碧山工销社，或者更大的地方，比如黄山市，甚至全国范围，来推行"长效设计"的理念。

长冈先生开店有如下条件，其中有"坚持宣传和销售当地的非物质和物质产品，打造一个交流体验的平台"，还有"由咖啡厅提供当地的器皿、食材呈现的饮食"等等。换言之，这是一个浓缩了地域全部个性的空间，可以体验当地生活的平台，等等。

我们从 2017 年底与长冈先生达成了合作意向，然后花了一年来筹备新的店铺，名叫"D&DEPARTMENT HUANGSHAN by 碧山工销社"。D&DEPARTMENT 的工作的对象是日本的 47 个都道府县，中国有 34 个省份，但是因为中国的每个省都太大了，所以如果在中国做这项工作，我想，恐怕得要以地级及以上的城市为工作范围，这样，大概有 337 个单位（不含港澳台地区）。所以，碧山工销社是以黄山市的范围来做这个店铺的。

2018 年 10 月 13 日，"D&DEPARTMENT HUANGSHAN by 碧山工销社"顺利开业，我们把长冈贤明最新的一本书引进中国，这本书可以说积累了他 20 多年的经验，叫《另一种设计：长冈贤明的工作》，同时还在工销社做了一个同名的展览。此外，我们把原来的工销社店铺也进行了相应的改造，加了两个书架，一边是长冈先生出版的书，一边是我们出版的《碧山》《百工》，上面是个公告牌。变化最大的是这里的产品。一开始我们发掘地域产品的工作还很欠缺，所以店铺初期是以售卖日本店铺在日本各地搜寻的产品为主，还有大量二手产品。我的兴趣不是把这里当作一个日本品牌的店铺运营，而是想做一家中国"长效设计"产品的店铺，在中国寻找符合我们自己要求的长效设计产品。

除了"在地升级"，也就是将"长效设计"引入碧山村的碧山工销社空间，同年，我们还开创了一个"城市窗口"。我相信城市跟乡村是没有办法割裂开的，而是互相勾连的。当时正好有一个机会，在西安高新区大都荟，我的一个长期合作伙伴、好朋友梁井宇设计的建筑中，开发商拿出了七栋单体建筑，希望做一些文化业态，这个计划的负责人宋群和梁井宇就邀请我们把碧山工销社开在这里。在开业的时候，我们策划了"从乡村到城市"的展览。

坦率地说，西安店开得有些仓促。对于如何通过文化发掘进行产品研发、商业转化，这方面我们做得远远不够。工销社西安店遇到了商业转化的问题，目前这里的店铺已经不再开了，改作展厅来展示我们的乡村工作。西安店我称为"城市窗口"——我的工作基本围绕地方（乡村）文化展开，然后通过传播，把乡村的价值输出到城市。

五、策展人介入乡建的反思

长期以来，我参与乡村建设总有一个固定不变的身份标签：策展人。的确，展览在我的工作里占据着核心的位置。我们从事乡村建设，通常也被称为艺术乡建。策展人是艺术体制中的一种职业称谓，但是，更多的时候，我会觉得自己已经脱离了当代艺术的体制。但，我们的乡村实践也被一些研究者认为是中国当代艺术"艺术介入社会"的一种转型。比如美国加州州立大学北岭分校艺术系教授王美钦就认为："这种转型，已经在为疲于应付权力和资本的纠缠而陷于困顿的中国当代艺术注入一股新的生命力，打开一个突破口。这个突破口不仅仅是艺术内容和形式上的，更重要的是发生学意义上的，甚至可能是中国当代艺术得以真正摆脱多年来亦步亦趋地跟在西方各种现代主义和后现代主义流派与思潮后面的这个被动局面的一次重要的自主发展。"这并不是一家之言。去年碧山工销社分别参加了朱青生在北京民生现代美术馆策划的"中国当代艺术年鉴

碧山工销社后院

2018"以及崔灿灿在深圳华·美术馆举办的"策展课：策展与设计"。事实上，我欢迎一切能为乡村贡献力量的见解和关注。

在我看来，碧山工销社是一个小小的乡村社会工程，或者可以说，我为工销社做的这些工作，可以称得上一种乡村的社会设计。策展人就是这个设计者，同时，策展人也是一个网络中心。以策展人的身份参与乡村建设，价值在于将更多不同领域的人编织到乡村建设的网络中。我不是艺术家，但是我会邀请艺术家来某个特定的乡村进行合适的艺术创作；我不是建筑师，但我可以为不同的项目选择匹配的建筑设计者；我不是商人，但我可以为乡村引入适合的文化商业品牌。对于我而言，策展人身份的优势在于更加国际化的视野和更广泛的文化艺术资源，以及在乡村与城市之间实现文化和资源双向输出的势能。

策展人介入乡村工作的另一个特点是，在工作中不会被历史的或者建构的思维模式束缚。我更不会用文旅的思维来做乡村建设，虽然，有些工作在外界看来可能缺少逻辑性（因为它在生长），甚至，有时候看似没有"为村民着想"。但可以说，我做的工作具有一定的超越性。以碧山工销社为例，我会针对碧山村的特定情况，动员一切可能调动的社会力量，创造性、策略性地为之提供一整套符合地方生态的系统方案，从而为碧山在现有情况下嫁接更多的可能性。

作者简介

左靖，安徽大学新闻传播学院副教授，策展人，《汉品》主编、暨南大学文化遗产创意产业研究院高级研究员。2002年参与创办中国第一个三年展——中国艺术三年展（现更名为南京三年展）；2006年底创办《当代艺术与投资》杂志；2008年和张亚璇创办"中国独立影像档案馆"；2011年和张献民发起"艺术空间独立电影放映联盟"；2011年和欧宁发起碧山共同体计划，并策划"2010碧山丰年祭"。他在北京、南京、广州等地策划过很多当代艺术和独立电影展览，还应邀在奥地利、西班牙、智利、日本、巴西和挪威的一些艺术中心和博物馆策划展览和项目。他曾担任南视觉美术馆（南京）执行馆长、伊比利亚当代艺术中心（北京）艺术总监。

导演如何保持剧种特色，让中国戏曲艺术吸引世界观众

罗锦鳞

摘　要

中国戏曲是世界三大古老戏剧之一，在千年的戏曲艺术发展历史中，传统戏曲大都是以"师傅教徒弟"的形式传承。导演艺术的出现，推动了戏曲艺术的改革和发展。戏曲导演如何在创作中保持剧种特色，是一个重要的课题。本文提出在研究和处理剧种特色时，导演需要注意的几个关键方面，"量体裁衣"是导演的法宝。

在世界戏剧之林中，中国戏曲是独具特色的茂盛之树，引人注目，被公认为世界三大古老戏剧之一。中国戏曲原有370多种，2017年文化部统计，至今尚存348种。尽管剧种不同，但戏曲的美学原则是它们的共性：以歌舞表演故事，以虚拟、象征和写意相结合的东方艺术美学为基础，表演上的综合性和程式性也大同小异，如四功五法（唱念做打、手眼身法步）、文武场（锣鼓与弦乐）、音乐和唱腔（曲牌与调式）……除了几个影响全国的大剧种，如京剧、评剧、越剧、豫剧和黄梅戏外，还有300多种俗称为"地方戏"，它们各具特色，流传至今。

在千年的戏曲艺术发展历史中，导演艺术出现的时间并不太长。传统戏曲大都是以"师傅教徒弟"的形式传承，上个世纪初才有了教授戏曲的学校或社团。中华人民共和国成立后，才正式成立国家的戏曲院校，在戏曲改革的热潮中，开始建立戏曲导演制度，戏曲剧团才设立导演。一开始，相当多的话剧导演介入戏曲的排练和改革，将西方的导演艺术在中国戏曲界推广。后来在戏曲院校设立了导演专业，戏曲团体也设置了专业导演。

在戏曲艺术中有"传统戏、新编历史剧、现代戏"三大形式。现在戏曲创作的现实，充分证明了三大类型都需要导演的加入，尤其是后两类。导演艺术的出现，对推动戏曲改革和发展是非常重要的。

导演除了要懂得戏曲艺术的美学和创作程式外，对剧种特色更需要掌握，这样才能更好地导演好各个剧种。多年来的艺术实践和几十次的出访外国经历，让我深深地体会到"越有地方性就越有全国性，越有民族性就越有国际性"是有一定道理的。因此，导演对戏曲艺术、对所排的剧种有深入了解和认知，才能胜任创作。

　　戏曲导演如何在创作中保持剧种特色，是一个重要的课题。地方戏就是指别的地方没有、此地独有的戏曲艺术品种，其个性最具地方特色。作为导演，不管搞什么剧种，首先要了解它独具的特点。导演应该有个非常强的个人素质，就是"体裁感"。体裁即艺术作品表达内容的样式和手法的特色，如喜剧、悲剧、正剧……戏曲中的剧种也属于体裁范畴，不同的剧种也是不同的体裁。概括地说，导演对地方戏也好，对剧种也好，对悲喜剧也好，一定要做到"量体裁衣"，要根据它的体裁样式做"衣服"。俗话说"人在衣服马在鞍"，衣服必须合身、得体。对地方戏的剧种特色一定要深入了解，并紧紧抓住它与其他剧种的不同之处，量体裁衣才是最好的创作方法。

　　地方戏的剧种都有各自的名称，如川剧、湘剧、秦腔、粤剧……它们之间有很大区别。音乐唱腔是首位区别，再加上地域方言、地域生活气息和生活形态，这三者决定了每个剧种的各自特点。对这些特点，导演必须要好好研究和掌握。至于表演手法，有的接近于京昆剧种，有严格的表演程式，有的干脆就没有什么身段程式，这就需要视具体情况而定。

　　对戏曲导演来说，搞清剧种特色是无法回避的问题。要把创作的剧目剧种与其他剧种比较，在比较中寻找独具的个性。所以，发挥各剧种的地方戏的特色是根本。越是能发挥剧种特色，越具有全国性。我本人带所导演的剧目先后20多次到世界各国去演出，其中最受欢迎的是三部戏曲作品。至于我导演的那些话剧，人家评价虽然也很高，但话剧毕竟是西方的剧种，比起西方的剧目和历史，我们仍旧不占优势。我导演的河北梆子《美狄亚》（古希腊悲剧）在国外演出已经超过250场，现在还不断受邀出国访演，北京河北梆子剧团去年十月已恢复排练了此剧的第五版，并参加了全国戏曲文化周的演出，仍然受到观众的喜爱和欢迎。从1989年的第一版开始，我们就非常重视发挥河北梆子的剧种和音乐特色。美狄亚这个角色很难演，对演员的要求很高，需要文武全能，四功五法和唱念做打样样俱全。所以，先后几个版本演出的两位演员分别因此角色的表演获得了十三届"梅花奖"和二十届"二度梅"奖。

在我近六十年的创作中，每当要导演什么剧种时，都要花相当长的时间去看这些剧种的影像和史料，必须对此剧种的特点有所了解和掌握。在研究和处理剧种特色时，我以为，导演需要注意以下几个问题：

第一，要做好音乐和唱腔，包括武场打击乐的设计和安排。音乐和唱腔是导演拿到剧本以后首先要构思的问题。要与作曲合作，发挥出剧种在唱腔上的特点。对老唱腔不能搬来套用，必须根据演员情况和人物性格的需要做出调整。比如，我导河北梆子的剧目时，唱腔中有的地方太刺激，让一些观众受不了，就需要请作曲加以调整和改进，但又不失河北梆子的特点。还要根据演员的演唱特点和人物规定来写音乐，把那些不好的东西改掉，充分发挥演员的唱功，又符合人物性格，保持剧种音乐的特色。五个版本中，由于演员的变化，唱腔也会小有调整。河北梆子在北京也很流行，刘玉玲做了许多改进，她大胆吸收了西洋唱法的长处，创造了"京梆子"的唱腔特色，这就是改进和创新。

河北梆子《美狄亚》剧照

河北梆子《忒拜城》剧照

第二，量体裁衣。拿到剧本后，要分析它的题材与体裁风格。不同的剧种涉及不同的表现形式和手法。我排的戏曲都是移植的古希腊悲剧，剧种涉及了河北梆子和评剧，但要"一戏一格"：河北梆子《美狄亚》是按"纯传统戏"形式处理的，运用了传统戏的"出将"与"入相"，在调度上，去掉了"一桌二椅"，用歌队组成大道具，在身段上挖掘演员们的功夫，服装上采用手绣服装。《忒拜城》依然是河北梆子，把故事题材移植到我国的春秋战国时代，从编剧、表演、服装、布景到导演处理等艺术手段，是运用"新编历史剧"形式重新设计和创作的。到评剧《城邦恩仇》时，完全按照希腊的服装和生活样式，即外国的人物和生活，但用中国的演出形式。三出戏，三种处理样式。我追求东西方戏剧的"融合"，做到你中有我我中有你，就像"咖啡加牛奶"的关系。经过实践，这个基本目标达到了。有的外国戏剧专家认为，这些创作犹如两个古老的戏剧艺术结婚了，而且成了一对好夫妻。

第三，充分发挥地方戏的特长，深挖演员的身上功夫。只要这些功夫符合角色，符合这个戏的题材和体裁，就拿来用。比如说《忒拜城》中的"先知"一角，便非常成功。饰演这个角色的演员很有才华，也很有理解能力和艺术想象力，唱功出类拔萃。我就采用了他的哼唱作为开场和闭幕曲，既发挥了他的演唱技能，又符合先知这个人物的特点。在国际研讨会上，这个处理被充分肯定和赞扬。对这个人物的构思和想法，就是从编、导、作曲各方面"量体裁衣"的结果。

2006年《忒拜城》演员在哥伦比亚演出后合影

第四，要广泛吸收和借鉴姊妹艺术，创造新的形式。吸收和借鉴的部分，不能拿来直接使用，必须要突出一个字，即"化"，要"化"在自己的剧种特色之中，要和谐，不能生硬、生搬。如京剧《骆驼祥子》中的"洋车舞"，借用舞蹈语汇，与戏曲身段有机融合，产生了非常好的艺术效果。在《忒拜城》中，我们就利用了傩剧的身段，化在先知做法的场面里，非常贴切。全剧结尾部分我们大胆运用了中国戏曲中的"鬼戏"形式，设计了人鬼同台和冥婚场面，大大提升了剧中的哲学内涵，加强了对观众的感染。

第五，对舞台布景、服装、舞台灯光、影像等等的处理，首先要尊重戏曲的美学原则，绝不能像话剧那样，用太写实的布景和舞台美术手段，必须都要符合剧种的要求，对剧种不适合的千万不要用。中国戏曲的美学原则是虚拟、象征、写意，是以歌舞演故事，是唱、念、做、打的程式性和综合表演，这些戏曲共有的特色，是地方戏也必须遵循的原则，不可轻易违反。过于写实的舞台布景就违反了戏曲的美学原则。

第六，各个地方戏的历史长短不一样，在继承和发展上有很大的不同。1980年代，我曾经要给北京京剧院导戏，准备排演古希腊的《荷马史诗》。我们先试搞了一个《赵子龙娶亲》作为试验。剧中赵子龙结婚时，新媳妇跟他开了一个玩笑，打了赵子龙两下。剧团的老先生们一看就火了：赵子龙是什么人？怎么可能挨打呢！可见传统看法是根深蒂固的，当时只好放弃此计划。相对而言，地方戏没有那么多清规戒律，不保守，能接受新鲜事物，所以后来选择了河北梆子，排练了两部古希腊悲剧。后来也曾与昆曲接触，未能成功，选择了评剧。但与传统性很强的大剧种合作的意愿我并没有丢弃。

第七，关于戏曲的表演问题，尤其是创造人物形象的问题，是戏曲导演要重点研究和突破的课题。戏曲有行当，行当是前人从生活中、人的性格表现的需要中总结的经验、概括出的形象（行当），必须继承和遵守。但，行当是个总的概括、固定的形式，有些"类型化"。戏曲也要创造活生生的人物形象，而不仅是人物的"类型化"。类型化的表演是戏曲表演中的短板。戏曲争取现代观众是要靠演员创造活生生的人物形象而达到的。行当要不要？一定要！但是又不能受行当限制，一定要从人物出发。在意大利演出时，演员曾给我讲，他扮演的这个人物（行当）穿靠，不能带翎子，但我坚持让他戴，因为这能充分展示中国戏曲服装的丰富多彩，结果米兰大街小巷全是这个造型的大海报。

第八，渲染和拓展主题是导演排一部戏的重中之重，是导演处理一部戏的关键所在。凡有利于主题展现的要尽力地强调与渲染，凡不利于主题表现的要冲淡。有人说导演艺术就是"强调与冲淡的艺术"，这话有一定道理。

另外，一定把握好戏剧的结构和节奏，调动观众的情绪，保持演出的和谐统一。

总之，根据戏曲剧种和体裁的不同"量体裁衣"是导演的法宝。发挥剧种的艺术特色，就是要发挥本剧种的特色和我们东方戏剧艺术的美学。通过实践，我认为越有地方性就越有全国性，越有民族性就越有世界性。

让戏曲艺术体裁样式和风格特色鲜明、鲜活，导演大有作为。戏曲艺术需要导演，已成为不争的事实。戏曲导演要明确自己身上的担子，不断丰富自己的各种修养和素质，了解自己所从事的剧种的艺术特色，以适应戏曲发展对导演艺术的需求。

在世界戏剧的百花园中，中国戏曲是独一无二的一朵鲜花，具有强烈的民族性。如何将中国特色如此鲜明的戏曲艺术推向世界，让世界戏剧之林中的这朵鲜花能开遍世界，也是我们发展民族艺术的一个重要课题。"越有民族性就越有世界性"，因此，让中国戏曲艺术吸引世界观众也是我们导演艺术创作中不可回避的课题。

戏曲艺术是中国本土的戏剧艺术，她以独特的表演技法和特色立于世界戏剧艺

评剧《城邦恩仇》剧照

术之林,让西方观众惊叹不已;她以虚拟、象征和写意的美学原则,以演员载歌载舞的表演艺术,吸引中外观众!

戏曲演员的表演技能丰富多样,必须从小学起,苦练十年以上,具有"童子功"。成年之后,机体老化僵硬,无法训练,比话剧演员训练难度更大。表演特点可以归纳为下边几个字,每字都有丰富的技术含量:唱、念、做、打、舞,手、眼、身、法、步。旧称"四功五法",现在增加了一个"舞",应该改叫"五功五法"。

中国戏曲的确是我们中国文化中非常有力的代表性文化和艺术。她的美是世界各国观众能共同欣赏的美,戏曲到世界各地演出也是中国文化对外宣传的极好机会之一。对戏曲在国外观众中的反响,我有切身的体会。

从 1990 年开始至今,我已带导演的戏曲剧目赴欧洲、拉丁美洲多国及我国港台地区演出 20 次以上,受到观众的热烈欢迎和高度喜爱,演出场景让人难以忘怀。加场、加售站票,母女只购到一张票,轮流看上半场和下半场;观众把祖传结婚戒指赠送给演员;学界把女主角与世界十大女高音并列评论;有观众出资二三十倍价钱求购主角服装,留作纪念;在世界歌剧之乡米兰,全城大街小巷到处是我们演出的各种海报,不断加场,刮起了一阵"河北梆子旋风";我曾三次带河北梆子赴哥伦比亚演出,造就了一批哥伦比亚的"梆子迷"……戏曲的魅力征服了西方观众,戏曲表演的特色无可比拟!

让戏曲艺术吸引世界观众必须要考虑到东西方观众的审美和意识形态上的差

2010年在哥伦比亚演出折子戏时热情的观众

2010年在哥伦比亚演出折子戏后的合影

异,有针对性地做好准备工作。我因为是用中国戏曲演绎西方戏剧,他们多少是熟悉此中的故事和人物的,比较容易接受。首先,戏曲送出国门前,必须对剧目进行选择,考虑外国观众能否接受。1990年,希腊文化中心主任到中国来选择剧目,当时就选定《美狄亚》。我极力向他推荐斐艳玲主演的《钟馗嫁妹》,但他就是不同意。后来我直接问他,他的回答很说明问题。他说:"这个故事西方人不能接受,妹妹的婚事,哥哥有什么权力干涉?"2010年,我带一组小戏去哥伦比亚演出,其中有一出《吴汉杀妻》,妻子被杀前的行为,他们不理解,每场演出都得到观众的不解和嘲笑……上述两个例子很说明问题,我们必须对演出剧目进行选择，要考虑到东西方观众审美的不同。其次，是汉语剧本的翻译以及外语字幕的提供。在《忒拜城》去哥伦比亚演出前，我们找到西班牙非常优秀的翻译，结果哥伦比亚的观众对郭启宏剧本中的哲理词句的理解甚至超过国内。所以一定要注意汉语剧本的译制工作。再次，选择剧目也是非常重要的课题。解放初期，我们只选富于动作的戏，如《三岔口》和《闹天宫》，因为唱工戏西方观众不大适应。在国内出名的唱工戏，在国外常常受到冷遇，如昆曲《牡丹亭》。我认为要选择能充分展示戏曲艺术的文武结合的唱念做打和综合性更强的剧目。所以，在改编河北梆子《美狄亚》时我们特别增加了神话故事的前事夺取金羊毛，以充分展现戏曲表演的功夫。

我们的戏曲艺术经历了千年的磨炼和多少代艺术家的实践，才得以流传至今。如今，培养各剧种的接班人，将戏曲艺术传承光大，是当务之急。这些年出台了许多好的政策，如提供大量艺术基金给戏曲界专门培训人才。另外也非常希望国家提高戏曲从业人员的待遇。再有就是要争取年轻的观众，大力增强"戏曲进校园"活动，让青年观众热爱戏曲艺术。以上问题都是戏曲继承和发展中的重要课题。戏曲必须改革，不改革没有生命力，但改革绝不能改掉"姓氏"，京剧姓京，川剧姓川，戏曲艺术的美学精神和艺术特色必须继承和发展！

让中国戏曲在世界戏剧之林中显示更大的魅力，是我们导演艺术的努力方向。

作者简介

罗锦鳞，中央戏剧学院导演系教授、博士生导师，中国戏剧家协会会员、中国电视艺术家协会会员、中国导表演艺术研究会常务理事、北京戏剧家协会理事、《中国之友》基金会理事、希腊《希腊文化基金会》通讯会员，曾参加《中国大百科全书》戏剧卷的编撰工作，任分支副主编。

传承与发展——铸就缂丝生存的基础及动力

王晓星

摘　要

中国缂丝是一项历史悠久（已有2500年历史）、织法奇特的丝织工艺。与一般通经通纬的织造方式不同，它只需以简单的平纹木机，通过多种缂的技法，就能织出千姿百态、华美异常的画面，具有明代画家董其昌形容的"以梭代笔"的神效。缂丝织出的画面正反两面皆同，由于色块与色块之间有锯齿状空隙，古人云"承空视之如雕镂之象，故名缂丝"，历史上又称为"刻丝"。

任何一种事物从诞生到成熟绝不会一蹴而就，由简到繁、由萌芽状态发展到成熟期，需要经过一段极其漫长而艰难的历程。缂丝技艺传承至今已有2500年的历史，在这漫长的传承之路上，代代缂丝艺人生生不息，吸吮了人间灵动之气，截取数千年华夏文明的精髓，耐得住寂寞，忍得住粗茶淡饭的生活，耗尽毕生精力，才铸就了这一颗光彩夺目的明珠。缂丝在博大精深的华夏文明中独树一帜，荣获了"织中之圣"之美誉。本文将就一些历史文献，浅谈缂丝演变与提高的进程，通过自身从事缂丝事业20多年的酸甜苦辣史，阐述传承与发展的辩证关系。

一、寻找缂丝传承的足迹

缂丝产生的因缘，众说纷纭。但不管怎样，缂丝产生，这两个因素缺一不可，一是"缂"出现，二是蚕丝产生及运用。

1. "缂"的出现，众所周知，是源于经纬交织。经纬交织源于人们对于服饰面料的需求

1930年考古学家在周口店的山洞里发现了骨针，由此可以推知1.8万年前的山顶洞人已经穿上简陋的衣着了。在6000年前的仰韶文化遗址中，发现了每平方厘

米经纬各有 10 根的粗麻布印痕。在 4000 年前的良渚文化遗址中，发现了每平方厘米经纬各有 20—30 根的葛布和每平方厘米经纬各有 40—50 根的绢。人们在大自然的环境中，需要用各种材料去蔽体御寒，并逐步摸索出最适宜制作衣服的经纬交织的材料。这就是经纬交织出现的原始要求。爱美是人们的天性，以致又逐渐增加了外表装饰，增加美观。在人类组成聚落社会以后，服饰又增加了一项识别身份的作用。在服饰的上述演变过程中，"缂"的技法在经纬交织的基础上逐渐衍生出来。

中国许多文献资料中都记载了"缂"的最初表现形式与大概出现的年代。大约公元前 200 年左右，生活在高寒地区的人们已经在毛织物等粗毛织物的基础上，创造出了更富于装饰性的精毛织物，其中即采用了"缂"的技法，俗称通经断纬现象。尤为突出的是现藏于英国维多利亚与阿尔伯特皇家博物馆的一块在新疆古楼兰遗址中发现的汉代"奔马"缂毛，这是迄今为止中国出土文物中年代较早的具有通经断纬特征的一件织物。彩色的纬线奇妙地织出奔马和卷草纹，体现出我国西北地区的装饰纹样风格和工匠们的高超技艺。

2. "缂"的初始阶段，是在人类求美求好的基本需求下，逐步诞生与发展起来的。而缂与丝的结合，形成了缂丝独特的风貌

据考古发现，约在 4700 年前中国已利用蚕丝制作丝线、编织丝带和简单的丝织品。商周时期用蚕丝织制罗、绫、纨、纱、绉、绮、锦、绣等丝织品。蚕丝手感软而富有弹性，具有较高的拉伸力，柔顺度高，吸色性能好，极易染色，还具有良好的光泽度。蚕丝众多的良好物理性能，为缂丝的形成及逐步发展与提高提供了极好的物质基础。

二、缂之艺，艺之圣

工艺品的最高境界，就是完美的工艺技法与极高的艺术内涵的结合体，所以我们习惯说"工艺美术"。缂丝的初始阶段因为技法不完善，无法适应复杂多变的花形，基本上还只能织出简单明快的图案。在无数代缂丝人孜孜不倦的努力下，缂丝发展到唐朝，其技法已较完善，可以说唐朝时期为中国缂丝的华升奠定了坚实的技

宋代缂丝工艺家朱克柔作品《山茶蛱蝶图》

术基础。2007年，我们曾为日本复制了一套中国唐代的缂丝袈裟。这套袈裟在日本全称犍陀谷丝袈裟，是9世纪由日本空海法师带回日本的，现存日本教王护国寺（东寺），堪称"特级宝物"。这套缂丝袈裟由21片组成，每片通体平整挺括，呈罗纹状（又称瓦楞地沟纹），并出现了多种缂丝技法，如木梭戗、掼织法、并线法，尤以假缝技法最为突出。

缂丝发展到宋代，尤其是宣和年间，已发生了质的变化。元代陶宗仪认为："宋宣和间又以刻丝缕为绘翰，俨如笔墨所作，可称化工之妙……钩勒挑踢处，无纤毫遗憾。噫！技至此乎，超神入化矣。"宋代缂丝因为技法的多样性、表现能力的提高，画面更加丰富精彩，能充分反映绘画特点，花鸟鱼虫跃然缂丝作品之上，进而产生了许多具有代表性的传世佳作，众多专家称其为"宋缂丝"，即现代所说的"本缂丝"。宋缂丝特征，除了在肌理上呈现出罗纹状（又称为瓦楞地），更主要的是艺术效果更为突出。台北故宫博物院资深研究员童文娥女士在《缂丝风华——宋代缂丝的成就与表现》一文中如是说："宋代缂丝技术是以唐代原本的技术为基础，发展出多样的技术……使花纹更具立体感与装饰性。宋代缂丝技术已十分成熟，且不受常规所限，织法细密，表现又极富艺术性，是缂丝的黄金年代。"该文中所讲的"表现又极富艺术性"，是缂丝革命性突破的表现。宋代缂丝有如此跨越式的发展，根本原因有三：其一，有良好的社会环境和文化氛围。尤其在宣和年间，出现了许多传世的艺术佳品，名画《清明上河图》就是代表作之一。其二，缂丝技法有了革命性的突破。其三，缂丝艺人极富艺术修养，灵活使用各种技法，使缂丝作品充分反映出绘画的气息,达到出神入化之境地。为此,缂丝赢得了"织中之圣"的美誉,实乃"缂之艺,艺之圣"。

三、跌宕起伏,技艺无境

1. 传承与发展是缂丝健康延续的必要条件

纵观中国缂丝 2500 年的艰辛发展史,缂丝人用辛勤和巧思逐渐铸就了完整的制作体系和一代代辉煌,为后来的缂丝发展奠定了坚实的基础。缂丝在中国传统文化艺术领域虽然享有极高的声誉,有的作品在拍卖市场大受追捧,拍出了八千多万元的天价,但走到现在,它却面临着生存还是湮灭的艰难抉择。历史上缂丝作为皇家御用珍品,长期养在深宫中,外界知之甚少。中华人民共和国成立之后,随着改革开放,日本向中国大量进口缂丝和服腰带及其他缂丝制品,中国的缂丝生产能力快速发展,似乎给它注入了新的活力。但是随着日本市场需求快速萎缩,缂丝价格一落千丈,如雨后春笋般兴起的大大小小的缂丝工厂纷纷倒闭。这一起一落的风潮,对国内的民众似乎没有丝毫影响,大家对"缂丝"两字仍然陌生。如果让这尴尬局面长期发展下去,国内市场又难以打开,那缂丝将会面临艰难的发展瓶颈,再金贵的传统工艺也必将面临消失的危机。

当今社会高速发展,而传统工艺却面临"中国式危机"。所谓的"中国式危机",就是根在本土,而生长的要素要靠国外"恩赐"。这样的窘境该如何打破?必须普及提高缂丝在国内的知名度,扩张缂丝的生存空间,撞出一条缂丝健康发展之路,这是现代缂丝人的使命。

人们对陌生的东西,要经过三个阶段才能接受:第一是认知,第二是了解,第三是通过欣赏达到喜欢。想把缂丝推向社会,让成千上万的人民了解缂丝,真正让大家领略千古绝艺的风采,单纯靠一两场展会是远远不够的。而且时间拉得太久,中国的缂丝之命再也经不起这样干耗了。我们想,那就得要像春雷一般,一响振天下,要让"缂丝"两字像闪电一般博得惊叹与关注。2008 年,我们决定走出去,与知名的服装品牌合作,把静态美与生机勃发的动态美结合起来,让千古绝艺缂丝融合在现代华服上。

2008年11月5日，这是我们终生难忘的日子，当晚"2009年北京国际时装周"在北京饭店金色大厅拉开了帷幕。第一场时装发布会，由我们制作的十二套缂丝华服随同其他华服踏上亮丽的T台，静态的美真正被激活。十二套缂丝华服绚丽华贵的气息瞬间弥漫在金色大厅，惊艳了全场嘉宾，收看直播的观众不计其数。第二天，北京各大媒体分别在醒目的版面报道该盛事，"缂丝"两字瞬间成为热门话题。该话题热度三五年不减，在此我与大家分享两段媒体评说：

花鸟图　王玉祥缂丝作品

2009年11月16日，中国纺织工业协会会刊——《纺织服装周刊》这样评说："王玉祥制作完成了2009NE. TIGER华服系列的缂丝工艺部分，中国缂丝文化第一次如此完美地展现在国际时尚界面前，这也是中国奢侈文化完美的体现。"

2010年，《人民日报》如此评说："王玉祥作为传统缂丝技艺的国宝级人物登上了中国国际时装周的舞台……与时尚结合的保护方法令他找到了古老缂丝重新生存下去的生命力。不断发展的社会经济也使这一奢侈昂贵的古老工艺重新在市场中流动了起来。"

是的，我们通过2008年的大胆尝试，获得了意想不到的结果，"缂丝"两字火了，民众的关注度提高了，为我们打开国内市场唱响了第一曲。

传承是基础，发展是动力。传承与发展这一重大举措，使古老缂丝重新焕发出生存下去的生命力。在这十二件缂丝华服中，有一件"鸾凤双栖牡丹"脱颖而出。我们大胆地把中国现有的七大缂丝品种融为一体，使该华服从整体设计、图案、色彩到技法的运用都站在了缂丝艺术的新高度。2010年4月18日，"鸾凤双栖牡丹"缂丝华服被首都博物馆珍藏。第二天的《北京晨报》报道说："缂丝曾作为龙袍的织造工艺，自古有'一寸缂丝一寸金'之称。昨天，由七种缂丝工艺制成的'无缝天衣'鸾凤双栖牡丹入藏首都博物馆，这也是首博首次收藏的当代成衣藏品。"

2. 面向大众，迎接雅者为王的时代

我们缂丝人畅谈千古绝技，寻找缂丝发展之路，今后要走的路还很长、很艰难，正如古人屈原所说："路漫漫其修远兮，吾将上下而求索。"而"求索"的首要是"留住缂丝技艺"，尤其是本缂丝的技艺，因为这是缂丝的根基。有了源头才能持续发展、发扬光大。留住缂丝技艺，还要发展、要提高，要拿出历经弥新的艺术品，这是更难的。在坚持与发展的同时，还要为缂丝摇旗呐喊，要宣传，毕竟缂丝久被珍藏在深宫里，是极高的奢侈品，世人所知不多。我们要让大家都知道并深入了解，这样缂丝才有一定的生存空间，才有留存下去的希望。这是我们这代新缂丝人要做的事。我们的担子很重，一头挑着坚守，一头挑着发展，还要手摇拨浪鼓呐喊宣传。但我们相信，这份付出，一定会换来缂丝与时俱进的新的融合与发展。

用平常心寻找希望，踏稳历史的韵脚，面向大众，迎接雅者为王的时代。山西老腔中的一段词说唱得好：

天苍苍，地黄黄，黄土地上起苍狼。

一道黄河贯地下，流出了华夏好文章。

我要吼，我要唱，唱给子孙听瑞祥。

乾坤转，岁月荒，老祖宗留下的东西不能忘。

作者简介

王晓星，国际民间艺术组织（IOV）高级会员，南通宣和缂丝研制所副所长北京代表处负责人，南通缂丝织造技艺代表性传承人，高级工艺美术师，高级乡村振兴技艺师，江苏省"三带"能手，江苏省民协会员，南通市工艺美术协会、学会副会长。从2010年到2021年设计和制作的缂丝作品获得国际、国家以及省市级金奖、银奖和各种大奖数十枚。

编后记

　　这是一本论坛文章汇编，内容涵盖了从 2009 年 10 月在四川省阿坝州九寨沟举办的"2009 首届中国（九寨沟）濒危文化遗产保护论坛"，到 2020 年 10 月在广州举办的"'一带一路'文化遗产合作与交流国际研讨会"的发言。

　　时间跨度正好十一年。九寨沟有着令人难忘的故事，我想在此回忆一下。

　　2008 年 5 月 12 日，四川汶川发生了震惊世界的大地震。这场灾难不仅人员伤亡惨重，还使羌族人失去了赖以生存的自然环境，使其千百年来形成的文化遭到严重破坏：羌寨的碉楼、吊脚楼垮塌损毁严重，羌族民居等建筑受到大面积破坏，几乎损毁殆尽。茂县营盘山新石器时代文化遗址、勒石村聚居遗址、克枯栈道、青坡门河坝遗址、石棺葬、砖石墓、布瓦羌族古碉楼、无影塔等无不遭到毁灭性破坏。由于羌族没有文字，羌族语言、文化均靠年长者口授身传来传承，会羌语的长者、熟知羌族历史文化的"端公""释比"等对羌文化的记述和传承至关重要。地震导致大量通晓羌族语言、历史文化的羌族人去世，对羌文化传承影响巨大。罹难和失踪的羌族人达两万多，占到羌族人口总数的 10%。对于这个被誉为云朵上的民族，如何进行文化保护，已成为迫切议题。

　　我当时正好在国内，非常希望为此做点什么，经过与致力于九寨沟文化旅游事业的老友傅明先生商讨，决定策划组织一场关于濒危文化的国际性保护论坛。此举得到了国家民委宣传司、文化部非遗司有关领导的支持与帮助，我向国际民间艺术组织的同行们发出了邀请，很快得到了几十位学者的回应。

　　2009 年 10 月 20 日，在汶川地震一周年以后，我把来自 15 个国家的 22 位学者请到了北京，先后会见了国家民委、中国国际交流协会、中国艺术研究院等部门和单位门领导，参观了天安门、中国大剧院等景点，然后飞往成都。

　　10 月的深夜，凉意已深，经过长途跋涉，一行人到达阿坝州的九寨沟县城。快到目的地的时候，隔着大巴车，只见明明灭灭的光斑，在漆黑的夜里闪烁着，原来

编后记

九寨沟论坛：给客人脸上涂抹黑炭是当地的一种习俗

羌族释比与印第安酋长共同为人类祈福

以民间艺术的交流来促进世界的友好与和平

393

是藏羌百姓们在当地领导的带领下迎候我们，在小雨中举着火把为远道而来的客人们照明、接风。下车后，每位客人都被戴上一条洁白的哈达，淳朴而具有仪式感的礼遇，让这些几乎都是第一次来到中国的同事们感到非常亲切。

次日，雨过天晴，晴空万里，论坛如期开幕。为了体现世界民族文化的多样性，我们特别邀请了来自美国南蒂科克德拉瓦印第安部落的酋长 Hnakay（N）Sakima Wenetko-Lenape Chitkomaxkalaniat 与当地的羌族老释比共同为人类祈福。他们分别穿着自己的民族服装，说着自己的语言，用着自己的宗教方式，敬天地，敬先祖。释比与酋长从未谋面、语言不通，但是这一刻他们达成了共识：为人类的和平与安康祈福。

委婉的南坪曲子与悠扬哀怨的羌笛声中，一场对于濒危文化的保护论坛开始了。这是一场别开生面又令人难忘的论坛：会场四周，挂满了当地手艺人在地震棚里制作出来的、被雨水泪水污渍浸透的羌绣作品与年画作品；桌子上摆放着羌族人穿的云云鞋、羌绣围裙，还有草编的用具；论坛期间，会议室的门是敞开的，允许当地的青年、普通百姓随时进来听学者们演讲，因为我们的同期翻译是用扬声器来翻译的，在场的人很容易听懂。除了学者们讨论外，当地官员、参加过救灾的妇女、手工艺人、非遗传承人都做了现场发言，以至于听到感人的故事，同声翻译都哽咽了。来自美国德州女子大学的教授佛劳伦斯·奈保尔（Florence Neubauer）以及印第安酋长也动情落泪，来自拉脱维亚、波黑、比利时、保加利亚、波兰、菲律宾等地的学者以及教科文组织官员等大受感染。我相信他们还从来没有参加过如此具有震撼力和感染力的学术活动。

论坛开得扎扎实实。学术研讨结束后，我们带着这些国际同行们去做田野调研，考察村落，走访羌寨，向羌族的老释比讨教宗教民俗，与受到地震重创的羌族民众促膝谈心，了解受灾情况；走进白马藏族群众家里，喝酥油茶，吃糌粑，吃当地百姓家里的土菜，学习跳锅庄舞，举着火把，按照当地习俗往客人脸上抹黑炭灰，谁被涂得

编后记

时任国家民委有关领导会见来自13个国家的学者

最黑,谁最受欢迎。短短几天的时间,这些来自不同国家的学者们都很受感动,也感受到了来自文化的力量,同时也重新认识到世界性、地域性濒危文化遗产的价值与共性,需要尽快寻求拯救它们的策略,给包括羌族人民在内的濒危文化传承者们重建家园以精神支持与鼓励,唤起人们对全世界濒危少数民族文化的保护意识。

从九寨沟这场论坛开始,我找到了自己热爱的学术交流方式。直到今天,在我参与策划的所有论坛上,都会给民间艺人一个位置,给当地富有代表性的传统音乐表现形式一个机会,给手工艺一个机会。论坛加手工艺博览会,学者与传承人面对面交流,理论研究者与实践从业者相互学习,还要有跨界的设计师、艺术家以及管理者共同参加。真正让多元化、多样化的文化起到沟通的作用,成为参会者相互学习的纽带与桥梁。

2019 国际民间艺术组织（IOV）全球大会（巴林）

  我们尝试通过论坛和研讨会，使学者、研究人员们一起进行学术与思考的交流与探讨；通过举办手工艺展览、博览会、集市等等，让手工艺人们有机会相互学习、展示、借鉴甚至出售他们的作品；举办培训班，让更多的人参加专业的培训，聆听专业老师的讲解，让老师们解惑答疑；通过举办艺术节，让不同国家、不同民族的普通民众，在载歌载舞的近距离接触中认识对方，了解不同的文化艺术、民间习俗、宗教信仰，达到民心相通、相互尊重与友爱。对其他民族历史文化的了解可以帮助和促进世界各民族之间人们的相互了解与尊重，可以为创建更加和睦的人类社会以及维持世界和平提供强大的推动力，从而为全人类提供一个更加美好的生活环境。

  从 2003 年起，我有幸加入国际民间艺术组织（IOV），与来自世界各国的数千名学者、教育工作者、手工艺人、艺术家们一起，致力于各国文化遗产特别是民间

编后记

因艺术而结缘

艺术的保护、挖掘和传播、推广工作。我们的工作内容涉猎广泛，包括舞蹈、歌曲、音乐、传统服饰、自然科学和社会调查、民族志学、民俗展示、民间工艺品、民间艺术节日以及民间建筑学、医学、童话、传奇、文学、诗歌等等。工作范畴就是今天我们所说的"非物质文化遗产"。

1979 年，国际民间艺术组织（IOV）在比利时正式成立，后迁址奥地利，至今已经有四十多年的历史了。至 2012 年 3 月，IOV 已得到联合国经社理事会及联合国教科文等机构的充分认可和重视，并获得如下地位：联合国经济与社会理事会咨询关系非政府机构（NGO in Consultative Relations with the United Nations Economic and Social Council ECOSOC）、联合国教科文组织官方咨询关系非政府机构（NGO in Official Consultative Relations with the United Nations

文明的回响

来自俄罗斯的手工艺人与陈平教授合影　　　　　　捷克青年民间艺术家

Educational, Scientific and Cultural Organization UNESCO）、联合国教科文非物质文化遗产保护政府间委员会正式咨询专家机构（NGO Accredited to provide Advisory Services to Intergovernmental Committee for the Safeguarding of the Intangible Cultural Heritage UNESCO）。

　　IOV的会员组织分布于175个国家及8个岛屿地区，其中包括政府文化机构、各国官方部门及非政府组织，如研究机构、博物馆、大学、基金会、工会、协会、文化艺术公司、艺术节团体，拥有学者、专家、专业艺术家、民间艺人等近四千多名会员。其中执委会为最高管理委员会，七位执委由全体会员通过会议选举产生，每四年一届，执委来自七个不同国家和地区，都是各国联合国教科文机构的专职领导或者具有多年经验并享有国际声誉的专家。

　　机构每年都在世界各地举办不同的世界民族传统工艺展览，各种国际民俗文化

编后记

缤纷的世界，相通的民心

节、艺术节（在全球建立了三百多个艺术节），帮助世界各国和不同民族申请和争取各种保护和挖掘本民族传统文化的机会；以开展各种文化交流活动的方式来促进世界各民族之间的相互了解及尊重，从而实现维护世界和平的理想，大力扶持和帮助世界各国的民间艺术组织、民间文化机构、艺术机构，加强对全世界非物质文化遗产的保护，推动民间艺术与文化资产的发展。

  这是一份非常有意义的公益的工作，无论是机构的官员还是普通会员，都是不拿任何薪水的志愿者，不仅如此，他们还要付出大量的时间、精力和经费等。但同事们仍然乐此不疲、兢兢业业，热爱并坚持。但是机构也面临着老化的问题：机构创始人、老秘书长、奥地利的民俗保护者阿里克桑德拉·法格尔先生已经去世近十年，世界各国的很多老会员、老学者、老一辈传承人也逐渐离世；机构目前存在着青黄不接的问题，新的领导群体还缺少独挑大梁的能力与资历。

在全球化时代的背景下，大数据、高科技、互联网无处不在，年轻人对于传统文化、对于传统的生活方式，有着与我们不同的理解与想法，世界观与价值观也存在着一定的差异。因此，我们要借助学校的教育平台，借助互联网公开而便捷的形式，借助更多年轻人喜闻乐见的方式，去引导他们参与这种文化的传承。

尽管联合国教科文组织以及各国的文化部门都非常积极努力地去抢救各种民间艺术，但各国还是面临着手工艺失传、传统节庆式微、市场低迷、供需关系失衡等困难，呈现出世界性的衰落迹象。特别是在新冠肺炎疫情的影响下，世界上很多国家的民间艺术节都处在停滞状态，很多艺人也因此而失业，交流和互访也因此而中断，民间文化遗产的保护与发展面临着新的危机与挑战。

2017年，我正式回到国内，加盟暨南大学，成立了文化遗产创意产业研究院，并希望通过研究院的平台，把国际人脉资源、学术资源好好整合起来，积极促成暨大与更多大学、研究机构等进行合作与交流，展开多层次有效的教育、文化与艺术等交流活动，将世界各国的民间艺术、传统文化与中国的民间艺术和传统手工艺结合起来，进行有效的整合与梳理，引用国际上顶尖的当代设计理念、设计能力，推动中国丰富的文化遗产由资源向资本转换，推动文化创意产业的提升与发展，让大

"一带一路"文化遗产合作交流（2017）国际高峰论坛

编后记

来自世界各地的手工艺人汇聚一堂

学在教育领域以及学科建设上发挥优势，让传统文化在大学进行创造性转化、创新性发展，全方位地展示中国文化的软实力，为"一带一路"民心相通以及中国文化走出去助力。

为推动文化遗产活态性传承、创新性发展，为促进中华文化的海外传播和世界文化遗产的国际交流，为"一带一路"倡议中的民心相通、文明互鉴提供学术支持，暨南大学文化遗产创意产业研究院于2017—2020年分别在北京、丽江、江门、广州举办了"'一带一路'文化遗产合作与交流国际研讨会"，策划举办了"传统手工艺传承与创新研讨会"。通过搭建国际平台，国内外专家学者积极探讨如何应用当代的审美、国际的视野、时尚的理念、跨界的设计、新思维、新角度将丰富的世界文化遗产资源进行活化与转换，将世界各国的民间艺术、传统文化与中国的民间艺术与传统手工艺相结合，推动文化创意产业的提升与发展，推动文化遗产与创意产业学科建设与发展，从而更好地为社会服务、为"一带一路"文化交流服务、为展示提升中国文化的软实力服务。

2017年在北京举办的第一届"'一带一路'文化遗产合作交流国际高峰论坛"旨在探讨国际民间艺术保护、文化遗产传承等方面的理论与实践经验，商榷国际民间艺术领域的合作与互利往来，共同推动"一带一路"沿线国家文化遗产的合作与发展。文化遗产是人类文明发展过程中与大自然相依相生的智慧载体，是人类创造力的展现，千百年来绵延不断，薪火相传。但随着人类高科技的发展和电子技术的日新月异，传统文化正在日益消失，文明的呈现方式正在改变，当代人的审美情趣、生活观念都在随之而变。此次论坛聚焦如何让传统手工艺产生新的当代价值，如何让文化遗产完成从资源到资本的转换，如何让文物活在当下，如何建立文化遗产经济学，如何让今天的孩子们学会欣赏文物、懂得遗产的珍贵，从传统文化中获得力量，如何让传统技艺在当代重新绽放。通过举办论坛，希望让大家意识到文化遗产是人类发展的载体与智慧结晶，也是人类未来发展的动力与根基，保护文化遗产是对祖先的尊重、对未来的责任。如何让世界的文化遗产更好地保护起来、传承下去、惠及后人，是大家共同面对的话题。无论哪一个民族，都应该真诚地面对这些文化遗产，这是民心相通的重要途径。

2018年在北京举行的"'一带一路'文化遗产合作与交流国际研讨会"围绕"一带一路"文化遗产，以"保护与发展、传承与创新、传统与现代、合作与交流"为中心议题，从文化遗产的合作与交流、分享与应用，文化遗产与当代城市旅游经济、创意产业的发展等几方面进行了研讨与交流。会上，来自中国、法国、德国、拉脱维亚等国的专家学者围绕"文化遗产的保护与创新""文化遗产的国际合作与交流"等进行了研讨。交流各国的文化遗产并且相互学习经验，能够让大家认识到文化遗产是有生命的存在，是今天推动文化发展和文化交流的重要资源。

2019年在广东江门举办的"'一带一路'文化遗产合作与交流国际研讨会暨国际手工艺展"响应国家"一带一路"倡议，对接粤港澳大湾区文化圈建设工程，以"湾区文化遗产与创意产业的发展及应用"为主题，邀请了海内外的专家、学者、创意设计师、政府管理人员等齐聚江门，为粤港澳大湾区的文化遗产与创意产业发展出谋划策，分享经验。此次研讨会探讨通过强化与拓展文化和创意产业，实现包

编后记

容的社会和经济发展的可行之路。

粤港澳大湾区可以借鉴世界其他湾区的成功经验，通过将文化遗产从资源性保护到创意与设计的转换利用，让众多的遗产活在当下，成为未来创意设计的源泉与灵感，保护传承人的积极性，提升人民的生活水平、审美能力。此次"国际手工艺展"邀请了来自伊朗、澳大利亚、日本、印度、美国、意大利等12个国家20多个项目的艺术大师参与。江苏、贵州的苏绣、苗绣、仿真绣以及江门的茅龙笔、新会葵艺、东艺宫灯、开平泥鸡等众多手工艺精品在大众面前展示，充分体现了文化遗产的创新传承与活化利用。

2020年在广州举办的"'一带一路'文化遗产合作与交流国际研讨会专家论坛"紧扣"粤港澳大湾区"和"一带一路"两大主题，思考探讨粤港澳之间、港澳和内地之间如何融合发展，如何把优秀的中华文化遗产向全球推广，如何实现创造性转化。

"一带一路"文化遗产合作交流国际研讨会（2018）嘉宾合影

文化遗产是中华民族古老的生命记忆和活态的文化基因，是中华民族文化根脉的活态流变。对非遗的保护与传承是中华文脉的薪火延续，是国家文化软实力的最佳体现，更是文化自信的有力彰显。

在当今社会，要让中国的优秀文化遗产活下去并且重获活力，把具有历史记忆的文化与当代科学技术、智能手段有效结合，让传统文化技艺融入当代中国社会、融入全球化进程、融入大众生活。这个过程需要艺术家、设计师、民间文化传承人、手工艺人共同携手，合作创新，也需要市场化运作的能力和人才。正如习近平总书记强调指出的，中华文化延续着我们国家和民族的精神血脉，既需要薪火相传、代代守护，也需要与时俱进、推陈出新。总的来说，我们每一个人都是中华文化的传承者，一方面需要我们沉下心，认真研究优秀传统文化的内核与内涵；另一方面，我们还需要与时俱进、开拓创新、博采众长，努力让古老的文化在新时代焕发新的光彩。

感谢华夏出版社对本书出版给予的帮助与支持；感谢研究院的老师以及年轻的研究员们认真整理与编辑；感谢所有参加论坛的国内外同行们对于我们的支持与合作；感谢本书中所有作者付出的辛苦努力和呈现的精湛文字；感谢暨南大学领导自研究院建院以来所给予的所有支持和帮助；感谢暨南大学党委书记林如鹏、校长宋献中、副书记孙彧等校领导对研究院的指导、关心和支持，使这个新的学术单位能够健康成长，不断提升；感谢联合国教科文组织前任总干事伊莲娜·博科娃女士多年来给予本人的支持与关爱，感谢她在研究院成长过程中所给予的真诚指导与帮助。

暨南大学文化遗产创意产业研究院成立于2017年5月，作为一个大学的专业研究机构，她还很年轻，还有待于继续学习、努力提升。我们愿意求真务实、脚踏实地地研究耕耘，并且希望与所有热爱文化遗产、专注于文化遗产与创意产业研究的同事们一起努力，相互学习与借鉴，不辜负我们的时代，不辜负我们的民族。

山河壮美，未来可期。

暨南大学文化遗产创意产业研究院院长、教授
陈　平
2021年8月26日